Karl-Marx Hof
Heiligen Stadt
Strandbäder
Floridsdorfer Brücke
Arbeiterstrandbad
Vieux Danube
Forst-haus Gasse
Friedrich-Engels Platz
Handels
Engerth
Strasse
Lorenz-Müller G.
Dresdner
Marchfeldstr.
Hochstädt Platz
Am Hubertusdamm
Donauturmstr.
Donauturm
DONAUPARK
BRIGITTENAU
Barawitzkag.
Heiligenstädter
Heiligenstädter Lände
Brigittenauer
Adalbert-Stifter
Strom
Klosterneuburger
Jäger Strasse
Nordwestbahn
Spittelauer Lände
Brigittenauer Lände
Wallenstein
Strasse
Rauscher St.
Franz-Josefs Bahnhof
Friedensbrücke
Gaus-Platz
AUGARTEN
Porzellan-manufaktur
Augartenpalais
Augarten St.
Obere Donau St.
Rossauer Lände
Nordbahn Strasse
Engerth
Donauinsel
Reichs Brücke
Kai
Mexiko-Platz
Jubiläumskirche
Handels
Vorgarten Strasse
Museum Moderner Kunst
Rossauer Lände
Heine Strasse
Lasselle Strasse
Freud-Haus
Berg
Türken Strasse
Unt. Augarten Str.
Hörlgasse
Maria-Theresien Str.
Schotten Ring
Schottentor
Praterstern
Praterstern Wien Nord
LEOPOLDSTADT
Ausstellungs Strasse
Obere Donau Strasse
Franz-Josefs Kai
Tabor
Strasse
Riesenrad
Planetarium
Nestroyplatz
Prater
Franzensbr. Strasse
Haupt-Allee
Messelände
Untere Donau Strasse
Dampfschiffstr.
1er arrondissement : voir p 312 - 313
Schwedenplatz
Radetzky Platz
Schüttel Strasse
Weissgerberlände
Rathaus
Herrengasse
Stephansplatz
Stephansdom
Hofburg
Burg Ring
Stubentor
Stuben Ring
Marxer
Wien-Mitte
Landstrasse (Wien-Mitte)
PRATER
Opern Ring
Kärntner Str.
Park Ring
STADT-PARK
Stadtpark
Babenberger Strasse
Gasse
Rochusgasse
Erdberg
Erdberger
Schüttel
Lände
Kärntner Ring
Karlsplatz
Schwarzenbergplatz
Am Heumarkt
Landstrasser
Wienzeile
Schleifmühlg.
Operng.
Palais Schwartzenberg
Rennweg
LANDSTRASSE
Kardinal-Nagl-Platz
Baum Gasse
Schlachthausg.
Erdbergstr.
Kettenbrückengasse
Argentinier
Prinz-Eugen
Unteres Belvedere
Rennweg
Taubstummengasse
BELVEDERE-GARTEN
Hauptstrasse
Schlachthaus
Baum Gasse
Theresianum
BOTANISCHER-GARTEN
Oberes Belvedere
Favoriten Strasse
WIEDEN
Hauptstrasse
RETEN
Landstrasser
Südbahnhof
SCHWEIZER-GARTEN
Museum des 20. Jahrhunderts
Gürtel
Südtiroler Platz
Südtiroler Platz
Wiedner
Arsenal
Heeresgeschichtliches Museum
St-Marxer Friedhof
Rennweg
Simmeringer Hauptst.
A23
Gürtel
Laxenburger
Favoriten
Sonnwend
Keplerplatz
Gasse
Arsenal
Simmering-Aspangbahn
Gudrun
Strasse
FAVORITEN
Quellen
Gudrun
SIMMERING
Reumannplatz
Reumann Platz
Geiselberg
F G H I J
1 2 3 4 5 6 7 8 9 10

GUIDES GALLIMARD
5, RUE SÉBASTIEN-BOTTIN
75007 PARIS

Retrouvez le chapitre qui vous intéresse grâce au symbole situé en haut de chaque page.

CARTE DE VIENNE
Les chiffres en italique renvoient aux pages du guide et les coordonnées à la carte de la page précédente.

Le Ring au début du siècle,
bordé, à droite, par l'Opéra.

La grande roue du Prater, dans les années trente,
rendue célèbre grâce au film de Carol Reed,
Le Troisième Homme (1949).

NARZ
GANG
eergasse
sels
STOCK
Dorotheer
ESTERR UNG
NAN
dsch
M. Neumann

Le Graben vers 1900.
On reconnaît, au premier plan, la fontaine Saint-Léopold
et, au second plan, la colonne de la Peste.

De nombreuses personnalités universitaires ou locales ont collaboré à ce guide. Toutes les informations contenues dans cet ouvrage ont été soumises à leur approbation.

Guides Gallimard
Direction :
Pierre Marchand
Assisté de :
Hedwige Pasquet
Ghislain de Compreignac
Rédaction en chef :
Marie-Noëlle Fustec
Nicole Jusserand
Assistées de :
Catherine Bourrabier
Coordination :
Graphisme : Élizabeth Cohat
Photographie : Éric Guillemot
Assisté de : Patrick Léger
Cartographie : Vincent Brunot
Architecture : Bruno Lenormand, Jean-Philippe Chabot
Nature : Philippe J. Dubois, Frédéric Bony
Informations pratiques : Jean-Pierre Girard

Vienne :
Édition : Patrick Jézéquel et Pierre de Laubier
Maquette : Yann Le Duc, Annie Civard (informations pratiques) et Olivier Brunot (carnet d'adresses)
Iconographie : Catherine Boncenne

Des clefs pour comprendre :
Nature : Philippe J. Dubois, avec la collaboration d'Andreas Ranner, et Pierre Crisol («Les vignobles»)
Histoire : Jean-Louis Poitevin, Jean-Claude Klotchkoff, François de Lannoy
Art de vivre : Jean-François Frémont (pour la musique), Jean-Louis Poitevin
Architecture : Jean-Louis Gaillemin, Dominique Fernandes
Vienne vue par les peintres : Jean-Louis Gaillemin
Vienne vue par les écrivains : Jean-Louis Poitevin

Itinéraires dans Vienne :
Jean-Claude Klotchkoff, Pierre de Lagarde (musée d'Histoire de l'art), Jean-Louis Gaillemin (Klimt, Schiele, Gerstl, Kokoschka)
Informations pratiques : Laurence Lesage

Illustrations :
Nature : Jean Chevallier, François Desbordes, Jean-Michel Kacédan, Alban Larousse, Catherine Lachaux, Claire Felloni, Pascal Robin, John Wilkinson
Architecture : Michel Simier, Maurice Pommier, Cent Alentar, Philippe Biard, Hugh Dixon, Michel Aubois, Frédéric Hillion
Itinéraires : Jean-Philippe Chabot, Jean-Marc Lanus, Vincent Brunot.
Informations pratiques : Maurice Pommier
Cartographie : Vincent Brunot, Jean-Yves Duhoo, Caroline Picard (coloriste)
Infographie : Paul Coulbois, Cyrille Mallié

Correspondant à Vienne :
Catherine Polsterer

Photographes :
Renata Holzbachovà, Kathrin Leithner, Philippe Bénet, Matthias Cremer.

Nous remercions pour leur aide précieuse Richard Schmitz, maire du premier arrondissement de Vienne, Sonia Schmitz, sa femme, Christian Brandstätter, Ferdinand Fellinger (Historischesmuseum der Stadt Wien), Edwin Hofbauer (Österreichische Nationalbibliothek), Traudl et Eric Lessing, et Andreas Ranner (Österreichische Gesellschaft für Vogelkunde).

Les erreurs ou omissions involontaires qui auraient pu subsister dans ce guide malgré les soins et les contrôles de l'équipe de rédaction ne sauraient engager la responsabilité de l'Éditeur.

Dépôt légal : novembre 1993 Numéro d'édition : 55025. ISBN 2-7424-0202-0
Imprimé en Italie par la Editoriale Libraria sur un papier 100 % biologique
Novembre 1993

AUTRICHE

VIENNE

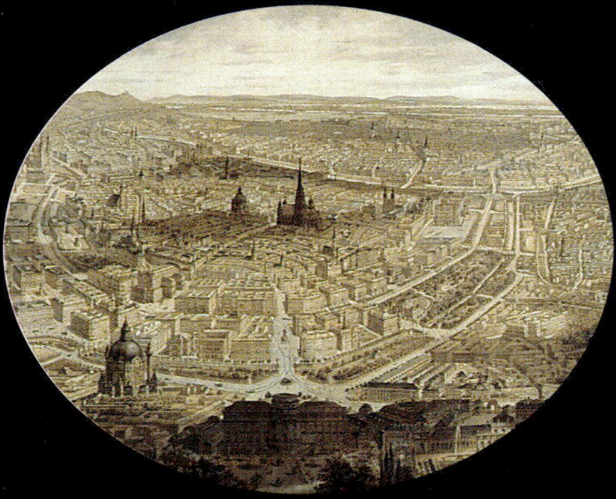

GUIDES GALLIMARD

Sommaire
Des clefs pour comprendre

Nature, *15*

Histoire et langue, *27*

Art de vivre, *47*

Architecture, *73*

Vienne vue par les peintres, *95*

Vienne vue par les écrivains, *105*

Sommaire
Itinéraires dans Vienne

Innere Stadt

Hofburg

Ring

Belvedere

Prater

Schönbrunn

Le nord de Vienne

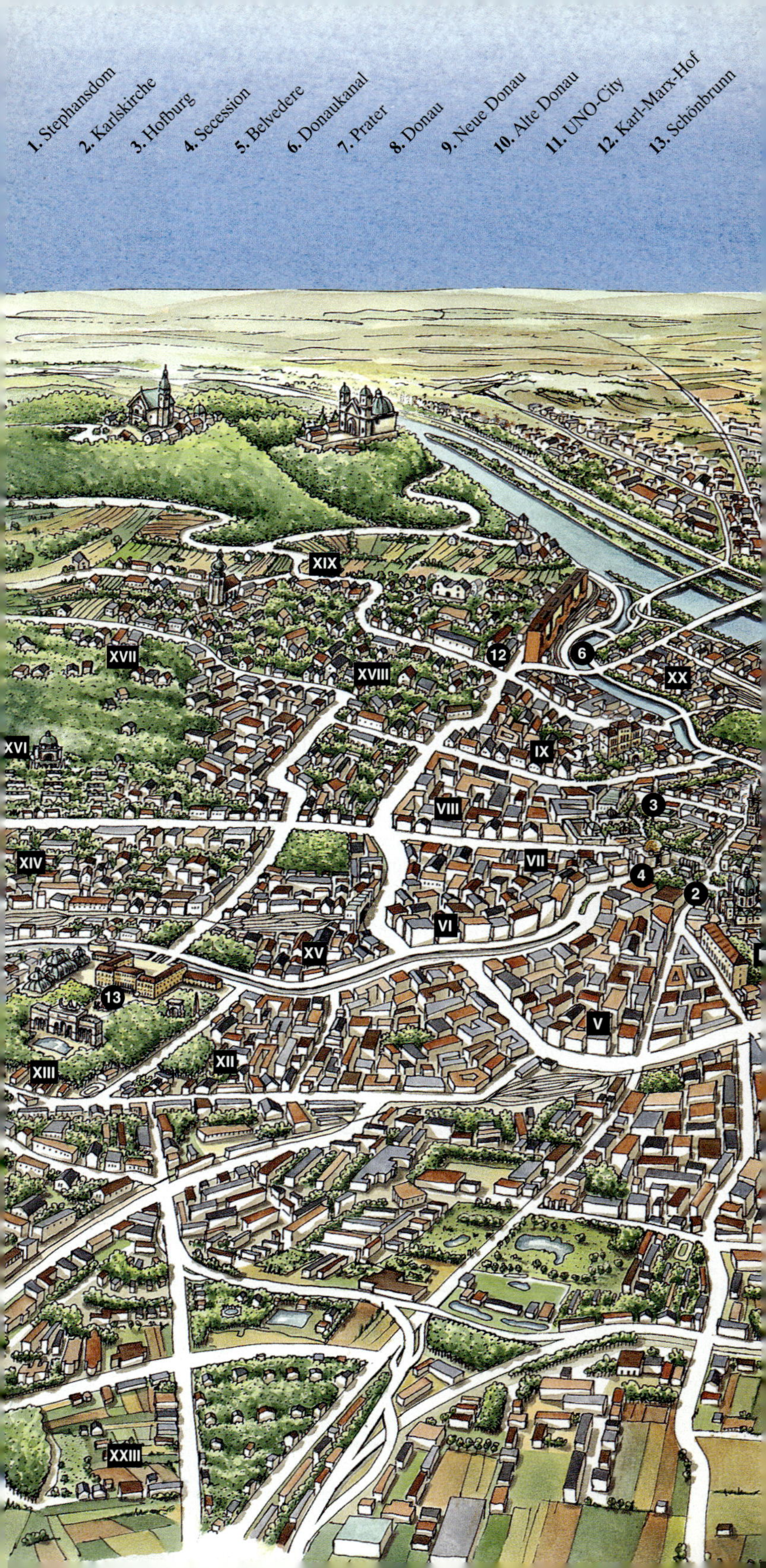
1. Stephansdom
2. Karlskirche
3. Hofburg
4. Secession
5. Belvedere
6. Donaukanal
7. Prater
8. Donau
9. Neue Donau
10. Alte Donau
11. UNO-City
12. Karl-Marx-Hof
13. Schönbrunn
XIX
XVII
12
6
XVIII
XX
XVI
IX
VIII
3
XIV
VII
4
2
VI
XV
13
V
XII
XIII
XXIII

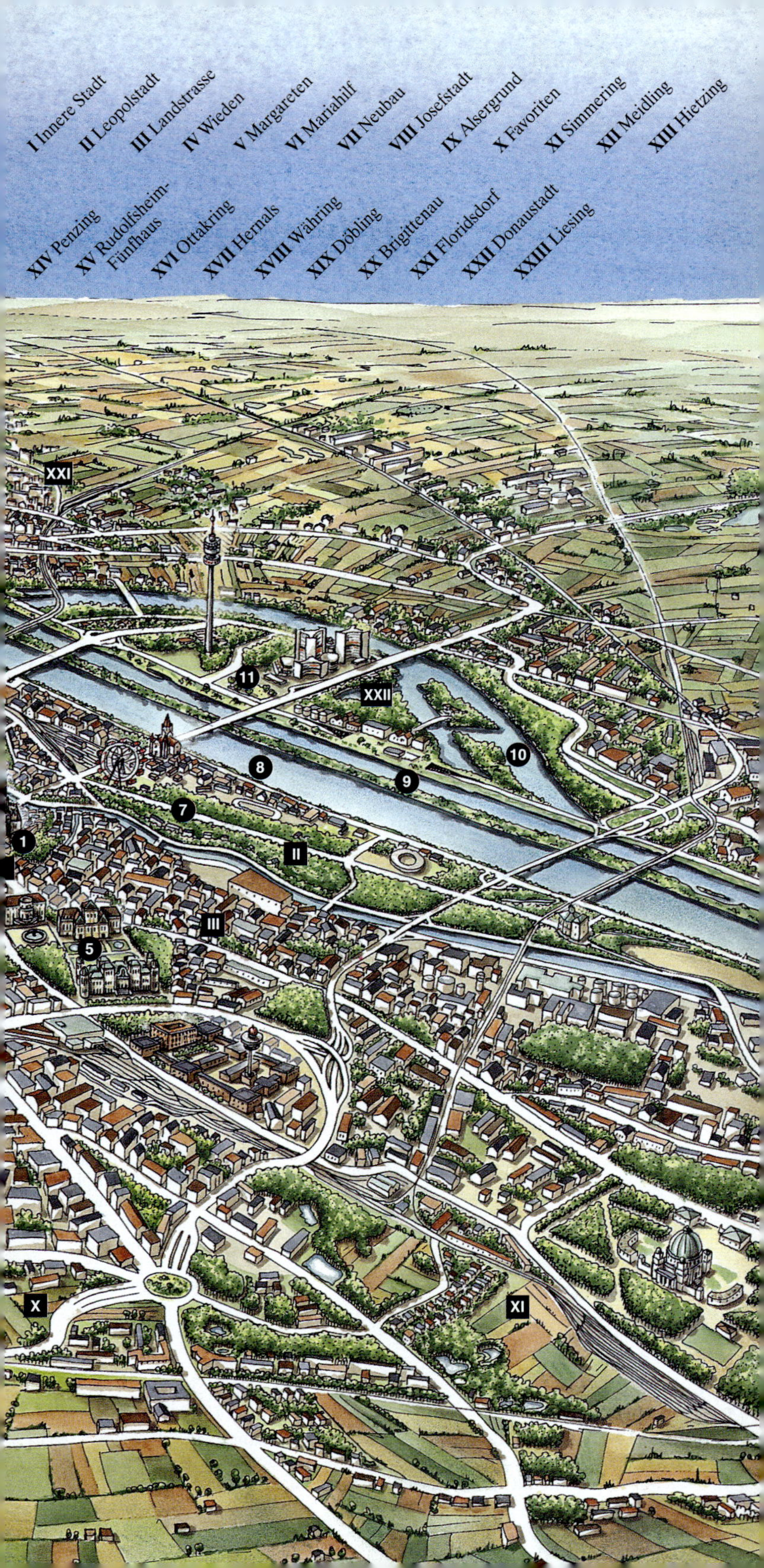
I Innere Stadt
II Leopoldstadt
III Landstrasse
IV Wieden
V Margareten
VI Mariahilf
VII Neubau
VIII Josefstadt
IX Alsergrund
X Favoriten
XI Simmering
XII Meidling
XIII Hietzing
XIV Penzing
XV Rudolfsheim-Fünfhaus
XVI Ottakring
XVII Hernals
XVIII Währing
XIX Döbling
XX Brigittenau
XXI Floridsdorf
XXII Donaustadt
XXIII Liesing
XXI
11
XXII
8
9
10
7
1
II
III
5
X
XI

Comment utiliser un guide Gallimard

(Page extraite du guide «Venise»)

En haut de page, les symboles annoncent les différentes parties du guide.

- ■ Nature
- ● Des clefs pour comprendre
- ▲ Itinéraires
- ◆ Informations pratiques

La carte itinéraire présente les principaux points d'intérêt du parcours et permet de se reporter à un plan.

La minicarte situe l'itinéraire à l'intérieur de la zone couverte par le guide.

A la sortie de la gare, on pénètre dans le premier des six sestieri (quartiers) de Venise : Cannaregio. Situé au nord-ouest de la ville, il constitue, après Castello ▲ 155, le quartier le plus étendu de la ville (150 ha). Près d'un tiers de la population de Venise y est concentrée (plus de vingt mille habitants). Deux hypothèses sont avancées sur l'origine de son nom. Selon la première, il viendrait de la grande voie d'eau qui, (le Canal royal), c'est-à-dire de la grande voie d'eau (parallèle prolongeant le canal lagunaire de San Secondo (parallèle au pont ferroviaire), offrit jadis un accès commode à la ville pour qui venait de la terre ferme. Selon la seconde, il ferait référence aux cannes et roseaux qui abondaient jadis en ces parages. Des canaux rectilignes et parallèles, de longues fondamenta tournées vers le sud et reliées par une série de calli quadrillent cette zone d'habitations populaires parsemée d'imposants palais. Au sud, derrière les palais du Grand Canal, fut percée au siècle dernier une large rue – la Strada Nuova –, partant de la gare pour rejoindre le campo Santi Apostoli, l'artère traverse le quartier de part en part, prenant différents noms. Le sestiere, faiblement peuplé jusqu'au XIe siècle, prit corps peu à peu grâce aux opérations d'assainissement et de consolidation des terres émergées. A partir du XVe siècle, c'est enfin un quartier bien défini, qui n'en reste pas moins considéré comme une zone périphérique. Comme tel, il est consacré aux activités manufacturières. Il demeura ensuite à peu près inchangé jusqu'à la réalisation du pont ferroviaire et de la gare, en dépit des tentatives faites pour créer un nouveau pôle d'expansion dans les Fondamenta Nuove. A noter aussi, au XVIe siècle, le désir – jamais réalisé – de lancer un programme d'assainissement de la Sacca della Misericordia.

«La porte de Venise, après tout, ce n'est ni la gare ni le Piazzale, mais le spectacle qui s'offre immédiatement devant nous, l'eau mouvementée du Grand Canal que brassent les hélices et qui évoque l'eau d'un fleuve.» Fernand Braudel, *Venise*

Gare Santa Lucia

L'arrivée à Venise ♥

Pont de la Libertà. Construit par les Autrichiens, cinquante ans après le traité de Campoformio (1797) ● 34, pour relier Venise à Milan, ce pont mit fin à un isolement millénaire. Il bouleversa par la même occasion l'économie de la ville, qui, en pleine révolution industrielle, vit grandir sa dépendance à l'égard de la terre ferme. **Gare Santa Lucia.** La gare acquit en 1955 son aspect actuel, tout en conservant le nom de l'église Renaissance démolie en 1861 pour lui faire place. En face surgit le dôme vert de l'église San Simeone Piccolo.

Les ponts de Venise En 1814, les Autrichiens conçoivent le projet de lancer un pont entre Mestre et Venise. Il faudra toutefois attendre 1846 pour que soit construit le pont de la Libertà, ouvrage de 3 500 m de longueur reposant sur deux cent vingt-deux arches de pierre. Enfin, le 25 avril 1933, est inauguré le pont du Littoriale, destiné cette fois aux voitures et construit en moins de deux ans, sur les plans de l'ingénieur Umberto Fantucci.

136

137

●▲■◆ Les symboles, en titre ou à l'intérieur du texte, renvoient à un lieu ou à un thème traité ailleurs dans le guide.

♥ Le coup de cœur de l'éditeur pour un site dont la beauté, l'atmosphère ou l'intérêt culturel séduiront particulièrement le visiteur.

Au début de chaque itinéraire, les modes de déplacement possible et la durée sont signalés sous les cartes :

- En voiture
- A pied
- En bateau
- A bicyclette
- Durée

L'arrivée à Venise ♥ ■ *281*

1/2 journée

Pont de la Libertà. Construit par les Autrichiens, cinquante ans après le traité de Campoformio (1797) ● *34*, pour relier Venise à Milan, ce pont mit fin à un isolement millénaire. Il bouleversa par la même occasion l'économie de la ville, qui, en pleine révolution industrielle, vit grandir

Les ponts de Venise

Nature

Le parc de Schönbrunn ▲ *284* possède de grands espaces ouverts propices pour les oiseaux à la recherche de vers de terre et autres insectes de prairies.

Vienne offre au promeneur de nombreuses «échappées» vertes. De la plus petite place ombragée au superbe parc de Schönbrunn, toutes offrent des refuges à la faune sauvage. Cette verdure omniprésente permet donc l'établissement d'espèces forestières comme la chouette hulotte, le pigeon colombin ou encore de nombreux pics (dont le rare pic syriaque qui trouve là sa limite occidentale de répartition) pour ne parler que des oiseaux. On retrouve également des essences forestières telles que le hêtre ou le chêne chevelu. Même la martre si discrète habite Schönbrunn !

Un cortège d'espèces liées aux bois et aux forêts d'Europe centrale fait de Schönbrunn un véritable parc forestier.

CORNEILLES NOIRE ET MANTELÉE
Vienne est l'un des lieux d'Europe centrale où ces deux sous-espèces cohabitent. La corneille noire semble pourtant en expansion vers l'est, au détriment de sa consœur orientale.

ÉRABLE PLANE
Ses larges feuilles rappellent celles du platane.

ÉRABLE SYCOMORE
Son tronc lisse peut atteindre 35 m.

TILLEUL Les abeilles en pollinisant les fleurs produisent un miel de qualité.

MARRONNIER
Certains parcs possèdent des allées bordées par des plants d'âge séculaire.

PIC VERT
Ce grand pic n'hésite pas à venir se nourrir au sol.

PIC MAR
Liée aux chênes, sa présence dans la ville est remarquable.

PIC ÉPEICHE
Il est commun dans tous les parcs et jardins d'une certaine superficie.

SITTELLE TORCHEPOT
Ses «tuit ! tuit ! tuit !» sonores permettent de l'identifier aisément.

MERLE NOIR
Omniprésent, il recherche activement les vers sur les pelouses.

FAUVETTE À TÊTE NOIRE
Migratrice, elle revient dans les parcs de Vienne en avril.

ÉCUREUIL ROUX
À Schönbrunn, où il est abondant, il est tellement confiant et curieux que l'on peut l'approcher à moins d'un mètre.

Le Wienerwald

Martre des pins
Elle se nourrit de rongeurs et d'oiseaux mais ne dédaigne pas les baies et les fruits sauvages.

Hêtre

Bel exemple de forêt d'Europe centrale, le Wienerwald (forêt viennoise), qui s'étend sur les premiers contreforts des Alpes, est situé aux portes de la ville. Le hêtre, qui pousse sur un sol aéré et humide, en est l'une des essences principales. Les chênes (chevelu, rouvre), dont certains fûts sont pluricentenaires, poussent sur un terrain plus sec. Le charme est bien représenté, et localement le pin sylvestre, fréquemment associé au chêne. La forêt sert de refuge au cerf, au daim et au sanglier, souvent dans les anciennes réserves de chasse impériales. Enfin, les pics et les gobemouches (à collier, nain) sont les oiseaux les plus caractéristiques.

Cerf d'Europe
Les parties reculées ou protégées de la forêt abritent une importante population de cervidés.

Gobemouches à collier et nain
Ces deux gobemouches caractéristiques des grandes forêts d'Europe centrale sont bien représentés dans le Wienerwald. C'est dans les vieilles hêtraies ou chênaies que l'on recherchera ces oiseaux au printemps, à partir de la mi-mai.

Pouillot siffleur
Très commun dans les vieilles futaies, où il égrène son chant en cascade.

Ail des ours
En mai, cette plante forme des parterres immenses dans les sous-bois du Wienerwald.

Salamandre tachetée
On la trouve dans les lieux humides des sous-bois, où elle s'active au crépuscule.

Sanglier d'Europe
Discret, il évite les endroits trop fréquentés par le public.

LE DANUBE

Jadis, le Danube, très ramifié, avait créé un réseau de bras secondaires et d'îles, propices aux inondations. Voilà pourquoi les mouvements du fleuve ont, depuis toujours, préoccupé les Viennois.

C'est après la crue de 1501 que de premiers travaux de régulation sont entrepris, chaque fois détruits par une crue nouvelle. Le canal, creusé et plusieurs fois élargi, prend son aspect actuel au cours du XVIIIe siècle, en même temps qu'un barrage permet l'assèchement de plusieurs petits bras. En 1787, une crue terrible démolit un grand nombre d'ouvrages. À la fin du XIXe et surtout au XXe siècle, les travaux de régulation définitifs sont entrepris ; ils prennent fin en 1972 : création du Nouveau Danube canalisé (21 km) et de la Donauinsel. La faune s'est développée dans cette île artificielle et le site est très fréquenté en hiver par les canards.

GRAND CORMORAN
En expansion dans l'ensemble de l'Europe, il hiverne en nombre de plus en plus important sur les rives du fleuve, n'hésitant pas à pénétrer en pleine ville.

PLONGEON ARCTIQUE
Comme son cousin le plongeon catmarin, il n'est représenté que par quelques individus qui viennent passer l'hiver sur le Danube, alors que le gros des populations hiverne en bordure de mer.

Malgré un aspect très artificiel, le Danube canalisé attire une multitude d'oiseaux d'eau en hiver qui trouvent ici des ressources alimentaires importantes.

FULIGULE MILOUIN
Quelques centaines d'individus de cette espèce séjournent de novembre à mars.

CARPE
Elle fréquente les eaux calmes du Danube canalisé, où elle se nourrit de mollusques, de vers et de débris végétaux.

FULIGULE MORILLON
Ce canard plongeur hivernant pêche les petites moules qui croissent en nombre dans les eaux de la ville.

POISSON CHAT Originaire d'Amérique du Nord et introduit ici, il entre parfois en concurrence avec d'autres poissons.

CRAPAUD VERT
Il se rencontre jusqu'au cœur même de Vienne.

MARTIN-PÊCHEUR D'EUROPE
Les berges bétonnées ne lui conviennent pas pour nicher, mais il peut passer l'hiver le long du canal.

MOUETTE RIEUSE
Omniprésente et opportuniste, elle anime le fleuve de son vol chaloupé.

Rémiz penduline
Cette espèce discrète construit sur une branche de saule un nid en forme de boule très élaboré.

En aval de Vienne, le Danube se ramifie en un lacis de dérivations naturelles et de petits bras morts. Sur un sol frais, saules, érables champêtres et ormes s'y sont développés, tandis qu'on a planté des peupliers. Certains bras du Danube sont également encombrés de roselières. Ces eaux calmes constituent des frayères propices pour beaucoup de poissons.

La Lobau est constituée d'une forêt riveraine à l'intérieur de laquelle des bras morts du Danube créent des espaces humides ouverts en relation plus ou moins directe avec le fleuve.

Castor d'Europe
Ce rongeur, qui avait disparu de la Lobau, a été réintroduit avec succès, comme dans d'autres régions d'Europe.

Hypolaïs ictérine
Son chant grinçant et imitatif résonne dans les grandes saulaies en bordure du fleuve ou des bras morts.

Locustelle fluviatile
Le chant de cette espèce orientale rappelle le bruit d'une vieille machine à coudre.

Bruant des roseaux
Très lié aux milieux humides, il colonise la moindre parcelle de roselière.

Loriot d'Europe
Son «didelio» se fait entendre au plus haut des peupleraies et des saulaies.

SAULES ET PEUPLIERS
Ils constituent les essences les plus fréquentes en bordure des bras morts.

COULEUVRE À COLLIER
En bordure de l'eau, elle chasse sans relâche grenouilles, tritons et petits rongeurs.

HÉRON CENDRÉ
Il capture les poissons et les amphibiens, à l'affût dans les parties les plus calmes des bras morts.

GRENOUILLE AGILE
Forestière, elle ne rejoint l'eau qu'au moment de la ponte, au début du printemps.

CISTUDE D'EUROPE
La Lobau abrite encore cette tortue aquatique, par ailleurs menacée par la pollution et l'assèchement des zones humides.

BROCHET
Superprédateur, très commun dans la Lobau, il vient frayer dans les eaux calmes des bras morts.

GARDON Peu exigeant quant à la qualité des eaux, il fréquente surtout les eaux calmes et trouve donc ici un milieu de choix.

■ NEUSIEDLERSEE ET SEEWINKEL

À 60 km au sud-est de Vienne, le lac de Neusiedl (Neusiedlersee) et la région d'étangs du Seewinkel constituent l'un des sites naturels les plus riches d'Europe centrale en même temps qu'une région touristique de renommée internationale. Le lac de Neusiedl est le plus grand lac salé d'Europe. D'une profondeur moyenne d'un mètre, il est entouré de vastes roselières qui hébergent un nombre important d'oiseaux paludicoles. Le Seewinkel est une extension de la steppe hongroise, la *puszta*, qui est parsemée d'étangs salés. Le milieu prairial, aujourd'hui largement envahi par la viticulture, est en voie de disparition.

GRAND BUTOR La seule population autrichienne de ce superbe héron vit au plus profond des roselières du Neusiedlersee. Il se signale par des «boûou» graves.

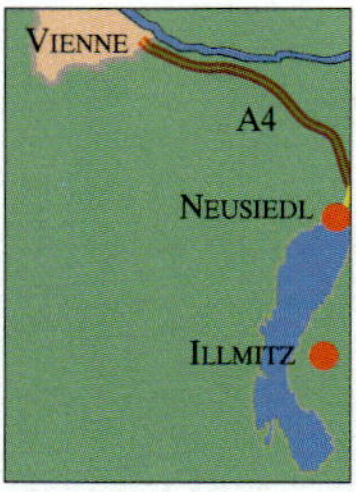

Depuis Vienne, il faut une heure, en prenant l'A 4, qui rejoint la frontière hongroise, pour atteindre Neusiedl am See et Illmitz, au cœur de cette région.

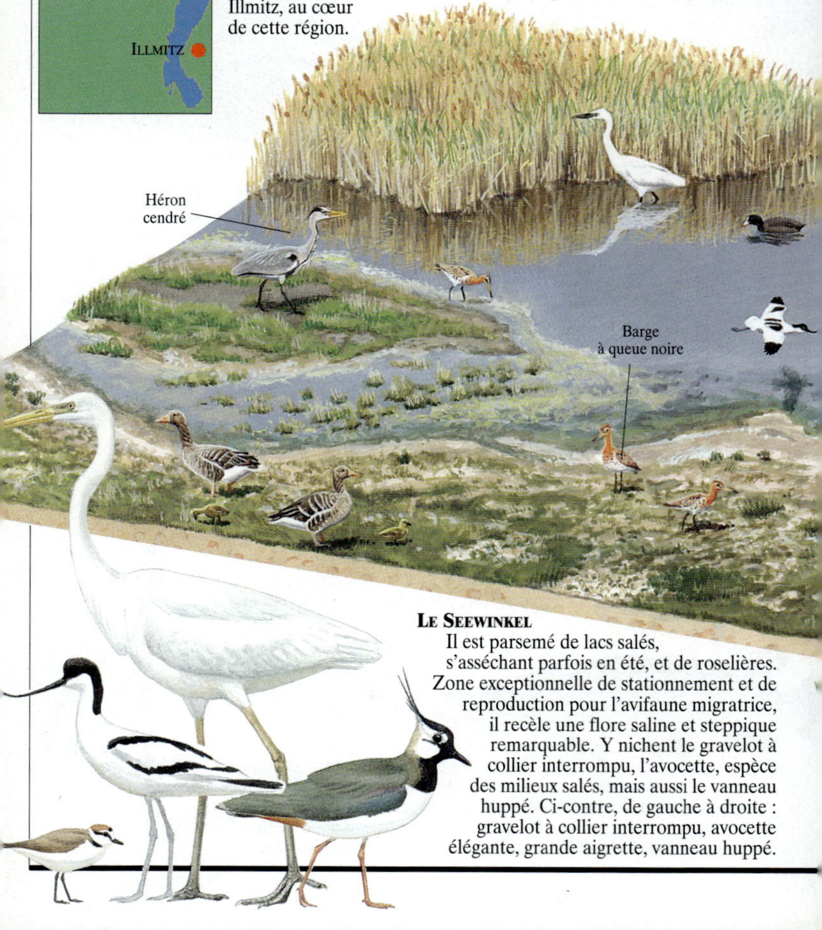

LE SEEWINKEL Il est parsemé de lacs salés, s'asséchant parfois en été, et de roselières. Zone exceptionnelle de stationnement et de reproduction pour l'avifaune migratrice, il recèle une flore saline et steppique remarquable. Y nichent le gravelot à collier interrompu, l'avocette, espèce des milieux salés, mais aussi le vanneau huppé. Ci-contre, de gauche à droite : gravelot à collier interrompu, avocette élégante, grande aigrette, vanneau huppé.

Oie cendrée
Elle niche très communément autour des lacs du Seewinkel, où des familles entières suivent leurs parents au printemps.

Rousserolle turdoïde
C'est la plus grosse des fauvettes paludicoles. Elle chante bien en vue au sommet d'un roseau.

Couleuvre d'Esculape
On la trouve surtout sur les coteaux secs qui dominent le lac. Dérangée, elle peut parfois faire face.

Rainette verte
C'est sur les feuilles des roseaux, en bordure des lacs, que l'on aura la chance d'observer cette petite grenouille commune.

Phragmite des joncs
Très commun dans les vastes roselières qui bordent le sud et l'ouest du Neusiedlersee.

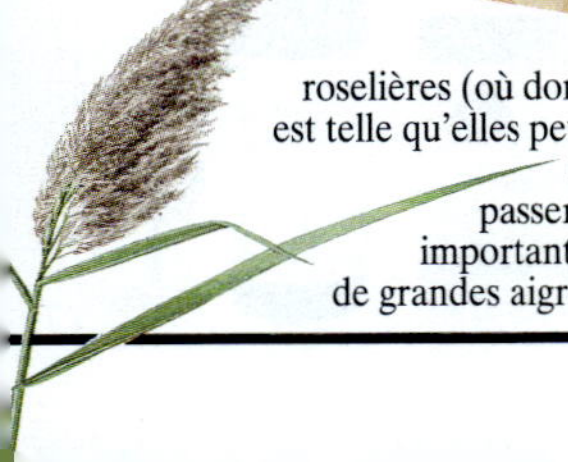

L'étendue des roselières (où domine le phragmite commun, à gauche) est telle qu'elles peuvent atteindre parfois 6 km de large ! Hérons, spatules, râles et marouettes, passereaux paludicoles y nichent en nombre important. Ainsi, plusieurs centaines de couples de grandes aigrettes ont trouvé refuge dans ce milieu.

La capitale autrichienne donne son nom à une appellation de 720 ha qui regroupe 250 vignerons : petits domaines, dont les vignes se succèdent sur les coteaux surplombant le Danube.
Les caves s'alignent dans les rues principales des villages environnants, qui s'animent à partir du 11 novembre, quand, les vendanges terminées, les viticulteurs reçoivent chez eux pour goûter le vin nouveau *(Heuriger)*.

«Heurigen» ● 68 Certains *Heurigen* sont devenus de véritables restaurants à vin.

Qu'il soit *Most*, *Sturm*, ou *Heuriger*, le vin est bu à divers stades de maturation.
On peut également prendre un *Gespritzt* : vin blanc et eau gazeuse.

Les principales variétés de raisin sont : le Grüner Veltliner (haut de page), le Neuburger et quelques vignes indigènes (ci-dessus, le Blaue Portugiese). De loin le plus répandu, le Grüner Veltliner donne un vin blanc fruité et léger. On peut lui préférer le riesling ● *69*, plus élégant, ou le chardonnay, plus charpenté.

«Wiener Trilogie»
C'est un des rares rouges viennois résultant de l'assemblage de cabernet-sauvignon, de pinot noir et de Zweigelt, cépage local vif et fruité.

Schwarzenbergplatz Ces pieds de vigne rappellent symboliquement que les vignobles entraient naguère jusqu'au cœur de la ville.

Histoire

HISTOIRE DE VIENNE

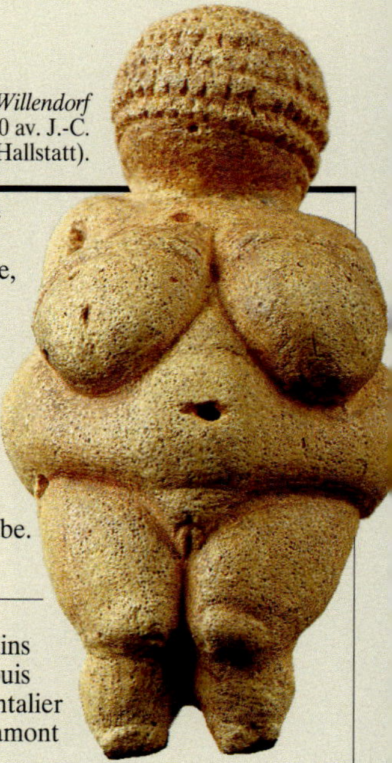

Vénus de Willendorf
vers 725-500 av. J.-C.
(civilisation de Hallstatt).

334-330 AV. J.-C.
Conquête de l'Empire perse par Alexandre le Grand.

264-122 AV. J.-C.
Rome conquiert le bassin méditerranéen.

31 AV. J.-C.
Victoire d'Actium, apogée de Rome.

Vienne est née à la croisée de deux routes : l'une traversant l'Europe en suivant le Danube, l'autre (la route de l'ambre jaune) reliant la Baltique à l'Italie. De 500 à 15 av. J.-C., le site de Vienne est une bourgade occupée par la tribu slave des Wendes. Vers 15 av. J.-C., la frontière septentrionale de l'Empire romain est portée sur le Danube.

VINDOBONA LA ROMAINE

29
Octave organise le régime impérial.

395
Partition de l'Empire romain (empire d'Occident et empire d'Orient).

À la fin du Ier siècle, les Romains font de Vienne (Vindobona, puis Flaviana Castra) un fortin frontalier pour surveiller le Danube en amont de Carnuntum, capitale de la Pannonie. En 180, à la suite de l'invasion des Quades et de Marcomans, Vindobona est détruite. En 213, la cité acquiert le statut de municipe et prend un nouvel essor. À la fin de ce même siècle, l'empereur Probus autorise les légionnaires de Vindobona à cultiver la vigne.

Héraclès ; vase (av. IVe siècle). Le Hoher Markt (à droite).

476
Chute de l'Empire romain d'Occident.

800
Charlemagne est couronné empereur d'Occident.

LES GRANDES INVASIONS. En 365, les Barbares franchissent le Danube. En 400, Vindobona est de nouveau détruite. Au VIe siècle, elle est occupée par les Lombards, puis par les Avars. Vers 630-660, ceux-ci fondent le royaume slave de Samo. En 795, Charlemagne, victorieux des Avars, les soumet et intègre l'Ostmark (la marche de l'Est) à son empire. En 881, les Moraves du roi Svatopluk (870-894) envahissent la ville, qui porte alors le nom, sans doute slave, de Wiena. Les Hongrois sont battus par Othon Ier à la bataille de Lechfeld (955). Othon Ier reçoit la couronne impériale en 962 et fonde le Saint Empire romain germanique. En 974, Othon II constitue la marche de l'Est de la Bavière.

«WIENNE» SOUS LES BABENBERG

863
Prédication des moines byzantins Cyrille et Méthode.

962
Couronnement à Rome d'Othon Ier, premier empereur romain germanique.

1054
Schisme grec.

1099
Les croisés délivrent Jérusalem.

En 976, Othon II nomme Léopold de Babenberg margrave (*Markgraf*, c'est-à-dire «comte de la marche») héréditaire d'Ostmark. En 996 apparaît le nom d'Ostarrichi, et en 1030 celui de «Wienne». La ville est alors la plus importante au nord des Alpes après Cologne. Les Babenberg agrandissent leurs fiefs (dont la limite atteint la Leitha en 1043) et font de Vienne leur capitale et leur lieu de résidence en 1135. La première église romane, Saint-Étienne, est consacrée en 1147. En 1156, Frédéric Ier Barberousse donne à Henri II Jasormigott le titre de duc d'Autriche, et celui-ci quitte son château du Leopoldsberg pour Vienne (Am Hof). Dès 1160, il entreprend la reconstruction de Saint-Étienne. En 1192, le roi d'Angleterre Richard Cœur de Lion est arrêté à Erdberg ; sa rançon est utilisée pour l'édification de nouvelles murailles, qui sont

«BELLA GERANT ALII, TU FELIX AUSTRIA NUBE.»
(«QUE LES AUTRES FASSENT LA GUERRE,
TOI, HEUREUSE AUTRICHE, FAIS DES MARIAGES.»)

MATHIAS CORVIN

achevées en 1200. De nouvelles constructions voient le jour autour de la Kärntnerstrasse, du Kohlmarkt et du Graben. Et, en 1221, Léopold IV accorde des privilèges municipaux et commerciaux à Vienne, en particulier le monopole du commerce avec la Hongrie. En 1246, Frédéric II le Belliqueux, dernier duc de Babenberg, trouve la mort à la bataille victorieuse de la Leitha contre les Hongrois. Ottokar II de Bohême et Béla IV de Hongrie revendiquent alors le trône au moment où s'ouvre le grand interrègne dans le Saint Empire romain germanique.

1171-1187
Saladin inflige une série de défaites aux croisés.

1270
Septième et dernière croisade, mort de Saint Louis à Tunis.

VIENNE LIEU DE RÉSIDENCE DU SAINT EMPIRE

De 1250 à 1273, les papes et les Allemands s'affrontent férocement. L'Autriche passe sous la domination d'Ottokar II de Bohême, qui fait construire la Hofburg.

LES HABSBOURG. Le grand interrègne prend fin lorsque, en 1273, Rodolphe Ier de Habsbourg (1218-1291), seigneur de Suisse alémanique, est élu roi des Romains parce qu'il ne porte ombrage à personne. Il réclame l'Autriche et veut qu'Ottokar II lui rende hommage. Il obtient gain de cause puisque, en 1278, Ottokar II meurt à la bataille du Marchfeld après s'être emparé de Vienne en 1276. En 1282, Rodolphe Ier donne en fief l'Autriche et la Styrie à ses fils Albert Ier et Rodolphe II. Les Viennois, révoltés contre Rodolphe qui veut leur ôter leurs privilèges, obtiennent une charte municipale : un maire administre la ville. Les Habsbourg achèvent le Schweizertrakt de la Hofburg, commencé par Ottokar II, et encouragent le développement du quartier noble (Herrenviertel). En 1298, Albert Ier de Habsbourg est élu roi des Romains. De 1303 à 1340, la dynastie entreprend de nombreuses constructions : chœur de Saint-Étienne (1330-1339), église des Augustins (à partir de 1330), Notre-Dame-du-Rivage et une nouvelle cathédrale Saint-Étienne. Fondateur de la cathédrale, le duc Rodolphe IV crée, en 1365, l'université, destinée à rivaliser avec celle de Prague, qui avait été fondée en 1348. À la suite d'incidents, on décide, en 1421, de raser le quartier juif. L'année 1433 voit l'achèvement de la flèche de Saint-Étienne. En 1437, le duc Albert V d'Autriche (1404-1439) devient roi de Bohême et de Hongrie, puis est élu empereur sous le nom d'Albert II. Le titre restera chez les Habsbourg jusqu'en 1806 (sauf de 1742 à 1745). En 1462, à la suite de dissensions entre Frédéric III (1443-1493) et son frère Albert, le peuple assiège pendant deux mois le souverain et sa famille dans la Hofburg – qui est encore un château fort. Vienne devient évêché en 1469. En 1485, Mathias Corvin, roi de Hongrie, occupe la ville après un siège de quatre mois. Il meurt en 1490 dans la Hofburg ; l'archiduc Maximilien, le «dernier chevalier», reprend Vienne. Il devient Maximilien Ier (1493-1519). Philippe, fils de Maximilien Ier, épouse en 1496 Jeanne de Castille, fille des Rois Catholiques, héritière de la Castille et de l'Aragon. Maximilien Ier fonde en 1498 le chœur de la Cour. En 1515, on célèbre en la cathédrale le mariage du petit-fils et de la petite-fille de Maximilien Ier avec les enfants de Ladislas,

Rodolphe II (1552-1612).

1357
Les Ottomans commencent à prendre pied en Europe.

1378
Grand schisme d'Occident.

1453
Chute de Constantinople.

Maximilien Ier (1459-1519) par Dürer.

Charles Quint (1500-1558)
et Ferdinand Ier (1503-1564).

roi de Hongrie et de Bohême. Le double mariage des petis-fils de Maximilien Ier, Charles V et Ferdinand Ier, fondera les branches espagnole et autrichienne de la dynastie. En 1522, Charles Quint (1519-1556) confie l'administration de l'Autriche à son frère Ferdinand. En 1526, Louis II Jagellon, roi de Bohême et de Hongrie, meurt à la bataille de Mohacs contre les Turcs. Son beau-frère, l'archiduc Ferdinand, est élu à sa succession. Ferdinand Ier (1521-1564) abolit les privilèges de Vienne et fait exécuter le bourgmestre Martin Siebenbürger ainsi que d'autres opposants à l'autorité impériale. En 1529, Vienne est à moitié détruite par un incendie. La même année, Ferdinand Ier choisit Vienne pour résidence. En 1533, il y concentre l'administration de tous ses États (Alsace, Allemagne du Sud, Autriche, Hongrie, Bohême).

LES TURCS. En 1529, Soliman Ier est aux portes de Vienne, mais la résistance des hommes du comte de Salm et des pluies diluviennes sauvent la ville de ce premier siège. Ferdinand Ier, roi des Romains depuis 1531, devient empereur en 1558, succédant à son frère Charles Quint. L'achèvement du mur d'enceinte (1560) absorbe une bonne partie des ressources, ce qui explique qu'il y ait peu de bâtiments Renaissance à Vienne. Maximilien II était protestant, et après 1570, près de 80 % des Viennois sont devenus protestants. Il fonde l'École espagnole d'équitation en 1572. Mais son successeur, Rodolphe II (1576-1612), quitte Vienne et fait de Prague sa résidence en 1582.

TRIOMPHE DE LA CONTRE-RÉFORME. Dans la première moitié du XVIIe siècle, des ordres monastiques catholiques s'installent à Vienne à l'appel du cardinal Khlesl en vue de combattre l'hérésie : les carmélites et l'ordre hospitalier des frères de la Grâce s'installent à Leopoldstadt, les paulistes sur la Wieden et les servites dans la Rossau, les augustins bâtissent Saint-Roch sur la Landstrasse. La floraison du premier baroque viennois, due à des architectes et artistes italiens, est aussi une manifestation de la Contre-Réforme : églises des Franciscains, des Dominicains, des Capucins, des Jésuites, et adjonction au monastère des Écossais d'une façade baroque. L'image de Vienne à vol d'oiseau de Jacob Hoefnagel (1609) est ainsi considérée comme la dernière vue de la cité gothique. Ferdinand II (1619-1637) sera le meilleur adversaire du protestantisme. C'est également lui qui, en 1625, attribue la Leopoldstadt aux Juifs (expulsés en 1670). De 1618 à 1648, la guerre de Trente Ans ravage l'Allemagne et la Bohême. En 1619, les Tchèques révoltés menacent même Vienne. Mais dès 1620 la bataille de la Montagne Blanche, près de Prague (durant laquelle s'affontent catholiques et protestants), affirme la puissance des Habsbourg. Les protestants sont chassés de Bohême et de Moravie. La Contre-Réforme triomphe. En 1642-1645, les Suédois se présentent devant Vienne. La paix de Westphalie (1648) consacre l'échec partiel de l'universalisme religieux en établissant le principe *cujus regio, cujus religio* : l'empereur, maître chez lui, doit reconnaître les libertés germaniques dans le reste du Saint Empire, divisé en nombreuses principautés.

1517
Luther commence à prêcher la Réforme.

1520-1566
Règne de Soliman le Magnifique et apogée de l'Empire ottoman.

Le Prince Eugène (1663-1736).

1535
Calvin publie L'Institution de la religion chrétienne.

1545-1563
Concile de Trente, début de la Contre-Réforme.

Maximilien II (1527-1576) et sa famille.

1555
Paix d'Augsbourg, victoire du luthéranisme en Allemagne.

1571
Victoire, à Lépante, de la Sainte Ligue contre les Turcs.

1689-1725
Pierre le Grand fait de la Russie une grande puissance.

L'épidémie de peste de 1679 précède de peu le second siège de Vienne par le grand vizir Kara Moustapha (1683). L'arrivée du roi de Pologne Jean Sobieski et du duc Charles de Lorraine sauve les hommes du comte de Starhemberg. Charles de Lorraine et Max-Emmanuel de Bavière entreprennent la reconquête de la Hongrie, qui aboutit à la libération de Bude et Pest en 1686 et à la paix de Karlowitz : en 1699, les Turcs évacuent la Hongrie.

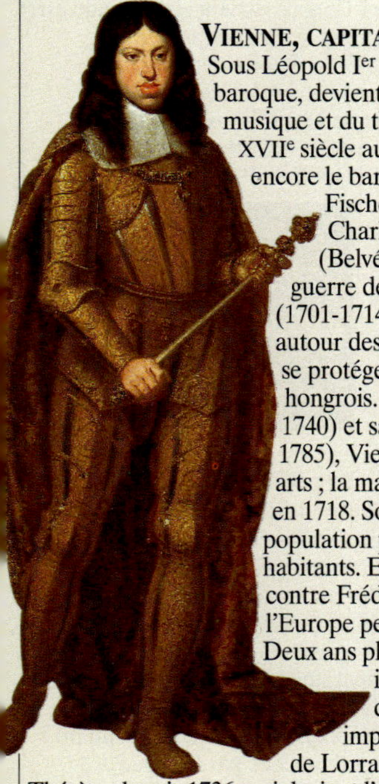

L'église Saint-Charles ; à gauche, Léopold Ier (1640-1705) ; en bandeau, la bataille de Wagram (1809).

VIENNE, CAPITALE DES ARTS. Sous Léopold Ier (1659-1705), Vienne, ville baroque, devient le centre européen de la musique et du théâtre. De la fin du XVIIe siècle au milieu du XVIIIe s'épanouit encore le baroque, représenté par Fischer von Erlach (Saint-Charles) et Hildebrandt (Belvédère). En 1704, pendant la guerre de succession d'Espagne (1701-1714), on élève des remparts autour des nouveaux faubourgs pour se protéger contre les révoltés hongrois. Sous Charles VI (1711-1740) et sa fille Marie-Thérèse (1740-1785), Vienne devient une capitale des arts ; la manufacture d'Augarten ouvre en 1718. Sous Marie-Thérèse, la population passe de 88 000 à 175 000 habitants. En 1740 éclatent les guerres contre Frédéric de Prusse, qui agiteront l'Europe pendant plus de vingt ans. Deux ans plus tard, la couronne impériale échoit à la famille de Bavière, jusqu'à l'élection impériale, en 1745, de François de Lorraine, époux de Marie-Thérèse depuis 1736, qui devient l'empereur François Ier (1745-1765). Le château de Schönbrunn est achevé en 1749. À partir de 1750, le baroque évolue vers le rococo. Le renversement des alliances de 1756 (alliance entre l'Autriche et la France) aboutit en 1770 au mariage de Marie-Antoinette et du futur Louis XVI. Joseph II (1780-1790) entreprend la centralisation de la monarchie. Les principales réformes qui constituent le «joséphisme» sont l'édit de Tolérance (1781), l'abolition du servage (1781), la suppression de nombreux monastères et la germanisation.

1762-1796
Règne de Catherine II de Russie.

1773
Suppression de l'ordre des Jésuites (créé en 1534).

1783
Indépendance des États-Unis (traité de Versailles).

1787
Adoption de la Constitution des États-Unis d'Amérique.

1804
Début des révoltes serbes contre l'occupant turc.

1805
Bataille de Trafalgar.

1809
Napoléon annexe les États du pape.

1825
Premier chemin de fer en Angleterre.

«Les Habitants de Vienne apportant des secours aux blessés français» (gravure du XIXe siècle).

François Ier (1768-1835).

L'EMPIRE AUTRICHIEN

Le prince von Metternich-Winneburg (1773-1859) ; à droite, scène dans un café viennois.

1862
Accession au pouvoir de Bismarck.

1871
Proclamation de l'Empire allemand.

François-Joseph (1830-1916).

En 1797, Bonaparte, victorieux en Italie, menace Vienne, mais les préliminaires de Loeben arrêtent les Français. Les traités de Campoformio et de Lunéville retirent aux Habsbourg leur autorité en Italie et leurs possessions dans les Pays-Bas (Belgique). Éclipsé par l'influence de Napoléon, François II (1792-1835) renonce au titre d'empereur des Romains.
En 1805, les armées napoléoniennes s'emparent de Vienne et y restent jusqu'en 1806. Le Saint Empire romain germanique est dissous en 1806 ; François II prend le titre d'empereur d'Autriche. En 1809, à la suite de la victoire de Wagram, les Français occupent Vienne une seconde fois. En 1810, Napoléon épouse l'archiduchesse Marie-Louise. Le blocus continental paralyse le commerce, et l'effort de guerre provoque l'inflation. En 1813, Napoléon Ier, vaincu à Leipzig, évacue l'Allemagne et, en 1814, les Autrichiens occupent Paris. Après la paix de Paris, Napoléon s'exile dans l'île d'Elbe, dont il devient le souverain. La Sainte-Alliance est conclue au congrès de Vienne (Autriche-Prusse-Russie).

L'ÉPOQUE BIEDERMEIER. La période qui s'étend de 1815 à 1848 (ministère du prince Metternich) est un nouvel âge d'or pour Vienne. Tandis que la ville s'industrialise, la vie culturelle s'extériorise dans un mode de vie bourgeois que l'on appelera le Biedermeier. On construit les premiers bâtiments néo-classiques. Le bastion que les Français avaient détruit en 1809 est transformé en jardins (Volksgarten et Burggarten).
En 1817, les remparts deviennent une promenade publique. Enfin, dans cette capitale de la musique, poésie et littérature connaissent un nouvel essor. L'époque Biedermeier prend fin le 13 mars 1848, quand la ville est touchée par la vague de révolutions qui frappe l'Europe. L'insurrection s'achève avec l'intervention du prince Windischgrätz et le bombardement de la ville par ses troupes. Ferdinand Ier (1835-1848), frère de François Ier, abdique en faveur de son neveu François-Joseph Ier. Quant à la révolution hongroise, elle est écrasée grâce à l'aide des troupes russes.

LE RÈGNE DE FRANÇOIS-JOSEPH (1848-1916). En 1849, l'Autriche, qui a gardé toute sa puissance, fait échec à la tentative d'unité allemande menée sous l'égide de la Prusse (reculade d'Olmütz). En 1859, la guerre d'Italie, marquée par les défaites de Magenta et de Solferino, se solde par la perte de la Lombardie (Milanais). La question allemande ne tarde pas à revenir sur le devant de la scène. La défaite de Sadowa (Königgrätz), en 1866, a de graves conséquences : la perte de la Vénétie et surtout le retrait de l'Autriche de la Confédération germanique, désormais dominée par la Prusse. En 1867, l'Empire connaît une grande transformation avec l'instauration du dualisme austro-hongrois (double monarchie), qui permet à François-Joseph de se réconcilier avec les Hongrois. En 1850, Vienne englobe la périphérie jusqu'au Gürtel (8 arrondissements et

«ET AU MOMENT MÊME OÙ L'ESCORTE MOTORISÉE DU FÜHRER DÉFILAIT DANS LA VIEILLE CITÉ DES HABSBOURG, ENTRE LA DOUBLE HAIE DE VIENNOIS EN LIESSE, TOUTES LES CLOCHES DES ÉGLISES SE MIRENT À LEUR SONNER LEUR OBSCÈNE JUBILÉ.»

GEORGE CLARE

431 000 habitants). En 1857, l'empereur ordonne la destruction des remparts, qui sont remplacés par le Ring. L'inondation causée par le Danube en 1862 entraîne la construction du Donaukanal (1870-1875). L'inauguration du nouvel opéra, en 1869, se fait avec le *Don Juan* de Mozart. L'Exposition universelle de 1873 est un succès même si elle est accompagnée d'un krach boursier et d'une épidémie de choléra. On construit le métro de 1894 à 1900. En 1891, les XIe à XIXe arrondissements sont inclus dans la cité et, en 1904, c'est le tour des XXe et XXIe, situés sur l'autre rive du Danube.

Scène de la révolution de 1848.

1912-1913
Guerres balkaniques.

1933
Hitler devient chancelier du Reich.

1936
Axe Rome-Berlin.

1945
Conférence de Yalta, Hiroshima détruite.

VIENNE CAPITALE DE L'AUTRICHE

En 1910, Vienne (deux millions d'habitants), la quatrième ville d'Europe après Londres, Paris et Berlin, est une ville cosmopolite : elle attire les populations (une douzaine de nationalités) qui composent l'Empire. En 1914, l'archiduc François-Ferdinand, héritier présomptif de François-Joseph, est assassiné à Sarajevo. L'Autriche déclare la guerre à la Serbie, puis le conflit s'étend à toute l'Europe. Charles Ier, neveu de François-Joseph, lui succède en 1916. Des tentatives de paix séparée échouent en 1917 ; en 1918, l'Autriche se retrouve dans le camp des vaincus. Dès le mois d'octobre 1918, l'empire des Habsbourg se disloque avec l'appui tacite des Alliés. En 1919, le traité de Saint-Germain réduit l'Autriche à l'Ostmark de Charlemagne et interdit l'union avec l'Allemagne. Vienne devient la capitale hypertrophiée d'une république de 84 000 km^2 et 6 millions d'habitants, contre 700 000 km^2 et 52 millions d'habitants sous l'empire. Les socialistes dirigent la municipalité jusqu'en 1934 et doivent faire face à la crise économique au lendemain des hostilités. Une vaste politique sociale est engagée. En 1927 et en 1934, socialistes et chrétiens-sociaux s'affrontent dans des combats de rue. Après 1934, le chancelier Dollfuss, qui instaure un régime autoritaire, tente un rapprochement avec l'Italie de Mussolini. En 1938, l'Autriche est rattachée à l'Allemagne (Anschluss). En 1945, les troupes soviétiques entrent dans une ville dévastée par les bombes. Après la guerre l'Autriche est divisée en quatre zones et occupée par les Alliés. Vienne, qui se trouve dans la zone soviétique, est soumise comme Berlin à une occupation quadripartite.
En 1955, par le traité du Belvédère, l'Autriche retrouve sa souveraineté et devient un État neutre. Les monuments font l'objet de restaurations, qui redonnent à la ville son lustre d'autrefois. La capitale autrichienne accueille certaines agences de l'O.N.U., le siège de l'O.P.E.P., et devient le lieu de rencontre des différentes conférences sur le désarmement.
En 1986, Kurt Waldheim, secrétaire général de l'O.N.U., devient président de la République autrichienne, mais ne sollicite pas de second mandat en 1991.

1968
Printemps de Prague.

1989
Chute du mur de Berlin.

1990
Guerre en Yougoslavie.

Kurt von Schuschnigg (1897-1977), chancelier après Dollfuss.

Viennois devant un cinéma dévasté dans les années 1940.

1991
L'U.R.S.S. est dissoute.

1993
Partition de la Tchécoslovaquie.

● Les Turcs aux portes de Vienne

Jean III Sobieski ● *31*,
roi de Pologne, délivre Vienne.

Après avoir écrasé les Hongrois à Mohacs (1526) et occupé Budapest, Soliman Ier, accompagné de 120 000 hommes, campe en 1529 sous les murs de Vienne. Mais les 20 000 soldats du comte de Salm et un hiver précoce sauvent le bastion oriental de l'empire de Charles Quint de ce premier siège. En 1682, Imre Thököli, chef de la rébellion hongroise contre les Habsbourg, demande l'aide de la Turquie, qui envoie 200 000 hommes, sous les ordres du grand vizir Kara Moustapha. La famille impériale prend la fuite. Le second siège de Vienne commence le 14 juillet 1683. Mais le comte de Starhemberg renseigne les troupes polonaises qui apparaissent sur les hauteurs du Kahlenberg.

Soliman Ier (1494-1566)
Les hostilités ayant tourné en sa défaveur, Soliman Ier ● *30* signe une trêve, ce qui lui permet de porter les armes en Asie et en Afrique du Nord, si bien qu'à la fin de son règne le sultan ottoman domine presque tout le monde islamique. Soliman Ier, qui porte l'empire ottoman à son apogée par ses conquêtes et par son rayonnement artistique, est surnommé en Europe «le Magnifique».

Kara Moustapha (1634-1683)
Grand vizir et commandant en chef, Moustapha «le Noir» ● *31* essuie avec le siège de Vienne une telle défaite qu'il sera mis à mort à Belgrade le 25 décembre 1683 sur ordre du sultan Méhémet IV.

Les Turcs hors d'Europe
En 1683, décidé à profiter de ce succès inespéré devant Vienne, Léopold Ier charge le duc Charles de Lorraine de mener la guerre contre les Turcs. Il reconquiert la Hongrie et fait campagne jusqu'à Belgrade (1688) après avoir délivré Bude en 1686. En 1697, le prince Eugène de Savoie ▲ *247* défait les Ottomans à Zenta, ce qui lui permet de leur imposer la paix de Karlowitz (1699), par laquelle les Turcs cèdent la Hongrie. Une seconde campagne donne au Prince Eugène une victoire définitive à Belgrade (1717).

L'armée de Kara Moustapha assiège Vienne
Les troupes ottomanes, dotées d'un armement classique et d'une cavalerie légère, peuvent mener de longs sièges et disposent en outre d'une artillerie capable d'attaquer les remparts. C'est d'ailleurs avec des canons pris aux Turcs qu'on fondra la cloche de la cathédrale, la Pummerin ▲ *134*.
Ci-dessous, parade de janissaires.

Marie-Thérèse et Joseph II

Schönbrunn, nid impérial ▲ *274*
Dans le cadre rococo aménagé par Marie-Thérèse, le couple impérial cultive une vie de famille au milieu de ses seize enfants.

Le prince Léopold étant mort en 1716, Charles VI de Habsbourg n'a pas d'héritier mâle pour assurer sa succession. Il devra imposer Marie-Thérèse, sa fille aînée, afin que la branche cadette (caroline) des Habsbourg conserve le trône. Fort de la Pragmatique Sanction, édit qui règle sa succession, Charles VI plaidera sa cause auprès des grandes cours d'Europe qui, en échange de lourds avantages territoriaux ou financiers, finiront par reconnaître Marie-Thérèse comme héritière du trône. Mais tout sera remis en cause après la disparition de l'empereur, en 1740 : ce sera le début de la guerre de succession d'Autriche (1740-1748), dans laquelle une jeune femme de 23 ans défendra ses intérêts contre une bonne partie de l'Europe et, surtout, contre Frédéric II de Prusse.

Marie-Thérèse (1717-1780) ▲ *158, 260*
Malgré la prise de la Silésie (1741) par le roi de Prusse et l'accession au trône impérial de Charles VII de Bavière (1742), Marie-Thérèse obtient la couronne de Hongrie (1741). En 1745, elle fait élire François de Lorraine, son époux, au trône impérial. Le traité d'Aix-la-Chapelle (1748) ayant ramené la paix, elle érige Vienne en capitale d'un État centralisé, développe les administrations ▲ *244*, modernise l'enseignement, la Justice, la médecine et l'économie (création de manufactures, protection de l'industrie par des droits de douane, campagne de travaux routiers).

François Ier (1708-1765)
Marie-Thérèse écartera son époux du pouvoir. Ce dernier, mauvais conseiller et piètre soldat, préfère d'ailleurs s'occuper de ses collections de sciences naturelles.

Joseph II ▲ *292* **et Catherine de Russie**
À la mort de son père, l'archiduc Joseph est associé comme corégent aux affaires de l'Empire, aux côtés de Marie-Thérèse. Quand celle-ci disparaît à son tour, en 1780, il monte sur le trône. Il accroît la centralisation du pouvoir en renforçant le rôle de l'administration et de la police, et encourage les arts et l'industrie.

Joseph II (1741-1790)
Le «joséphisme» ▲ *291* restreint le pouvoir de l'Église catholique romaine dans les États des Habsbourg par l'abolition des ordres religieux et par la confiscation des biens du clergé.

Il accorde la liberté de pensée et le droit de cité à toutes les autres confessions (édit de Tolérance, 1781).

La guerre de Sept Ans ▲ *260*
En 1756, l'Autriche, désireuse de reprendre la Silésie à la Prusse, reprend les armes et se lance dans un conflit qui embrase toute l'Europe. Grâce à la diplomatie du comte Kaunitz, l'impératrice obtient un renversement des alliances : elle se réconcilie avec la France, ennemie traditionnelle, après que son ancienne alliée britannique a pactisé avec la Prusse. L'Autriche obtiendra également le soutien de la Suède, de certains princes allemands et de la Russie. La Prusse sera battue à Kunersdorf en 1759. Le traité de Paris, signé en 1763, ramènera la paix dans une Europe saignée à blanc.

«L'empereur Joseph II travaillant la terre dans le village morave de Slavikowitz».

L'archiduc Charles ▲ *261*, vainqueur des Français à Aspern (1809).

Au bal de la salle des Redoutes.

En 1792 commencent les guerres contre la France de la Révolution. Cinq ans plus tard, Bonaparte, victorieux en Italie, avance jusqu'à Loeben. Les traités de Campo-Formio (1797) puis de Lunéville (1801) consacrent la défaite des Habsbourg. En 1804, le couronnement de Napoléon compromet l'autorité de l'empereur Habsbourg en Allemagne, et la création de la Confédération du Rhin puis le traité de Presbourg (1805) sonnent le glas du Saint Empire. En 1804, François II renonce au titre d'empereur romain et prend en 1806 celui d'empereur d'Autriche sous le nom de François Ier.

En 1814 et 1815, le congrès de Vienne, à l'issue duquel est conclue la Sainte-

LE RETOUR DE L'EMPEREUR
Cette fresque du musée d'Histoire de l'Art ▲ *208* montre le retour de François Ier à Vienne en 1809, après son occupation par Napoléon. Opposé aux idées révolutionnaires, François Ier participera aux coalitions contre la France. Mais sa politique ne commencera à porter ses fruits qu'en 1813, après la défaite de Napoléon à Leipzig et l'évacuation de l'Allemagne ● *32*.

«Le congrès ne marche pas, il danse.» (Prince de Ligne)
Au bal de la salle des Redoutes vinrent 6 000 personnes au lieu de 3 000 car les huissiers revendaient les invitations au fur et à mesure qu'on les leur remettait ! 1 500 petites cuillers en vermeil fabriquées pour l'occasion disparurent.

Talleyrand (1754-1838) ▲ *147*
Présent au congrès de Vienne, le ministre français des Affaires étrangères fera tout pour limiter les exigences des Alliés. Mais le retour de Napoléon, en mars 1815, ruinera son action.

Alliance (Autriche-Russie-Prusse), ne sera même pas interrompu par

l'épisode des Cent-Jours, auquel met fin, le 18 juin 1815, la bataille de Waterloo.

Le tsar Alexandre Ier ▲ *180* se targue de danser quarante nuits consécutives.

La révolution de 1848

Caricature représentant Metternich en fuite pendant la révolution.

La période de trente années (appelée *Vormärz*, «Avant-mars») qui précède la révolution de 1848 et durant laquelle s'exerce l'autorité du prince Metternich-Winneburg, est pour Vienne une époque de prospérité et d'épanouissement culturel (ouverture de la compagnie de vapeurs sur le Danube en 1823, première usine à gaz en 1828, première ligne de chemin de fer en 1837, construction des premiers bâtiments néo-classiques). Le *Vormärz* – encore dénommé époque Biedermeier – prendra fin le 13 mars 1848, date à laquelle une importante manifestation aura lieu devant le Landhaus (diète de la Basse-Autriche). La foule réclame des réformes. La troupe ouvre le feu et fait des victimes, ce qui déclenche un soulèvement général.

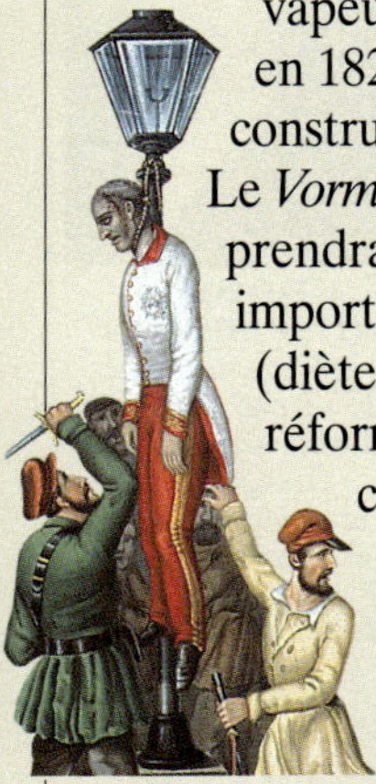

Les Viennois pillent l'Arsenal et assassinent le ministre de la Guerre, le comte Latour (ci-dessus). Le prince de Metternich, chancelier de 1815 à 1848, prend la fuite.

Exécution, le 9 novembre 1848, du député Robert Blum, qui a pris part au soulèvement d'octobre.

Corps de garde de l'université

L'université sera à la pointe du combat révolutionnaire ; les étudiants constitueront une «légion académique».

Vienne sous les barricades.

FERDINAND Ier (1793-1875)
Le fils de François Ier, Ferdinand Ier (1835-1848), dit «Ferdinand le débonnaire», est contraint à l'abdication par Schwarzenberg en faveur de son neveu, François-Joseph.

FRANÇOIS-JOSEPH (1830-1916) ▲ *144, 179*
Il monte sur le trône le 2 décembre 1848 et restera soumis à l'influence de sa mère et du Premier ministre Schwarzenberg. Sous son règne (1848-1916), Vienne connaîtra son apogée.

INDISCHGRÄTZ PIÉTINE LE DRAPEAU RÉVOLUTIONNAIRE
Dès son entrée dans Vienne, le prince Windischgrätz proclame la loi martiale et fait exécuter les meneurs. Le prince Schwarzenberg forme un nouveau gouvernement. Les Viennois ne se rendront que le 31 octobre, après une lutte sanglante. En 1849, les troupes autrichiennes et russes écrasent la révolution hongroise.

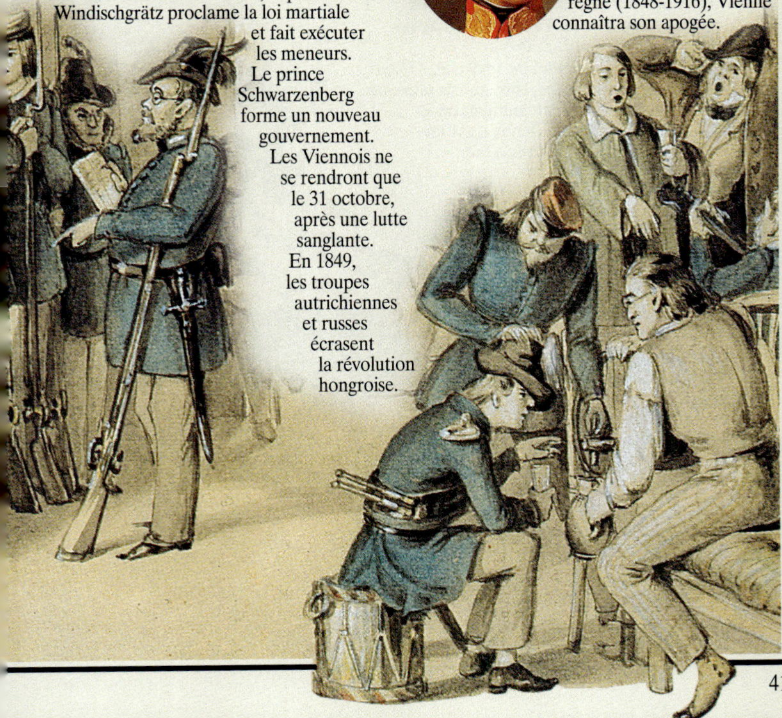

VIENNE SOUS LES BOMBES

LE SCHILLING
La monnaie mise en circulation en 1924 sera rétablie après la guerre.

Avec la chute des Habsbourg, en 1918, l'Empire s'effondre ; la république est proclamée. Les années vingt connaissent une grave crise économique. Les socialistes, minoritaires dans le pays, dominent la vie politique à Vienne. Aux élections de 1930, le parti nazi remporte un certain succès. Le chancelier Dollfuss, hostile aux visées de Hitler, est assassiné en 1934. Le pays est happé par l'Allemagne nationale-socialiste : en mars 1938, l'Anschluss (rattachement) est proclamé à Vienne, où Hitler fait une entrée triomphale. L'Autriche est entraînée dans la guerre aux côtés de l'Allemagne. En 1945, les Soviétiques attaqueront les Allemands repliés dans Vienne en bombardant la ville. Puis l'Autriche subira dix ans d'occupation ; c'est le temps que Vienne mettra pour renaître de ses cendres.

«LE TROISIÈME HOMME»
▲ *192, 267*
Ce film de 1949 avec Orson Welles, ainsi que sa musique restent emblématiques de la Vienne en ruine de cette époque.

La situation de Vienne s'aggrave à partir de 1944. Outre les bombardements alliés qui commencent dès 1943, la ville connaît de gros problèmes de ravitaillement ; le marché noir se développe rapidement. En août 1944, les théâtres et les lieux publics seront fermés, la semaine de travail sera portée à 60 h. En octobre la levée en masse *(Volksturm)* de tous les hommes de 16 à 60 ans est ordonnée. Parallèlement, Vienne devient le refuge des déserteurs et des opposants au régime nazi. Enfin, les patriotes autrichiens participeront à la libération de la ville.

Pertes humaines et destructions
Les bombardements tueront 12 000 personnes et anéantiront 20 % des habitations. 270 000 Viennois se trouveront sans abri. Durant l'année 1945, Vienne connaîtra la plus forte mortalité enregistrée en Europe.

Quatre hommes dans une Jeep
Les policiers militaires des quatre puissances d'occupation (Américains, Britanniques, Français et Soviétiques) circulent dans la ville à bord d'une même voiture.

Réinstallation de la Pummerin
La cathédrale ▲ *132*, rénovée par tranches, sera rendue au culte dès 1948, tandis qu'à la fin des années 1950 la flèche sera reconstruite et la Pummerin ● *35*, ▲ *134*, refondue, sera hissée dans la tour inachevée du nord (la flèche, ébranlée, n'étant plus capable d'en supporter le poids).

La cathédrale détruite
Le toit tout entier s'effondrera, tandis que les tours seront la proie des flammes.

Affiche pour une souscription
L'après-guerre sera consacré à relever le pays de ses ruines. La reconstruction de la cathédrale, incendiée en 1945, prendra plus de dix ans. L'Opéra ▲ *223* rouvrira en 1955, quelques mois après le traité d'État signé en mai qui rend à l'Autriche sa pleine souveraineté.

«La Cuisiniere, le maitre de cave et le Croat qui vend de la toile à Vienne» *(Die Köchinn, der Vullnermeister und der croatische Leinwandhändler in Wien)*, aquarelle de J. Opitz extraite de la collection *Types viennois* (vers 1810).

Un Allemand du Nord qui arrive à Vienne pour la première fois est persuadé qu'il va entendre parler la même langue que la sienne, l'allemand. Or, à peine est-il arrivé que la surprise est immense. Ses oreilles perçoivent bien «sa» langue, mais transformée. Les consonnes se sont amalgamées, les voyelles se sont mises à chanter, à siffler comme si «sa» langue était soudain devenue joyeuse et un peu folle, ivre et douce à la fois. Dans cette musique inattendue, l'Allemand du Nord verra pourtant une trahison, un attentat à la pure et authentique langue allemande. Petits écarts ou différences sensibles n'affectent certes pas la structure de la langue, mais montrent que l'on a affaire à des dialectes. L'allemand est une langue qui s'est aussi forgée à

Trois Juifs discutent.

“Évidemment, ce sont les Slovènes, les Galiciens et les Ruthènes de Pologne, les Juifs à caftan de Boryslaw, les maquignons de la Bacska, les musulmans de Sarajevo, les marchands de marrons de Mostar qui chantent l'hymne de l'empereur. Mais les étudiants de Brno et d'Eger, les dentistes, pharmaciens, garçons coiffeurs, artistes photographes de Linz, Graz, Knittelfeld, les goitreux de nos vallées alpines, eux, chantent tous la *Wacht am Rhein*. Messieurs, l'Autriche crèvera de cette fidélité de Nibelungen teutons.”

Joseph Roth, *La Crypte des Capucins*

Cocher discutant avec des bateliers sur un bateau remontant le Danube, aquarelle de J. Opitz.

partir d'une mosaïque de dialectes et de patois comme le souabe ou le bavarois. C'est à partir de Luther et de Gutenberg que s'est opérée l'uniformisation de la langue. Si tous les dialectes du Nord se sont tant bien que mal conformés au modèle imposé par la Prusse, les pays du Sud, la Bavière et les différentes régions composant l'Autriche actuelle ont résisté à leur manière pour affirmer leur différence, leur singularité. La langue véhicule et exprime à la fois un caractère et une position. Ainsi dit-on souvent des Viennois qu'ils sont les Marseillais des Allemands.

Le parler viennois : des sources multiples

À Vienne, capitale impériale, on a parlé toutes les langues de l'Empire et le parler viennois doit certaines de ses particularités à ces multiples influences. La cour elle-même ne répugnait pas à utiliser le dialecte viennois. Celui-ci cependant s'est moins forgé dans les salons de l'aristocratie que dans la rue. Il reflétait il y a peu encore la mosaïque qu'était la ville. Classes sociales ou castes, provinciaux ou étrangers venaient se fixer dans tel ou tel quartier et contribuaient à l'évolution de la langue. Vienne n'est pas une ville allemande aux sens où deux tiers de la population au moins sont issus d'ethnies non germanophones. Il y a eu les Turcs restés malgré eux après le siège de la ville. Les Slaves et les Hongrois ne manquèrent pas. Aujourd'hui encore, Vienne reste un pôle d'attraction pour eux comme pour les Slovènes, les Croates ou les Tchèques. Le parler viennois a été forgé par le mélange de ces diverses ethnies. Ainsi, vouloir savoir ce qui se cache derrière certains mots ou certaines expressions du parler viennois est un exercice qui donne le vertige. Le nom des délicieuses crêpes viennoises, les *Palatschinken*, vient du hongrois, mais les Hongrois le tenaient des Roumains, qui eux avaient tout simplement légèrement transformé le mot latin pour gâteau, *placenta*. Toujours en cuisine, le nom donné au maïs vient des Balkans mais est d'abord passé par le serbo-croate avant de se poser à Vienne sous le nom de *kukuruz*. L'abricot, *aprikose* en allemand, est devenu *marille* à Vienne. Ce mot vient du latin par l'italien. Enfin, les tomates, mot qui vient de l'Inde par le français, se nomment à Vienne *paradeiser*, car ce nouveau fruit fut comparé à la pomme d'or du paradis, *pomodoro* en italien, raccourci en «paradis» en Autriche. C'est donc essentiellement la cuisine qui recueille les traces des diverses influences ethniques, mais d'autres exemples, plus rares, confirment la richesse des mélanges qui ont formé cette langue, l'âme de cette ville.

L'apport du français. Bien que n'ayant aucune frontière avec l'Autriche, la France a joué un rôle important dans l'histoire de ce pays. Plus surprenant encore est l'apport de la langue française au parler viennois. La pratique des jeux de cartes par exemple garde mémoire du français. *Coupiern* pour couper, mais aussi *cœur*, *trèfle*, *carreau* et *pique* qui eux sont utilisés directement en français. Le coiffeur a aussi un vocabulaire dérivé du français aisément reconnaissable comme *pomade* et

"De quel pays pouvait-elle être ? Viennoise ? Jamais. Et comme elle souriait… Allemande ? Peut-être avec cette prononciation correcte ! Non pourtant – ces yeux sombres pleins de promesses, ces cheveux noirs ! Il avait trouvé, elle était italienne. Devant le regard égaré de Thérèse, le jeune homme éclata de rire et la rassura. Il savait qu'elle était viennoise, son accent malgré tout la trahissait, mais quant à la race, il aurait bien juré qu'elle avait du sang méridional."

Arthur Schnitzler, *Thérèse*

«Die Kleine Post» *(La Petite Poste)*.

"Ce qui différencie l'autrichien de l'allemand, c'est la même langue."

Karl Kraus

Pochette de disque de Wolfgang Ambros (1979).

À côté de la musique classique, du jazz, du rock, de la variété internationale et de la *Schrammelmusik*, la chanson viennoise, incarnée par quelques célébrités locales (ci-dessous, Falco, connu à l'étranger depuis une dizaine d'années) contribue à la survie du parler viennois.

rasieren. La couture, avec un *fasson* qui vient tout droit de l'expression à façon et un *frack* venant de froc, ne peut cependant faire concurrence au monde journalistique avec des mots comme *journal* ou *presse* qui font partie du vocabulaire courant. La cuisine a, bien sûr, emprunté au français. *Consommé, kotelett, petits fours, meringue* aiguiseront votre *flair*, mot que les Viennois utilisent dans un sens très proche du français. Souvenir des armées napoléonniennes, il reste enfin pour les plaisirs un certain *bordell*, qui dérive du vieux français par le hollandais et des *rendez-vous*, mot qui était autrefois un ordre militaire.

ESTHÉTIQUE DE LA SOUFFRANCE ET PHILOSOPHIE DE L'HUMOUR

Le parler viennois a su filtrer dans ses particularismes, ce qui relevait finalement des valeurs communes à tous et qui sont le signe distinctif de cette ville en Europe : le goût du plaisir associé à un certain fatalisme, le sens de l'ironie et de l'insolence. Ce mélange d'optimisme et de désespoir savamment distillé pour ne pas trop faire mal, on les retrouve sous la plume d'un Karl Kraus ou de poètes contemporains comme H. C. Artman ou E. Janal. Et c'est cette constante ouverture du parler viennois à toutes les influences qui lui a permis de ne pas se faire prendre au piège des normes linguistiques. Le viennois, qui est une langue proche de celle de Rabelais, reste essentiellement une langue parlée. Ceux qui d'ailleurs tentent de formaliser le parler viennois, de le transcrire par exemple, se heurtent à des difficultés innombrables. Il est facile de transcrire certains mots. Je, *Ich* en allemand, devient un simple *I* en viennois, mais lorsqu'on en arrive à des phrases complètes, cela se complique. Aujourd'hui, la normalisation linguistique a produit des effets irréversibles, et pourtant le parler viennois reste la mémoire vive et inépuisable de la ville, ou plutôt, dans son inconscient, ce coffre dans lequel, dès qu'il en a besoin, chacun peut aller se servir pour retrouver des racines qui se perdent ou pour retrouver la force d'affirmer sa singularité de Viennois. «Philosophie rythmique accompagnée d'humour», dit Peter Wehle du parler viennois.
On comprend donc qu'une même langue puisse abriter des âmes très différentes et qu'à Vienne on parle une autre langue que l'allemand.

❝Il parlait l'allemand nasal des hauts fonctionnaires et de la petite noblesse d'Autriche. […] C'était une langue douce, mais précise, tendre et méchante en même temps.❞
Joseph Roth, *La Marche de Radetzky*

«À LA COURONNE D'OR» Maison anciennement appelée *Das Elephantenhaus* et, depuis 1690, *Zur goldenen Krone*. On reconnaît, sur le Graben, la fontaine Saint-Léopold ▲ *138*. Photographie prise avant 1866.

Art de vivre

Au XVIIIe siècle, Vienne connaît la période la plus florissante de son histoire musicale. La fin des guerres turques permet à la ville de retrouver équilibre et prospérité au point de se couvrir, durant la première moitié du siècle, d'églises et de palais baroques. En même temps se développe la vie musicale, déjà riche, autour des compositeurs et artistes italiens (Bononcini, Caldara, Conti, Metastasio, Porpora…). L'appétit pour l'opéra, notamment, est spectaculaire, et Vienne devient l'un des centres du classicisme musical, qu'illustrent Gluck et surtout Haydn et Mozart.

WOLFGANG AMADEUS MOZART (1756-1791) ▲ *106, 147* écrit les notes avant les lettres. Dès six ans, il fait avec son père et sa sœur le tour des cours d'Europe. En 1762, il se produit au château de Schönbrunn ▲ *281* ; il revient à Vienne en 1768 et compose son premier opéra bouffe *(La Finta semplice)* et son premier *Singspiel (Bastien et Bastienne)*. En 1773, au cours d'un troisième séjour, il entend des quatuors de Haydn, sous l'influence desquels il en écrira six, qui affirment son indépendance par rapport au style italien.

CHRISTOPH WILLIBALD GLUCK (1714-1787) Ce fils de garde-chasse sera à la fin de sa vie l'un des compositeurs d'opéra les plus célèbres et les plus riches de son temps. Directeur musical de la cour de Vienne à partir de 1755, il promène dans toute l'Europe ses nombreux opéras, qu'il adapte au goût des diverses capitales. À soixante ans, fortuné, fêté dans toute l'Europe, Gluck connaît la consécration à Paris, où l'a appelé son ancienne élève Marie-Antoinette. En 1779, il retourne à Vienne où, victime de son tempérament sanguin, il mourra en 1787.

«Trop de génie pour plaire»
En 1781, rompant avec Colloredo ▲ *227*, archevêque de Salzbourg, Mozart s'installe à Vienne en dépit de cette mise en garde : «Au bout d'un moment les Viennois réclament encore du nouveau.» Sa notoriété grandit jusqu'en 1785, mais les Viennois ne comprennent pas son génie. Dès 1786, son étoile pâlit et les Mozart connaissent une gêne financière croissante. Pourtant, c'est pour Vienne que Mozart compose presque tous les chefs-d'œuvre de sa maturité *(Les Noces de Figaro, Don Juan, La Flûte enchantée…)*. Il est le premier musicien à oser s'affranchir d'un statut de domestique : «Je suis un compositeur… Je ne puis ni ne dois enterrer le talent que Dieu m'a donné.»

Trois princes
Haydn passe trente ans au service de Paul Antoine, Nicolas le Magnifique et Nicolas II Esterhazy ▲ *162*.

Un réformateur
Formé en Italie, Gluck souhaite rendre à l'opéra italien ses lettres de noblesse. Mais il prépare le monde germanique à l'opéra allemand, qui commence avec Mozart et aboutira à Wagner et aux post-romantiques.

Joseph Haydn (1732-1809)
Ayant débuté comme choriste à la cathédrale, Haydn reste trente ans au service des Esterhazy ▲ *152, 158*. Mais de fréquents séjours à Vienne le maintiennent en contact avec la vie musicale. En 1785, il noue avec Mozart une amitié que soude leur estime réciproque. Haydn meurt durant la seconde occupation française ▲ *164*.

Le classicisme finissant a été marqué par deux grandes figures : Haydn et Mozart. Deux autres personnalités, qui confirment la souveraineté musicale de Vienne, résument les deux premières décennies du XIXe siècle : Beethoven et Schubert. Ils illustrent, au milieu du vent nouveau qui souffle sur le monde des arts, la fascination que Vienne exerce sur les artistes : Beethoven (et plus tard Brahms) ne naît pas à Vienne, mais après l'avoir adoptée il ne pourra la quitter ; Schubert, né à Vienne, ne saura davantage vivre sous d'autres cieux.

FRANZ SCHUBERT (1797-1828)
La formation de ce fils d'instituteur a été plus sérieuse que ne le prétend la légende. Il est chanteur à la chapelle impériale, ce qui lui permet de travailler avec Antonio Salieri. À douze ans, il compose pour le quatuor familial, mais c'est dans le lied qu'il exprime son génie. Ses six cents lieder, presque tous des chefs-d'œuvre, affirment un sens dramatique qui va à l'essentiel en peu de pages. Cependant, sa notoriété ne dépasse guère le cercle d'amis qui se réunit autour de l'exécution de ses œuvres (les «schubertiades») ▲ *227*. Il partage les logements des uns ou des autres et reste attaché à la vie des cafés et des *Heurigen* ● *68*. Dès 1822 sa santé s'altère, mais les dernières années seront les plus fécondes. Il mourra en murmurant le nom de Beethoven, auprès duquel il est enterré ▲ *262*.

«Après Beethoven, je me demande vraiment s'il y a encore quelque chose à faire.»
Franz Schubert

Beethoven

Johannes Brahms (1833-1897)
Venu de Hambourg «boire le vin que Beethoven a bu», il ne quitte plus Vienne et redonne à la ville un niveau musical qu'elle a perdu au profit de la valse ● *56*.

Son classicisme audacieux séduit d'emblée les Viennois. Le plus classique des romantiques allemands repose entre Beethoven et Schubert ▲ *262*, qui lui ont enseigné l'un la rigueur germanique, l'autre le charme viennois.

Un géant tourmenté
Cet homme hirsute, coléreux, avare et muré dans la surdité à partir de 1802 ▲ *298*, parvient à réaliser dans la musique la cohérence qui lui fait défaut dans la vie. Beethoven s'installe à Vienne à vingt-trois ans. Cet héritier de Mozart et du classicisme viennois écrira neuf symphonies, partitions portant à la perfection l'expression des émotions, qui sont si achevées que Wagner estimera impossible d'en écrire d'autres après lui, et Debussy inutile ! Après le triomphe inattendu de l'opéra *Fidelio*, en 1822, Beethoven sera accaparé par la création de seize quatuors, dont les cinq derniers, sans parenté avec les autres œuvres écrites précédemment pour la même formation, atteignent des sommets absolus.

Ludwig van Beethoven (1770-1827)
Né à Bonn, il faillit prendre des leçons avec Mozart en 1787 mais c'est Haydn qui le fera venir à Vienne. À ses débuts, il bénéficie de la protection d'illustres familles.

ANTON BRUCKNER (1824-1896)

Aux admirateurs de Richard Wagner, Anton Bruckner – pour qui la découverte de *Tannhäuser* sera une révélation –, Gustav Mahler et Hugo Wolf, succèdent les trois membres de l'école de Vienne. Cette appellation, qui fait référence à l'enseignement qu'Arnold Schönberg dispensa à Vienne de 1904 à 1924, désigne le groupe que formaient Schönberg et ses deux disciples les plus illustres, Alban Berg et Anton (von) Webern, tant pour les liens qui les unissent à leur maître que pour leurs œuvres.

BRUCKNER : «MOITIÉ GÉNIE, MOITIÉ CRÉTIN» (MAHLER) En 1868, nommé organiste de la Cour et professeur au conservatoire, Bruckner s'installe à Vienne. Il y mène une existence semblable à celle de Brahms, fréquentant les mêmes cafés, même si les deux hommes s'évitent. Les gaffes de Bruckner sont célèbres : à Richter, qui vient de diriger une de ses symphonies, il glisse un pourboire !

UN CHEF HORS PAIR Meilleur chef de son temps, Mahler s'intéresse de près à la mise en scène, choisissant les chanteurs pour leur aptitude à incarner leur rôle. À partir de 1897, il règne dix ans sur l'opéra de Vienne, puis part pour New York. Malade, il demande à être ramené à Vienne, où il mourra cinq jours après son retour.

HUGO WOLF (1860-1903), GÉNIE DU LIED Renvoyé du conservatoire, mal vu à cause de ses articles prowagnériens et de ses critiques contre Brahms, Wolf échoue dans toutes ses tentatives pour se faire reconnaître. Dès 1888, il trouve sa voie dans le lied (300 lieder), ce qui lui permettra de se comparer à Schubert. Il finit sa vie dans un asile. Il est inhumé au Cimetière central ▲ *262*.

GUSTAV MAHLER (1860-1911) ● *54* Condisciple de Wolf, il partage son admiration pour Wagner… et son logement. Si Wagner estime impossible d'écrire des symphonies après Beethoven, Mahler, lui, applique à la symphonie l'esthétique de Wagner : «Bâtir un monde avec toutes les ressources techniques dont dispose un musicien.» Ultime souffle du romantisme, avec Richard Strauss, Mahler entrera dans le cénacle sécessionniste ● *86, 88,* ▲ *232*, et défendra les premières œuvres de Schönberg.

«LA SYMPHONIE DOIT ÊTRE PAREILLE
À L'UNIVERS, ELLE DOIT
TOUT EMBRASSER.»
GUSTAV MAHLER

Arnold Schönberg, par Egon Schiele ▲ *252*.

ARNOLD SCHÖNBERG (1874-1951)
D'abord influencé par l'écriture de Brahms et le chromatisme de Wagner et Richard Strauss, Schönberg prend très tôt ses distances vis-à-vis du langage traditionnel. Il dédiera son célèbre *Traité d'Harmonie* à son ami et protecteur Malher.

L'ÉCOLE DE VIENNE
Avec Schönberg, la musique cesse d'être un art «figuratif». En 1908, il bannit toute primauté d'un son sur un autre ; puis il met au point le dodécaphonisme, organisation des douze demi-tons en série déterminée par l'absence de relation fonctionnelle entre les sons, sans possibilité d'en répéter un avant que tous les autres n'aient été entendus. Le dodécaphonisme est l'un des axes de développement de la musique au XXe siècle.

ANTON WEBERN (1883-1945)
Il travaille avec Schönberg jusqu'en 1910. En Allemagne et à Prague jusqu'à la guerre, il rejoint ensuite son maître à Vienne. Ses œuvres sont caractérisées par la brièveté, l'abstraction et un dodécaphonisme absolu. Réformé après 1933, il sera tué par erreur d'une balle américaine près de Salzbourg.

ALBAN BERG (1885-1935)
Berg (peint ici par Schönberg) est celui des trois Viennois dont le sens poétique l'emporte sur l'intellectualisme. Après avoir exploité l'atonalité (*Wozzeck*, 1919), il explore la technique sérielle (*Suite lyrique* pour quatuor à cordes, 1925). Elle aboutira à *Lulu* (inachevé) et au *Concerto pour violon et orchestre «à la mémoire d'un ange»* (1935).

Concert donné à l'occasion du mariage de Joseph II et d'Isabelle de Parme, tableau de Martin Meytens (1695-1770) ● *98.*

Ville de traditions, Vienne continue d'organiser son existence autour de la vie musicale qu'illustrent toujours la plupart des institutions qui firent jadis sa splendeur. La plus célèbre reste la maîtrise de garçons *(Wiener Sängerknaben)* – dont les origines remontent au XIIe siècle – qui faisait partie de la Hofmusikkapelle, créée par Maximilien Ier. La disparition de la monarchie poussa les autorités municipales à reconstituer le chœur en fondant son fonctionnement sur les tournées de concerts. Après la Seconde Guerre mondiale, la maîtrise s'installe au palais Augarten, où elle réside encore. Cent cinquante enfants y reçoivent, outre l'enseignement général, une formation vocale et musicale complète. Le chœur chante la messe en la Burgkapelle les dimanches et fêtes (juillet et août exceptés).

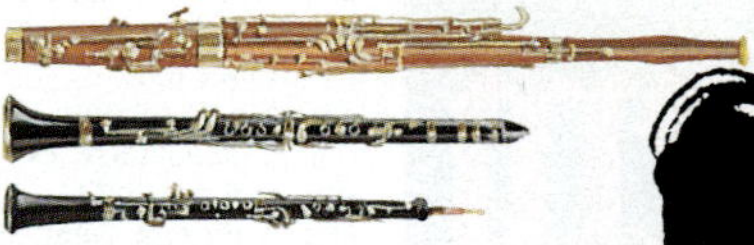

L'ACTIVITÉ CHORALE
Les deux principales sociétés d'amateurs, qui ont fait les beaux soirs du romantisme, la *Singakademie* et le *Singverein*, continuent de tenir la plus grande place dans la vie chorale viennoise, au Konzerthaus pour la première et au Musikverein pour la seconde.

«WIENER PHILHARMONIKER» En 1842, le chef prussien Otto Nicolaï décide de donner deux concerts annuels consacrés à des œuvres symphoniques avec l'orchestre de l'Opéra. Le deuxième de ces concerts utilisera pour la première fois le qualificatif de

«philharmonique». Jusqu'au départ de Nicolaï, en 1847, ces concerts auront lieu à intervalles réguliers. Ils sont organisés par les musiciens de l'Opéra, qui s'en partagent les bénéfices. La Philharmonie prendra son visage définitif à partir de 1860, avec l'élection d'Otto Dessoff,

qui, en quinze ans, fera de l'orchestre une véritable formation symphonique. En 1870, la Philharmonie s'installe au Musikvereingebäude (le «Musikverein» ▲ *242,* ◆ *326)*, doté récemment de la Salle dorée (ci-dessus), de deux mille places et à l'acoustique parfaite.

CHEFS PRESTIGIEUX
Les plus grands chefs se sont succédé à la Philharmonie, dont Hans Richter, Gustav Malher ● *52,* ▲ *232, 301* (ci-contre) et des chefs invités. En 1908, l'élection de Felix Weingartner inaugure un règne de dix-neuf ans, suivi de celui de Wilhelm Furtwängler, le plus glorieux. Depuis, l'orchestre continue sa politique des chefs invités.

Musique baroque En 1952, le *Consentus Musicus*, créé par Nikolaus Harnoncourt et des membres du *Wiener Symphoniker*, inaugurait une pratique nouvelle de la musique des XVIIe-XVIIIe siècles. Depuis, s'est constituée une tradition viennoise avec la *Musica Antica*, la *Capella Academica*, le *Clemencic Consort*…

La musique de chambre
La pratique en est restée très active, et les jeunes instrumentistes affluent du monde entier pour approfondir le style propre aux différents compositeurs viennois, notament Haydn, Mozart et Beethoven, dont les traditions d'exécution se sont transmises sans interruption depuis le XVIIIe siècle. Au cours des dernières décennies, de nombreux groupes ont vu le jour, la plupart d'entre eux connaissant une brève carrière malgré un réel succès. Fondé en 1971, le *quatuor Alban Berg*, soutenu par la fondation du même nom, figure en tête des formations de réputation mondiale. Apparus plus récemment, les jeunes quatuors *Hagen* et *Artis* se sont rapidement hissés au niveau des meilleurs de leur génération.

Le général autrichien Franz Freiherr von Uchatius (1811-1881) était inventeur à ses heures. Ci-contre, son «phénakistiscope», sorte de lanterne magique.

Les termes de *walzen* («tourner») ou de *walzerisch tanzen* («danser en tournant») apparaissent au milieu du XVIIIe siècle, surtout pour désigner la figure finale du *Ländler* (danse populaire à trois temps dérivée du menuet de Cour). L'aristocratie puis la bourgeoisie sont alors attirées par cette danse moins rigide que le menuet. Accélérant la frénésie du divertissement, le congrès de Vienne (1814-1815) propulsera la valse à travers toute l'Europe. Définitivement adoptée comme danse de société, elle connaît, au moment de la révolution de 1848, un engouement généralisé qui la porte à son apogée sous le règne du «roi de la valse», Johann Strauss fils (1825-1899).

STRAUSS ET LANNER
En 1819, Johann Strauss père (1804-1849) entre comme altiste dans l'ensemble que dirige Joseph Lanner (ci-dessus, 1801-1843). Très vite se développe entre eux une animosité qui a pour origine l'usage abusif que Lanner fait des compositions de Strauss en les publiant sous son nom. Ce dernier – qui finit par former son propre orchestre – signe, en 1829, un contrat avec le *Zum Sperl*, le café le plus chic de la ville.

Au *Zum Sperl*, Liszt, Wagner, Chopin viennent entendre ce répertoire déjà si spécifiquement viennois. Strauss écrit également galops, polkas et quadrilles. À partir de 1833, la *Strauss Kapelle* sillonnera l'Europe, lançant partout la mode de la valse.

La valse se danse en partant du pied gauche. Pour compliquer les choses, à Vienne on danse aussi la *Linkerwalzer*, la valse à l'envers que l'on commence du pied droit.

STRAUSS ET FILS
La rivalité entre Johann père et fils débute par le triomphe que remporte l'orchestre de ce dernier. En 1848, tandis que le père célèbre la victoire des forces nationales sur les insurgés italiens en écrivant la *Marche de Radetzky*, le fils compose des *Barrikadenlieder* et une *Marche de la Révolution*. À la mort du père, Johann fils ▲ *227* prend la direction de la *Strauss Kapelle* qui, outre les concerts de la saison, entreprend des tournées internationales.

VERS LE PAS GLISSÉ
Le balancement qui donne à la valse son élan est produit par l'anticipation du deuxième temps et la retenue du troisième. La multiplication des salles de bal dotées d'un parquet remplaçant la terre battue entraîna l'évolution de la valse vers le pas glissé (et non plus sauté) avec une réduction de l'ampleur des mouvements.

UNE ACTIVITÉ EFFRÉNÉE
Johann composera 200 valses, 140 polkas, 70 quadrilles, 50 marches. En 1863, il est nommé directeur des bals de la Cour, mais il abandonne à ses frères la direction de l'orchestre afin de se consacrer à ses opérettes ● *60*, ▲ *140*. Après la mort de Josef, en 1870, Eduard reste seul à la tête de l'ensemble, qui sera dissous en 1901.

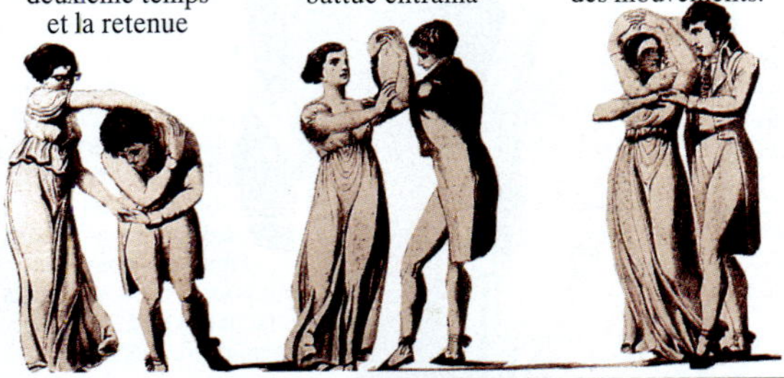

Entrer dans la danse et dans le monde
Le colonel Willy von Vestenbrugg-Ellmayer a appris à danser à la jeunesse viennoise du début du siècle (ci-contre) comme on dresse les chevaux des écuries impériales. Aucun faux pas n'était autorisé.

Tradition de toutes les cours d'Europe depuis des siècles, les bals connaissent aujourd'hui encore à Vienne un succès populaire incontestable. La saison des bals – de la mi-janvier à la mi-février – correspond exactement à la période du carnaval précédant le carême. Dès le début du XIXe siècle, la valse était dansée aussi bien chez l'empereur que dans ces palais de la danse, populaires ou bourgeois, que l'on ouvre à Vienne sur le modèle des grandes salles parisiennes, et ce grâce aux Strauss.

La valse corporatiste
Les bals n'échappent pas aux clivages sociaux. On pourrait même dire qu'ils les exacerbent, mais d'une façon très particulière. Chaque région d'Autriche donne «son» bal, mais aussi chaque profession, et parfois de singulières confréries, comme le bal de «l'Association des ouvriers et des employés du parti conservateur, section administration».

Le goût des folies autorisées
Chaque bal a un nom : le *Zuckerbäckerball* pour les confiseurs, ou l'*Apothekenball* pour les droguistes et les pharmaciens. Le nom du bal indique donc qui on va rencontrer ; c'est la fête, mais on désire rester «entre soi». Les bals expriment au mieux l'âme viennoise : un goût pour les débordements qui ne peut s'exprimer que dans un cadre très rigide.

LE BAL DE L'OPÉRA

La saison des bals s'ouvre le 31 décembre avec le *Kaiserball*, le bal de l'empereur, qui se tient à la Hofburg ▲ *175*. Le bal le plus célèbre est celui de l'Opéra *(Opernball)* ▲ *223* (ci-dessus), créé en 1877 pour les gens de la Cour. De nos jours, l'aristocratie a ouvert ses portes aux représentants du grand capital mondial. Mais les traditions sont respectées. Des jeunes filles titrées ou de familles riches font leur entrée dans le grand monde à cette occasion.

TRADITION OBLIGE

Les bals costumés sont assez peu nombreux. La tenue réglementaire reste la tenue de soirée et la robe longue, ou le costume national – *Tracht* et *Dirndl* ● *64* – car on doit montrer au bal que l'on sait respecter l'étiquette. Ci-dessus, de bas en haut : le bal de l'Opéra, le bal des chasseurs *(Jägerball)* et le bal de la gendarmerie *(Ball der Gendarmerie)*, représenté deux fois.

Le rideau de l'ancien Josephstadt Theater ; à droite, vues du Staatsoper ▲ *223*.

Le théâtre joue à Vienne, plus que partout ailleurs, un rôle majeur. Depuis les fastes du baroque et les théâtres populaires (chaque faubourg a eu «son» théâtre au XIXe siècle), on a tendance ici à tenir la fiction jouée pour plus réelle que les événements décrits par la presse. Satire, comédie romantique, critique sociale sont ici les composantes de cet art qui a toujours eu une veine populaire et a su se renouveler en puisant à sa source. En témoigne Hans Wurst, archétype de l'antihéros viennois, paysan matois né au début du XVIIIe siècle, que l'on rencontre encore dans des pièces du XXe siècle.

L'OPÉRETTE
Franz von Suppé, Strauss fils ● *57*, ▲ *140, 227*, Karl Millöcker, Karl Zeller, Karl-Michael Ziehrer et Franz Lehár ▲ *299* sont les principaux artisans d'un genre mélangeant l'humour français et l'esprit viennois.

«DER TALISMAN», DE NESTROY
Si on découvre à Paris des auteurs contemporains (Bernhard, Handke, Horwath), on n'y joue pas encore les classiques autrichiens du siècle dernier (Raimund, Nestroy, Grillparzer).

Le Burg Theater ne se cantonne pas dans le répertoire classique. Ainsi, le dernier scandale en date remonte à 1988, quand on joua *Place des héros*, de Thomas Bernhard.

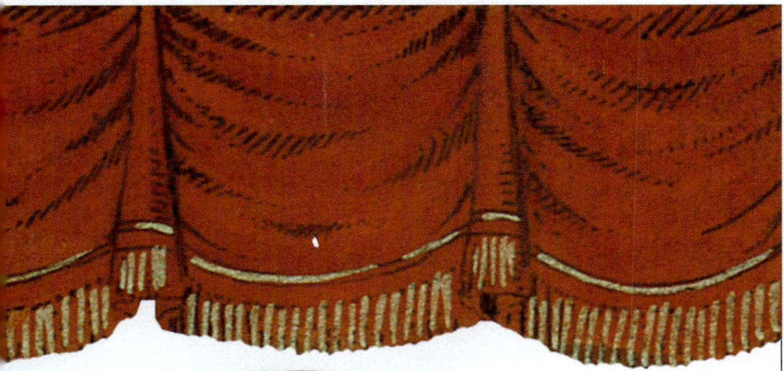

En 1618 sont montés à Vienne les premiers opéras jamais créés au nord des Alpes. Si l'époque baroque, à Vienne en particulier, a donné l'idée d'œuvre d'art totale chère, entre autres, à Richard Wagner ▲ *224*, c'est que la musique ne se conçoit pas sans le ballet, tradition populaire et carnavalesque oblige.

On ne s'étonnera donc pas de voir fleurir à Vienne à travers les siècles des auteurs dramatiques de génie. Ci-dessus et ci-contre, lunettes des foyers des opéras *Der Freischütz*, de Weber, et de *La Flûte enchantée*, de Mozart ● *48*, ▲ *147, 281* dessinées par Moritz von Schwind.

Le Burg Theater

Fondé en 1741 par Marie-Thérèse, le Burg Theater est situé, à l'origine, sur la place Saint-Michel. Le 12 février 1797 pour l'anniversaire de Joseph II ● *36*, ▲ *291* Haydn ● *49*, ▲ *152, 162, 164* dirige les chœurs et l'orchestre qui interprètent pour la première fois l'air qui deviendra l'hymne impérial.

C'est le 14 octobre 1888 avec *Esther*, de Franz Grillparzer ● *62*, ▲ *157*, que sera inauguré l'actuel Burg Theater, sur le Ring, face à l'hôtel de ville ▲ *204*. Outre le groupe du sculpteur Kundmann représentant *Apollon et les Muses de la tragédie et de la comédie*, on peut voir à l'intérieur, dans les ailes latérales, des fresques de Franz Matsch, de Gustav Klimt ▲ *227, 234, 250* et de son frère Ernst.

Le style Biedermeier

De 1815 à 1848 ● *40*, l'Europe retrouve la paix. En Autriche, les débuts de la révolution industrielle coïncident avec la découverte d'un nouvel art de vivre : le Biedermeier.

Héros imaginaire, le «brave Meier» incarne le retour aux valeurs bourgeoises. Chacun aménage son intérieur avec simplicité, recherchant plus de confort et d'intimité. C'est l'époque du bonheur tranquille où l'on fait de la musique en famille et où triomphe la nouvelle danse à la mode : la valse. On se rend dans les guinguettes du Prater et des villages du Wienerwald. Le Theater an der Wien affiche complet avec les drames de Grillparzer et les pièces de boulevard de Nestroy et de Raimund.

Confort dépouillé
Le style Biedermeier, ancêtre du design moderne, a produit de nombreux objets domestiques et de décoration fonctionnels et d'une élégance sobre. Le bureau et la chaise ci-dessous sont aussi recherchés par l'empereur que par le bourgeois viennois.

Intérieur viennois
La simplicité et le confort bourgeois de cet intérieur sont caractéristiques du style Biedermeier. On est loin de la grandiose décoration à l'antique prônée au début du XIXe siècle.

«Wiener Zimmer» (1837)
En peinture, le style Biedermeier privilégie les scènes de genre empruntées à l'intimité des demeures bourgeoises. Le peintre Ferdinand-Georg Waldmüller ● *100* est considéré comme le maître du Biedermeier.

La mode viennoise a toujours manifesté un attrait pour les costumes locaux et le goût des nouveautés souvent empruntées à la mode parisienne. À l'époque Sécession, l'école des Arts appliqués ouvre une section de mode, dont le membre le plus célèbre est Emilie Flöge, égérie de Gustav Klimt, qui dessine elle-même ses tenues. En 1909, la styliste Gertrud Pesendorfer crée le *Dirndl* moderne à partir de vieux patrons, et, après la Première Guerre mondiale, on assiste à un regain d'intérêt général pour l'habillement traditionnel.

Il existe à Vienne une école de mode, installée dans le château de Hetzendorf (XIIIe arrondissement, Hietzing ▲ *286*).

«DIRNDL» QUOTIDIEN OU «DIRNDL» DE FÊTE
Les couleurs, la forme et les broderies du *Dirndl* varient selon les régions. Celui de Bozn, dans le Tyrol du Sud (Italie), à gauche, est bleu et rouge avec des parements noirs.

Le vêtement féminin, appelé *Dirndl*, est composé d'une *Dirndlbluse*, chemise courte s'arrêtant sous la poitrine, du *Dirndl* lui-même, jupe cousue sur un corselet (sorte de robe-chasuble) qui vient par-dessus la *Dirndlbluse*, et d'un tablier protégeant la jupe.

Les femmes portent des chaussures en daim noir décorées d'une boucle en argent et d'une frange. Les hommes ont des brodequins. Les coiffes varient selon les régions.

MATÉRIAUX ET MOTIFS
Le *Dirndl* est souvent tout en coton. Mais le corselet peut être en lin ou en velours. Les motifs des jupes sont des guirlandes de petites fleurs ou de motifs géométriques formant rayures, ou bien de simples rayures.

À Vienne, on ne voit plus les costumes traditionnels *(Trachten)* qu'à certaines occasions : mariage, chasse, bal des chasseurs *(Jägerball* ● *59)* ou au Festival de Salzbourg. et parmi le personnel de certains restaurants.

Les jupons sont brodés , les chaussettes et les collants en dentelle ● 72.

«DIRNDL» D'HIVER
En hiver, on préfère un corselet, une jupe en brocart de laine et un tablier en taffetas de soie.

Les hommes portent un foulard, de grosses chaussettes et une chemise à plis ample.

LE COSTUME DE CHASSE
Il comprend une culotte de cuir, courte pour les garçons, longue pour les hommes *(Knickerbocker)*, et une veste, tricotée, en loden ou en lin, généralement brune ou gris-vert.

LES CAFÉS

❝Dans les cafés il y a des gens qui veulent être seuls mais qui ont pour cela besoin de compagnie.❞ Alfred Polgar

Johann Diobato, Arménien immigré qui, en 1685, obtient de la Chambre aulique impériale le droit de «préparer sous forme de café le breuvage turc», a été le premier cafetier de Vienne. Rapidement les cafés s'ouvrent en grand nombre : c'est là que l'on trouve les premiers journaux et une attraction jusqu'alors réservée à l'aristocratie, le billard. Beaucoup d'entre eux deviennent le rendez-vous des joueurs d'échecs ou de cartes. D'autres enfin se distinguent par leurs programmes musicaux. Johann Strauss père, par exemple, commencera sa carrière dans les cafés. Depuis qu'il existe, le café viennois est bien plus qu'un établissement dans lequel on sert différentes sortes de cafés ainsi que d'autres boissons. Son ambiance, confortable et intime, en fait le lieu de rencontre des artistes, des journalistes et des hommes politiques.

Ci-dessus, le *Café Central* ▲ 160.

Ci-dessous, l'*Hôtel Sacher* ▲ 140.

«Le Premier Café de Vienne»
La légende prétend que c'est un espion polonais du nom de Kolschitzky (représenté en tenue de Maure sur ce tableau de Franz Schams, 1862) qui aurait dérobé aux Turcs des sacs de grains de café que l'on prit tout d'abord pour de la nourriture pour chameaux. Le Polonais, qui connaissait le secret de la torréfaction, aurait ouvert le premier café viennois.

Spécialités
Le *Kleiner Schwarzer* (petite tasse de café noir), le *Melange* (café au lait), le *Kapuziner* (café noir avec un peu de crème), ou l'*Einspänner* (café noir avec de la crème fouettée) sont systématiquement accompagnés d'un verre d'eau, le cas échéant d'un croissant (*Kipferl*, autre souvenir du siège par les Turcs) et, bien sûr, du journal. Tous les cafés servent des pâtisseries, souvent garnies de crème fouettée.

Tables rondes
Le café viennois a connu son apogée au début du siècle, lorsqu'il est devenu le principal foyer de la vie intellectuelle. Chaque groupe a son café attitré. Au *Café Central*, on trouve Krauss, Altenberg (l'homme au chapeau en haut de la page, ici au *Café Griensteidl*), Friedell et Polgar. Bahr, Schnitzler et Hofmannsthal aiment à discuter au *Café Griensteidl* ▲ *175*. Dans les années vingt, Musil, Broch, Werfel et Roth se retrouvent au *Herrenhof*. Klimt, Schiele et Kokoschka ont leur table au *Museum*, le café des peintres, situé à proximité du pavillon Sécession. Wagner et Loos, architectes de l'Art nouveau, y passent également de nombreuses heures. Enfin, Freud fréquente, lui aussi, les cafés.

«La Passion des journaux»
Dessin humoristique d'époque Biedermeier ● *62*. Lire les journaux, fumer et discuter, telles sont depuis toujours les occupations des clients des cafés. À Vienne, les salles sont calmes et spacieuses et, pour un simple *Kleiner Schwarzer*, on peut y passer la journée.

Les «Heurigen»

Sur les coteaux du Nussberg, les vignobles de Nussdorf et de Heiligenstadt produisent un riesling d'une qualité exceptionnelle ● 72.

L'arrivée du vin nouveau *(Heuriger)*, signalée par une branche de sapin accrochée au-dessus de la porte, est toujours, dans les guinguettes *(Heurigen)* des faubourgs de Vienne, synonyme de réjouissance. Vin typique de la région viennoise, vin léger et blanc que l'on doit servir frais, le *Heuriger* est un mélange des crus des vignobles du Wienerwald. Aménagés sur les coteaux du Kahlenberg, du Bisamberg ou du Nussberg, ils forment une ceinture verte autour de la ville. Au IIIe siècle, l'empereur romain Probus autorisa la culture de la vigne en Espagne, en Gaule et en Germanie, pour ravitailler ses légions en garnison.

En plus du vin, les *Heurigen* offrent à la clientèle des plats rustiques : lentilles au lard, rôti de porc, jambon de pays, etc., ainsi que des pâtisseries.

Le vin nouveau *(Heuriger)*, qui est servi en «quarts», est souvent un coupage des meilleurs crus de la région viennoise.

À l'ombre des bouleaux et des noisetiers, dans les cours et les jardins offrant parfois un large panorama sur la vallée du Danube, les Viennois viennent déguster le vin nouveau, dans une ambiance de kermesse.

Aujourd'hui, la vigne est cultivée par 700 familles de vignerons dans le chapelet de villages viticoles ■ 26 qui cernent la ville (Nussdorf, Heiligenstadt, Grinzing, Sievering et Neustift).

«Dans le Wienerwald, les violettes bleuissaient. Les couples s'unissaient. Dans notre café habituel, nous faisions de l'esprit, nous jouions aux échecs, au toton, aux tarots.»

Joseph Roth

La «Schrammelmusik» Dans les guinguettes, on joue une musique typique : la *Schrammelmusik*. Johann Schrammel (1850-1893) lui a donné sa forme instrumentale en formant un quatuor constitué de deux violons, d'une contre-guitare et d'une petite clarinette (remplacée ensuite par un accordéon). Au répertoire de chansons héritées, pour les plus anciennes, du XVIIIe siècle, il ajouta ses propres compositions (*Wien bleibt Wien !* est devenu un hymne populaire de la ville).

La place de Grinzing (vers 1880) Les villages viticoles produisent plus de 30 000 hl de vin par an, dont les crus les plus cotés sont le sylvaner de Grinzing, le riesling du Nussberg, les muscats de Sooss ou les vins rouges de Vöslau *(Goldeck von Schlumberg)*.

LE «TAFELSPITZ»

«Si notre monarque, libre de ses obligations officielles, dîne en privé, le menu ne diffère guère de celui des grandes maisons bourgeoises. Jamais ne manque une bonne pièce de bœuf mijoté, qui compte parmi ses mets favoris», précisait en 1912 *L'Art du service – Manuel à l'attention des élèves hôteliers*, de Hess, Scheichelbauer et Sirowy. Le cérémonial autour du bœuf bouilli, inauguré par François-Joseph, était devenu un culte au siècle dernier. Aujourd'hui, le *Tafelspitz* reste une spécialité légendaire.

1. VIANDE ET LÉGUMES : 1,5 kg d'aloyau de bœuf, 3 l d'eau, 2 oignons, 2 carottes, 1/2 céleri-rave, persil, 2 feuilles de laurier, 10 grains de poivre, 4 grains de genièvre, 1 cuillerée à thé de livèche sèche, sel, noix muscade.

2. Rincer la viande, la mettre dans de l'eau bouillante. Au bout de 30 min, ajouter les légumes épluchés, le bouquet garni et les épices. Cuire 1 h 30 à feu plus doux en couvrant à demi. Enfoncer un couteau dans la viande ; si elle n'adhère pas au couteau, c'est qu'elle est bien cuite.

3. GARNITURE : 1 kg de pommes de terre à demi cuites en robe des champs, 1 oignon coupé en cubes, sel, poivre, huile, beurre, cumin.

4. Éplucher les pommes de terre une fois refroidies. Faire revenir les dés d'oignon dans une poêle avec quelques cuillerées d'huile, mettre les pommes de terre coupées en très fines rondelles dans la poêle, épicer et faire dorer. Un peu de beurre affinera le goût.

5. RAIFORT AUX POMMES : 4 pommes, 1/4 l de vin blanc, 1 cuillerée à café de sucre, le raifort finement haché (ou en petits morceaux).

6. Peler les pommes, ôter les pépins, les couper en dés.

«Pour ce qui est des “garnitures”, comme disent les Allemands du Reich, je souhaiterais qu’une autre fois le cran, que vous appelez “raifort”, fût un peu moins trempé. Il ne doit pas perdre son arôme dans le lait.»

Joseph Roth

7. Les faire ramollir dans le vin blanc et le sucre. Les réduire en purée après avoir filtré le vin.

8. On peut reverser un peu de vin afin d’obtenir une meilleure consistance. Compléter avec le raifort finement haché.

9. Sauce à la ciboulette : 2 œufs durs, 3 tranches de pain de mie trempées dans du lait, 2 jaunes d’œuf, 10 g de sel, 1 pincée de sucre, 1 cuillerée à café de vinaigre ou 1/2 citron, de la ciboulette coupée, 150 g d’huile.

10. Hacher finement ou passer au mixeur les œufs durs et les tartines de pain blanc trempé, bien égouttées.

11. Ajouter les jaunes d’œuf, le sel, le sucre et le vinaigre et bien mélanger.

12. Monter le mélange en mayonnaise en ajoutant l’huile petit à petit. Ajouter la ciboulette et relever avec du sel et le jus du citron.

13. Couper le bœuf bouilli en tranches d’environ 1 cm d’épaisseur (perpendiculairement au sens des fibres). Garnir avec les légumes de cuisson coupés en petits morceaux, et arroser d’un peu de bouillon. Servir les pommes de terre et le raifort dans un plat à part ou directement dans l’assiette. Servir la sauce à part.

Cristallerie (ci-dessus, dessin de Horejce pour *Lobmeyr*) La cristallerie d'art *Lobmeyr* a été fondée à Vienne en 1823. Des artistes tel Loos (ci-dessous, son service à vin) y ont créé des modèles. *Lobmeyr* a fait les lustres de l'opéra Kennedy Center (1971), du Metropolitan Opera (1966), de l'opéra de Vienne (1955).

Porcelaine La manufacture, installée dans le palais d'Augarten depuis 1923, fut fondée en 1718. Ci-contre, le modèle *Maria-Theresia*, le plus connu et le plus populaire.

Vin champagnisé *Johann-Kattus* (1857) se trouve dans la plus vieille maison de Vienne, sur Am Hof.

Pain On prétend qu'il y a à Vienne autant de pains que de jours dans l'année. Au petit déjeuner ou pour faire des sandwichs, on prend le *Semmel*, petit pain rond de farine blanche.

Collants La maison *Wolford* (1946) a construit sa réputation sur la qualité : douceur et solidité extrêmes.

Confiserie Vienne produit des boîtes de *Bonbons*, qui sont de petits chocolats miniature. Le magasin *Altman & Kühne* a été dessiné par Otto Wagner. Le modèle du papier d'emballage date des années 1900. *Demel* reste célèbre pour ses pâtisseries.

Café *Julius Meinl*, exportateur de café depuis 1862, est de nos jours une chaîne d'épicerie.

ARCHITECTURE

Après la période gothique, l'architecture religieuse viennoise est très vite gagnée par l'esprit de la Contre-Réforme. Capitale très catholique des Habsbourg, Vienne accueille de nombreux architectes italiens, à la fin du XVIe siècle, faisant triompher le baroque venu de Rome. Mais les Autrichiens Johann Bernhard Fischer von Erlach (1656-1723), son fils Joseph Emanuel (1693-1742) et l'Allemand Johann Lukas von Hildebrandt (1668-1745) deviennent bientôt les maîtres d'œuvre de ce nouveau «théâtre de pierre».

FRANZISKANERKIRCHE (1603 et 1611) ▲ *149*
L'église des Franciscains, *curiosum* d'architecture viennoise : Renaissance du sud de l'Allemagne et survivances gothiques.

SALVATORKAPELLE (1520-1530) ▲ *172*
Le portail de la chapelle du Saint-Sauveur, un des rares exemples de style Renaissance à Vienne, possède des colonnes et un encadrement de conception très italienne.

KARLSKIRCHE (1715-1737) ▲ *238*
Réalisée par J. B. Fischer von Erlach, l'église Saint-Charles, avec ses deux campaniles inspirés des colonnes de Trajan et de Marc Aurèle, est un formidable manifeste du baroque impérial. Sa grandiose façade pourrait être celle d'un bâtiment romain. Voulue par Charles VI en l'honneur de saint Charles Borromée pour célébrer la fin de la peste de 1713, elle magnifie un type d'église triomphale, à plan elliptique et à coupole, déjà expérimenté à la Peterskirche. Puissance théâtrale et symbolisme antique ou biblique expriment la «gloire de Vienne, nouvelle Rome».

Ruprechtskirche (740) ▲ *154*
L'église Saint-Rupert est la plus ancienne de Vienne.

Karmelitenkirche (1623) ▲ *269*
L'église Saint-Joseph des Carmélites présente une version moins convenue des classiques façades à la romaine, du type de celle des Dominicains. Ses trois niveaux superposés créent un fort élan vertical, accentué par les lignes des pilastres et les divers éléments du décor (statues, obélisques, pots à feu et croix), qui soulignent chaque angle saillant de la composition. La relative économie des effets décoratifs lui confère un aspect plutôt austère.

Dominikanerkirche (1631-1634) ▲ *152*
L'église des Dominicains, œuvre de Spatz, de Biasino et de Canevale, est calquée sur le schéma nouveau des sanctuaires romains dans la lignée du Gesù, à Rome.
La façade (1666-1674) reste dans cette veine ultramontaine : large niveau inférieur couronné d'un étage plus étroit, flanqué d'ailerons en consoles renversées et surmonté d'un fronton triangulaire.

Peterskirche (1703-1753) ▲ *139*
L'église Saint-Pierre est due à Johann Lukas von Hildebrandt, d'après un plan initial de Gabriele Montani. Le portail, réalisé sur un dessin d'Andrea Altomonte, sera installé un demi-siècle plus tard. Selon un schéma très dynamique, le dôme surmonte une étroite et mouvante façade, contenue par deux tours très élancées.

Dans l'enceinte de la ville intérieure, les églises sont le plus souvent enchâssées dans des ensembles de bâtiments, tels les *Höfe* («cours»), et bien peu de perspectives viennent mettre en valeur les façades et les clochers, qui offrent pourtant une grande diversité. Comme s'ils avaient longtemps hésité entre la coupole italienne et la flèche gothique, les architectes ont usé de multiples combinaisons donnant ainsi naissance à de délicieux hybrides de l'«oignon» et du «potiron». Flanquant de très classiques frontons ou isolés près des chevets, les clochers viennois ajoutent une note de riante fantaisie aux façades d'inspiration trop italienne, parfois convenues ou pompeuses.

ANNAKIRCHE ▲ *146* **ET STIFTSKIRCHE**
(Mariahilfer Strasse 24)
Églises baroques Sainte-Anne (1747) et de l'Abbaye (1739) : puissance et grâce.

EVANGELISCHE KIRCHE
▲ *138 (Dorotheergasse 16)*
Le clocher (1887) de l'église protestante réformée est un intelligent pastiche qui complète l'église édifiée par Nigelli en 1784.

SERVITENKIRCHE (1651-1677) ▲ *293*
Les clochers de l'église des Servites, refaits de 1754 à 1756 sur des dessins de F. S. Rosenstingls, accentuent le clair système baroque de la façade.

SCHOTTENKIRCHE
(XIIe-XVIIe siècles) ▲ *163*
De 1643 à 1648, les Italiens Silvestro Carlone et Andrea Felice d'Allio donnèrent à la vénérable église des Écossais, les traits baroques qui la caractérisent aujourd'hui. Le clocher principal, isolé derrière le chevet, apporte, avec sa couverture en bulbe, un aimable contrepoint aux lignes simples du frontispice et des deux tours latérales.

Jesuitenkirche
(1627-1705) ▲ *151*
La façade de l'église des Jésuites accuse la succession de ses différents maîtres d'ouvrages. Carlo Antonio Carlone, vers 1531, rétablit les proportions de l'édifice et unifie en une plus vaste composition les multiples ponctuations de son dessin.

Mariahilfer Kirche
(Mariahilfer Strasse 55)
Cette église fut construite entre 1686 et 1689, probablement par Sebastiano Carlone. Devant l'église, on peut voir un monument dédié à Joseph Haydn ● *49*, qui fut inauguré en 1887.

Les deux clochers de la Jesuitenkirche
Les clochers sont posés sur une façade avant tout horizontale qui contribue à structurer fortement la place Ignaz-Seipel, sur laquelle elle donne.

Minoritenkirche ▲ *161*
L'église des Frères-Mineurs (1339), abîmée lors du siège de Vienne, «améliorée» de divers ajouts baroques, retrouvera son aspect originel grâce à l'action entreprise par l'architecte Ferdinand von Hohenberg, de 1717 à 1719. Le chevet de cette église-halle, très germanique, est flanqué de deux absides entre lesquelles se dresse une tour-clocher de section octogonale, d'aspect très élancé, qui évoque les campaniles italiens. Mais c'est surtout la composante gothique de l'architecture viennoise qui s'affirme ici.

Dans le paysage urbain viennois, les constructions familières sont indissociables des demeures aristocratiques, auxquelles elles apportent un indispensable contrepoint. La riche bourgeoisie commerçante et artisanale y reprend le répertoire formel et plastique des palais pour l'adapter à de hauts immeubles, de quatre à six étages, plurifamiliaux, qui flanquent les rues étroites de la ville intérieure (Innere Stadt). Le goût évoluant, les demeures bourgeoises les plus anciennes, des XVe et XVIe siècles, seront rhabillées aux cours des siècles suivants, selon les modes baroque, néo-classique ou encore Biedermeier, se dotant de façades où la plus vive polychromie côtoie l'éclat totalement blanc ou grège des parements.

LE BOW-WINDOW
(Naglergasse)
Ces avancées sur la rue animent souvent les immeubles viennois des XVIIe et XVIIIe siècles.

IMMEUBLE D'ANGLE ▲ *139*
(Naglergasse 13-15)
De grandes maisons bourgeoises qui remontent, pour la plupart, aux XVe et XVIe siècles bordent cette rue créée sur le tracé de l'ancienne muraille romaine. Cet édifice d'habitation du XVe siècle fut ainsi doté en 1700 d'une façade classique et orné au cours du XVIIIe siècle d'un relief coloré figurant le couronnement de la Vierge.

DREIMÄDERLHAUS (1803)
▲ *166 Schreyvogelgasse 10*
La maison des Trois-Jeunes-Filles est l'exemple bourgeois type de la Vienne néo-classique.

«Zum blauen Karpfen» ▲ *146 (Annagasse 11)*
«À la carpe bleue» est une maison du XVIIe siècle transformée, en 1814, par l'architecte Ehmann qui créa une subtile composition néo-classique à base de motifs d'arabesques pompéiennes et de figures en camées.

Le raffinement Biedermeier ● *62*
L'extrême délicatesse des couleurs, à peine atténuée par les reliefs plus vigoureux d'une frise d'enfants et de la carpe, dus au sculpteur J. Klieber, est représentative du courant classique Biedermeier qui gagne la ville en ce premier tiers du XIXe siècle.

Fenêtre baroque
▲ *168 (Kurrentgasse 12)*
L'accolade du petit fronton, posé sur deux consoles, dynamise encore la polychromie vive de la surface.

Fenêtre Biedermeier
(Nestroyplatz)
Les fins entrelacs des frises et garde-corps ponctuent la rigueur classique du dessin.

Kurrentgasse 6-8
Les immeubles qui bordent cette artère étroite forment un ensemble urbain caractéristique du XVIIIe siècle. Sur un rez-de-chaussée à bossages continus s'élèvent quatre étages, dont la hauteur diminue de manière progressive, avec un percement des baies, identique et très régulier, à chaque niveau. Les numéros 6 et 8 présentent ainsi une variation sur cette même grille de base à cinq travées. Seuls les détails de la répartition et du choix des motifs décoratifs (baies géminées, tables, frontons) créent l'extrême diversité des rythmes des façades.

Aigle héraldique sur la façade de l'Arsenal.

Autour de la Hofburg, résidence des Habsbourg, Vienne voit naître, au XVIIIe siècle, les palais des grands seigneurs venus de tout l'Empire jouer un rôle à la Cour, dans l'administration ou dans l'armée. Les façades de ces résidences influencent à leur tour les édifices publics, qui se donnent des airs de palais, avec leurs frontons ornés de l'aigle bicéphale. Ces demeures, souvent rythmées de colonnes et de pilastres à l'étage noble, sont en outre ornées de nombreuses sculptures destinées à souligner, de manière emphatique, le contraste des masses : gigantomachie au rez-de-chaussée ; atlantes et cariatides soutenant les balcons ou les frontons ; gloires, renommées et trophées équilibrant ces derniers ; divinités couronnant les balustrades… Le néo-classicisme adoucira l'exubérance des palais viennois, qui refleuriront à l'époque du Ring.

CHANCELLERIE D'ÉTAT (1726-1730) ▲ *175* (Hofburg) Aile dessinée par J. E. Fischer von Erlach.

ARSENAL (1731) ▲ *258* Les riches sculptures de Lorenzo Mattielli compensent l'extrême régularité de la composition de cet édifice aménagé par Anton Ospel.

ALTE UNIVERSITÄT (1735-1755) ▲ *151* L'aula (la grande salle) de l'université est construite dans un style éclectique européen où les principes baroques sont supplantés par le néo-classicisme naissant.

PALAIS TRAUTSON (1702-1705) *Museumstrasse 7* Oedtl élève ce palais sur les plans de J. E. Fischer von Erlach. La claire articulation des masses, l'importance du corps central, surélevé, et du fronton trahissent la référence à Palladio.

Belvédère (1714-1722) Le projet original de ces deux palais réunis par un jardin est né d'une étroite complicité entre l'architecte Hildebrandt et son commanditaire, le Prince Eugène. Le Belvédère inférieur ▲ *246* (page de gauche, en haut) servait de résidence d'été ; le Belvédère supérieur ▲ *256* (ci-dessus) aux fêtes et aux réceptions.

Portail du palais Lobkowitz
(Lobkowitzplatz 2)
Ajouté en 1710, par Fischer von Erlach, au palais élevé par Tencala de 1685 à 1687, ce monumental portail suit le schéma de composition établi pour le maître-autel des franciscains de Salzbourg.

Palais Kinsky, autrefois palais Daun (1713-1716) ▲ *164*
L'ampleur et le raffinement de l'étourdissante façade de ce palais, construit par Hildebrandt, annoncent une décoration intérieure témoignant d'une très grande inventivité.

Palais Schönborn-Batthiány (1698-1706) ▲ *165*
Œuvre de Fischer von Erlach, il dérive des modèles romains du Bernin. Sa façade sera altérée au XIXe siècle par la suppression du couronnement central de l'attique.

Cariatides
Au palais Pallavacini, les chastes korês de Franz Anton Zauner remplacent les forts atlantes baroques.

Palais Pallavicini (1783-1784) ▲ *192*
Dans ce palais néo-classique, F. von Hohenberg simplifie les rythmes de la façade traditionnelle et inverse le bel étage au dernier niveau.

ATLANTE DU BELVÉDÈRE
Un des quatre géants soutenant les lourdes voûtes de la Sala Terena du Belvédère supérieur ▲ *256.*

La représentation de l'ennemi captif est une constante dans l'architecture antique, qui conjure et s'assimile ainsi les forces vives de l'adversaire. Capitale d'un empire qu'il fallait «tenir à bout de bras», Vienne a abusé de cette symbolique des captifs de pierre - parfois turcs - transformés en atlantes sur les façades et dans les salons de ses monuments officiels. Souvent barbus, toujours musculeux, parfois gigantesques, les atlantes baroques soulignent les points tectoniques de l'architecture. Placés aux rez-de-chaussée, dont ils exaltent la masse, ils gagnent parfois les étages, où ils adoptent des attitudes plus dégagées.

Le Belvédère, résidence d'été du Prince Eugène
Eugène de Savoie (1663-1736) ● *35*, ▲ *247*, homme de guerre et diplomate ayant triomphé à plusieurs reprises des Turcs, fait construire le Belvédère supérieur par Johan Lukas von Hildebrandt en 1772.

Un monument à la gloire du chef militaire
La surabondance des atlantes et autres «dompteurs de chevaux sauvages» exalte la puissance du maître des lieux. Géants accablés par le poids des voûtes de la Sala Terena côté jardin, ils émergent plus gracieusement, de pilastres en gaines, dans cet escalier décoré des hauts faits d'Alexandre le Grand. Mais tous portent - pour que le message soit plus clair - des trophées d'armes.

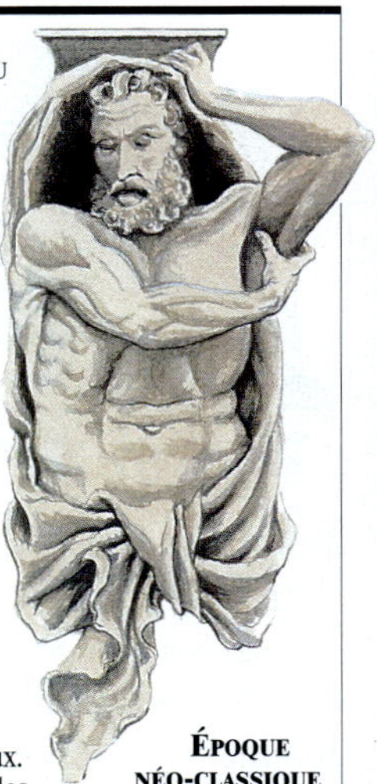

Époque néo-classique
Au XIXe siècle, les imitateurs des Grecs préfèrent une impassibilité de bon ton aux effets musculaires.

Attitudes
Au cours du XVIIIe siècle, les sculpteurs prennent des libertés avec le thème des atlantes, qui, gardiens des lieux, délaissent parfois leur tâche pour contempler avec quelque ironie le monde qui grouille aux portes du palais.

Winterpalais des Prinz Eugen ▲ *147*
À la campagne comme à la ville, le Prince Eugène affectionne la représentation des titans musculeux, qui rappellent ses victoires. Ici ils accompagnent le visiteur dans sa montée de l'escalier, d'un rez-de-chaussée sombre et sévère vers l'étage plus lumineux, où réside le maître des lieux et des hommes.

ÉCLECTISME ET HISTORICISME DE LA RINGSTRASSE

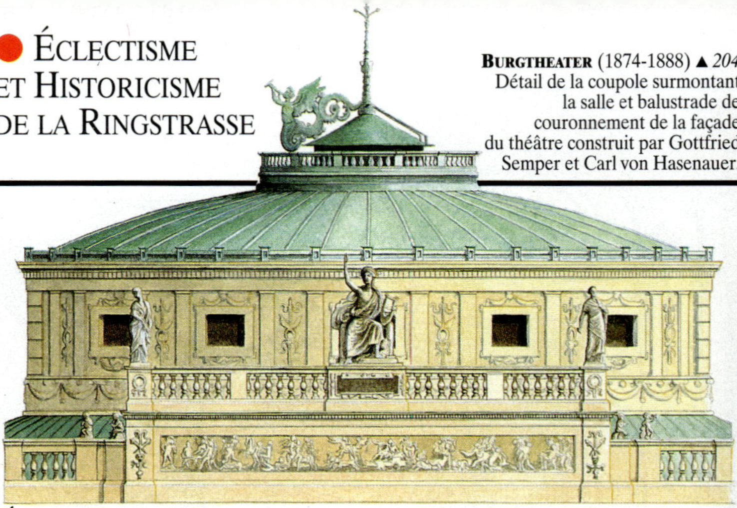

BURGTHEATER (1874-1888) ▲ *204*
Détail de la coupole surmontant la salle et balustrade de couronnement de la façade du théâtre construit par Gottfried Semper et Carl von Hasenauer.

Étouffant dans ses anciennes fortifications, Vienne décide de les raser en 1860. À leur place vont s'édifier de majestueux boulevards et des lotissements de luxe destinés aux palais de la nouvelle bourgeoisie et à ses temples : l'hôtel de ville, la Bourse, le Parlement mais aussi l'université, les musées, l'Académie des beaux-arts, sans oublier l'Opéra, un théâtre et une salle de concert. Ce joyeux éclectisme, qui donne à la Ringstrasse l'air d'un jeu de construction pour adultes auquel Otto Wagner lui-même participa, fut critiqué par les puristes, qui dénoncèrent, comme Adolf Loos, la «Ville Potemkine», symbole à leurs yeux de toute l'impuissance et l'hypocrisie de la société industrielle.

KUNSTHISTORISCHES MUSEUM ET NATURHISTORISCHES MUSEUM ▲ *207*
Les musées d'Histoire naturelle et d'Histoire de l'art ont été conçus par Gottfried Semper et Carl von Hasenauer comme deux palais, mi-Renaissance mi-baroque, pour voisiner avec la Hofburg.

RATHAUS (1872-1873) ▲ *205* Le Rathaus, construit par Friedrich von Schmidt, est surmonté d'un beffroi aux réminiscences flamandes, tandis qu'à l'intérieur ses escaliers monumentaux et ses salles d'apparat tentent de rivaliser avec le faste impérial officiel.

ATHENEBRUNNEN (PARLAMENT)
(1874-1883) ▲ *205*
Teophil von Hansen a construit le Parlement en style néo-grec, pour consacrer le temple des libertés publiques à la patrie d'origine de la démocratie.
Œuvre de Karl Kundmann en 1902, l'Athéna de marbre blanc, entourée des allégories des vertus et des grands fleuves de l'Empire, avec son casque et son égide dorés, est une évocation de la statue chryséléphantine du Parthénon.

PALAIS TODESCO (1861-1864) ▲ *223* Edifié sur la Kärtnerstrasse, en face de l'Opéra, par Ludwig Förster et Theophil von Hansen, le palais Todesco est un des premiers palais construits pour la bourgeoisie d'affaires, dans un style néo-Renaissance censé évoquer la splendeur des Médicis.

IMMEUBLE D'HABITATION
Cet immeuble locatif, sur la Grillparzerstrasse ▲ *203,* est représentatif de la virtuosité des architectes fin de siècle à cacher les étages pour retrouver la tripartition des palais de la Renaissance italienne. L'appareil rustique relie trois étages tandis que les fenêtres d'attique sont camouflées dans le rythme ornemental de la corniche.

VOTIVKIRCHE ▲ *203*
En se réclamant des grands modèles des cathédrales françaises pour construire la Votivkirche, Heinrich von Ferstel ne put s'empêcher de souligner, selon l'interprétation rationaliste alors en vogue, les éléments constitutifs du schéma gothique, comme en témoigne le dessin de la façade principale.

La Sécession viennoise (1897-1907), association formée par des artistes pour rompre avec l'art académique, est dominée en architecture par Otto Wagner (1841-1918), qui sut amorcer le passage de l'éclectisme néo-Renaissance de l'époque du Ring à un «art nouveau», le Jugendstil (1894-1914) rigoureux et ornemental, corseté de fer, recouvert de céramiques, agrémenté d'ornements de cuivre ou d'aluminium. L'architecture sécessionniste atteint, avant 1900, les lignes droites découvertes en France par l'Art déco. Josef Hoffmann (1870-1956), après avoir serti ses volumes cubistes de somptueuses cornières, inversera avec humour les valeurs de la modénature classique. Adolf Loos (1870-1933), provocateur, pousse son purisme iconoclaste aux frontières du surréalisme.

ANKERHAUS (1893-1895) ▲ *138* Maison de Wagner qui fait contraster, sur le Graben, la structure métallique légère de ses rez-de-chaussée et entresol et les verrières de ses terrasses avec la pierre de son opulente façade.

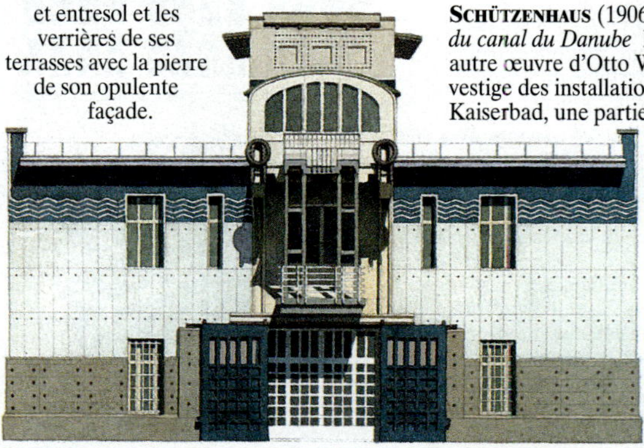

SCHÜTZENHAUS (1906-1907) *Rive gauche du canal du Danube* La maison de l'Écluse, autre œuvre d'Otto Wagner, reste le seul vestige des installations du barrage de Kaiserbad, une partie des aménagements du Danube qui, comme ceux du métro, ont donné son visage à la Vienne 1900. Un socle de granite, des plaques de marbre blanc riveté et des céramiques bleues formant frise dans les hauteurs affichent ici la fonction technique avec une rare élégance pour un édifice aussi utilitaire.

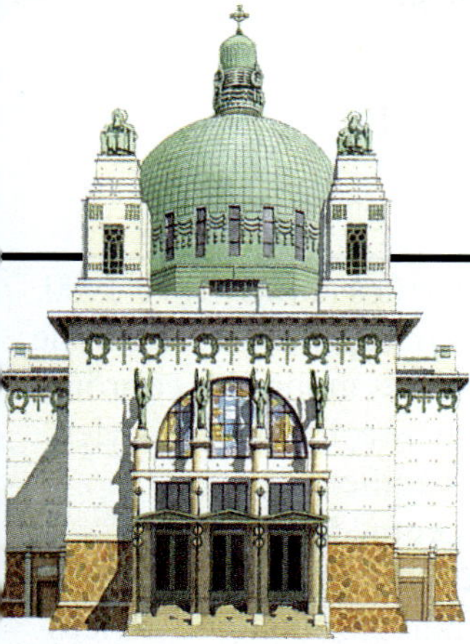

Leopoldskirche (1905-1907) ▲ *288*
L'église Saint-Léopold, glacée et somptueuse, est une interprétation néo-byzantine de la Karlskirche ▲ *238*, point phare surmontant triomphalement le nouvel asile d'aliénés du Steinhof.

Dr. Karl Lueger Gedächtniskirche (1908-1910) ▲ *262* Tout en s'opposant à celle du Steinhof, l'église du Souvenir, de Max Hegele, propose une variation éclectique plus académique et massive. Elle fut élevée à la mémoire de Karl Lueger ▲ *227*, maire populiste de la fin de l'Empire.

Sécession (1897-1898) ▲ *222, 232* Bien qu'il ait continué, par la suite, de payer son tribut à l'Art nouveau international le plus débridé, Josef Maria Olbrich (1867-1908) a donné le meilleur de lui-même dans ce pavillon Sécession, temple voué aux artistes du mouvement : la rigueur archaïque et la somptuosité orientale évoquent le palais d'une Salomé habillée par Gustav Klimt ▲ *227, 250* et Koloman Moser ▲ *235*. Insolente de luxe inutile, la coupole évidée couverte des lauriers de la gloire se veut l'écho de celle de la Karlskirche, qui s'élève de l'autre côté de la Vienne.

Maison du docteur Vojcsik (1900-1901)
Conçue par O. Schönthal à 22 ans, elle est caractéristique du Jugendstil, qui plaque ses ornements maniéristes sur une structure classique.

Karlsplatz (1898-1899) ▲ *223, 240*
Station de métro Jugendstil de Wagner. Elle est structurée en éléments métalliques préfabriqués revêtus de panneaux de céramique de couleur.

Maison aux Médaillons ▲ *237*
Wagner construit trois immeubles de rapport (1898-1899), dont cette maison aux Médaillons. Comme sa voisine, la Majolikahaus, ses motifs floraux évoquent les mises en pages de la revue *Ver Sacrum*.

LA CAISSE D'ÉPARGNE D'OTTO WAGNER

Bouche de chauffage tubulaire ▲228

Lors du renouveau artistique des années 1890-1900, Otto Wagner propose une conception architecturale qui tient compte des techniques modernes et prône la liberté individuelle de l'artiste, libérée des styles historiques. Il dépouille ses édifices de tout formalisme décoratif et accentue les effets de surface. Les motifs sculptés sont remplacés par des ornements plats, d'aspect plus chromatique, foncés sur clair, et les articulations de volumes ramenées à des combinaisons de lignes mettant en valeur la perfection décorative des assemblages. Premier bâtiment de ce type sur la Ringstrasse, la Postsparkasse (1904-1906) illustre parfaitement cette démarche, qui deviendra une des composantes fondamentales du mouvement moderne.

FAÇADE
Le socle puissant, en plaques de granite ondulé, soutient quatre étages, recouverts de marbre de Sterzing, rythmés de surfaces lisses qui remplacent les piliers classiques en relief. Puis une corniche en saillie, ponctuée de caissons de métal, souligne l'attique et sa balustrade en aluminium.

MODÉNATURE
Les boulons de bronze parés de cabochons d'aluminium qui fixent les fines plaques de marbre recouvrant les murs définissent, par leur nombre variable, l'importance visuelle accordée au centre de la façade.

ESCALIER
Attribut obligé de l'apparat officiel viennois, un monumental escalier de marbre blanc mène à la salle des guichets.

ACROTÈRES
O. Schimkowitz est l'auteur de ces Victoires ailées en fonte d'aluminium.

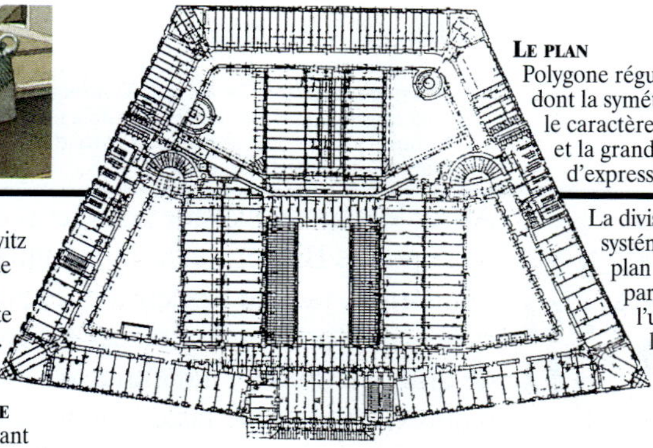

LE PLAN
Polygone régulier dont la symétrie exalte le caractère fonctionnel et la grande technicité d'expression.

La division systématique de ce plan en cellules parallèles révèle l'usage de l'armature de métal.

LA SCULPTURE
Tout en refusant la facilité décorative, Wagner accorde une place importante à la sculpture monumentale, comme ces anneaux et les hiératiques victoires qui scandent les parties hautes.

LES MATÉRIAUX
Otto Wagner exalte l'aspect artificiel des matériaux industriels (fer, verre ou ciment), et affirme son intérêt pour les constructions à ossature de métal. Les parties apparentes se muent en éléments décoratifs et sont prétexte à des compositions géométriques abstraites où il use en virtuose des effets de matière : mat, brillant, lisse ou grenu.

SALLE DES GUICHETS
La synthèse entre l'exigence de la forme et la nécessité technologique s'exprime ici sans aucune médiation de style. L'expression du fonctionnel est immédiate, structures et installations techniques se transforment en éléments de mobilier illustrant la devise de l'architecte : «Nécessité est seule maîtresse de l'Art.»

VOÛTE DE LA SALLE DES GUICHETS
Le système de construction de la salle, inspiré de l'architecture navale (tirants et minces piliers de métal profilé), se résout dans la courbe d'une fine pellicule de verre et d'acier à la technicité parfaite : une verrière cintrée qui surprend par sa légèreté et sa transparence.

WITTGENSTEINHAUS (1926-1928) *Kundmanngasse 19*
Paul Engelmann et Ludwig Wittgenstein mettent grande fortune et implacable rigueur au service d'un projet minimaliste parfaitement maîtrisé.

Après le néo-classicisme bourgeois des villas de l'époque Biedermeier, la révolution industrielle facilite l'ascension de nouveaux riches, qui font construire, sur les collines, de grandes villas à l'italienne. Wagner, d'abord tenté par le faste, applique ensuite à ses villas toute l'audace géométrique de la Sécession. Loos porte ce purisme à ses conséquences ultimes, sans atteindre toutefois la rigueur philosophique de Wittgenstein. Hoffmann, par l'inflexion subtile de son classicisme, revient avec humour au modèle Biedermeier.

MAISON ARNOLD (1923-1925)
Le classicisme épuré, étiré et même curviligne des élèves de Hoffmann – Lois Welzenbache – retrouve ici la façade traditionnelle de la maison Biedermeier ● *62*.

VILLA PRIMAVESI-SKYWA (1913-1915) ▲ *287*
Hoffmann reprend les principes de la composition classique et s'en joue en inversant les rythmes de la modénature.

Plan de la Villa Wagner I (1886-1888) *Hüttelbergstrasse 26*
Deux ailes à colonnes, une composition en terrasses et des accès aux rampes majestueuses : la première villa de Wagner avoue des ascendances palladiennes revues à la lumière du symbolisme ambiant de cette fin de siècle.

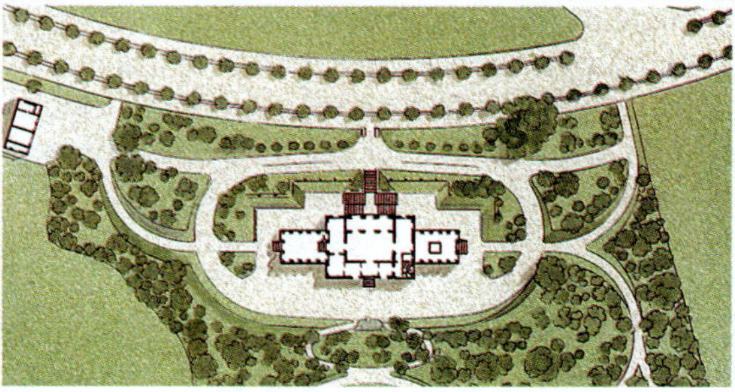

Porte de la villa Wagner II
L'Athéna guerrière de Leopold Forstner surmontant la porte s'intègre par sa forte stylisation au dessin strict des trois cadres du chambranle.

Mais c'est toutefois la «villa au bord de la mer» d'Arnold Böcklin qui sera la grande source d'inspiration et permettra de dépasser le modèle italien.

Villa Wagner II (1912-1913) *Hüttelbergstr. 28*
Rigueur géométrique de l'ornementation et archaïsme polychrome témoignent de l'évolution de l'architecte vers une austérité monumentale qui intègre les acquis de la Sécession et de la «Wiener Werkstätte».

Haus Moller (1927-1928) ▲ *295*
Réalisée par Adolf Loos, un an après la maison de Tristan Tzara à Montmartre, elle présente également une façade anthropomorphe dont le visage ironique réintroduit subrepticement l'ornement et l'axialité que pourfendront les suiveurs modernistes de l'architecte.

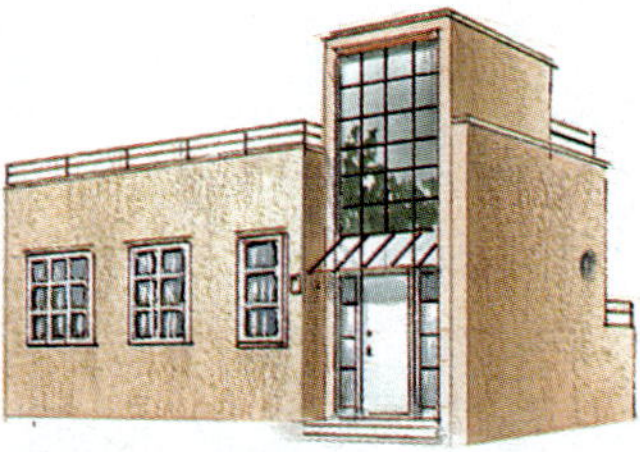

Maison Hoffmann (1930-1932) ▲ *235*
Construite pour l'exposition du Werkbund, cette maison d'ouvrier réunit économie de matériaux, confort et fonctionnalité dans un remarquable traitement des volumes.

Villa Ast (1909-1911) *Steinfeldgasse 2*
Dans cette dernière des maisons de l'Hohewarte, Josef Hoffmann exprime son classicisme dans des corps de bâtiment solides et fermes. Pourtant, la métamorphose des détails ornementaux aboutit toujours à un renversement des valeurs traditionnelles.

Maison Moll (1906-1907) *Steinfeldgasse 8*
Une des créations les plus sages de Hoffmann, qui s'allie avec le néo-Biedermeier ambiant.

Après le démembrement de l'Empire et la proclamation de la République autrichienne en 1918, Vienne perd sa fonction de capitale internationale. Les graves conséquences économiques qui s'ensuivent génèrent des migrations et une forte augmentation de la population viennoises, provoquant une cruelle crise du logement. En 1919, la victoire des socialistes aux municipales transforme la ville, véritable «État dans l'État», en champ d'expérience de la démocratie ouvrière. Les grands ensembles ouvriers *(Hof)*, élevés entre 1919 et 1933, demeurent l'impressionnant témoignage de la grandiose expérience de la Vienne socialiste, tant sur le plan socio-politique qu'architectural.

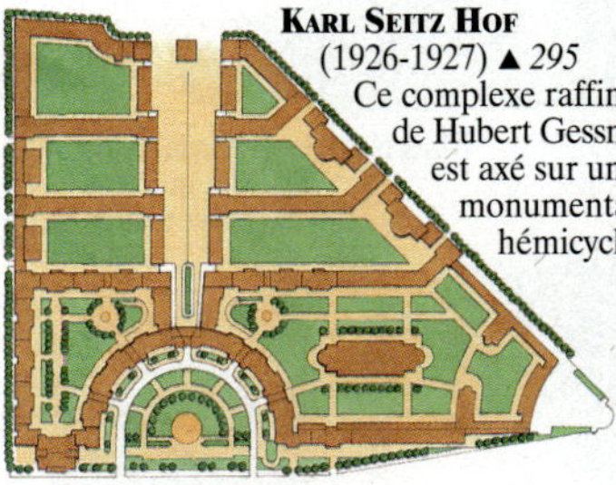

Karl Seitz Hof (1926-1927) ▲ *295* Ce complexe raffiné de Hubert Gessner est axé sur un monumental hémicycle.

Complexe d'habitations (1924-1925) *Phillipsgasse 8* Avec ses étonnants entrelacs de façade, ses harpes de pierre en fanions aux angles, ses bow-windows triangulaires et le rythme varié de ses ouvertures, cet immeuble de Siegfried Theiss et de Hans Jaksch cherche à éviter toute monotonie urbaine.

Karl Marx Hof (1927-1930) ▲ *295* Œuvre de Karl Ehn, cette structure majestueuse (1 km de long, plus de 1 600 logements) s'articule autour de 6 tours centrales surmontant des arches de 13 m de portée qui donnent à l'ensemble une allure de porte triomphale.

Reumannhof (1924-1926) ▲ *297*
Pour donner à l'ensemble un aspect palatial, les masses puissantes de cette création de Gessner jouent sur la forte densité des motifs de bow-windows en éperons, groupés sur la partie centrale et sur les arcades du rez-de-chaussée et de l'étage attique.

Porte de Klosehof (1924)
Toute l'élégance du modernisme classique de Hoffmann ▲ *235*.

Liebknechthof (1926)
Les éléments provenant de la culture historique de l'architecte Karl Krist – l'arche ogivale et les tourelles à pignons des bow-windows inspirés de la période gothique – sont subtilement modulés par ses tendances expressionnistes et constructivistes.

Porte de Sandleitenhof (1924-1928)
Hoppe, Schönthal, Matuschek, Theiss, Jaksch, Krauss et Tölk : une kyrielle d'architectes pour un ensemble où les motifs quotidiens sont traités avec une imagination extrême.

Créations contemporaines

Schule Kölhergasse
(1979-1987)
Des modifications constantes du projet initial ont accentué la variété typologique et formelle qui anime ce complexe de Hans Hollein ▲ *137*.

Vienne inspire aujourd'hui des recherches aussi diverses que les créations mesurées et raffinées de Hans Hollein (1934), la voie du nouveau «classicisme» urbain de Robert Krier (1938), ou la violence «déconstruite» des architectes du groupe Coop Himmelblau. Il n'est pas jusqu'aux rêveries écologistes du peintre Friedensreich Hundertwasser (1928) qui ne trouvent leur traduction monumentale dans une ville où le pluralisme architectural est resté la règle.

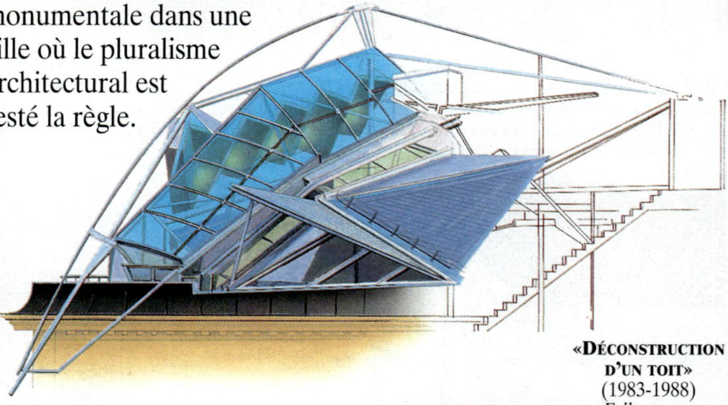

«Déconstruction d'un toit»
(1983-1988)
Falkestrasse
Cette architecture d'avant-garde utilise une géométrie fractionnée selon les principes polémiques du groupe Coop Himmelblau. Au-delà du goût maniériste pour l'agressif et l'instable, c'est un manifeste pour une folie joyeuse et tonique des formes.

Immeubles d'habitation
(1983-1987)
Schrankenbergasse
Robert Krier se distingue par son sens des proportions. La démultiplication des motifs et les jeux chromatiques affirmés restent au service d'une composition qui renvoie à la tradition de l'habitat social viennois.

Maison Hundertwasser
(1983-1985) ▲ *228*
Löwengasse-Kegelgasse
Hundertwasser, assisté de Peter Pelikan, applique à la ville ses réflexions écologiques.

Vienne vue par les peintres

Jean-Louis Gaillemin

Élève et parfois copiste de son oncle Antonio Canal, dit Canaletto, Bernardo Bellotto (1720-1780) a souffert de ce parrainage. Pourtant il sut très tôt quitter Venise pour découvrir l'Italie puis gagner Dresde où l'électeur de Saxe Auguste III, alors roi de Pologne, l'avait invité. Séduit par le climat et la lumière des bords de l'Elbe, il peignit des paysages plus romantiques qui firent sa réputation auprès des Cours de Munich, Vienne et Varsovie. Invité par Marie-Thérèse, il a tracé de la capitale impériale une série de portraits où la précision du détail et le pittoresque de l'anecdote sont nimbés d'une poésie atmosphérique.
Sur sa *Vue de Vienne prise du Belvédère supérieur* (ci-dessus), de 1756, on peut voir, au premier plan, les jardins contigus et imbriqués du couvent des Salésiens, du Belvédère, de son orangerie et du palais Schwarzenberg.
Les dômes de l'église Saint-Charles et de l'église des Salésiens flanquent la composition. Plus loin on distingue, derrière ses remparts, la ville ancienne et ses clochers dominés par la flèche de Saint-Étienne. Enfin, les courbes du Wienerwald ferment l'horizon. Le peintre a su jouer sur le contraste entre l'atmosphère mondaine du Belvédère et celle plus romantique du jardin des Schwarzenberg.
Le Freyung à Vienne (ci-contre) montre une place pittoresque de la ville intérieure. Aux maisons bourgeoises succèdent, à gauche, les palais Harrach, Kinsky et Batthiany-Schönborn. Au fond se trouve l'église des Écossais. Bellotto a représenté, autour des échoppes, toutes les classes de la société.

«Mais je suis tout de même gardien au Musée d'art ancien et aussi fonctionnaire. Le soir, après six heures, a-t-il dit, je n'enferme pas des criminels mais des œuvres d'art, j'enferme Rubens et Bellotto.» Thomas Bernhard

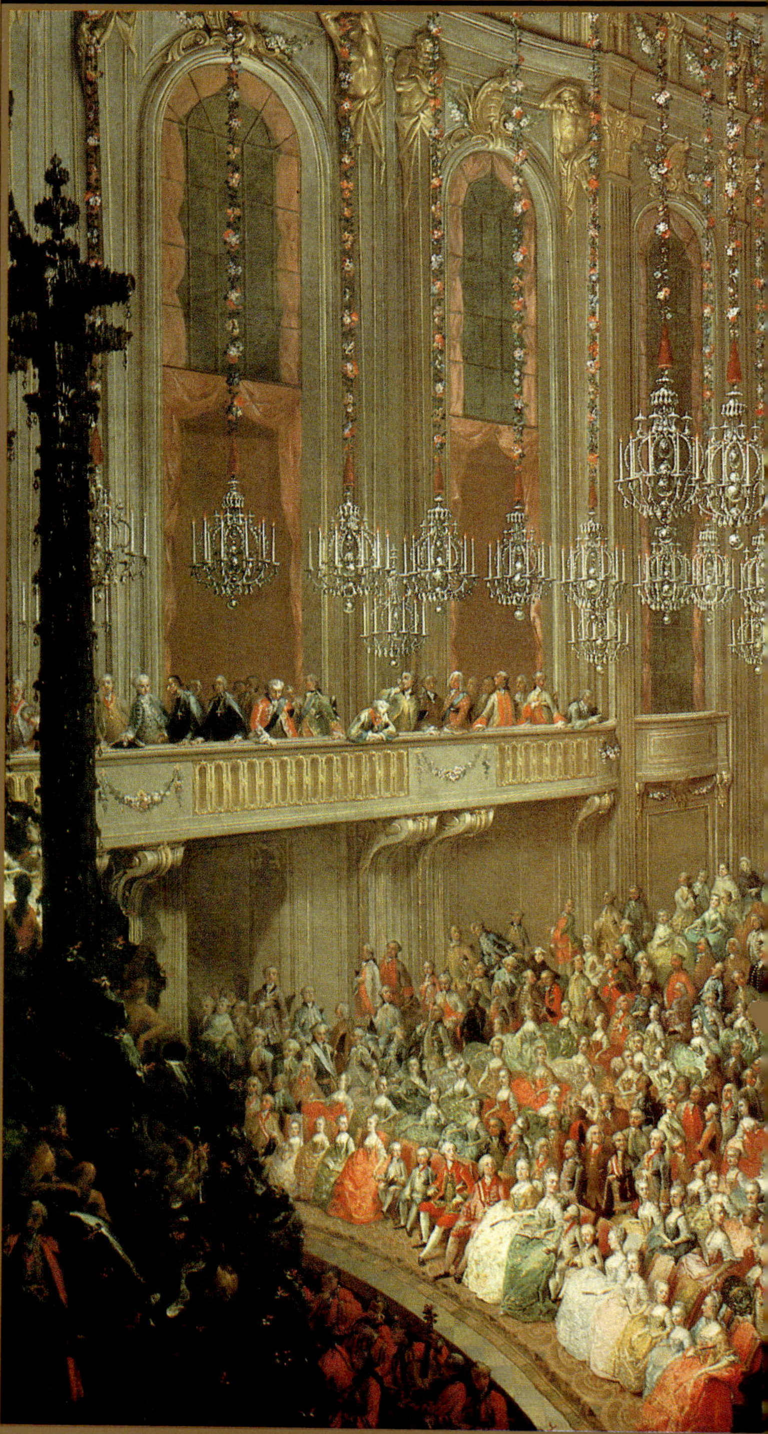

Certains peintres doivent leur célébrité posthume moins à leur talent qu'à la qualité de leur témoignage : Longhi à Venise, Van Mour à Constantinople et Martin van Meytens (ou Mytens) à Vienne. Ce dernier, d'origine hollandaise (1695-1770), fut élevé à Stockholm où son père était portraitiste de Cour. Après des séjours d'étude en Hollande et en Angleterre, il devint miniaturiste à Paris. Protégé par le duc d'Orléans, il fit le portrait du roi. À Paris également, Pierre le Grand lui commanda 40 portraits miniatures. Après des séjours dans les cours de Dresde et de Vienne, Meytens alla en Italie pour y étudier les grands Vénitiens avant de regagner la capitale impériale où il fut nommé, en 1730, peintre officiel de la cour impériale et, en 1759, directeur de l'Académie des beaux-arts. Aujourd'hui, ce qui intéresse, c'est surtout le rendu des costumes et ses grandes toiles, maladroites dans leur composition mais combien riches d'informations. En témoigne la série de toiles commandée par Marie-Thérèse ● *36* à l'occasion du mariage, en 1760, de son fils, le futur Joseph II, et d'Isabelle de Parme. Le tableau ci-dessus montre le cortège nuptial de 94 voitures qui se dirige vers l'église des Augustins. La toile ci-contre représente un concert au Burgtheater devant la famille impériale pour ce mariage. L'enfant, à droite, serait Mozart ● *48*, ▲ *147, 281*.

But favori de promenade pour les Viennois, les collines du Wienerwald ■ *18* étaient pour les peintres autant de points de vue romantiques sur la ville et les bourgades alentour : Nüssdorf, Grinzing ou, comme ici, Mödling (1848 et 1859) vu par Ferdinand Georg Waldmüller (1793-1865). Défenseur du réalisme, hostile à l'enseignement académique, Waldmüller a laissé un des meilleurs témoignages sur la société de l'époque Biedermeier ● *62*. Portraits de Cour, de comédiennes, ou de familles bourgeoises, et scènes de la vie rurale montrent une société encore patriarcale à l'aube de l'industrialisation. Particulièrement célèbres, ses paysages sont souvent baignés d'une lumière rase, latérale ou frontale qui vient déchiqueter la silhouette des arbres, donnant à la perspective une acuité irréelle. Loin de transposer ses souvenirs de voyages en Italie, comme beaucoup de paysagistes néo-classiques, il s'efforçait de peindre sur le motif et choisissait volontiers des plans rapprochés qui lui permettaient d'échapper à la tyrannie de la «belle composition». En témoigne cette vue du Prater (ci-contre), dont les prairies étaient alors fauchées par des paysans. Dans ses paysages les plus poignants, il a su rendre la dureté de la vie paysanne derrière le chatoiement des costumes.

«Le rendez-vous était à midi, le lendemain, à l'enseigne du "Cerf bleu", un cabaret de Grinzing où, l'été venu, ils apportaient leur charcuterie pour boire le vin nouveau et dînaient sous l'acacia, entre les muids à seize cerceaux.»

Paul Morand

Portrait de Franz Alt.

De la famille Alt, les plus connus sont Franz et Rudolf, fils de Jacob, originaire de Francfort. Védutiste itinérant, Jacob a peint à l'aquarelle tous les aspects de l'Empire, dont des vues de Vienne (ci-dessous, aquarelle de 1817). Rudolf, «le Canaletto viennois», porta l'art du védutisme à son sommet avant de faire des aquarelles d'intérieurs, offrant aux familles régnantes des albums de leurs résidences. Cette vue d'atelier (1885) évoque le monde de Hans Mackart, peintre nostalgique de la Renaissance et portraitiste des dames de la Ringstrasse.

En 1900, après un rapide essor économique, Vienne connut des troubles sociaux. Les peintres avant-gardistes ne s'y intéressèrent guère. En revanche, Joseph Engelhardt (1864-1941), artiste vériste et naturaliste, aimait évoquer le peuple de Vienne, comme en témoigne cette *Soirée au Sophienbad*, de 1903 (ci-contre), lieu prisé par la moyenne bourgeoisie durant la saison d'hiver. Fils de grand commerçant et observateur plus feutré, Carl Moll (1861-1945) ▲ *255* décrivait la réalité sociale à travers les lunettes rassurantes des peintres hollandais (ci-dessus, la *Muttel Fabrik*).

VIENNE VUE PAR LES ÉCRIVAINS

LE BARON DE MONTESQUIEU CHEZ LE PRINCE EUGÈNE

Au printemps 1728, Montesquieu (1689-1755) arrive à Vienne, première grande étape d'un voyage en Europe. Habitué des salons et des cours, Montesquieu visite ainsi le musée du Belvédère et le palais du Prince Eugène, découvre le goût viennois et observe avec acuité l'opposition entre la Vienne des princes et celle des petites gens.

« La ville de Vienne est petite, gênée par les fortifications. Il y a pourtant d'assez belles maisons et de très beaux appartements. L'incommodité est que rarement loge-t-on seul dans une maison, et même la Cour prend les seconds étages pour les officiers : ce qui fait que les loyers y sont prodigieusement chers. La maison du prince Eugène, dans la ville, est très belle ; celle du prince de Liechtenstein aussi Vienne paraît surtout avoir de la beauté lorsque l'on le regarde du dehors. C'est en vérité, un très bel objet, et on voit une petite ville fortifiée et de beaux bâtiments dans le dedans. On compte qu'il y a 180 000 habitants ; mais je ne crois pas qu'il en ait plus de 120 000. La petitesse de la ville, la poussière, qui vient surtout d'un grand terrain vide entre la ville et des faubourgs, fait que l'on est mieux l'été dans les maisons du faubourg ou jardins que dans la ville. Ce qu'il y a de mieux est le jardin du Prince Eugène, celui du prince de Schwarzenberg, et la maison de la marquise de Tofiano.
Ce jardin du prince Eugène est dans un très petit terrain. Cependant on dit qu'il coûte quinze à seize mille florins d'entretien : ce qui est les trois quarts de plus qu'il n'y en a. Il est masqué par une église que l'impératrice Amélie a fait bâtir au-devant ; à mon avis, très mal à propos. La maison est belle, et il y a deux très beaux appartements. Il y a des pièces, dans ces appartements, si ornées et si finies qu'il est impossible d'y rien ajouter de mieux. Peut-être le sont-elles trop. D'ailleurs, la façade de cette maison est de mauvais goût : pleine de petites choses et de colifichets. »

MONTESQUIEU, *ŒUVRES COMPLÈTES*, GALLIMARD, PARIS, 1979

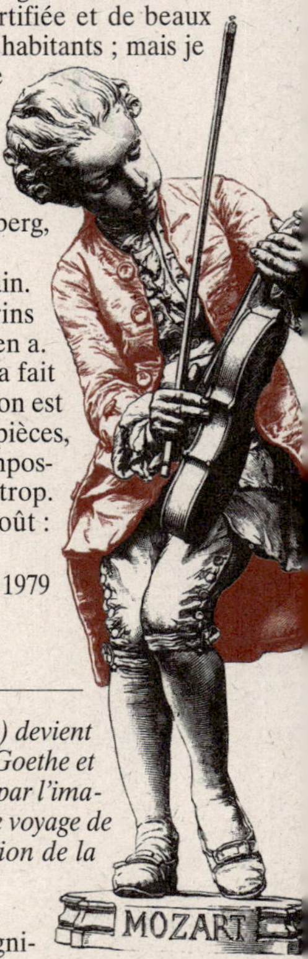

MOZART AU PRATER

Après des études de théologie, Eduard Mörike (1804-1875) devient pasteur et professeur de littérature à Stuttgart. Héritier de Goethe et du premier romantisme, ce poète est attiré dès sa jeunesse par l'imaginaire. Un voyage de Mozart à Prague *(1855) raconte le voyage de Wolfgang et de sa femme Constance à Prague à l'occasion de la création de son opéra* Don Juan *en 1787.*

« Il se pencha, cueillit un champignon, vanta la magnifique couleur vermeille du chapeau, les délicates lamelles blanches du dessous, et mit aussi dans sa poche diverses pommes de pin.
– On croirait, dit sa femme, que tu n'as jamais été voir à vingt mètres de l'entrée du Prater, qui possède pourtant de telles raretés.
– Quoi, le Prater ! Sapristi, comment peux-tu seulement prononcer un tel nom ici ? Il y a tant de carrosses, d'épées de gala, de robes, d'éventails, de musique et tant de tralala, qui peut y voir autre chose ? Et même les arbres de là-bas, si fièrement qu'ils s'étalent – je ne sais pas – les glands épars sur le sol ont l'air d'être les frères de tous les vieux bouchons qu'on y a jetés. À deux lieues à la ronde, le bois sent la sauce et le garçon de café.
– Oh, inouï ! s'écria-t-elle, c'est ainsi que parle l'homme qui n'a pas de plus grand plaisir que de manger du poulet rôti au Prater ! »

EDUARD MÖRIKE, *UN VOYAGE DE MOZART À PRAGUE*, ÉDITIONS MONTAIGNE, PARIS

Don Juan chez Marie-Thérèse

Aventurier, joueur, séducteur, mais aussi philosophe, et sans doute espion, Giacomo Casanova (1725-1798) a voyagé à travers toute l'Europe. Il porte sur ce qui lui arrive, comme ses Mémoires *en témoignent, un regard amusé. À Vienne, il connaîtra qu'il n'est pas possible de répondre aux avances d'une femme si l'on fait sa connaissance dans un lieu public, car il existe alors une police chargée de veiller au respect des bonnes mœurs.*

« Tout à Vienne était beau, il y avait beaucoup d'argent et beaucoup de luxe ; mais le bigotisme de l'impératrice y rendait les plaisirs de Cythère extrêmement difficiles, surtout pour les étrangers. Une légion de vils espions, qu'on décorait du beau nom de *commissaires de chasteté*, étaient les bourreaux impitoyables de toutes les filles. La souveraine n'avait pas la sublime vertu de tolérance quand il s'agissait de ce qu'on appelle l'amour illégitime ; et, dévote jusqu'au bigotisme, elle croyait se faire un grand mérite auprès de Dieu en persécutant en détail le penchant le plus naturel aux deux sexes. Ayant pris entre ses impériales mains le registre des péchés mortels, elle crut pouvoir dissimuler sur six et ne frapper que sur la luxure, qui lui parut impardonnable. […] «Mes sujets seront les maîtres de trouver jolies toutes les femmes qui leur paraîtront telles, et les femmes feront tout ce qu'elles pourront pour le paraître ; qu'on s'entretienne tant qu'on voudra, puisque je ne saurais le défendre ; mais je m'oppose à ce qu'on satisfasse des désirs dont dépend la conservation de l'espèce humaine, à moins que ce ne soit en bon et légitime mariage. Partant, on enverra à Temeswar toutes les malheureuses qui vivent du trafic de leurs caresses et des charmes qu'elles ont reçus de la nature. Je sais que sur cet article on est fort indulgent à Rome, où pour empêcher un crime plus grand, que l'on n'empêche pas, chaque Éminence a ses maîtresses ; mais à Rome on fait au climat des concessions que je n'ai pas besoin de faire ici, où la bouteille et la pipe tiennent lieu de tous les plaisirs.» (Cette femme couronnée aurait pu ajouter *et la table* ; car les Autrichiens sont renommés pour être de terribles mangeurs.) »

GIACOMO CASANOVA, *MÉMOIRES*, GALLIMARD, PARIS, 1960

Passions viennoises

Henri Beyle (1783-1842), avant de devenir écrivain sous le nom de Stendhal, a suivi Napoléon Ier dans ses campagnes. Il se trouve ainsi à Vienne en 1809. Chaque soir ou presque, il consigne des notes sur la journée. Vienne n'échappe ni à son humour ni à sa manie comparative, la seule qui permette peut-être d'apprécier les singularités viennoises.

« Si l'Italien, toujours agité entre la haine et l'amour, vit de passions, et le Français de vanité, c'est d'imagination que vivent les bons et simples descendants des anciens Germains. À peine sortis des intérêts sociaux les plus directs et les plus nécessaires à leur subsistance, on les voit avec étonnement s'élancer dans ce qu'ils

appellent leur philosophie ; c'est une espèce de folie douce, aimable, et surtout sans fiel. […]
[…] voici comment l'apothicaire de l'empereur décrit l'amour allemand :
«Rien n'est plus complaisant, plus doux qu'une Autrichienne. Chez elle l'amour est un culte, et, quand elle s'attache à un Français, elle l'adore dans toute la force du terme.
«Il y a des femmes légères et capricieuses partout, mais en général les Viennoises sont fidèles et ne sont nullement coquettes ; quand je dis qu'elles sont fidèles, c'est à l'amant de leur choix, car les maris sont à Vienne comme partout.»”

STENDHAL, *DE L'AMOUR*, GALLIMARD (FOLIO), PARIS, 1980

VIENNE VUE D'EN HAUT

Adalbert Stifter (1805-1868) ▲ 166 *est l'un des plus grands écrivains de langue allemande du XIXe siècle. Né en Haute-Autriche, il étudie à Vienne, devient précepteur dans des familles de la noblesse, et accède en 1850 à la fonction d'inspecteur des écoles primaires, à Linz. Écrivain et peintre, maître du réalisme poétique, il s'éloignera des influences du romantisme pour accéder à la pureté classique. Avec* Vienne et les Viennois *(1844), il dresse un portrait de la ville et de ses habitants.*

“Lorsque j'observais Vienne du haut des collines, je pensais que la flèche de la cathédrale Saint-Étienne était le levier grâce auquel il serait possible de soulever le grand disque que forme la ville. L'image quoique ridicule m'est pourtant souvent venue à l'esprit. Lorsque quelqu'un qui est né à Vienne se trouve sur ces collines et que, promeneur, il s'assied quelque part, ou possède là une maison de campagne, et qu'il pointe une longue-vue vers la flèche de Saint-Étienne, son cœur s'emplit de joie s'il voit ses ornements, le blason impérial posé sur sa pointe ou s'il réussit presque à lire sur l'horloge l'heure qu'il est. On dit des gens natifs de Vienne que leur cœur se serre quand ils ne peuvent plus voir la flèche de Saint-Étienne. On pourrait aussi la comparer à l'aiguille d'un cadran solaire vers laquelle toutes les rues qui sont autour convergent comme les diamètres d'un cercle se rejoignent en son centre.”

ADALBERT STIFTER, *VIENNE ET LES VIENNOIS*,
VIENNE, 1844, TRAD. JEAN-LOUIS POITEVIN POUR LA PRÉSENTE ÉDITION

VILLE ET FAUBOURGS

Gérard de Nerval (1808-1855) entreprend en 1843 un grand voyage vers l'Orient, dont il publie le récit huit ans plus tard sous le titre Voyage en Orient, *y mêlant des souvenirs de voyages en Europe et notamment à Vienne. Beaucoup de choses ont changé, et pourtant tout est là : les tavernes et l'Opéra, les parcs et les bals, la grisaille des faubourgs et la lumière du centre.*

“Le premier aspect de Vienne n'a rien que de très vulgaire. On traverse de longs faubourgs aux maisons uniformes ; puis, au milieu d'une ceinture de promenades, derrière une enceinte de fossés et de murailles, on rencontre enfin la ville, grande tout au plus comme un quartier de Paris. Suppose que l'on isole l'arrondissement du Palais-Royal, et que, lui ayant donné des murs de ville forte et des boulevards larges d'un quart de lieue, on laisse alentour

«IL ACHETA LE LIVRE UNIQUEMENT
PARCE QUE LE LIBRAIRE LUI DIT
QUE MARC AURÈLE ÉTAIT MORT À VIENNE.»

JOHN IRVING

les faubourgs dans toute leur étendue, et tu auras ainsi une idée complète de la situation de Vienne, de sa richesse et de son mouvement. Ne vas-tu pas penser tout de suite qu'une ville construite ainsi n'offre point de transition entre le luxe et la misère, et que ce quartier du centre, plein d'éclat et de richesses, a besoin, en effet, des bastions et des fossés qui l'isolent pour tenir en respect ses pauvres et laborieux faubourgs ? Je me sentis tout à coup attristé, au moment où j'entrais dans cette capitale. C'était vers trois heures, par une brumeuse journée d'automne ; les vastes allées qui séparent les deux cités étaient remplies d'hommes élégants et de femmes brillantes, que leurs voitures attendaient le long des chaussées ; plus loin la foule bigarrée se pressait sous les portes sombres, et tout d'un coup, à peine l'enceinte franchie, je me trouvai au plein cœur de la grande ville : et malheur à qui ne roule pas en voiture sur ce beau pavé de granit, malheur au pauvre, au rêveur, au passant inutile ; il n'y a de place là que pour les riches et pour leurs valets, pour les banquiers et pour les marchands. Luxe inouï dans la ville centrale et pauvreté dans les quartiers qui l'entourent, voilà Vienne au premier coup d'œil. ”

GÉRARD DE NERVAL, *ŒUVRES COMPLÈTES*, GALLIMARD, PARIS, 1960

CORTÈGE VIENNOIS

Poète au génie précoce, Hugo von Hofmannsthal (1874-1929) incarne l'époque de la Vienne fin de siècle. Influencé à ses débuts par Gabriele D'Annunzio, Maurice Maeterlinck et Stefan George, il connaît à vingt-six ans une crise durant laquelle – comme en témoigne la Lettre à lord Chandlos *– il doutera du sens ou de la possibilité même de toute expression. La partie la plus connue de son œuvre est constituée par les livrets des plus grands opéras de Richard Strauss,* Le Chevalier à la rose, Elektra, Arabella, La Femme sans ombre. *Pur produit de la société viennoise, il ne pouvait pas ne pas rendre hommage à sa ville et à l'esprit brillant et universel qui y régnait alors.*

“Personne, cependant, pas même Johann Strauss, qui approchait alors de la soixantaine, n'était aussi populaire que Makart, auquel, depuis le cortège de 1879, les badauds vouaient une admiration si insatiable que la circulation dans la Kärtnerstrasse était chaque jour menacée, aussi longtemps que le petit homme, mal à l'aise, malgré sa superbe barbe noire à la mode de Venise et ses airs de doge en miniature, faisait sa partie d'échecs derrière la vitre du café Scheidl.
[...] C'est donc dans cette Vienne aimable, cette ville si reconnaissante, que mon brave père, après m'avoir installé dans une petite chambre avec une seule fenêtre sur la cour, au quatrième de la maison qui fait le coin entre la Johannesgasse et la Kärtnerstrasse, et m'avoir recommandé aux soins de sa sœur, me laissa, jeune philologue qui dans son premier zèle ne pouvait trouver assez de cours pour s'y inscrire, sans se douter que bientôt il les sécherait tous : car tout près de la Ringstrasse commençait l'immortelle Vienne des poulets rôtis, encore bien conservée à l'époque, comme les vignes poussaient encore jusque dans les jardins des faubourgs, et comme tout était encore «plein de demi-poésie, non sans danger pour l'entière».”

HUGO VON HOFMANNSTHAL, *HISTOIRE D'UN MONSIEUR DE LINZ RACONTÉE PAR LUI-MÊME,* TRAD. J. LAUNAY, HACHETTE-B.P.I. CENTRE GEORGES POMPIDOU, PARIS, 1986

THÉÂTRES

Stefan Zweig (1881-1942) ▲ *202 appartient à l'une des riches familles juives qui donnèrent à Vienne, au tournant du siècle, de nombreux intellectuels et artistes. Il étudia la philosophie et les langues romanes à l'université. Fuyant le régime nazi, ce romancier émigre en Angleterre en 1935, puis au Brésil en 1941. Écrite avant qu'il ne se suicide avec sa femme à Rio de Janeiro en 1942, son autobiographie,* Le Monde d'hier, *est en réalité un portrait de l'Europe, et de Vienne en particulier. Zweig révèle ici combien l'aspect social et policé de certains comportements des Viennois est le masque qui recouvre des passions collectives.*

“Quand le «vieux» *Burgtheater*, où avaient été jouées pour la première fois *Les Noces de Figaro* de Mozart, fut démoli, toute la société viennoise se rassembla une dernière fois dans la salle, affectant la contenance solennelle et affligée qu'on prend aux funérailles ; le rideau n'était pas plus tôt tombé que tout le monde se précipitait sur la scène pour emporter au moins comme une relique un éclat de ces tréteaux où s'étaient produits les artistes bien-aimés, et dans des douzaines de maisons bourgeoises on pouvait voir encore après des décennies de ces morceaux de bois sans apparence conservés dans de précieuses cassettes, comme dans les églises les morceaux de la Croix. Nous-mêmes n'eûmes pas une conduite beaucoup plus raisonnable quand la Salle dite de Bösendorf fut démolie. En elle-même, cette salle de concert réservée exclusivement à la musique de chambre était une construction sans apparence, sans caractère artistique ; cet ancien manège du prince Lichtenstein avait été boisé très simplement et adapté ainsi à son nouvel usage. Mais il avait la résonance d'un violon ancien, il était pour les amateurs de musique un lieu consacré, parce que Chopin et Brahms, Liszt et Rubinstein y avaient donné des concerts et que nombre des plus célèbres quatuors s'y étaient fait entendre pour la première fois ; et maintenant il lui fallait céder la place à des constructions nouvelles ; cela était inconcevable pour nous, qui y avions vécu des heures inoubliables. Quand expirèrent les dernières mesures de Beethoven, que le quatuor Rosé avait joué plus divinement que jamais, personne ne quitta sa place. Nous applaudissions à grand bruit, des femmes sanglotaient dans leur excitation, personne ne voulait admettre que ce fût un congé définitif. On éteignit dans la salle pour nous chasser. Pas un des quatre ou cinq cents fanatiques ne se leva. Nous demeurâmes une demi-heure, une heure, comme si, par notre présence, nous pouvions obtenir de force que ce lieu sacré fût sauvé. Et que de pétitions, de protestations, d'articles lancés, que de manifestations organisées par nous autres étudiants, pour que la maison mortuaire de Beethoven ne fût pas abattue !

Chacune de ces demeures historiques à Vienne était pour nous un peu d'âme qu'on nous arrachait du corps.
Ce fanatisme pour les beaux-arts et particulièrement pour l'art théâtral se rencontrait à Vienne dans toutes les classes de la population. »

STEFAN ZWEIG, *LE MONDE D'HIER*, TRAD. S. NIEMETZ, BELFOND, PARIS, 1993

FLEURS MALADIVES

Né à Vienne, Hermann Broch (1886-1951) dirige la firme paternelle jusqu'en 1927, date à laquelle il reprend des études de philosophie, de psychologie et de mathématiques. Il publie la trilogie Les Somnambules *en 1931 et 1932, et ne cesse dès lors d'écrire. Dans l'essai* Hofmannsthal et son temps, *Hermann Broch analyse le style qui caractérise la fin du XIX*e *siècle et dont on peut admirer sur le Ring les principales réalisations. Il s'intéresse aussi, bien entendu, au personnage singulier que fut Hofmannsthal et nous invite à une réflexion sur le monde de demain.*

« Inversement cependant, là où la pensée politique, à l'extrémité opposée, est complètement absente, soit parce qu'elle ne s'est pas encore développée ou encore qu'elle ait dépéri, la catégorie esthétique passe de plus en plus au premier plan et sans devenir pour cela, sauf des cas exceptionnels, une production véritablement artistique, elle engendre de plus en plus un penchant à ornementer et décorer la vie, mais finit par engendrer cette indifférence morale qui – à l'inverse de l'iconoclasme – se manifeste comme pur hédonisme, pur désir de jouissance. Il n'y a aucun doute que Vienne, devenue incapable de se livrer à la politique, se dirigeait vers un pareil état de choses.
Le style de vie de la classe supérieure aristocratique s'y trouvait déjà. La floraison de Vienne, à son terme dans le dernier tiers du siècle, l'avait favorisé et favorisait également son imitation. L'objectif jamais atteint de la Contre-Réforme des Jésuites et durant des siècles celui des Habsbourg, formés à leurs doctrines, et enfin celui de Metternich dans les années qui précédèrent la Révolution de 1848 : obtenir une masse de population le plus possible dépolitisée, le plus possible inoffensive, tournée vers une jouissance de la vie sans complications et vers ses paisibles valeurs esthétiques, voilà qu'à Vienne et de sa région avoisinante on avait soudain réussi à l'atteindre, inutilement et après coup. De l'archiduc au chanteur des rues, mais

aussi de la grande bourgeoisie au prolétariat, l'attitude hédoniste prédominait. Elle était la base de cette «démocratie de style» qui reliait la noblesse au peuple et, tout en maintenant intégralement la distance sociale, garantissait leur compréhension mutuelle et la transformait en cette familiarité «bon enfant» si spécifiquement autrichienne. Il est vrai, cette «démocratie de style», où le «cavalier» donnait le ton, différait d'une façon très notable de la démocratie anglaise du gentleman, derrière laquelle l'authentique démocratie de son pays était à l'œuvre. Ici, la structure sociale n'avait absolument rien à faire avec la démocratie politique.

En tant que produit du manque de substance de l'Autriche, où personne n'était capable de prendre personne au sérieux car, en dehors de la substance de l'État, représentée par la Couronne, on ne pouvait rien prendre au sérieux, la structure sociale devint aussi sans substance, devint une sorte de démocratie gélatineuse où, s'il le fallait, les comtes prenaient des allures de cochers et les cochers des allures de comtes. C'était un état de suspens pour le corps social (état le plus adéquat pour l'Autriche depuis ses premières origines) et cet état pouvait exister parce que la période de floraison qui régnait maintenait tout en suspens.

Si jamais société sans État s'est réalisée quelque part c'est bien ici, non seulement parce que cette société, aristocratique et aristocratisante comme elle était, louchait toujours vers l'internationalisme par-dessus les frontières de l'État, mais encore beaucoup plus parce qu'à l'intérieur de ces frontières il se trouvait une abstraction à la place d'un État.»

HERMANN BROCH, *CRÉATION LITTÉRAIRE ET CONNAISSANCE*, TRAD. ALBERT KOHN, GALLIMARD, PARIS, 1988

LE MONDE DES ÉLUS

Publié en 1957, Fin de siècle *évoque une Vienne depuis longtemps disparue. Son auteur, le diplomate Paul Morand (1888-1976), en fait le terrain privilégié de sa réflexion. Il montre combien «habitée par cent peuples, Vienne 1900 ne se divisait qu'en deux univers».*

«*Mélange* (prononcé mélannche), ce mot qui désigne le café viennois à la crème, c'était, en ce fin-de-siècle, le mot-clé de la ville entière ; galimafrée de races où déjà la germanique disparaissait sous la cohue slave, turque, juive, ruthène, croate, serbe, roumaine, galicienne ou dalmate. Et les Autrichiens, jusque-là souffre-douleur des plaisanteries bismarckiennes, commençaient à devenir les arlequins d'une sorte de Mardi Gras oriental, dont la capitale constituait le décor permanent.

Ce carnaval durait d'un bout de l'année à l'autre, à peine interrompu par un deuil de Cour, par une bronchite de l'Empereur, ou par l'écho, dans une des casemates voûtées où était tapie la plus vieille administration du monde, de quelque coup de feu mettant fin à la carrière d'un haut fonctionnaire surpris en flagrant délit d'espionnage au profit du tzar. Habitée par cent peuples, Vienne 1900 ne se divisait qu'en deux univers : les admis au Palais, les *hoffähig*, et les exclus. Le capitaine autrichien Wolfram Parr, vingt-sept ans, l'Oberleutnant allemand von Wedeke, vingt-cinq ans, et le jeune Français Jean Fontenier, vingt et un ans, appartenaient au monde des élus. Ils formaient un brelan parfait. Puisqu'il ne se passait plus rien en Europe depuis longtemps, ils trompaient ensemble par l'opéra, la chasse, les valses, le Johannisberg ou le Voslauer-Goldeck, un besoin secret de vivre tragiquement. Amis de toutes les heures, et surtout de celles de la nuit et du petit jour, ces figures de la jeunesse dorée «groupaient bien», comme disent les peintres.

Ils incarnaient trois races, trois pays, mais non trois langues, car il ne parlaient guère que le français et le langage des chevaux. ”

Paul Morand, *Fin de siècle*, Gallimard (Folio), Paris, 1986

Un crépuscule cruel

Médecin, tout destinait Arthur Schnitzler (1862-1931) à étudier l'inconscient. Or, ce sont des œuvres théâtrales, des nouvelles, des romans qui naîtront sous sa plume. Double littéraire de Freud, Schnitzler porte un regard impitoyable sur l'âme humaine, comme en témoignent ses aphorismes. «Tu es méfiant ? Je te comprends : tu veux t'épargner la peine d'apprendre à connaître les hommes.» Schnitzler aura le courage de les connaître et de les montrer. Dans son autobiographie, il associe l'homme qu'il fut à la ville dans laquelle il a vécu.

“ Neuf heures sonnèrent au clocher de l'église Saint-Michel quand Georges s'arrêta devant le café. À une fenêtre que le rideau ne masquait pas, il vit installé le critique Rapp, une pile de journaux devant lui. Il venait de retirer son pince-nez, l'essuyait, et son visage blême à l'expression habituellement fine et sarcastique paraissait avec ses yeux éteints comme mort. En face de lui, gesticulant dans le vide, le poète Gleissner était assis dans l'éclat d'une fausse élégance, avec une énorme cravate noire sur laquelle étincelait un rubis. Georges qui, sans les entendre, voyait seulement les lèvres des deux personnages se mouvoir et leurs regards se croiser, concevait à peine comment ils pouvaient rester un quart d'heure, l'un en face de l'autre, dans cette ambiance de haine. Il sentait tout d'un coup que c'était là l'atmosphère dans laquelle se déroulait la vie de tout le cercle et que traversaient parfois des éclairs salubres d'esprit et de lucidité. Qu'avait-il à faire avec ces gens ? Une sorte d'épouvante le saisit, et il se détourna et décida au lieu d'entrer dans le café de se rendre enfin de nouveau au club dont il n'avait pas foulé les salles depuis des mois. Georges grimpa bientôt le large escalier de marbre, entra dans la petite salle à manger au rideaux vert clair et fut salué par Ralph Skelton, l'attaché d'ambassade anglais, et Breitner, qui soupaient dans un coin, avec la cordialité contenue due à un ami longtemps attendu. On parla du tournoi imminent, du banquet qui devait être organisé en l'honneur des escrimeurs étrangers, on commenta la nouvelle opérette du Wiedner Theater dans laquelle Mme Lovan en bayadère s'était montrée presque nue, et le duel du fabricant

Arthur

Heidenfeld avec le lieutenant Novotny dans lequel le mari offensé avait trouvé la mort. Après le repas, Georges joua avec Skelton au billard et gagna. Il se sentait de plus en plus en forme et se promit, à partir de ce jour, de fréquenter plus assidûment ces salles aérées au décor soigné où se réunissaient des jeunes gens sympathiques, élégamment vêtus, avec lesquels on pouvait s'entretenir de façon agréable et enjouée. Félicien apparut et raconta à son frère que la soirée chez les Ehrenberg avait pris un tour très gai, il lui transmit le bonjour de Mme Marianne. Breitner, fumant un de ses célèbres cigares d'une dimension impressionnante, se joignit aux deux frères et rapporta que, sous peu, on allait accrocher dans la salle à manger les portraits de quelques membres méritants du club, en premier celui du jeune Labinski qui s'était suicidé l'année passée.»

ARTHUR SCHNITZLER, *VIENNE AU CRÉPUSCULE,*
TRAD. R. DUMONT, STOCK,
PARIS, 1982

LES DÉMONS DE L'EUROPE

Heimito von Doderer (1896-1966) est le plus méconnu des grands écrivains autrichiens de ce siècle. Son roman L'Escalier Strudelhof *porte le nom de l'escalier qui relie la Währingerstrasse, où Doderer a vécu, à la Liechtensteinstrasse : cet escalier sépare deux mondes. Son deuxième livre,* Les Démons, *est publié depuis 1965 en France. Des dizaines de personnages s'y croisent indéfiniment dans la Vienne des années vingt. Pour Doderer, Vienne est plus qu'un symbole, c'est l'incarnation des contradictions d'une époque, toujours semblable à elle-même et toujours nouvelle.*

«Je longeais le Graben, cette belle rue de Vienne dans laquelle les vitrines des boutiques les plus ravissantes devisent de mille jolies choses. L'air me semblait doux et crémeux, comme de frais flocons savonneux, vraiment odorant, et contenant encore de grands blocs entiers de fraîcheur. Le vaste drapeau bleu du ciel ne rabattait encore aucune chaleur sur l'asphalte, seuls quelques rubans de tiédeur doucement agités vous effleuraient le front, les joues et les mains. Je fermai les yeux à demi, et dans un nuage de parfum dont le souffle passait maintenant, nettement perceptible, sur le trottoir, s'ouvrit pour moi le rideau aux plis nombreux qui voilait le passé, ce qui me permit, le temps de deux inspirations, de jeter librement un regard vif et profond dans ce monde englouti dont les piliers extérieurs encore debout ici faisaient tellement illusion, dont j'avais vécu les dernières années : toutes frontières ouvertes, l'Europe avait déferlé ici, et avec le plus d'animation en cette saison justement dont l'immortel éclat s'était remis à jouer maintenant autour de la ville qui avait pour elle une profonde affinité, mais il brisait avec étonnement ses faisceaux de rayons sur les arêtes déchiquetées du souci, sur les lignes rompues et ruinées de la légèreté d'autrefois... toutes frontières ouvertes, l'Europe avait déferlé ici, adoptant avec plaisir les manières et les traditions de la vie mondaine locale, qui tenaient élégamment et inimitablement le milieu entre la présence toute proche des collines, des vignobles, des vieilles fermes et des coutumes antiques, là-bas dehors, la grâce discrète aussi de petits palais aristocratiques dans une rue fraîche et tranquille, pas large du tout, du centre de la

vieille ville : entre cette proche présence d'un côté, du côté de l'âme pour ainsi dire, de la vie familiale et sociale, entre ce petit monde de formes achevées – et tout là-bas à l'extérieur, effeuillée en paysages, en climats, en costumes des plus divers, en glaciers, en steppes de basse plaine, en mer bleue et vignobles méridionaux, la richesse polyglotte d'un immense empire avec le faste grandiose de ses anciennes formes auxquelles on était tenu par son père et son grand-père, et non seulement par la fonction que l'on occupait au moment même – entre ces deux pôles en équilibre oscillait cette ronde insouciante, souriaient ces femmes ravissantes, intelligentes, évoluaient ces hommes de si belle allure qui réussirent, en y dépensant souvent, chose étonnante, fort peu d'intelligence, à être néanmoins de plein droit les dépositaires et les représentants d'une des cultures les plus charmantes entre toutes celles, englouties, qu'eut notre continent pressé... ❞

HEIMITO VON DODERER,
LES DÉMONS,
TRAD. ROBERT ROVINI,
GALLIMARD, PARIS, 1965

UNE FIN ANONYME

Joseph Roth (1894-1939) a vécu la fin de l'empire austro-hongrois de la manière la plus directe. Officier, il a été fait prisonnier par l'armée russe. De cette expérience douloureuse naissent plusieurs romans dont La Fuite sans fin, *dans lequel il retrace sa traversée de l'Europe meurtrie et son retour à Vienne. Dans* La Marche de Radetzky *et* La Crypte des Capucins, *il décrit le déclin de la monarchie et montre les fantômes d'un monde en train de disparaître. Roth a su rendre compte de la mélancolie de l'âme autrichienne. Journaliste, il vivra en Allemagne et juif, quoique converti au catholicisme, il se réfugiera à Paris où il connaîtra une fin anonyme qui fait écho à la dernière phrase de* La Fuite sans fin *: «Il n'y avait personne d'aussi superflu au monde».*

❝Le printemps approchait. Printemps de Vienne qu'aucune rengaine pleurnicheuse ne put jamais gâter. Pas une seule des chansons devenues populaires ne possède des accents aussi émouvants que le flûteau d'un merle au Votivpark ou au Volksgarten. Aucun couplet rimé n'a de paroles aussi fortes que l'appel engageant, bien que rauque et grossier, d'un bonimenteur qui fait la parade en avril, devant une baraque du Prater. Qui peut chanter l'or des cytises, tentant vainement de se dissimuler dans le vert clair des buissons voisins ? Le doux parfum du sureau s'exhalait déjà, promesse de fête. Dans le Wienerwald, les violettes bleuissaient. Les couples s'unissaient. Dans notre café habituel, nous faisions de l'esprit, nous jouions aux échecs, au toton, aux tarots. Nous perdions et gagnions un argent sans valeur.

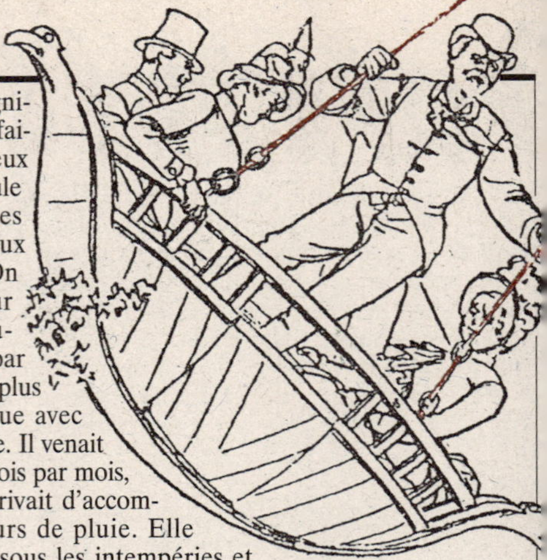

Pour ma mère, le printemps signifiait qu'à partir du 15 avril elle faisait sa promenade au Prater deux fois par mois et non plus une seule comme en hiver. Le nombre des fiacres était réduit. Les chevaux mouraient de faiblesse sénile. On en abattait aussi beaucoup pour les manger sous forme de saucisson. […] Ma mère, prudente par nature et que l'âge avait rendue plus prudente encore, s'était entendue avec l'un des derniers cochers de fiacre. Il venait la prendre ponctuellement deux fois par mois, à neuf heures du matin. Il m'arrivait d'accompagner maman, surtout les jours de pluie. Elle n'aimait pas à se trouver seule sous les intempéries et pour elle une simple averse en était déjà une. Nous ne parlions guère, dans l'ombre paisible et bienfaisante de la capote baissée.”

JOSEPH ROTH, *LA CRYPTE DES CAPUCINS*, TRAD. BLANCHE GIDON, ÉDITIONS DU SEUIL, PARIS, 1983

UNE MACHINE ROUILLÉE

Pendant plus de trente ans, Karl Kraus (1874-1936) publia seul le journal Le Flambeau *(Die Fackel). Cet esprit caustique avait pour cibles les artistes, la presse et les hommes politiques. Kraus, dont les lectures publiques – activité prisée encore aujourd'hui – étaient des événements, se moquait aussi de lui-même. Il a su dresser de Vienne un portrait par touches en la comparant à sa rivale de l'époque, Berlin.*

“Nous autres humains, nous sommes toujours plus dépendants de la machine ; et à Vienne, pas même la machine ne fonctionne. Tout s'arrête, rien ne marche. Un nouveau restaurant s'ouvre-t-il, c'est comme s'il s'agissait de la création du premier restaurant. Tout s'arrête en attente. Mais le restaurant ne marche pas. Rien ne marche ici et personne. Je n'ai encore jamais vu de Berlinois s'arrêter. Il apparaîtrait autrement, sans doute, que sa valeur matérielle est moindre que celle du Viennois. Mais celui-ci ne peut pas marcher ; il tomberait autrement. Tout s'arrête et attend : serveurs, fiacres, gouvernements. Chacun attend la fin – vous souhaite une belle apocalypse, vôtre Grâce ! – et demande encore un pourboire. Le cri de notre vie : Nous pouvons attendre. Quand un ministre tombe, nous pouvons attendre. Quand un cheval tombe, nous pouvons attendre. Nous nous arrêtons et regardons le toit parce qu'un autre regarde en l'air. Le cafetier se place devant notre table, le restaurateur, le directeur, le gérant se tiennent à notre service avec des salutations. Un équipage de la cour bloque la circulation. Nous pouvons aller rendre hommage. Le Berlinois marche. Le Viennois s'arrête en toute circonstance. Il ne va même pas à sa perte. Un cocher doit pousser les cris d'un héros d'Homère pour avertir un passant ; et on remarque que les gens, quand ils doivent tout de même marcher une fois, n'ont pas appris à le faire. Mais, comme nous l'avons dit, s'arrêter, ils le peuvent à merveille. Marcher – uniquement avec la fanfare du palais et derrière un archiduc. Vienne est plein d'«insignes», et chaque Viennois s'éprouve comme tel ; le dernier des galopins se voit volontiers « sur un piedestal ». Cela pourrait être très beau, très fier, légitime. Si c'était, en effet, un Gœthe qui était en pied. Mais quand un crétin barre la route, un Gœthe ne peut avancer.
La condition pour qu'une vie sociale parvienne néanmoins à se constituer ici, c'est de s'engager à ne pas réfléchir en dehors de son appartement privé. Mais on doit

s'estimer heureux que le droit à la corporalité, qu'une circulation désordonnée met en péril à tout moment, soit, en théorie du moins, reconnu. Un déroulement sans accroc des nécessités de la vie extérieures permettrait de parvenir à soi. Dans une ville où les cochers doivent hurler «hue» et «ho», où chaque piéton est étonné par chaque véhicule et chaque véhicule par chaque piéton, c'est un mérite personnel que de rentrer sain et sauf à la maison. Dans la cohue de la Friedrichstrasse, à Berlin, je puis réfléchir plus tranquillement que dans les célèbres ruelles paisibles des faubourgs de Vienne qu'affectionnent ces littérateurs qui ne sont issus d'aucune famille patricienne. Quand le moulin fait du bruit, le meunier peut dormir. Et son rêve est plus beau que la poésie de notre réalité.»

KARL KRAUS, DITS ET CONTREDITS,
TRAD. ROGER LEWINTER, CHAMP LIBRE, PARIS, 1975

LE MAUVAIS TEMPS

Né à Klagenfurt, en Carinthie, Robert Musil (1880-1942), figure essentielle du roman autrichien, a vu son œuvre mise à l'index après l'Anschluss et il est mort en exil à Genève sans avoir pu terminer L'Homme sans qualités, *roman sur lequel il aura travaillé plus de trente ans. Du palais impérial aux cafés, de*

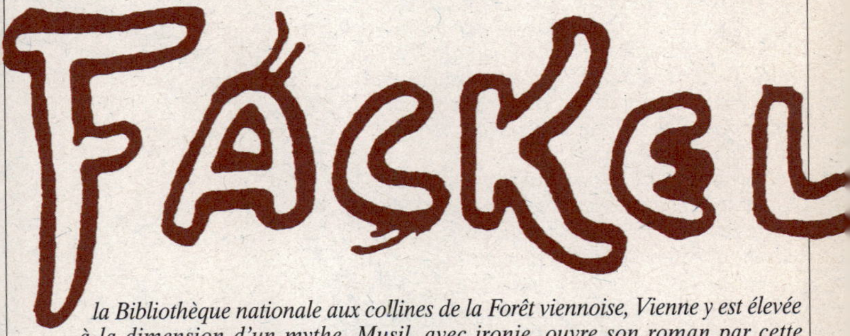

la Bibliothèque nationale aux collines de la Forêt viennoise, Vienne y est élevée à la dimension d'un mythe. Musil, avec ironie, ouvre son roman par cette approche «météorologique» de la capitale, comme pour souligner la fracture sur laquelle s'ouvrait le XXe siècle.

«On signalait une dépression au-dessus de l'Atlantique ; elle se déplaçait d'ouest en est en direction d'un anticyclone situé au-dessus de la Russie, et ne manifestait encore aucune tendance à l'éviter par le nord. Les isothermes et les isothères remplissaient leurs obligations. Le rapport de la température de l'air et de la température annuelle moyenne, celle du mois le plus froid et du mois le plus chaud, et ses variations mensuelles apériodiques, était normal. Le lever, le coucher du soleil et de la lune, les phases de la lune, de Vénus et de l'anneau de Saturne, ainsi que nombre d'autres phénomènes importants, étaient conformes aux prédictions qu'en avaient faites les annuaires

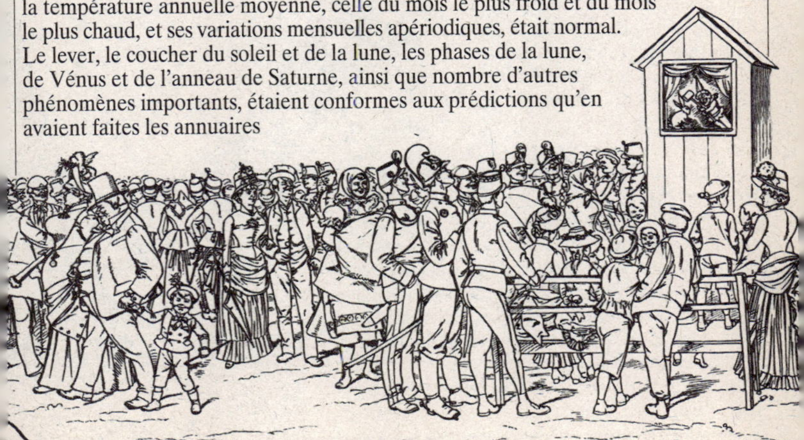

astronomiques. La tension de vapeur dans l'air avait atteint son maximum, et l'humidité relative était faible. Autrement dit, si l'on ne craint pas de recourir à une formule démodée, mais parfaitement judicieuse : c'était une belle journée d'août 1913.
Du fond des étroites rues, les autos filaient dans la clarté des places sans profondeur. La masse sombre des piétons se divisait en cordons nébuleux. Aux points où les droites plus puissantes de la vitesse croisaient leur hâte flottante, ils s'épaississaient, puis s'écoulaient plus vite et retrouvaient, après quelques hésitations, leur pouls normal. L'enchevêtrement d'innombrables sons créait un grand vacarme barbelé aux arêtes tantôt tranchantes, tantôt émoussées, confuse masse d'où saillait une pointe ici ou là et d'où se détachaient comme des éclats, puis se perdaient, des notes plus claires. À ce seul bruit, sans qu'on en pût définir pourtant la singularité, un voyageur eût reconnu les yeux fermés qu'il se trouvait à Vienne, capitale et résidence de l'Empire.»

ROBERT MUSIL, *L'HOMME SANS QUALITÉS*,
TRAD. PHILIPPE JACOTTET, ÉDITIONS DU SEUIL, PARIS, 1957

LA VILLE MUTILÉE

Ceux qui, allant à Vienne, ont vu le film tiré de cette nouvelle, Le Troisième Homme, *ont rêvé de monter dans la grande roue, non pour combattre le méchant Harry Linnes incarné par Orson Welles, mais pour admirer la ville et ses alentours, et de chercher à retrouver les lieux du film, tourné alors que les blessures de la ville étaient encore visibles. C'est à l'écrivain anglais Graham Greene que l'on doit de connaître cette Vienne qui ne savait encore comment relever la tête : Greene a renforcé le mythe viennois.*

«Pour comprendre cette étrange et assez triste histoire, il faut que vous ayez au moins une idée du décor où elle se passe : cette lugubre ville de Vienne en ruines, divisée par les quatre puissances en quatre zones : russe, britannique, américaine, française, délimitées par un simple écriteau ; puis au centre de la ville, à l'intérieur du Ring, avec ses lourds monuments publics et sa statuaire caracolante, le *Inner Stadt*, zone internationale sous contrôle des quatre puissances. Dans cet *Inner Stadt* autrefois élégant, les puissances prennent la «présidence», comme nous disons, à tour de rôle, un mois chacune, et doivent assurer la sécurité. Le soir, si vous avez la stupidité d'aller gaspiller vos schillings autrichiens dans une boîte de nuit, il est à peu près certain que vous verrez fonctionner la Patrouille internationale, quatre polices militaires, une par puissance, et communiquant entre elles, lorsqu'elles communiquent, dans la langue de leurs ennemis. Je n'ai pas connu le Vienne d'entre les deux guerres et je suis trop jeune pour me souvenir du Vienne d'autrefois, ce Vienne de

«J'AVOUE QUE J'AI UNE VÉRITABLE PASSION POUR LES CANNES TRÈS ORIGINALES OU BIZARRES, PEUT-ÊTRE EST-CE MÊME LE DÉBUT D'UNE FOLIE QUI FAIT QUE TOUT LE PLAISIR DE LA VIE SE RÉSUME EN UNE BELLE CANNE !»

PETER ALTENBERG

la musique de Strauss au charme facile et factice ; pour moi ce n'est qu'une ville faite de ruines sans dignité qui furent transformées ce mois de février en grands icebergs couverts de neige. Le Danube était un fleuve gris, plat et boueux qui traversait très loin de là le second *Bezirk*, la zone russe où gisait le Prater écrasé, désolé, envahi d'herbes folles, au-dessus duquel la Grande Roue tournait lentement parmi les fondations des manèges de chevaux de bois, semblables à des meules abandonnées, de la ferraille rouillée de tanks détruits que personne n'avait déblayés et d'herbes brûlées par le gel aux endroits où la couche de neige était mince. Je n'ai pas assez d'imagination pour voir cette ville sous son aspect d'autrefois, pas plus que je ne puis imaginer l'hôtel Sacher autrement que comme un hôtel de transit pour les officiers anglais, ou croire que la Kaertnerstrasse était une rue de boutiques élégantes au lieu de n'exister sur sa plus grande longueur qu'à hauteur des yeux, ou reconstruite jusqu'au premier étage. Un soldat russe en bonnet de fourrure passe, un fusil sur l'épaule, et des hommes en pardessus boivent à petits coups un ersatz de café derrière les vitres du Old Vienna. Voici à peu près le Vienne où Rollo Martins arriva le 7 février de l'année dernière.»

GRAHAM GREENE, *LE TROISIÈME HOMME*, TRAD. MARCELLE SIBON, ROBERT LAFFONT, PARIS, 1976

LA CHAMBRE ET L'ÂME DE SISSI

Claudio Magris est professeur de littérature germanique à l'université de Trieste, où il est né en 1939. Spécialiste de l'époque des Habsbourg et de la Vienne fin de siècle, il livre avec Danube *une sorte de «journal d'un voyage sentimental des sources au delta du grand fleuve». Ce livre lui permet d'évoquer de nombreux sites de l'Europe centrale et particulièrement Vienne, dont il retrace l'évolution tout au long du siècle. L'impératrice Élisabeth, que chacun connaît par son surnom de Sissi, est évoquée à travers sa chambre de la villa Hermès, décorée par Makart.*

«La *Hermesvilla*, dans son parc peuplé de daims et de sangliers à la périphérie de Vienne, était, avec ses ambiguïtés liberty, le lieu de prédilection de l'impératrice Élisabeth, la malheureuse, légendaire – et difficilement supportable – épouse de Francois-Joseph, cette Sissi farouche et fugitive si chère à l'imagination populaire. Hans Makart, décorateur et dessinateur officiel de Vienne à l'époque (la construction de la villa remonte à 1882-1886), avait été chargé de peindre, dans sa chambre à coucher, des scènes inspirées du *Songe d'une nuit d'été* de Shakespeare, et il en a effectivement ébauché le projet, réalisé par ses continuateurs.

Les couleurs sont sombres, morbides, le lit de l'impératrice est une véritable couche funèbre, veillé par une allégorie de la mélancolie, les scènes shakespeariennes

sont d'une glaciale et insidieuse lascivité, que l'on retrouve dans les personnages mythologiques placés dans la salle de gymnastique, où Élisabeth soumettait son corps androgyne à des exercices physiques pratiqués comme un véritable culte, comme s'il s'agissait d'exercices spirituels. Cette villa est en parfait accord avec la tendresse épuisée et frigide d'une impératrice insensible à la sensualité concrète, et assoiffée de douceurs sublimes autant qu'immatérielles, jusqu'à cultiver avec un ascétisme narcissique la minceur et la maigreur de son corps, à se complaire du désir masculin sans ressentir le besoin d'y répondre, à s'infatuer chastement de beauté féminine, au point de demander aux ambassadeurs des Habsbourg de lui procurer des portraits des plus belles femmes de leurs légations. Il y a chez Sissi une pureté d'hermaphrodite, qui a horreur du côté physique du sexe, et ne sait aimer que dans la sublimation et dans l'absence.»

CLAUDIO MAGRIS, *DANUBE*,
TRAD. JEAN ET MARIE-NOËLLE PASTUREAU, GALLIMARD, PARIS, 1988

DOUCE MÉLANCOLIE

Thomas Bernhard (1931-1989) aura hurlé jusqu'au dernier moment à la face de l'Autriche sa haine et son amour de ce pays qui était devenu pour lui un théâtre. Avec Ténèbres*, sa logique le porte à voir dans l'Autriche et dans Vienne un concentré des questions qui hantent l'Europe d'aujourd'hui. Il célèbre par la littérature les aspects les plus noirs, les plus éloignés du mythe de la ville des plaisirs et, par là même, rend vie à cet autre aspect de l'âme autrichienne, à sa part nocturne et trouble, sur laquelle bien avant Thomas Bernhard de nombreux écrivains s'étaient penchés.*

«La mélancolie est un fort bel état d'âme. J'y succombe très volontiers et très aisément. Peu ou pas à la campagne, où je travaille, mais instantanément en ville. À mes yeux, rien de plus beau que Vienne et la mélancolie qui est et a toujours été la mienne à la ville… Ce sont les gens que j'y connais depuis vingt ans, qui sont la mélancolie… Ce sont les rues de Vienne. C'est l'atmosphère, de cette ville d'étude, *tout naturellement*. Ce sont toujours les même phrases que les gens me disent là-bas, probablement les mêmes que je dis à ces gens, l'ensemble conditionne un merveilleux état de mélancolie. Je reste assis durant des heures dans un parc ou un café. Mélancolie. Ce sont les jeunes écrivains qui ne sont plus jeunes, qui appartiennent à mon passé. On remarque soudain : en voilà un qui n'a plus rien d'un jeune homme ; *il se donne* comme tel – ainsi que je le fais probablement moi-même – *mais, pas plus que lui, je ne suis resté jeune*. Et cela se renforce avec le temps, mais cela devient fort beau.
Je visite très volontiers les cimetières de Vienne, notamment le Cimetière Döblinger, tout proche de chez moi, ou celui de Neustift am Walde. Les épitaphes me plaisent, surtout celles qui me sont, depuis longtemps, familières, les noms. Mélancolie, lorsqu'on entre dans un magasin. Telle vendeuse, si *étonnamment rapide* il y a vingt ans, *est très lente à présent*, elle remplit lentement un simple sac de sucre ; elle prend ma monnaie et referme son tiroir-caisse avec des gestes changés et, à la porte, la sonnette, pourtant la même qu'autrefois, tinte mélancoliquement. Cela me plonge dans un état qui peut durer des semaines. J'en viens à considérer la mélancolie, à tout le moins pour moi, comme l'état idéal et le moyen le plus efficace pour m'y replonger serait de pouvoir prendre de la mélancolie en comprimés…»

THOMAS BERNHARD, *TÉNÈBRES*,
TRAD. MAURICE NADEAU, GALLIMARD, PARIS, 1986

ITINÉRAIRES DANS VIENNE

▲ Le Prater, cerné par le canal du Danube et le Danube.

▼ Le canal du Danube, que borde la Morzinplatz…

▼ Vue du XVIe arrondissement (Ottakring).

…entre les ponts Salztorbrücke et Marienbrücke.

▲▼ Le *Café Sperl*, Gumpendorfer Strasse.

▼ *Demel*, le célèbre pâtissier, sur le Kohlmarkt.

▲ Le *Café Central*, situé dans le palais Ferstel, Herrengasse.

▲ Le *Café Schwarzenberg*, Kärntner Ring. ▼ Le *Café Griensteidl*, Michaelerplatz

▲ Le parc de la Lobau. ▼ Le Tiergarten, jardin animalier du parc de Schönbrunn.

▼ Le parc et les palais d'Augarten.

▲ Le château et le parc de Schönbrunn ; au centre, la fontaine des Naïades.

▲ Le jardin du Belvédère. ▼ Vue du parc de Schönbrunn (à l'ouest des parterres).

▲ Le musée d'Histoire naturelle, derrière la place Marie-Thérèse.

▲ Le Belvédère supérieur. ▼ Le château de Schönbrunn.

La ville intérieure

1 Stephansdom
2 Graben
3 Peterskirche
4 Neuer Markt
5 Staatsoper
6 Albertina
7 Kunsthistorisches Museum
8 Messepalast
9 Volkstheater
10 Naturhistorisches Museum
11 Neue Burg
12 Justizpalast
13 Hofburg
14 Volksgarten
15 Parlament
16 Burgtheater

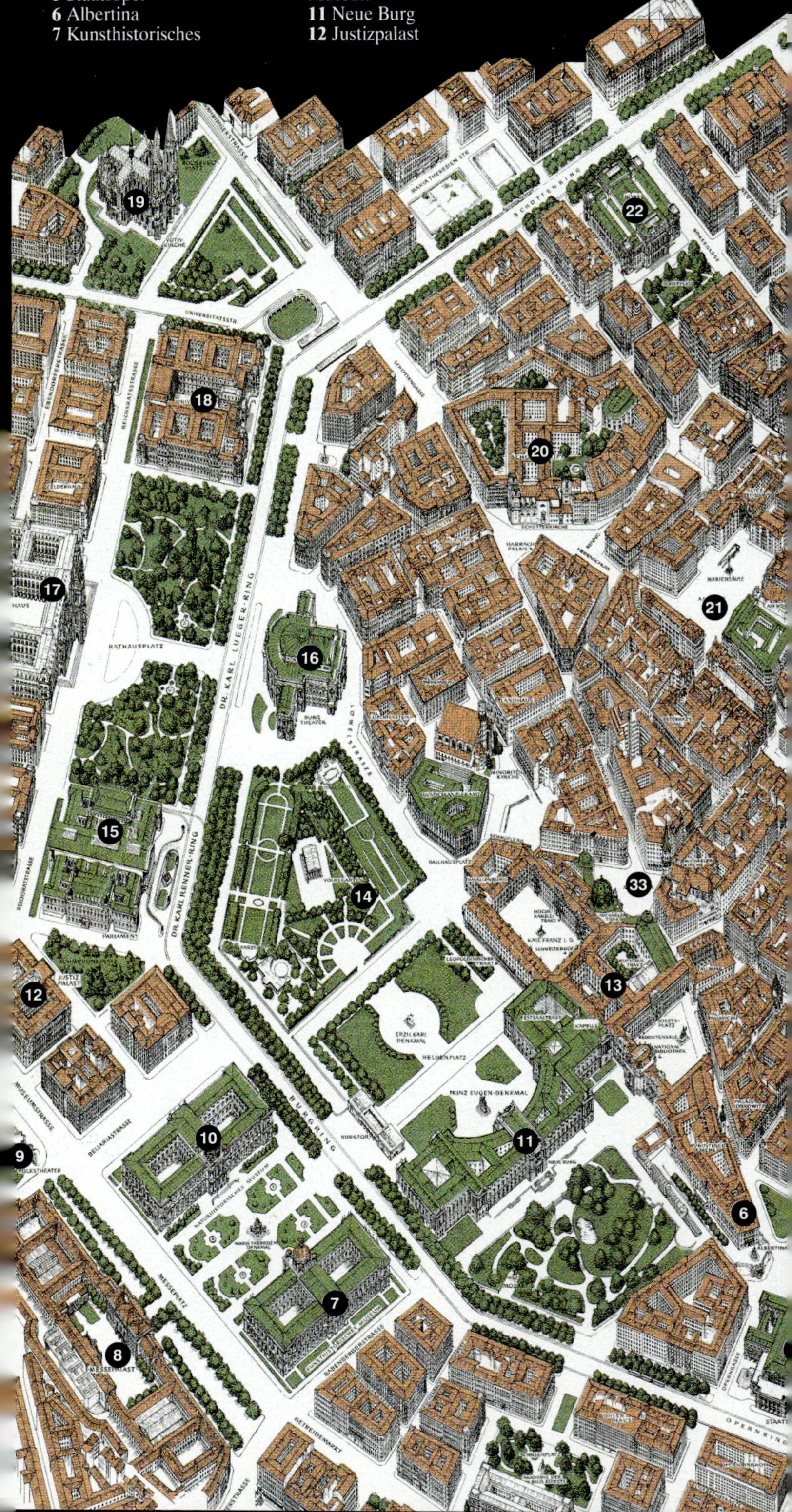

17 Rathaus
18 Universität
19 Votivkirche
20 Schottenstift
21 Am Hof
22 Börse
23 Stadtpark
24 Palais Coburg
25 Jesuitenkirche
26 Dominikanerkirche
27 Postsparkasse
28 Hoher Markt
29 Maria Am Gestade
30 Altes Rathaus
31 (Ehemalige) Böhmische Hofkanzlei
32 Judenplatz
33 Michaelerplatz

WALULISO
Figure populaire de la rue viennoise, cet homme, vêtu d'une toge et coiffé d'une couronne de lauriers, arpente la capitale armé

d'un bâton de pèlerin. Le nom qu'il s'est choisi, Waluliso, abréviation pour Wald-Luft-Licht-Sonne (forêt, air lumière, soleil), témoigne de son attachement à la défense de la planète. Il prêche la paix dans le monde et prétend téléphoner à Dieu.

LA FLÈCHE DE SAINT-ÉTIENNE
«Lorsqu'on découvre Vienne d'une de ces collines qui se trouvent à proximité de la ville, la cathédrale Saint-Étienne apparaît comme le centre, tout autour duquel la ville se déploie comme un cercle. La flèche de la cathédrale est, quant à elle, le signe de sa majesté. [...] Lorsqu'on se trouve à une telle distance, que l'on ne peut voir, ni la ville ni le corps de la cathédrale, la flèche, elle, se dresse pourtant comme une ombre bleue, un trait un peu flou ou encore comme un peuplier au crépuscule.»
Adalbert Stifter, *Vienne et les Viennois*

STEPHANSDOM

La cathédrale Saint-Étienne (Stephansdom) est à la fois le centre de Vienne et le symbole de la ville. Sa flèche, haute de 137 m, est visible d'un peu partout, et notamment pendant des kilomètres dans l'axe de l'ancienne route de Budapest. Les Viennois l'ont surnommée «Steffl», diminutif de Stephan.

CHEF-D'ŒUVRE INACHEVÉ. Sur le site de la cathédrale existait une basilique romane, bâtie au début du XIIe siècle à la demande des margraves de Babenberg ● *28*, ▲ *304*. Ravagée par deux incendies, cette basilique fut reconstruite et consacrée en 1263, sous Ottokar II de Bohême. Lorsque les Habsbourg accédèrent à la dignité d'empereurs romains germaniques, en 1273 ● *29*, Vienne – qui avait obtenu le statut de ville libre d'Empire – aspirait à devenir le siège d'un évêché. Sans attendre, un sanctuaire digne de ces futures fonctions (qui ne lui furent accordées qu'à la fin du XVe siècle) fut érigé. De 1304 à 1340, les premiers travaux de la cathédrale furent consacrés à la construction d'un chœur gothique qui prolongeait la basilique romane. À l'avènement de Rodolphe IV (1339-1365), dit aussi le Fondateur, car il avait financé les travaux les plus importants de la cathédrale sans avoir vu son projet achevé, la première église fut détruite. Seule fut conservée la façade ouest (portail du Géant et tours des Païens), qu'on encadra de deux chapelles gothiques. La nef (1359) et la flèche furent bâties au siècle suivant. Des architectes et des sculpteurs qui participèrent à l'édification de la cathédrale,

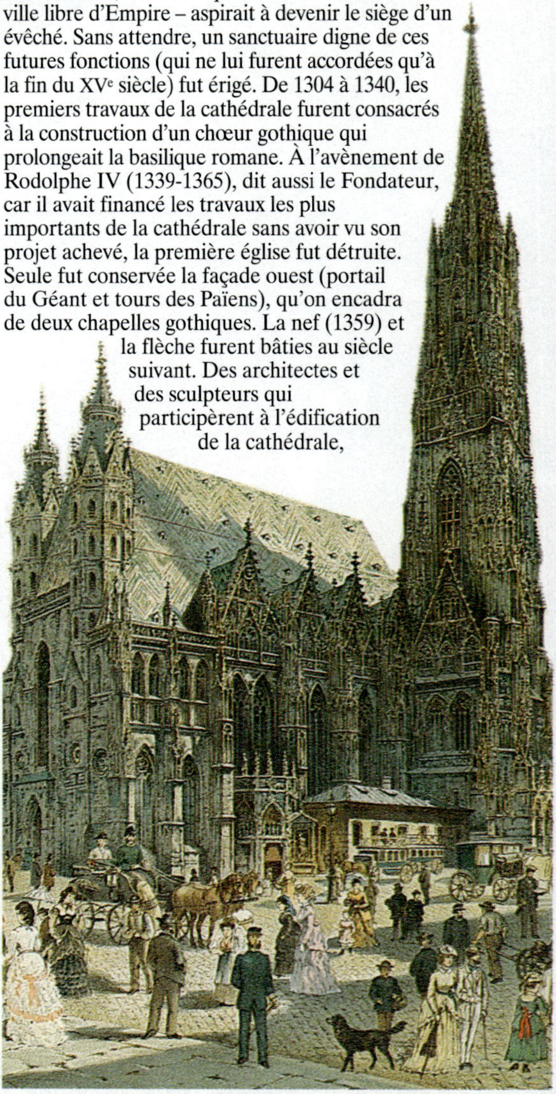

«LA PIERRE BRUNE DE CETTE ÉGLISE ÉTALE DES RAFFINEMENTS INOUÏS D'ARCHITECTURE FÉODALE.»

GÉRARD DE NERVAL

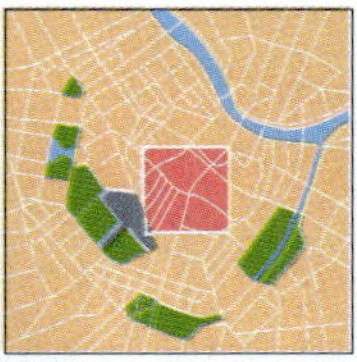

1/2 journée

Restaurée après l'incendie de 1945, la haute toiture de Saint-Étienne, en tuiles vernissées, est ornée des armes des Habsbourg (l'aigle à deux têtes surmontée de la couronne impériale et portant la Toison d'or ▲ *183*).

LA CROISADE DE 1451
De la chaire extérieure (que surmonte la statue de saint François piétinant un Turc), saint Jean de Capistran (1386-1456, franciscain italien, légat apostolique de Nicolas V en Bavière, Silésie, Pologne et Autriche) prêcha la croisade en 1451.

seuls les derniers sont connus : Hans von Prachatitz, qui acheva la flèche en 1433, et Hans Puchsbaum, qui œuvra à la voûte et à la nef. Ce dernier tenta aussi d'ajouter une seconde tour à la cathédrale. Mais, en ce début du XVIe siècle, les Viennois, craignant l'arrivée des Turcs, placèrent leur argent dans le renforcement des fortifications ▲ *198*. La tour nord resta donc inachevée et fut coiffée d'une coupole Renaissance en 1578. En 1490 (sous Mathias Corvin, roi de Hongrie ● *29*) le toit fut couvert de tuiles polychromes dessinant des losanges, afin de donner plus de légèreté à l'édifice. En 1511, les travaux furent jugés terminés ; ils avaient duré plus de deux siècles. Saint-Étienne fut bombardée par les Turcs en 1683 (un boulet lancé cette année-là est encore encastré dans le mur, au-dessus de la sacristie) ● *34,* puis par les Français en 1809 ● *31*. Mais elle ne subit jamais autant de dommages qu'en 1945 ● *42*.

RIESENTOR. Sur la façade ouest, les deux TOURS DES PAÏENS (Heidentürme), seuls vestiges de l'ancienne basilique romane, et deux CHAPELLES GOTHIQUES ornées de rosaces en dentelle de pierre encadrent l'entrée principale. Pour pénétrer dans le sanctuaire, il faut franchir le portail du Géant (Riesentor), au nord, qui doit son nom à un tibia de mammouth exhumé à cet endroit pendant les travaux de la cathédrale, et dans lequel on reconnut alors la jambe d'un géant noyé pendant le déluge.
Le tympan surmontant le portail et les colonnes qui l'encadrent sont couverts de pittoresques sculptures d'époque romane représentant le Christ en gloire, flanqué de deux anges et entouré d'innombrables petits saints et d'animaux mythiques : griffons, dragons, singes, serpents, etc.

BISCHOFSTOR. En contournant la cathédrale par le nord, on passe devant le portail de l'Évêque (Bischofstor), ouvrage gothique qui a longtemps été l'entrée des femmes. On peut voir, sur les piliers, la statue de la *Vierge au manteau*.

Intérieur
de la cathédrale
Saint-Étienne.

L'ICÔNE MIRACULEUSE
Sous un baldaquin de marbre se trouve l'icône miraculeuse de la Vierge de Pötsch, en Hongrie (ci-contre). De vraies larmes auraient coulé de ses yeux en 1696, lors de la campagne du Prince Eugène ● *35*, ▲ *147, 247* contre les Turcs. Léopold Ier acquit l'icône en 1697.

ADLERTURM. On longe ensuite les loges des bâtisseurs avant d'arriver à la tour de l'Aigle (Adlerturm), ou tour du Nord, restée inachevée. Depuis 1957, elle sert de clocher à la Pummerin ● *43*, cloche de plus de 20 t qui fut fondue avec cent canons turcs. Elle sonne surtout dans les grandes occasions ; à minuit, le jour de la Saint-Sylvestre, c'est elle qui donne le signal des réjouissances du nouvel an. Au pied de la tour s'ouvrent les catacombes, qui contiennent les ossements de milliers de Viennois. La plupart avaient été enterrés dans le cimetière qui entourait la cathédrale, avant sa suppression au XVIIIe siècle.

CRYPTE DUCALE. Au centre des catacombes, la crypte ducale, aménagée sous Rodolphe IV, recèle plusieurs cercueils de bronze et des urnes contenant les viscères des Habsbourg ● *29*, ▲ *143, 144, 176, 280*. Un baldaquin, attribué à maître Puchsbaum, surmonte le PORCHE DE L'AIGLE (Adlertor), ou porche de la Tour. Au Moyen Âge, quiconque saisissait l'anneau d'asile scellé sur une colonne se plaçait sous

«NOUS POSSÉDONS LA PLUS MAJESTUEUSE NEF D'ÉGLISE DU MONDE.»

ADOLF LOOS

juridiction ecclésiastique et échappait aux poursuites des archers. À l'extrémité orientale de la cathédrale se trouve la statue du Christ surnommée «Notre-Seigneur-a-mal-aux-dents».

LA FLÈCHE ♥. Sur le côté sud, il est possible de monter à l'intérieur de la flèche jusqu'au poste de guet, d'où l'on jouit d'une vue magnifique. Pendant le siège de 1683 ● *34*, c'est de là que le comte de Starhemberg guettait les troupes turques et qu'il envoya des fusées destinées à faire venir les armées de secours du roi de Pologne et du duc de Lorraine.

SINGERTOR. Longtemps réservé aux hommes, le portail des Chanteurs (Singertor) est surmonté d'un tympan du XIVe siècle dont les sculptures retracent la vie de saint Paul. Tout autour, on peut voir des statues gothiques de saints.

CHAIRE DE MAÎTRE PILGRAM ♥. L'intérieur de la cathédrale, dont de très hautes colonnes supportent la voûte sur croisée d'ogives, est aménagé selon un plan en croix latine, avec trois nefs de taille égale et un transept. Le chœur est moins haut que la grande nef car il a été construit le premier, en prolongement de l'ancienne basilique romane. On découvre, de prime abord, une cathédrale gothique dans toute sa splendeur. Ensuite, on remarque les ajouts baroques apportés au XVIIe siècle : des autels adossés aux colonnes de la nef ou nichés dans les chapelles latérales, et surtout le maître-autel, tous ornés d'une profusion de statues et d'ornements en marbre de couleur. Mais c'est une œuvre gothique, placée à gauche de la nef centrale, qui attire tous les regards : la chaire en pierre sculptée en 1500 par le sculpteur Anton Pilgram.

TOMBEAU DE FRÉDÉRIC III. D'autres merveilles de la sculpture gothique sont disséminées dans la cathédrale : le pied d'orgue (dû à maître Pilgram), sur le bas-côté gauche ; le retable *Wiener Neustädter Altar* (1447), qui représente la Vierge entre sainte Catherine et sainte Barbe, dans la chapelle à gauche du chœur ; le tombeau de Frédéric III, dans la chapelle à droite du chœur, dont l'un des auteurs serait Nicolas de Leyde (fin du XVe siècle) ; enfin les fonts baptismaux (1481), dans la chapelle Sainte-Catherine, au pied de la flèche. Il faut aussi admirer le baldaquin de pierre situé à droite, en entrant dans la cathédrale, également gothique, qui abrite la *Vierge de Pötsch*, et la statue de la *Vierge des servantes*. Celle-ci aurait secouru une servante accusée de vol en faisant apparaître par miracle le bijou que sa maîtresse avait perdu. Des vitraux du Moyen Âge, restaurés après la guerre, ornent le chœur (les autres ont été déposés au musée des Arts décoratifs et au musée de la Ville de Vienne). Ils représentent la Passion dans une gamme de couleurs éclatantes où dominent le rouge, le jaune et le vert.

AUTOPORTRAITS
L'homme qui passe la tête par la fenêtre, sur la chaire, ainsi que celui qui orne le pied

d'orgue (ci-dessus), ne sont autres que maître Pilgram, sculpté par lui-même.

CHAIRE D'ANTON PILGRAM
Au XVIe siècle à Vienne, le gothique devient flamboyant, avant de laisser place au style Renaissance ; ainsi le sculpteur a-t-il multiplié sur cette chaire les rosaces, les balustres ajourés et les ornements en forme de stalactites, de flammes et de feuilles à nervures en relief. Les salamandres et les crapauds qui se poursuivent le long de la rampe symbolisent le bien pourchassant le mal.

STEPHANSPLATZ ♥

Au Moyen Âge, les abords de la cathédrale étaient encombrés de maisons et d'échoppes, et un cimetière s'étendait sur le reste de la place. À la fin du XVIIIe siècle, après plusieurs épidémies de peste noire, on craignit que les cadavres enterrés à la hâte n'entretiennent un foyer de contagion : le cimetière fut alors rasé et les ossements transférés dans les catacombes de la cathédrale. C'est sur l'espace ainsi dégagé que fut aménagée la place Saint-Étienne (Stephansplatz), aujourd'hui zone piétonnière.

VIRGILKAPELLE. Lors des travaux d'aménagement du métro, dans les années 1970-1980, la chapelle Saint-Virgile, du XIIIe siècle, fut découverte. Ses vestiges sont visibles à l'intérieur de la station de métro Stephansplatz ● *87*, ▲ *240*, abrités derrière une grande vitrine.

ERZBISCHÖFLICHES PALAIS. Situé sur la place, le palais épiscopal abrite le MUSÉE DE LA CATHÉDRALE (Dom- und Diozesanmuseum), qui renferme le trésor de la cathédrale (reliquaire de saint André, croix reliquaire du XIVe siècle, évangéliaire carolingien, ostensoir du XVIIIe siècle, etc.) et beaucoup de sculptures à thèmes religieux, du Moyen Âge au siècle dernier.

❝À la Stefankirche, dans la pierre, il y a les boulets de canon laissés par les Turcs au siège de Vienne ; il y a la cage où l'on emprisonnait les idoles païennes et la chapelle de la Vierge noire où vont prier nos domestiques ; j'y priais aussi ; je me sentais une âme de bonne…❞

Paul Morand, *Fleur-du-Ciel*

«DER MOOR»

Le Maure marque l'emplacement, sur la place Saint-Étienne, de l'ancienne épicerie de Julius Meinl. Une banque, qui porte d'ailleurs le même nom (*Meinl Bank*), a remplacé le magasin (qui a aujourd'hui ● *72*, ▲ *223* sa devanture sur le Kohlmarkt ▲ *158*). Néanmoins, la statue a été laissée à sa place.

UN ANCIEN FOSSÉ

Le Graben, aujourd'hui longue place élégante, n'était à l'origine qu'un fossé *(Graben)* qui faisait partie des fortifications du camp de Vindobona. Cette petite agglomération s'étendait à l'intérieur d'un rectangle bordé par le Danube au nord, la rivière d'Ottakring (aujourd'hui comblée) au nord-ouest, le Graben au sud et un autre fossé (qui passait à l'emplacement de la cathédrale) à l'est. Au Moyen Âge, Vienne grandit et déborda les limites de l'ancien camp. Aussi, en 1255, les fossés furent-ils comblés, notamment le Graben, qui fut transformé en champ de foire.

Sainte-Marie-Madeleine
Cette chapelle destinée à l'office des morts, qui s'élevait au sud de la place, a brûlé en 1781. Le plan en a été retracé avec des pavés rouges.

Stock im Eisen

À l'intersection de la place Saint-Étienne, du Graben et de la Kärntnerstrasse, cette petite place est en quelque sorte l'antichambre des rues piétonnières. Elle doit son nom au «poteau serti dans le fer» dans lequel – depuis au moins 1533 – les apprentis serruriers plantaient un clou à leur passage par Vienne au cours de leur tour d'Allemagne.
Haas Haus. Lors de son inauguration, en 1990, ce centre commercial conçu par Hans Hollein ● *94* fit scandale en raison de son manque d'harmonie avec la cathédrale. Mais du *Dome Bar*, à l'intérieur, on jouit d'une vue plongeante sur la cathédrale et la place Saint-Étienne.

Le gothique se mire dans le design
Située à l'angle de la place Saint-Étienne, la galerie marchande de Haas Haus, couverte de vitres miroirs, ne laisse aucun promeneur indifférent.

Graben ♥

Le Graben forme avec la place Saint-Étienne une équerre dont Stock im Eisen serait le coude. Depuis le comblement du fossé, on y a pratiqué toutes sortes de commerces – même la prostitution puisque au XVIIIe siècle les «nymphes du Graben» y vendaient leurs charmes. La cour des Habsbourg y organisa aussi de grandes fêtes, car le Graben est l'un des plus beaux espaces découverts de la Ville intérieure. Au moindre rayon de soleil, des terrasses de café ● *66* envahissent la place. Le Graben, où abondent les commerces de luxe, est l'une des artères les plus élégantes de Vienne et le lieu favori des amateurs de lèche-vitrines. Nombre de boutiques ont été dessinées par des architectes cotés : le magasin de vêtements *Knize* (1913) est d'Adolf Loos ● *86, 90,* ▲ *142, 174, 236, 287* et la bijouterie *Schullin* (1982) de Hans Hollein.

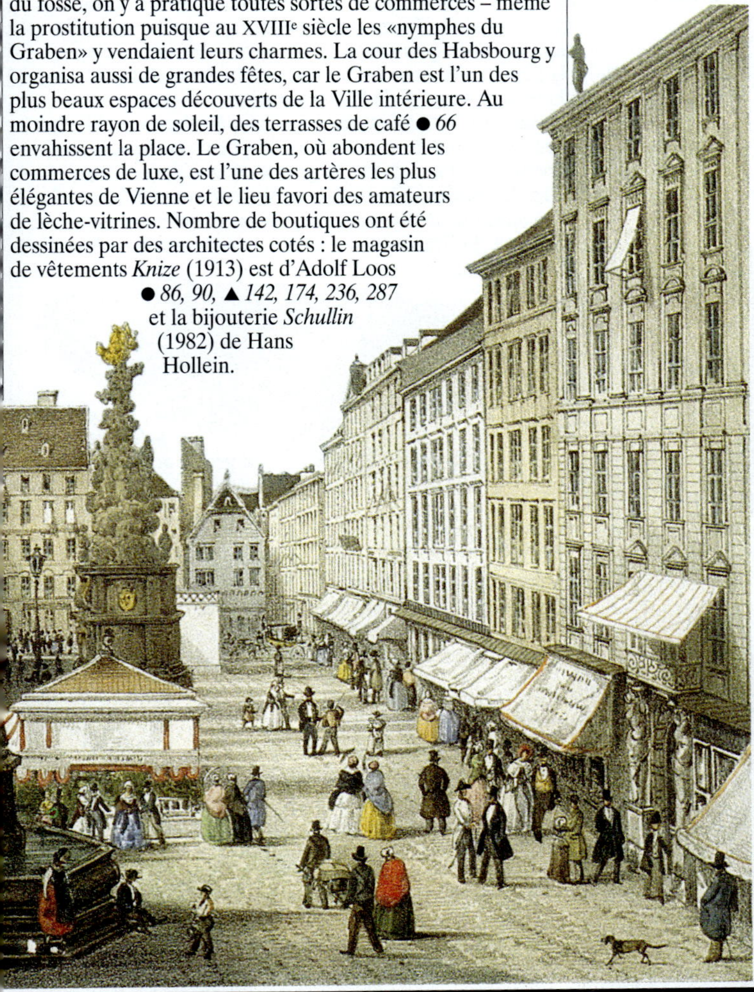

LEOPOLDSBRUNNEN ET JOSEPHSBRUNNEN Le margrave Léopold (1096-1136, ci-contre) domine la fontaine Saint-Léopold ● *46* et Joseph la fontaine Saint-Joseph. Les deux fontaines, ornées d'une gueule de lion, se font face sur le Graben.

PESTSÄULE. La colonne de la Peste (Pestsäule, ou Dreifaltigkeitssäule) rappelle que cette maladie décima la population d'Europe au XVIIe siècle. Après Londres et Naples, l'épidémie sévit à Vienne jusqu'en 1679, faisant près de cent mille victimes. Pour remercier le Ciel d'avoir mis fin à ce fléau, Léopold Ier (1640-1705) décida d'élever ce monumental ex-voto dédié à la sainte Trinité. Il fit appel à Fischer von Erlach ● *74, 80,* ▲ *147* pour y travailler à partir de 1686. Âgé de trente ans, Fischer von Erlach revenait de Rome, où il avait subi l'influence du sculpteur baroque Borromini, rival du Bernin. Dans ces sculptures tout en volutes, qui semblent escalader la colonne, on reconnaît le groupe de la Trinité et l'empereur agenouillé. La vieille femme fripée qu'un ange repousse vers l'enfer représente la peste. La colonne est flanquée de la statue de saint Léopold, patron de la Basse-Autriche.

GRABENHOF ET ANKERHAUS. Si la plupart des immeubles qui bordent le Graben sont de style 1900, deux témoignent de la première manière d'Otto Wagner ● *86,* ▲ *228, 233, 236, 294*. Dans les années 1870-1880, Otto Wagner, sous l'influence de l'architecture néo-Renaissance, réalisa un immeuble néo-classique, le Grabenhof (nos 14-15), puis la maison à l'Ancre (Ankerhaus), au coin de la Spiegelgasse, dotée de grandes verrières et de coupoles.

SPIEGELGASSE

Au n° 9 se trouve la maison de Franz von Schobert, qui y hébergea son ami Franz Schubert ● *50,* ▲ *166, 227, 262*. Celui-ci y composa en 1822 la symphonie dite «inachevée», qui ne comprend que deux mouvements.

DOROTHEERGASSE

Cette rue qui donne sur le Graben est celle des antiquaires. C'est là que se trouve le DOROTHEUM, hôtel des ventes qui comprend de nombreuses salles dans lesquelles sont exposés bibelots, meubles et œuvres d'art destinés à être mis aux enchères. Dans la même rue, le *CAFÉ HAWELKA* ♥, ancien lieu de rendez-vous de l'intelligentsia ● *67*, est plein à craquer d'étudiants jusque vers 2 h du matin. Tôt le matin, à l'ouverture, ce sont des artistes qui le fréquentent.

«AU MILIEU SE TROUVE UNE COLONNE MONUMENTALE RESSEMBLANT À UN BILBOQUET.»

GÉRARD DE NERVAL

TUCHLAUBEN

Dans les années 1980, quand des travaux ont été entrepris dans la maison du n° 19, rue des Drapiers (Tuchlauben), au bout du Graben, des FRESQUES sont apparues sous le crépi. Commandées au début du XVe siècle par le marchand de drap Michael Menschein, elles avaient été recouvertes d'un badigeon au XVIIIe siècle. Ces fresques, aujourd'hui restaurées, s'inspirent des œuvres de Neidhart von Reuental (1190-1241) : celui-ci a introduit dans la poésie de cour *(Minnesang)*, qui chantait l'amour courtois et les exploits des chevaliers, des thèmes empruntés au monde paysan.

NAGLERGASSE. La maison du n° 13, Naglergasse, est ornée d'un bas-relief du XVIIIe siècle, *Le Couronnement de la Vierge*.

PETERSKIRCHE ♥

À l'étroit PLACE SAINT-PIERRE (Petersplatz), en retrait du Graben, l'église du même nom (Peterskirche) a dû s'étirer en hauteur vers le ciel. En entrant, on franchit le beau porche baroque édifié par Andreas Altomonte. La coupole a une forme ovale, toujours par souci de contenir un grand édifice dans un espace restreint. Percée de huit fenêtres qui donnent beaucoup de lumière, elle est ornée d'une fresque représentant l'Assomption, œuvre de Johann Rottmayr ▲ *293*, tout comme le retable de la deuxième chapelle à droite, dédié à saint François de Sales. À gauche du chœur, la chaire baroque dorée de Matthias Steinl fait pendant à un autel monumental également baroque (dû au sculpteur Lorenzo Mattielli), dédié à saint Jean Népomucène, confesseur de la reine de Bohême, qui subit le martyre en 1393 pour avoir refusé de trahir le secret de la confession au profit de Venceslas IV.

LE CHŒUR. Coiffé d'une coupole en trompe l'œil, il a été décoré par Antonio Galli-Bibiena. Le maître-autel, dû à Santino Bussi, recèle un

LA SONATE «À KREUTZER»
Dans la Dorotheergasse se trouve une plaque à la mémoire de ce violoniste à qui Beethoven dédia sa *Sonate pour piano et violon n° 9*.

ENGEL-APOTHEKE
Une fresque Jugendstil ● *86* orne la façade de la pharmacie de l'Ange, Bognergasse.

ÉGLISE SAINT-PIERRE
Elle a été construite au début du XVIIIe siècle par Gabriele Montani et Hildebrandt ● *75, 81* sur le site de la première église de Vienne (IVe siècle), détruite par le feu.

Dans la Kärntnerstrasse se trouvent un casino, des librairies, des agences de voyages, des boutiques de souvenirs (dont une vend la *Sachertorte* ▲ *141*, ◆ *324*).

retable de Martino et un tableau de Leopold Kupelwieser, *L'Immaculée Conception*. Au-dessus du chœur, l'aigle des Habsbourg ● *29*, ▲ *176, 280* surmonte l'une des deux loges encastrées dans le mur. On dit que, dans ces loges, Sissi ● *119*, ▲ *143, 144, 178* venait prier seule, tard dans la nuit…

DE SAINTES RELIQUES. Les curieuses châsses des autels situés de part et d'autre du chœur contiennent les squelettes de saints martyrisés à Rome – en particulier celui de saint Benoît – couverts de paillettes et de fausses pierres précieuses. À l'époque de la Contre-Réforme, l'art baroque ● *75, 82*, ▲ *256* était une arme contre l'hérésie, et les reliques des saints, elles aussi, prenaient part au combat : on les exposait et on les décorait comme celles de cette église.

L'ORDRE DE SAINT-JEAN À MALTE
En 1530, Charles Quint concéda l'île de Malte comme fief perpétuel aux Hospitaliers de Saint-Jean. Les Sarrasins et les Turcs les avaient chassés tour à tour de Jérusalem, de Saint-Jean-d'Acre, de Chypre (XIIe-XIIIe siècles) et de Rhodes (1522).

KÄRNTNERSTRASSE ♥

Au cœur de la Ville intérieure, la rue de Carinthie (Kärntnerstrasse) est, avec le Graben, l'artère commerçante la plus animée de Vienne. Dans cette rue piétonnière, l'animation ne cesse pas, même après que les commerces de luxe, les restaurants et les cafés à terrasse ont fermé. Toute la journée, un flot de badauds et de promeneurs s'attarde devant les vitrines, s'assied aux terrasses ou forme le cercle autour de musiciens ambulants.

MALTESERKIRCHE. À gauche en descendant vers le Ring s'élève l'église de l'ordre de Malte (Malteserkirche), de style gothique, affublée au XIXe siècle d'une façade néo-classique. Fondé à Jérusalem au temps des croisades, cet ordre, hospitalier à l'origine, se chargeait de soigner les pèlerins lors de leur séjour dans les Lieux saints. Au XIIe siècle, les Hospitaliers de Saint-Jean devinrent un ordre militaire, qui avait pour vocation de défendre les pèlerins contre les Arabes, puis contre les Turcs. À l'intérieur de leur église à Vienne, un monument est dédié à Jean de la Valette, grand maître qui, en 1565, défendit l'île de Malte (siège de l'ordre de 1530 à 1793) contre la flotte de Soliman le Magnifique. Ce n'est pas par hasard qu'on commémore cette victoire de Vienne car, en 1529, les troupes du même sultan ont mis le siège devant la capitale de l'Autriche ● *34*. Les blasons de la plupart des familles appartenant à l'ordre sont suspendus à l'intérieur. Un peu avant le Ring ▲ *197*, la Philarmonikerstrasse, que bordent l'Opéra ● *59*, ▲ *223* et l'*Hôtel Sacher*, s'ouvre sur la droite.

«HÔTEL SACHER». Connu des célébrités du monde entier – souverains, diplomates, artistes lyriques… –, l'*Hôtel Sacher* est, depuis sa fondation, en 1876, une institution ● *66*, ▲ *223*. Dans ses salons feutrés se retrouvaient des gens de lettres,

LE CABARET «FLEDERMAUS»
Construit à l'époque Sécession ● *86*, ▲ *232*, ce cabaret porte le nom de l'opérette de Strauss fils ● *56*, *La Chauve-Souris* (1874), œuvre fétiche des Viennois.

comme Arthur Schnitzler ● *113*. Nombre de ces hôtes de marque ont également savouré la *Sachertorte*, dont la recette aurait été inventée au moment du congrès de Vienne (1814-1815) par un chef resté anonyme. C'est Anna Sacher, veuve du fondateur de l'hôtel, qui l'aurait fait connaître à ses clients à la fin du XIXᵉ siècle. Parmi eux figuraient ceux que l'on surnommait les *Sacherbuben*, fils de bonnes familles viennoises qui fréquentaient l'hôtel moins par goût pour la *Sachertorte* que dans le but d'emprunter de l'argent à Mme Sacher, qui devint ainsi le premier bailleur de crédit sur la place de Vienne !

NEUER MARKT ♥

Reliée à la Kärntnerstrasse par la Donnergasse, la place du Nouveau-Marché (Neuer Markt) ne mérite plus son nom car le marché aux farines qui y fut ouvert au XIIIᵉ siècle a disparu depuis longtemps. Elle reste l'une des plus belles places de la Ville intérieure, malheureusement livrée aux automobiles.
DONNERBRUNNEN. Au milieu de la place s'élève la fontaine de Donner, la plus gracieuse de Vienne. Elle doit son nom au sculpteur Raphael Donner ▲ *170, 304*, qui la dessina au début du XVIIIᵉ siècle. La statue de la Providence, dont le socle est entouré de bambins *(putti)*, la domine. À chaque coin du bassin a été placée une allégorie d'un des quatre affluents du Danube en Autriche : la Traun, l'Enns, l'Ybbs et la March. Jugées impudiques par Marie-Thérèse, celles-ci furent retirées de la fontaine. Au siècle dernier, on remplaça les sculptures d'origine de Donner, coulées dans le plomb, par des copies en bronze (les originaux sont exposés au musée d'Art baroque ▲ *256* du Belvédère inférieur). Sur la place s'élèvent de beaux immeubles : au n° 14

MARCO D'AVIANO
Dans une niche de la façade de l'église des Capucins se trouve la statue du capucin Marco d'Aviano, légat du pape à l'armée de Charles de Lorraine. C'est lui qui célébra la messe au sommet du Kahlenberg le matin de la bataille contre les Turcs ● *34*.

UNE STATUE IMPUDIQUE
Pour se venger d'un commanditaire, Donner fit en sorte qu'une des statues montre son derrière vers ses fenêtres !

TOMBEAUX D'ÉLISABETH-CHRISTINE ET DE CHARLES VI
Le tombeau du père de Marie-Thérèse est dû, comme celui de sa fille, à Balthasar Moll.

FRANÇOIS-JOSEPH
«L'Empereur était un vieil homme. C'était le plus vieil empereur du monde. Autour de lui, la mort traçait des cercles, des cercles, elle fauchait, fauchait. Déjà le champ était entièrement vide et, seul, l'Empereur s'y dressait encore, telle une tige oubliée, attendant. Depuis de nombreuses années, le regard vague de ses prunelles claires et dures se perdait en un vague lointain. Son crâne était chauve comme un désert bombé. Ses favoris étaient blancs comme deux ailes de neige. Les rides de son visage étaient une inextricable broussaille où les années nichaient par dizaines.»
Joseph Roth, *La Marche de Radetzky*

la façade baroque du XVIIIe siècle de l'ancien PALAIS RAUCHMILLER, celles des n°s 10 et 11 sont ornées de reliefs floraux et ont un avant-corps triangulaire en surplomb. Au n° 2 aurait vécu, en 1795 et 1796, Haydn ● *49*, ▲ *152, 162, 164* ; il y aurait composé le quatuor dont un extrait est devenu l'hymne impérial autrichien.

«AMERICAN BAR». Au nord de la place, donnant à la fois sur la Kärntnerstrasse et sur la Seilergasse, le Kärntnerdurchgang, passage commerçant, recèle un joyau d'architecture moderne : l'*American Bar*, conçu par Adolf Loos ● *86, 90*, ▲ *137, 174, 236, 287* en 1908, qui est aujourd'hui un cercle privé, est classé monument historique depuis 1959.

KAPUZINERKIRCHE. L'église des Capucins (Kapuzinerkirche), qui donne sur la place du Nouveau-Marché, ne paie pas de mine, mais l'esthétique de cette église du XVIIe siècle correspond à l'esprit de cet ordre mendiant, qui dépend de celui des franciscains. C'est pour son austérité que l'empereur Mathias (1557-1619) et l'impératrice Anne choisirent cette église afin qu'on y aménage une crypte destinée à recevoir les dépouilles des Habsbourg à partir de 1633.

KAPUZINERGRUFT ♥. Une dizaine d'empereurs, une quinzaine d'impératrices et une centaine d'archiducs sont inhumés dans le caveau impérial (Kaisergruft) de la crypte des Capucins (Kapuzinergruft). Avant les obsèques, on extrayait le cœur de chaque dépouille mortelle, on le plaçait dans un canope et on l'emportait dans la crypte de l'église des Augustins, tandis que le reste des viscères rejoignait la crypte de la cathédrale ▲ *132*.
Les cérémonies officielles commençaient après que le corps eut été habillé de vêtements d'apparat, placé dans un cercueil et couvert de fleurs. On l'exposait dans la chapelle du Palais afin que le public lui rende un dernier hommage (ce fut le cas pour l'Aiglon ▲ *283* et pour l'archiduc Rodolphe ◆ *322*). On célébrait ensuite les obsèques en grande pompe en la cathédrale Saint-Étienne. On transférait enfin le cercueil à la crypte, où le père supérieur le soumettait à un questionnaire public (c'est le grand chambellan qui répondait au nom du défunt). Le prêtre : «Qui es-tu ? Qui demande à entrer ici ?» Le chambellan : «Je suis Sa Majesté l'empereur d'Autriche, roi de Hongrie.» «Je ne le connais pas.

Qui demande à entrer ici ?» «Je suis l'empereur François-Joseph, roi apostolique de Hongrie, roi de Bohême, roi de Jérusalem, grand prince de Transylvanie, grand-duc de Toscane et de Cracovie, duc de Lorraine…» «Je ne le connais pas. Qui demande à entrer ici ?» Le grand chambellan s'agenouille alors et répond d'un ton humble : «Je suis François-Joseph, pauvre pécheur, et j'implore la miséricorde de Dieu.» «Alors, tu peux entrer.»

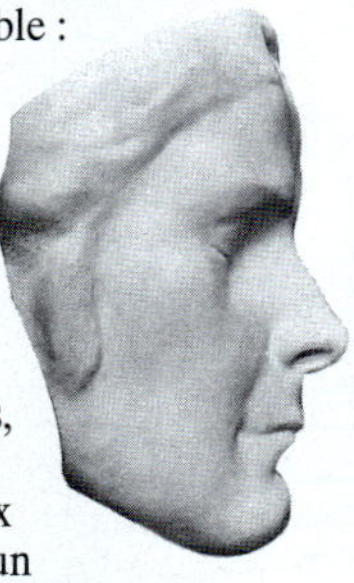

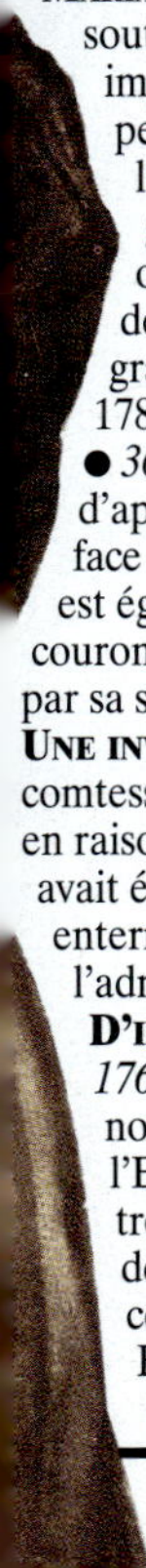

Maria-Theresia-Gruft. Dix salles souterraines constituent le caveau impérial. Dans la première, la plus petite, reposent Mathias et l'impératrice Anne. Au fil des salles, groupées par ordre chronologique, on remarque que certains tombeaux détonnent sur les autres, qui sont d'un grand dépouillement. Celui de Marie-Thérèse (1717-1780) et de son mari, François de Lorraine (1708-1765) ● *36*, dessiné par Balthasar Moll, a la forme d'un grand lit d'apparat sur lequel les deux souverains sont étendus face à face (Maria-Theresia-Gruft). De style baroque, ce tombeau est également orné de bas-reliefs qui représentent le couronnement des époux. Le tombeau de Joseph II tranche, par sa simplicité, sur celui de ses parents.

Une invitée. Bien qu'elle ne soit pas de sang impérial, la comtesse Fuchs-Mollardt est enterrée dans le caveau impérial en raison de l'amitié que lui portait Marie-Thérèse, dont elle avait été la préceptrice. Le maréchal Radetzky faillit y être enterré lui aussi, à la demande de François-Joseph, qui l'admirait beaucoup.

D'illustres absents. Tous les Habsbourg ● *29*, ▲ *144, 176, 280* avant Mathias sont absents du caveau. Et notamment Charles Quint (1500-1558), qui est enterré à l'Escorial, en Espagne. Parmi les Habsbourg qui ne s'y trouvent pas non plus figurent Marie-Antoinette, femme de Louis XVI, l'Aiglon (les Allemands ont transféré ses cendres aux Invalides, à Paris, en 1940), l'archiduc François-Ferdinand et sa femme, enfin Charles Ier (au cimetière de Funchal, à Madère).

En haut, tombeaux de Joseph Ier, de Ferdinand et de Charles VI. Ci-dessus, gravure du début du XIXe siècle.

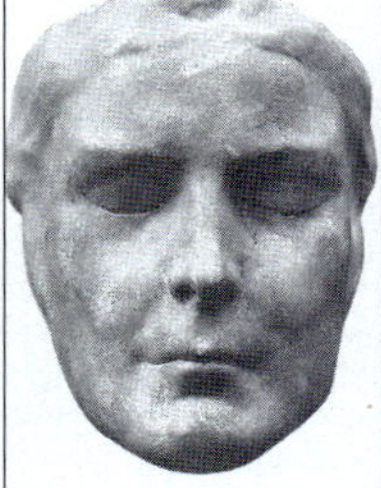

Le panthéon des Habsbourg
Dans la crypte sont inhumés Marie-Louise, impératrice des Français, son neveu François-Joseph, Élisabeth ● *119*, ▲ *144, 178* (à gauche, en deuil de son fils Rodolphe. Ci-dessus, son masque mortuaire) et Rodolphe. Maximilien Ier du Mexique repose dans la «nouvelle crypte». Enfin, on verra le tombeau de Zita, enterrée en 1989 selon le rituel impérial. Tout comme celui de Sissi, il est toujours fleuri et porte une couronne de fleurs aux couleurs de la Hongrie (vert, blanc et rouge).

L'archiduc Salvator, neveu de François-Joseph, disparut au cours de son voyage vers l'Amérique du Sud.

Guillotinée en 1793, Marie-Antoinette, fille de Marie-Thérèse, reine de France depuis son mariage avec Louis XVI, ouvrit la liste noire de la famille impériale d'Autriche à l'époque moderne. Un siècle plus tard, le destin semblait s'acharner sur les derniers Habsbourg et sur leurs proches, justifiant ce commentaire désabusé de François-Joseph : «Rien ne m'a été épargné.» À la fin de son règne – il mourut en 1916, en pleine Grande Guerre –, l'empereur vivait presque en reclus dans les appartements de la Hofburg et de Schönbrunn. On dit que lorsqu'un deuil était proche, une dame blanche – la dame blanche des Habsbourg – apparaissait.

FRANÇOIS-JOSEPH (1830-1916) ET L'ARCHIDUC OTTO (1912)
Le règne de François-Joseph ● *41*, ▲ *142, 178* (68 ans) marqua le passage de l'absolutisme au système parlementaire. Son petit-neveu Charles Ier (1887-1922) ▲ *180*, le dernier empereur d'Autriche, lui succéda, de 1916 à 1918. En 1919 il s'exila en Suisse. Après deux tentatives de retour, il fut banni à Madère où il mourut de tuberculose.

ÉLISABETH (1837-1898)
L'impératrice Élisabeth ▲ *119, 142, 178*, épouse de François-Joseph en 1854, avait fait de la cour de Vienne l'une des plus brillantes d'Europe, mais, sous le coup de deuils familiaux, elle devint neurasthénique. Elle effectua de longs voyages à l'étranger, et c'est au cours de l'un d'eux qu'elle tomba sous le poignard d'un anarchiste italien, Luigi Lucheni, à Genève.

Maximilien Ier (1832-1867)
Cet archiduc, frère cadet de François-Joseph, devenu empereur du Mexique, fut fusillé par les partisans de Juarez Garcia en 1867. Sa femme Charlotte, fille de Léopold Ier, roi des Belges, devint folle.

François-Ferdinand (1863-1914)
Le 28 juin 1914, l'assassinat à Sarajevo de l'archiduc François-Ferdinand (neveu de François-Joseph et héritier du trône depuis la mort de Rodolphe) et de sa femme Sophie provoqua la Grande Guerre.

Vareuse de François-Ferdinand Le musée de l'Armée ▲ 258 conserve la voiture et la vareuse de l'archiduc.

Rodolphe (1858-1889)
En 1889, l'archiduc Rodolphe, fils de François-Joseph et d'Élisabeth, héritier du trône d'Autriche-Hongrie, se donna la mort en compagnie de sa maîtresse, Marie Vetsera, dans le pavillon de chasse de Mayerling, au sud de Vienne. Enfin, le cercueil de Marie Vetsera a été volé dans le tombeau du couvent que François-Joseph a fait construire à Mayerling ◆ 322.

Le dauphin enlevé à sa famille, le 3 juillet 1793
Louis XVII, second fils de Louis XVI et de Marie-Antoinette, duc de Normandie, devint dauphin à la mort de son frère aîné (1789). Enfermé au Temple avec sa famille, il fut confié, après l'exécution du roi, à la garde du cordonnier Simon. Il mourut de scrofule le 8 juin 1795.

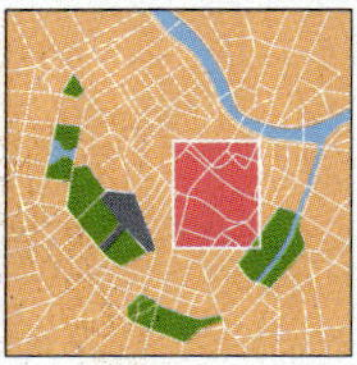

1/2 journée

«ANNAKIRCHE SOUS LA NEIGE»
Œuvre de Hanz Götzinger (1914).

« Toute l'Autriche et sa problématique contradictoire irrésolue jusqu'à l'écroulement de 1918 se reflètent dans l'œuvre de Grillparzer, dans sa sensibilité et dans sa création. »
Claudio Magris, *Le Mythe et l'Empire*

«À LA CARPE BLEUE»
La maison *À la Carpe bleue* (Haus *Zum blauen Karpfen*, ci-dessus), située au n° 14, est l'une des plus remarquables de la rue Sainte-Anne.
La façade (début du XIXe siècle) a été décorée de fresques et de bas-reliefs, dont l'un représente une carpe bleue.

ANNAGASSE

DE BEAUX PALAIS. À mi-hauteur de la Kärntnerstrasse et partant vers l'est de la ville, la rue Sainte-Anne (Annagasse) compte de beaux édifices : le PALAIS ESTERHAZY ▲ *162* (n° 2), construit au XVIIe siècle et remanié au XVIIIe ; le KREMSMÜNSTERHOF (n° 4), orné d'une élégante façade du XVIIe siècle ; le HERZOGENBURGERHOF (n° 6), de style baroque ; le DEYBELHOF, ou Täuberlhof (n° 8), édifié au XVIIIe siècle d'après les plans de Hildebrandt ● *75, 81,* ▲ *147, 247* ; la HAUS ZUM BLAUEN KARPFEN (n° 14), du XIXe siècle ; la MAISON DE L'EMPEREUR ROMAIN (n° 18).

ANNAKIRCHE. Dans l'Annagasse se trouve également l'église Sainte-Anne (Annakirche ● *76*), paroisse française appartenant à la congrégation des oblats de saint François de Sales. L'édifice, construit au XVe siècle, a été remanié au XVIIIe siècle dans le style baroque. À l'intérieur, le plafond est décoré de fresques dues à Daniel Gran (1694-1757). Il faut également voir le groupe sculpté du XVe siècle représentant sainte Anne, la Vierge et l'enfant Jésus, attribué à Veit Stoss (1448-1533), ainsi que le reliquaire baroque qui contient la main de la sainte.

PRINCE DE L'INTRIGUE Charles-Maurice de Talleyrand-Périgord mena la politique étrangère de la France de 1797 à 1815. Pendant les négociations d'Erfurt (1808), il trahit Napoléon Ier en dissuadant le tsar de faire alliance avec lui contre l'Autriche. Puis il contribua à le renverser en vue de restaurer la monarchie.

JOHANNESGASSE

Au congrès de Vienne (ci-dessus) ● *38*, Talleyrand chercha à limiter les exigences des coalisés. Le retour de Napoléon (1815) ruina ses efforts.

URSULINENKIRCHE UND -KLOSTER. Dans cette rue parallèle à l'Annagasse se trouvent l'église et le couvent des Ursulines (Ursulinenkirche und -kloster), construits au XVIIIe siècle par cet ordre enseignant établi dans une trentaine de pays. Sainte Ursule serait allée à Cologne accompagnée de onze mille vierges et y aurait été martyrisée par les Huns qui assiégeaient la ville parce qu'elle refusait d'épouser leur roi. L'église abrite un petit MUSÉE D'ART RELIGIEUX POPULAIRE.

DANS LA JOHANNESGASSE. En face, au n° 15, s'élève la FONDATION DES DAMES DE SAVOIE (Savoyisches Damenstift). Au n° 16, les ARCHIVES DE LA TRÉSORERIE DE LA COUR (Hofkammerarchiv), qui s'étendent vers l'Annagasse, sont dotées de deux ailes, l'une du XVIIIe siècle, l'autre du XIXe. Franz Grillparzer en fut directeur. Enfin, près de la Kärntnerstrasse s'élève le PALAIS QUESTENBERG-KAUNITZ, construit au XVIIIe siècle, qui servit de résidence à Talleyrand.

FRANZ GRILLPARZER (1791-1872)
Fils d'un avocat viennois, Grillparzer est considéré comme le plus grand auteur dramatique autrichien. Ses pièces ont pour héros Sapho, Médée, Léandre, mais aussi Ottokar, roi de Bohême, ou Libuse, fondatrice de la ville de Prague. Une salle des Archives de la Trésorerie de la Cour lui est consacrée.

HIMMELPFORTGASSE

WINTERPALAIS DES PRINZ EUGEN ♥. Le palais d'hiver du prince Eugène (Winterpalais des Prinz Eugen) occupe une bonne partie de la Himmelpfortgasse, petite rue parallèle à la Johannesgasse. Le vainqueur des Turcs ● *34* se fit construire à Vienne plusieurs palais (dont le Belvédère ▲ *244*), dans lesquels il rassemblait des œuvres d'art. Il fit appel aux plus grands architectes de son temps, Fischer von Erlach et Hildebrandt, dont il attisa la rivalité. Ainsi, pour ce palais baroque, le premier travailla en 1697-1698 et le second de 1702 à 1724. Fischer von Erlach ● *74, 80,* ▲ *138, 155, 165, 275* est l'auteur de l'ESCALIER D'HONNEUR, remarquable pour les atlantes qui lui servent de cariatides, et de la FONTAINE D'HERCULE, sur le palier. Quant à Hildebrandt, il a donné du mouvement à la façade en striant les pilastres.
Le prince Eugène mourut en 1736 dans ce palais qui, depuis 1848, abrite le ministère des Finances.

PALAIS ERDÖDY-FÜRSTENBERG. En face du palais d'hiver du prince Eugène se trouve le palais baroque Erdödy-Fürstenberg, dont la façade du début du XVIIIe siècle est agrémentée d'un superbe portail orné d'atlantes.

RAUHENSTEINGASSE

LA MORT DE MOZART. La maison dans laquelle Mozart ● *48,* ▲ *150, 281* a vécu ses dernières années a été rasée en 1847. Un nouvel immeuble a donc remplacé la demeure, au n° 8 de la Rauhensteingasse, dans laquelle le musicien, accablé de dettes, emménagea au début de 1787, à son retour de Prague. C'est cependant dans la Rauhensteingasse que Mozart a composé plusieurs de ses chefs-d'œuvre : *Don Juan*, *Cosi*

"Je suis à la fin avant d'avoir joui de mon talent. La vie était pourtant si belle, la carrière s'ouvrait sous de si heureux auspices, mais on ne peut changer son propre destin. Nul ne mesure ses propres jours, il faut se résigner, il en sera comme il plaira à la Providence. Je termine donc mon chant funèbre que je ne dois pas laisser inachevé."

Mozart, septembre 1791

MOZART ET BEETHOVEN
La seule rencontre de ces deux génies eut lieu dans la maison de la Rauhensteingasse : l'ombrageux Beethoven (17 ans) ● *50* et Mozart (31 ans). À ses amis, ce dernier confiera en leur désignant l'adolescent : «Faites attention à celui-là, il fera parler de lui dans le monde.»

ÉGLISE DES FRANCISCAINS
Construite de 1603 à 1611, dans le style Renaissance d'Allemagne du Sud.

fan tutte, *La Flûte enchantée* et son *Requiem*, que sa mort allait laisser inachevé. Si Mozart connut une célébrité croissante jusqu'en 1788 et s'il bénéficia du soutien de Joseph II, à partir de cette date, sa situation financière se dégrada. Mozart avait trente-cinq ans en 1791 lorsque, malade, il dut s'aliter fin novembre. Le 28 novembre, les médecins jugèrent son état désespéré, le musicien étant atteint d'une mauvaise fièvre.

Dans la nuit du 4 au 5 décembre 1791, il rendit le dernier soupir. Le lendemain de sa mort, le corbillard conduisit son cercueil d'abord à l'entrée des catacombes de la cathédrale ▲ *132*, où il eut droit à une bénédiction, puis au cimetière Saint-Marc ▲ *262*.

BALLGASSE. Partant du milieu de la Rauhensteingasse, une ruelle, la Ballgasse, s'engage dans un passage voûté et débouche sur la Franziskanerplatz.

FRANZISKANERPLATZ ♥

FONTAINE DE MOÏSE. À la jolie place des Franciscains (Franziskanerplatz) il ne manque ni une petite église, ni une belle fontaine, ni quelques vieilles maisons pour lui donner du charme. Installée en 1798,

Détail
de la fontaine
de Moïse.

la fontaine de Moïse a été réalisée par Johann Martin Fischer.
FRANZISKANERKIRCHE. Appartenant à l'ordre fondé par saint François d'Assise, l'église Saint-Jérôme (Sankt Hieronymus ou Franziskanerkirche) ● *75* est la seule à Vienne à être dotée d'une façade Renaissance du début du XVIIe siècle. L'intérieur, de style baroque, recèle un beau maître-autel (1707), œuvre d'Andrea Pozzo ● *77*, et un orgue sculpté (1643) par J. Wöckerd.
«KLEINES CAFÉ». Bien qu'il ait été construit dans les années 1970, le *Kleines Café (Petit Café)*, qui donne sur la place, ne détonne en rien dans le décor. Il le doit au style «rétro» qu'a choisi l'architecte Hermann Czech.

SINGERSTRASSE

PALAIS BAROQUES. Par la place des Franciscains, on accède, au nord, à la longue rue des Chanteurs (Singerstrasse), qui débouche place Stock im Eisen ▲ *137*. Dans cette rue le PALAIS ROTTAL (nos 17-19), construit d'après les plans de Hildebrandt, abrite la CAISSE DE LA DETTE PUBLIQUE, et le PALAIS NEUPAUER-BREUNER (n° 16, ci-dessous), lui aussi du XVIIIe siècle, doté d'un portail monumental orné d'atlantes.
L'ORDRE TEUTONIQUE À VIENNE. L'ordre des chevaliers Teutoniques (Deutschorden) s'est installé au XIVe siècle dans un pâté de maisons en y intégrant l'église gothique Sainte-Élisabeth. Cet ordre – hospitalier à l'origine – qui remonte aux croisades, s'installa premièrement en Terre sainte, à Saint-Jean-d'Acre. Puis il devint un ordre militaire qui combattait les musulmans. Au XIIIe siècle, le grand maître ne résidait plus en Terre sainte, mais à Marienbourg, en Pologne, d'où il lança la croisade en Europe centrale. Elle permit à l'ordre de coloniser la Prusse, la Lituanie et l'Estonie, si bien qu'au XIVe siècle il régnait sur un État souverain qui comptait une vingtaine de provinces dont la capitale était Marienbourg.
SCHATZKAMMER DES DEUTSCHEN ORDENS. Plusieurs salles du siège de l'ordre Teutonique sont affectées à l'exposition du trésor (Schatzkammer des Deutschen Ordens) : monnaies et médailles, anneaux et colliers des grands maîtres, armes d'apparat, objets sacrés, horloges et instruments d'astronomie. Ces reliques permettent de reconstituer quelques grandes étapes de l'histoire de l'ordre, qui devint une grande puissance en Europe du Nord au Moyen Âge. Mais la guerre avec la Pologne, alliée à la noblesse et à la bourgeoisie des villes prussiennes inquiètes de la puissance grandissante de l'ordre, précipita sa chute au XVe siècle.

DEUTSCHORDENSKIRCHE SANKT ELISABETH. Construite au XIVe siècle dans le style gothique et légèrement remaniée au XVIIIe siècle, l'église Sainte-Élisabeth (Deutschordenskirche Sankt Elisabeth) conserve un beau retable hollandais du XVIe siècle. Dans le pâté de maisons qu'occupent les

DEUTSCHORDEN
Le film d'Eisenstein *Alexandre Nevski*, 1938 (ci-dessous) présente les chevaliers Teutoniques comme des moines-soldats fanatiques.

En réalité, l'œuvre de germanisation de l'ordre Teutonique faisait de l'ombre à l'influence russe orthodoxe. Mais le relâchement des mœurs et la soif de conquête furent tels que les États d'Europe du Nord se liguèrent contre lui. Après des désastres militaires (XVe siècle) et les sécularisations (XVIe siècle), l'ordre perdit ses territoires et se cantonna à son activité hospitalière. Dissous en 1809 par Napoléon Ier, il reprit vie en Autriche en 1840 et, depuis 1929, il se consacre à des œuvres charitables.

Plaque de la Figarohaus.

HERMANN DE SALZA Le grand maître Hermann de Salza (1170-1239) lança en 1234 la croisade contre les peuples baltes de Prusse, restés païens, avec la bénédiction du pape Grégoire IX et l'assentiment de l'empereur Frédéric II de Hohenstaufen. Cette croisade, l'une des premières «marches vers l'est» (Drang nach Osten), permit de jeter les bases d'un État chrétien en Europe du Nord. Le fait que la Prusse ait été fondée par les membres d'un ordre militaire explique son caractère discipliné.

BLASONS DE CHEVALIERS L'intérieur de l'église Sainte-Élisabeth est tapissé de blasons de chevaliers de l'ordre Teutonique.

Figarohaus.

bâtiments de l'ordre Teutonique, Mozart ● *48,* ▲ *281* résida lors d'un de ses séjours à Vienne, au printemps 1781. Marie-Thérèse ● *36,* ▲ *158, 291* venait de mourir, et le prince-archevêque de Salzbourg Colloredo avait emmené la famille Mozart à Vienne pour les funérailles. À la même époque, *Idoménée, opera seria* du jeune Wolfgang, créé à Munich en janvier 1781, triomphait également à Vienne (une plaque commémore ce séjour).

DOMGASSE

De la Singerstrasse, la Blutgasse mène à la petite rue de la Cathédrale (Domgasse), qui débouche sur la Schulerstrasse, non loin de la place Saint-Étienne ▲ *132, 136.*

FIGAROHAUS ♥. Au n° 5 de la Domgasse, Mozart emménagea à l'automne 1784. Il y fit de la musique de chambre avec ses amis (parmi lesquels Haydn ● *48*) et il y travailla, fin 1785, à l'un de ses plus grands opéras : *Les Noces de Figaro*, sur un livret de Lorenzo da Ponte (1748-1838), qui avait déjà écrit pour Mozart le texte de *Cosi fan tutte*. Succès mitigé à Vienne, où la première eut lieu en mai 1786, mais triomphe à Prague qui fit fête au compositeur, venu diriger son œuvre, au début de l'année 1787. À son retour, le musicien, criblé de dettes, quitta la belle maison de la Domgasse pour le modeste logement de la Rauhensteingasse. Un musée a été aménagé au n° 5 de la Domgasse, dans cet ancien domicile de Mozart (seule maison préservée de toutes celles où il a vécu), qu'on appelle maintenant maison de Figaro (Figarohaus). On y a rassemblé des objets, des tableaux et des partitions qui ont appartenu au compositeur.

HAUS «ZUM ROTEN KREUTZ». Le premier café de Vienne ● *66* s'ouvrit en 1683, au n° 6 de la Domgasse. Reconstruit au XVIIIe siècle, l'immeuble porte aujourd'hui l'enseigne *À la Croix rouge (Zum roten Kreuz).*

PALAIS FÜRSTENBERG. Au coin de la Domgasse et de la Grünangergasse s'élève le palais Fürstenberg, du XVIIIe siècle, qui a une belle façade et un grand escalier intérieur orné de sculptures. Dans ces petites rues proches de la cathédrale, on remarquera plusieurs passages sous les immeubles, dont certains sont agrémentés de boutiques et de restaurants.

BÄCKERSTRASSE ♥

Après deux rues commerçantes : la rue de l'École (Schulerstrasse, qui doit son nom soit à une école de juristes de 1389, soit à l'école latine Saint-Étienne de 1237) et la Wollzeile, la rue des

Boulangers (Bäckerstrasse) recèle plusieurs curiosités, dont la cour de la MAISON SCHWANENFELD (n° 7). En face, le PALAIS SEILERN (n° 8), du XVIIIe siècle, accueillit en 1808 Germaine de Staël (1766-1817), auteur de l'essai *De l'Allemagne* et précurseur du romantisme en France. Plus loin se trouve le café *ALT WIEN*. La Bäckerstrasse compte plusieurs cafés cotés : *OSWALD & KALB*, le *KIX*, décoré par un artiste contemporain.

ALTE UNIVERSITÄT. À son extrémité ouest, la Bäckerstrasse donne sur la PLACE LUGECK (Lugeckplatz, ornée d'une statue de Gutenberg et occupée par plusieurs terrasses de restaurants) et sur la ROTENTURMSTRASSE, artère commerçante ; à l'autre extrémité, elle débouche sur la PLACE DU DOCTEUR-IGNAZ-SEIPEL (Dr. Ignaz Seipel Platz). Sur ce site s'élevait l'ancienne université (Alte Universität), rebâtie sous Marie-Thérèse, par l'architecte français Nicolas Jadot de Ville-Issey (1753-1755), que François de Lorraine ● *36*, ▲ *280* avait fait venir de Lunéville. Sous l'empereur Ferdinand (1847) ● *41*, le bâtiment devint le siège de l'ACADÉMIE DES SCIENCES (Akademie der Wissenschaften)

JESUITENKIRCHE. En face de l'Académie s'élève l'église des Jésuites (Jesuitenkirche ou Universitätskirche) ● *77*. Ferdinand II avait donné à cet ordre le monopole de l'enseignement de la philosophie et de la théologie à l'université, tâche dont il s'acquitta jusqu'aux réformes de Marie-Thérèse (1761) ▲ *291*.

«FIGLMÜLLER»
Cette auberge située dans un passage qui donne au début de la Bäckerstrasse se targue de servir les plus grandes escalopes viennoises (*Wiener Schnitzel*) de Vienne.

LA MAISON SCHWANENFELD
La cour de cette maison, agrémentée d'arcades et de galeries, est la seule cour Renaissance de Vienne. La rareté des bâtiments Renaissance s'explique par la menace turque qui planait à l'époque : tous les crédits allaient à la construction des remparts. Dans cette demeure a résidé F. von Amerling ▲ *257*, portraitiste des Habsbourg au XIXe siècle. Il y a rassemblé une collection de ferronnerie d'art dont les plus belles pièces sont accrochées dans la cour.

Construite au XVIIe siècle par un architecte anonyme, elle est d'un abord assez terne, que contredit son magnifique intérieur baroque, aménagé au début du XVIIIe siècle par l'Italien Andrea Pozzo (1642-1709). Ce père jésuite était également un grand peintre, spécialiste de la fresque baroque en trompe l'œil, dont il orna les plafonds de nombreuses églises en Italie (notamment la voûte de Saint-Ignace, à Rome). À Vienne, il décora le palais Liechtenstein (actuel musée d'Art moderne, dans la Fürstengasse, au n° 9) ▲ *292* et les voûtes de l'église des Jésuites, dont on admirera la coupole en trompe l'œil. Il faut également voir la magnifique CHAIRE DE VÉRITÉ, qui est décorée d'incrustations de nacre et de sculptures animées d'un mouvement typiquement baroque.

ACADÉMIE DES SCIENCES
Devenue Académie des sciences en 1847, l'ancienne université, imposant bâtiment à la façade baroque, est dotée d'une grande salle des fêtes dans laquelle de grands compositeurs – Haydn ● *48* et Beethoven ● *50* en particulier – ont joué leurs œuvres.

POSTGASSE

DOMINIKANERKIRCHE UND -KLOSTER. Au-delà de l'église des Jésuites passe la rue de la Poste (Postgasse), dans laquelle se trouvent le couvent et l'église des Dominicains (Dominikanerkirche und -Kloster). Cette église, qu'on appelle également basilique du Rosaire, a été construite sur les fondations de plusieurs sanctuaires,

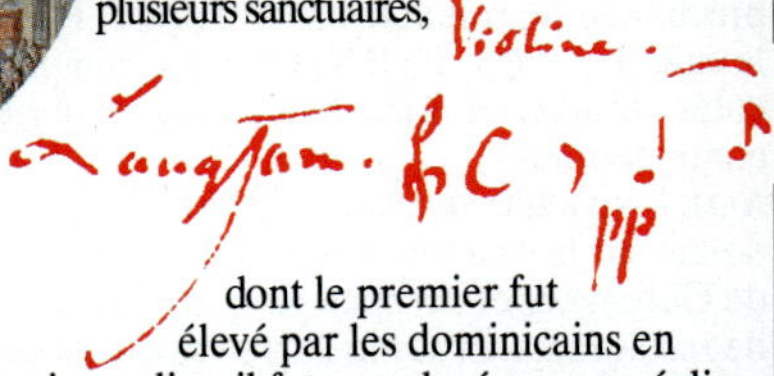

dont le premier fut élevé par les dominicains en 1237. Ravagé par des incendies, il fut remplacé par une église gothique, elle-même détruite au cours du siège de 1529 ● *34*. L'église baroque actuelle, du XVIIe siècle, s'inspire de celles de Rome. Les fresques de la voûte de la nef sont de Matthias

HAYDN ET « LA CRÉATION »
L'oratorio *La Création* était au programme du dernier concert auquel Haydn assista. Il fut joué dans la grand-salle de l'ancienne université le 27 mars 1808, un an avant la mort du compositeur. Âgé de 73 ans et impotent, Haydn s'y rendit en fauteuil roulant et fut accueilli, au son des trompettes et de roulements de tambour, par la foule de ses admirateurs (parmi lesquels la princesse Esterhazy) et de ses élèves. Trop ému, il dut quitter la salle avant la fin du concert. Ce fut la dernière apparition publique du vieux maître, qui s'éteignit le 31 mai 1809, quelques jours après l'entrée des Français à Vienne ● *32, 38*

AUX TROIS CORBEAUX
La maison aux Trois Corbeaux (Haus zu den drei Raben) se trouve dans la Rotenturm Strasse, au n° 21.

Rauchmiller. La CHAPELLE SAINT-THOMAS-D'AQUIN conserve un retable de 1638.

SANKT BARBARA KIRCHE. La petite église ukrainienne Sainte-Barbe (Sankt Barbara), du XVIIe siècle, recèle des icônes anciennes.

SCHÖNLATERNGASSE ♥

Cette rue, qui s'amorce en face de l'église des Dominicains, doit son nom à la lanterne qui orne la façade de la MAISON À LA BELLE LANTERNE (Haus zur schönen Laterne), au n° 6 (en fait il s'agit d'une copie, l'original est dans un musée).
HEILIGENKREUZERHOF. Au n° 5, un passage couvert donne accès à la cour (Heiligenkreuzerhof) entourée de bâtiments appartenant au monastère de Heiligenkreuz, situé au sud-ouest de Vienne. Construit au milieu du XVIIe siècle et remanié au XVIIIe, cet ensemble comprend la résidence de l'abbé, les logements des pensionnaires et la CHAPELLE SAINT-BERNARD, dont l'intérieur baroque est décoré d'un retable de Martino Altomonte (1657-1745).

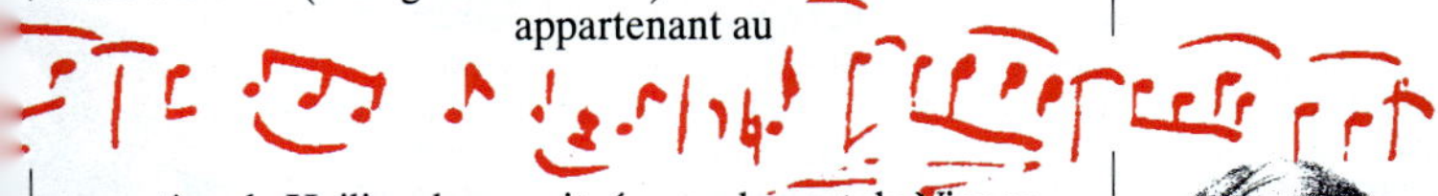

SCHUMANN À VIENNE
Robert Schumann (1810-1856) fit deux séjours à Vienne, en 1838 et 1846. Clara, sa femme, y était devenue pianiste, et Robert cherchait un éditeur pour sa revue *Neue Zeitschrift für Musik*. Vienne inspira le compositeur, même s'il en jugeait les mœurs trop mondaines, trop légères, et qu'il reprochait au public viennois d'ignorer sa musique.

BASILISKENHAUS. On reconnaît la maison du Basilic (Basiliskenhaus), boulangerie du XIIIe siècle, au n° 7, à un bloc de grès dont la forme évoque cet animal appartenant au bestiaire fantastique.
ALTE SCHMIEDE. Le compositeur Robert Schumann a habité la maison voisine, au n° 7a. Dans la même rue se trouvent le musée du Fer forgé (Alte Schmiede, n° 9) et le *WUNDER-BAR* (1976). La Schönlaterngasse ramène à la SONNENFELSGASSE, rue qui compte de nombreux cafés ● *66*.

FLEISCHMARKT ♥

Du marché à la Viande (Fleischmarkt), rue qui était le centre du quartier des bouchers, on accède, tout au nord de la Ville intérieure (Innere Stadt), au quartier des noctambules, que fréquentent la jeunesse viennoise et les touristes. Surnommé le «triangle des Bermudes», il s'étend entre le canal du Danube, l'église Notre-Dame-du-

LE BASILIC
Cet animal mythique né d'un œuf de serpent couvé par un crapaud et capable de tuer d'un regard, avait contaminé un puits avec son haleine empoisonnée. Il mourut le jour où un intrépide boulanger lui tendit un miroir !

ÉGLISE DES GRECS
Un ange (ci-dessus) et le portail (ci-contre) de cette église en brique rouge coiffée d'un clocher à coupole.

«MON CHER AUGUSTIN»
«O, du lieber Augustin,
's Geld is hin,
's Mensch is hin,
O, du lieber Augustin,
alles is hin !»
(«Ah, mon cher Augustin, il n'y a plus d'argent, il n'y a plus de gens, ah, mon cher Augustin, il n'y a plus rien !»)
Cette chanson, écrite au plus fort de l'épidémie de peste de 1679, rendit courage aux malades et aux survivants. Dans la chanson, Augustin est ivre au point qu'il tombe dans un charnier, mais le fait d'être imbibé d'alcool le préserve de la maladie. Le thème de cette chanson a été repris par Mozart et par Schönberg (*Deuxième Quatuor*).

L'ÉVÊQUE DE SALZBOURG
Saint patron de la Bavière, saint Rupert (650-718) fut d'abord évêque de Worms, en Allemagne, avant de s'installer à Salzbourg, où il fonda l'abbaye Saint-Pierre. La plus vieille église de Vienne lui est dédiée.

Rivage et la place des Franciscains. Les restaurants «branchés» sont groupés autour de l'église Saint-Rupert et de la synagogue.

GRIECHENKIRCHE. Sur le Fleischmarkt, l'église des Grecs (Griechenkirche) présente plus d'intérêt pour ses cérémonies religieuses que pour son architecture composite (XVIIIe-XIXe siècles). Mais lors des offices orthodoxes, quelle beauté ! Revêtu de sa mitre et de sa chasuble couvertes de broderies, le pope célèbre la messe dans des nuages d'encens, au milieu des voix profondes de la chorale, parmi des centaines d'icônes qui reluisent à la lumière des cierges.

«GRIECHENBEISL». Jadis fréquentée par l'intelligentsia – Mark Twain, Johannes Brahms ● *51*, Johann Strauss ● *56*, Franz Grillparzer ● *56*, ▲ *147, 159* –, la *Taverne des Grecs (Griechenbeisl)*, à côté de l'église orthodoxe, est surtout connue pour le joueur de cornemuse légendaire, héros et auteur de la chanson *Mon cher Augustin*, qui en orne la façade.

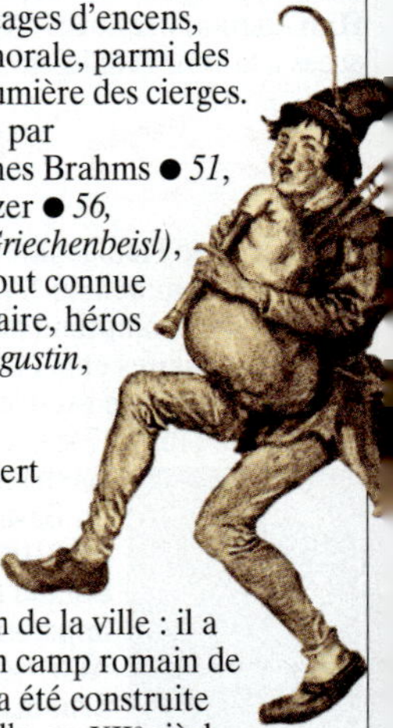

RUPRECHTSKIRCHE. Construite sur un ancien bastion, l'église Saint-Rupert (Ruprechtskirche) ● *75* domine le quai François-Joseph ▲ *200, 229, 230* et le canal du Danube ▲ *229*. C'est l'édifice religieux le plus ancien de la ville : il a été fondé en 740, au nord de l'ancien camp romain de Vindobona. Puis une église romane a été construite sur les vestiges de la première chapelle, au XIIe siècle.

Des remaniements furent entrepris au XIIIe et au XVe siècle : on édifia notamment le clocher, le chœur, les bas-côtés et le plafond de l'église. Si bien qu'aujourd'hui, Saint-Rupert n'a conservé de l'époque romane que la nef et la base du clocher. Saint-Rupert est la paroisse française de Vienne. À l'intérieur, on peut voir au-dessus du chœur, un vitrail du XIIIe siècle et, au-dessus de l'autel Notre-Dame-de-Lorette, la statue de la Vierge noire, qui protégeait les Viennois des invasions des Turcs et des ravages de la peste.

HOHER MARKT ♥

Ancien forum du camp romain de Vindobona ● *28*, la place du Vieux-Marché (Hoher Markt), la plus ancienne de Vienne, a sans doute vu l'empereur romain Marc Aurèle mourir de la peste en l'an 180 de notre ère (dans la MARC AUREL STRASSE voisine, on peut voir la statue du souverain, ami de Sénèque et connu aussi pour ses propres écrits philosophiques, en face du n° 6). Sous la place, on a exhumé des vestiges romains (accès par le n° 3). Ce seraient les ruines de deux maisons occupées par des officiers romains en garnison dans le camp de Vindobona, dans les premiers siècles de notre ère. Sous le règne des Babenberg, puis sous celui des Habsbourg, au Moyen Âge, la place servait à la fois aux exécutions publiques (par pendaison) et aux marchés, dont elle tire son nom.

VERMÄHLUNGSBRUNNEN. À la place des sinistres instruments de supplice, on érigea heureusement des monuments plus agréables à regarder. Ainsi, à la suite du vœu exaucé de Léopold Ier (1640-1705) – qui souhaitait que son fils, le futur Joseph Ier, revienne vivant du siège de Landau, en 1702 –, une première colonne votive en bois (Josephssäule) fut dressée au milieu de la place par Fischer von Erlach ● *74, 80,* ▲ *138, 147, 165, 169*, en 1706. On la remplaça en 1732 par la fontaine du Mariage de la Vierge (Vermählungsbrunnen), dite aussi colonne de Joseph, en marbre et en bronze, qui fut réalisée par le fils de Fischer von Erlach, Joseph Emanuel ● *74, 80,* ▲ *302*, et sculptée par l'Italien Antonio Corradini.

ANKERUHR ♥. L'horloge à l'Ancre (Ankeruhr) de Franz von Matsch qui, depuis 1913, orne le siège de la compagnie d'assurances du même nom, a échappé au bombardement de la place en 1945 ● *42*. À chaque heure, une figurine apparaît devant le cadran : Marc Aurèle, Charlemagne, Hans Puschbaum, Marie-Thérèse, Haydn, Rodolphe Ier, Walter von

SOUVENIRS DE GUERRE
Dans cette plaque, on a conservé trois boulets tirés au cours du siège de 1683 par les Turcs ● *34*. On trouve de semblables souvenirs de temps à autre, au hasard des rues. Par exemple, à la cathédrale Saint-Étienne ▲ *133*, un boulet est resté encastré au-dessus de la sacristie.

LE HOHER MARKT, ANCIENNE PLACE DE GRÈVE
La potence ne fut enlevée qu'au début du XVIIIe siècle et le pilori au siècle suivant – il servait à punir les mauvais boulangers : on les enfermait dans une cage de fer qu'on plongeait par trois fois dans le Danube…

Détail du décor extérieur de la synagogue.

THEODOR HERZL
C'est comme correspondant de la *Neue Freie Presse*, journal libéral, que Herzl (1860-1904), partisan de l'assimilation des Juifs, assista au procès de Dreyfus. Bouleversé, il prêcha la fondation d'un État juif en Palestine. D'abord tourné en ridicule, il finit par tenir le premier congrès sioniste, à Bâle, en 1897. Il y prédit la fondation

d'un État juif dans les cinquante ans ; il ne se trompait que d'un an : l'État d'Israël est né en 1948.

der Vogelweide, Starhemberg, le Prince Eugène… et à midi, toutes avancent dans un cortège musical. Une scène du film *Le Troisième Homme* ● *42*, ▲ *192, 267* se passe au pied de l'horloge.

AU-DELÀ DU HOHER MARKT

Par la Judengasse, au nord de la place, on retourne à l'église Saint-Rupert. Si on quitte la place vers l'est, on débouche sur la grande Rotenturmstrasse, puis sur la cathédrale ▲ *132*. Enfin, par la rue Tuchlauben, on arrive au Graben ▲ *137*.
SYNAGOGE. Au cœur d'un quartier bruyant, où les néons déversent des flots de lumière éblouissante, la synagogue (Synagoge), dans la Seitenstettengasse, tranche par son silence et par la discrétion de son architecture. Elle respecte à la lettre les consignes données par Joseph II dans son édit de Tolérance (1781) : toutes les religions non catholiques avaient droit à la liberté de culte, à condition de ne pas s'afficher. Semblable en tous points à un immeuble banal, à l'architecture dépouillée, la grande synagogue a pu échapper aux pogroms nationaux-socialistes qui, après l'Anschluss ● *42*, incendièrent systématiquement tous les autres temples juifs de la ville (il y en avait une quarantaine). À l'intérieur, un petit MUSÉE JUIF (Judenmuseum) a été aménagé.
LES JUIFS À VIENNE. Jusqu'à la fin du XIXe siècle, les Juifs jouissaient de la tolérance des Habsbourg ● *29*, ▲ *143, 144, 176, 280*. Au début du règne de François-Joseph, de nouvelles mesures supprimèrent toute discrimination à leur égard. En effet, avec la politique de libéralisme économique, à partir de 1860, l'essor industriel de l'empire nécessitait des capitaux ; il fallait aussi financer les édifices grandioses du Ring ▲ *198*. Le rôle que jouèrent alors les familles de la grande bourgeoisie juive de Vienne conduisit l'empereur à les anoblir. Mais le krach boursier de 1873 provoqua un réveil de l'antisémitisme, et certains hommes politiques (Karl Lueger ▲ *227*, fondateur du parti social-chrétien et maire de Vienne, ou Georg von Schönerer, nationaliste pangermaniste) en firent leur cheval de bataille. C'est un Autrichien ayant vécu à Vienne, Adolf Hitler, qui fit payer aux Juifs le plus lourd tribut : sur deux cent mille Juifs viennois, un tiers réussit à émigrer et cent cinquante mille périrent dans les camps.

«La pompe baroque, impériale, viennoise, réside moins dans l'exaltation de la puissance que dans le pressentiment de son instabilité.»

Guy Hocquenghem

Atlantes et cariatides baroques

«Pour être digne du Ring, un bâtiment se devait de présenter toutes les cariatides et autres personnages, toutes les urnes, tous les motifs et enjolivures imaginables, dans la décoration de leurs façades. Quant aux bâtiments officiels, ils surclassaient encore les demeures particulières pour ce qui est de l'opulence et du mélange de styles.»

George Clare, *Dernière valse à Vienne*

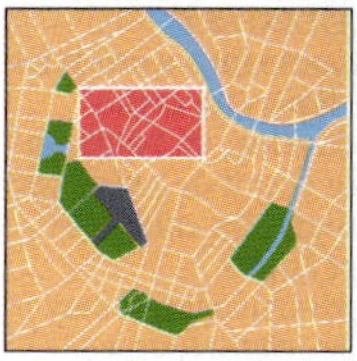

1/2 journée

EICHENDORFF (1778-1857)
Haut fonctionnaire prussien, Joseph von Eichendorff se rendit à Vienne, où l'on appréciait ses talents littéraires. Surnommé «le dernier chevalier de l'école romantique», ce catholique faisait de la nature un thème mystique.

Un procès oppose depuis des années l'*Hôtel Sacher* ● *66,* ▲ *140,* et la pâtisserie *Demel* pour le droit de vendre l'*Original Sachertorte*. *Demel* avance que le chef qui l'avait inventée avait quitté le *Sacher* pour *Demel* en emportant sa recette. Ci-dessous, vitrine «Fellini», chez *Demel*.

KOHLMARKT

Le marché au Chou (Kohlmarkt) est l'une des rues les plus élégantes de Vienne. Depuis le récent ravalement, on ne trouve pas là la moindre poussière d'anthracite qui pouvait justifier son surnom de «marché au Charbon» (*Kohl* signifie «chou», et *Kohle*, «charbon»). On n'y voit que des façades d'immeubles nobles et un alignement de vitrines, sur fond de palais impérial blanc et or.

«DEMEL» ♥. À deux pas de la Hofburg ▲ *175*, le salon de thé-confiserie *Demel* est fournisseur de la cour depuis plus de deux siècles. Fondé en 1785 et repris par Christoph Demel en 1857, c'est l'une des grandes adresses gourmandes de Vienne ◆ *324*. Habillées en noir et blanc, les serveuses s'adressent aux clients à la troisième personne et leur apportent de délicieuses pâtisseries servies dans une vaisselle raffinée.

THONET. Un peu plus haut, sur le même trottoir, le magasin du fabricant de meubles Thonet ▲ *223* est devenu également une institution. Le *Café Central* (palais Ferstel ▲ *160*) lui doit son ameublement.

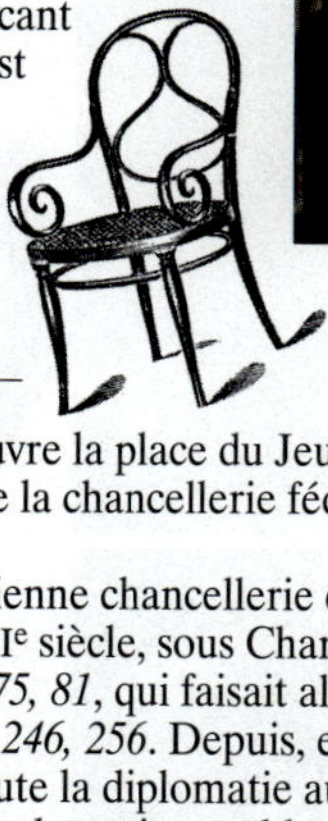

BALLHAUSPLATZ

À l'ouest de la Hofburg s'ouvre la place du Jeu-de-Paume (Ballhausplatz), que domine la chancellerie fédérale (Bundeskanzleramt).

BUNDESKANZLERAMT. L'ancienne chancellerie d'Empire fut construite au début du XVIIIe siècle, sous Charles VI, selon les plans de Hildebrandt ● *75, 81*, qui faisait alors bâtir les deux palais du Belvédère ▲ *246, 256*. Depuis, elle a subi plusieurs remaniements. Toute la diplomatie autrichienne s'élaborait derrière les murs de cet immeuble qui abrite aujourd'hui encore les départements de la chancellerie fédérale (présidence du Conseil) et du ministère des Affaires étrangères. Sous Marie-Thérèse ● *36,* ▲ *158, 291*, le chancelier Kaunitz prépara le renversement des alliances : la France, ennemie traditionnelle de l'Autriche, devint son alliée jusqu'à la révolution de 1789. Cela permit à Marie-Thérèse de mener la guerre de Sept Ans (1756-1763) contre la Prusse et de marier sa fille l'archiduchesse Marie-Antoinette au futur roi de France Louis XVI (1770). Le prince Wenzel Anton von Kaunitz-Rietberg servit aussi Joseph II et Léopold II. L'ancienne chancellerie accueillit également les plénipotentiaires du congrès de Vienne ● *39*, à l'époque du prince de Metternich. Enfin, le 25 février 1934, quatre ans avant l'Anschluss ● *42*, le chancelier Dollfuss y fut assassiné.

THONET
WIEN

Plus de 40 millions de copies de la chaise de bistrot inventée par Thonet se sont vendues dans le monde. Originaire de Rhénanie, Michael Thonet (1796-1871), ayant découvert un procédé permettant de plier les tiges de hêtre, réalisa ses premiers modèles en 1841. Lors d'une exposition à Coblence, Metternich l'invita à s'installer à Vienne. Il s'y rendit en 1842 et connut aussitôt le succès. C'est l'époque Biedermeier ● *62*, qui privilégiait le mobilier simple et confortable.

HERRENGASSE

La rue des Seigneurs (Herrengasse) mérite son nom tant les belles demeures qui la bordent sont nombreuses, tous les membres de l'aristocratie de Basse-Autriche ayant voulu construire un palais près de la Hofburg. De la place Saint-Michel ▲ *174* au Freyung ▲ *163*, on voit défiler l'architecture autrichienne de la Renaissance jusqu'à nos jours.

PALAIS WILCZEK ET PALAIS MODÈNE. Le premier (au n° 5), construit au début du XVIIIe siècle d'après les plans d'Anton Ospel, a accueilli, en 1810-1812, le poète romantique allemand Joseph von Eichendorff (1788-1857) et, de 1812 à 1813, l'auteur dramatique autrichien Franz Grillparzer ▲ *147*, qui était alors employé à la bibliothèque de la cour impériale. Quant au palais Modène (au n° 7), refait en 1811, il abrite aujourd'hui le ministère de l'Intérieur.

NIEDERÖSTERREICHISCHES LANDESMUSEUM. Édifié à la fin du XVIIe siècle, le PALAIS MOLLARD-CLARY (au n° 9) a été aménagé en musée de Basse-Autriche (Niederösterreichisches Landesmuseum). Le rez-de-chaussée et le premier étage sont consacrés à la préhistoire, aux sciences naturelles et aux traditions de Basse-Autriche. Au deuxième étage, plusieurs salles ont été transformées en GALERIE D'ART AUTRICHIEN. On y voit de beaux retables et sculptures sur bois

L'ASSASSINAT DE DOLLFUSS
Engelbert Dollfuss (1892-1934), chancelier depuis

1932, fut assassiné dans la chancellerie à l'instigation des nationaux-socialistes, partisans de l'Anschluss.

FAÇADE DU PALAIS FERSTEL
Le palais Ferstel a été construit au milieu du siècle dernier, dans un style composite qui allie le roman au style Renaissance, par Heinrich von Ferstel (architecte de l'église Votive et de la nouvelle université).

VIENNE VOIT ROUGE
«[…], ce matin-là Franz Tunda apparut sur le côté populeux et ensoleillé du Graben, dans la même tenue où il avait paru au Consulat de Moscou, et fit sans aucun doute sensation. Il avait absolument l'aspect sous lequel un droguiste (qui se tenait devant la porte de son odorant magasin) se représentait un "bolchevique"».
Joseph Roth,
La Fuite sans fin

gothiques, des œuvres baroques de Maulbertsch, Altomonte, Rottmayr ▲ *139, 293* et des tableaux de Kokoschka ▲ *254*.

LANDHAUS. Au n° 13, l'imposant palais Liechtenstein (il en existe d'autres à Vienne ▲ *161, 292*), à la façade agrémentée d'une demi-douzaine de grands pilastres, accueillait autrefois la diète de Basse-Autriche. Aujourd'hui, il abrite le gouvernement de la Basse-Autriche et a conservé le nom de Landhaus. Édifié au XVIe siècle avec la contribution de la noblesse, il a été entièrement reconstruit de 1837 à 1848 par Aloïs Pichl. De grands événements s'y sont déroulés, aussi bien dans le domaine des arts (concerts de Beethoven, Schubert et Liszt) que dans celui de la politique : dans la cour éclatèrent les émeutes qui déclenchèrent la révolution de 1848 ● *40*, et dans la grande salle des séances fut proclamée la république, le 21 octobre 1918, après l'abdication de Charles Ier ● *33*, ▲ *144*.

PALAIS FERSTEL ♥. Les passages couverts et les escaliers intérieurs font du palais Ferstel un véritable labyrinthe. Dans ce palais se tenait autrefois la Bourse et la banque d'Autriche y avait son siège. Aujourd'hui, les salles et les couloirs, superbement rénovés, accueillent les congressistes et les clients des quelques commerces de luxe qui s'y sont installés.

«CAFÉ CENTRAL». Par la Herrengasse ou par les couloirs intérieurs, on accède au magnifique *Café Central* (ci-contre) qui, depuis plus d'un siècle, accueille l'intelligentsia ● *66*. Stefan Zweig ● *110*, ▲ *202* aimait y retrouver ses amis, au nombre desquels le futur révolutionnaire russe en exil Léon Davidovitch Bronstein, dit Trotsky.

PALAIS PORCIA. Au milieu de tous les palais baroques ou néo-classiques de Vienne, le palais Porcia (au n° 23) tranche par son ancienneté : il a en effet été construit vers 1646.

PRÉMONITION
«Qui va faire la révolution en Russie ? M. Bronstein du *Café Central*, peut-être ?» écrivit un diplomate en marge de la dépêche annonçant la révolution soviétique de 1917.

BANKGASSE

PALAIS BAROQUES ♥. La petite Bankgasse, qui donne dans la Herrengasse, compte plusieurs beaux palais baroques ● *80, 82* comme le PALAIS BATTHYANY (au n° 2), construit à la fin du

XVIIe siècle dans le style de Fischer von Erlach ● *74, 80,* ▲ *138, 147* et les deux palais réunis TRAUTSON et STRATTMANN-WINDISCHGRÄTZ (n°s 4 et n° 6), remaniés par son rival Hildebrandt ● *75, 81,* ▲ *147*. Autrefois occupés par la chancellerie du royaume de Hongrie, ces derniers palais sont actuellement le siège de l'ambassade de Hongrie.
STADTPALAIS LIECHTENSTEIN. Tout au bout de la rue, près du Volksgarten et du Burgtheater ▲ *204*, s'élève l'un des nombreux palais que les princes de Liechtenstein (petit État que Charles VI a érigé en principauté en 1719) se firent bâtir à Vienne. Celui-ci est un palais d'hiver construit, entre 1694 et 1706, comme le palais d'été Liechtenstein ▲ *292*, sur le modèle des palais baroques italiens par Domenico Martinelli (1650-1718). Dans ce palais d'hiver, on remarque la majestueuse façade ornée de pilastres et de statues.

MINORITENPLATZ

MINORITENKIRCHE. Au milieu de la place des Frères-Mineurs (Minoritenplatz) se tient l'église du même nom (Minoritenkirche), premier ordre fondé par saint François d'Assise (1182-1226). Le monastère a été détruit au début du siècle pour faire place aux ARCHIVES, au n° 1. Flanquée d'un clocheton, la façade triangulaire est dotée d'un grand portail orné d'une belle sculpture gothique : *La Crucifixion*, œuvre d'un franciscain, frère Jacques de Paris. À l'arrière de l'église, plusieurs absides ont été construites et se regroupent autour d'une haute tour octogonale, étroite comme une cheminée (ci-contre).
«LA CÈNE». La principale curiosité de cette l'église est une mosaïque formée de douze grands blocs reproduisant *La Cène* de Léonard de Vinci, qui se trouve à Milan. Elle a été exécutée par Raffaelli, à la demande de Napoléon Ier, qui voulait rapporter l'original au Louvre et le remplacer par cette copie à Milan. Sa chute l'empêcha de réaliser son projet. Quant à la mosaïque, elle fut achetée par l'Autriche, qui la

PORTAIL DE L'ÉGLISE DES FRÈRES-MINEURS
À l'origine, cette église était une chapelle, construite peu après la mort de saint François. Détruite par les incendies, elle fut reconstruite en gothique au XIVe siècle et remaniée plusieurs fois suite aux dommages occasionnés lors des sièges turcs ● *34*. Néanmoins, chaque reconstruction a su rester fidèle au style gothique.

MÉTASTASE
D'origine romaine, l'abbé Pietro Trapassi, dit Métastase (1698-1782), se fit connaître à Naples, où il écrivait pour les musiciens les textes d'ariettes, de mélodrames, d'oratorios et de cantates. À Vienne il écrivit de nombreux mélodrames, dont il puisait les sujets dans l'Antiquité et dont certains serviront de livrets aux compositeurs d'opéra.

Le palais Esterhazy.

NICOLAS LE MAGNIFIQUE
(1765-1833)
Prince hongrois, Nicolas Esterhazy (ci-dessous) ● *49* fut fait maréchal en 1770. Mais cet ami du faste et des arts préférait à Vienne son château d'Eisenstadt, inspiré de celui de Versailles.

JOSEPH HAYDN
(1732-1809, ci-contre) «Maintenant me voilà dans mon désert, abandonné comme un pauvre orphelin, presque sans compagnie humaine, triste, plein du souvenir des précieux jours passés, oui, hélas, passés ! Et qui sait quand ils reviendront ? […] Ici à Estoras, personne ne me demande : "Voulez-vous du chocolat ? Avec ou sans lait ? Du café peut-être ? Un café noir ou un café liégeois ? Que puis-je vous servir, mon cher Haydn ? Voulez-vous une glace ? À la vanille ou à l'ananas ?…"»

Lettre de Joseph Haydn

transféra dans cette église au milieu du siècle dernier. Il faut voir aussi le tombeau du poète italien Métastase (1698-1782) et le bas-relief de Rosselino *La Vierge* (XVe siècle). Le succès de *Didon abandonnée* (1724) attira sur le librettiste Métastase l'attention de Charles VI, qui l'appela à Vienne pour l'attacher à la cour. En 1750, il fit la connaissance de Joseph Haydn ● *48*, ▲ *152, 164* qui résidait dans le même immeuble.

PALAIS DIETRICHSTEIN ET STARHEMBERG. Sur la place s'élèvent également le palais Dietrichstein (n° 3), construit au XVIIe siècle, remanié au XVIIIe, et le palais du XVIIe siècle, rénové lui aussi, dans lequel vécut le comte Ernst Rüdiger Starhemberg, défenseur de Vienne en 1683 ● *34*.

WALLNERSTRASSE

La Wallnerstrasse, qui part du Kohlmarkt et débouche dans la Herrengasse à la hauteur du Landhaus, compte de beaux palais, notamment celui des Esterhazy.

PALAIS ESTERHAZY. Après celui de la rue Sainte-Anne ▲ *146*, le palais qui s'élève au n° 4 de la Wallnerstrasse est le deuxième que les princes Esterhazy se firent construire à Vienne, au XVIIe siècle, dans le style baroque ● *80, 82*. Bien que ceux-ci demeurent imposants, ils n'ont pas la magnificence du château que le prince Nicolas Esterhazy fit bâtir à la fin du XVIIIe siècle, près du lac de Neusiedl ■ *24*. Les Esterhazy, s'étant distingués dans la guerre contre les Turcs, reçurent le titre de prince après le siège de Vienne. Habiles diplomates et grands capitaines, ils menaient un train de vie fastueux en temps de paix.

HAYDN AU SERVICE DES ESTERHAZY. Outre l'architecture, les Esterhazy aimaient la musique, qui animait les grandes fêtes qu'ils donnaient dans leurs résidences. Ils disposaient ainsi d'un orchestre à demeure, dont le maître de chapelle fut, du temps des princes Paul-Antoine et Nicolas-Joseph (de 1762 à sa mort, en 1790), le génial musicien Joseph Haydn. Malgré le luxe du château d'Eisenstadt, Haydn s'y ennuyait et attendait avec impatience que son maître retournât à Vienne, pour y rencontrer élèves, amis et admirateurs. Wolfgang Amadeus Mozart ● *48*, ▲ *147, 281* était l'un de ses amis, de vingt-quatre ans son cadet, avec lequel il jouait en quatuor. Parmi ses élèves, il compta en 1792 le jeune et bouillant Ludwig van Beethoven ● *51*, ▲ *298*, âgé de vingt-deux ans.

«UN JOUR DANS LA TRENTE-QUATRIÈME ANNÉE DE MON EXISTENCE VAGABONDE, J'ÉTAIS ATTABLÉ AU CAFÉ CENTRAL DANS LA HERRENGASSE À VIENNE, DANS UNE DE CES PIÈCES AUX TENTURES DORÉES DANS LE STYLE ANGLAIS.»

PETER ALTENBERG

PALAIS CAPRARA-GEYMÜLLER. Du même côté que le palais Esterhazy, le palais Caprara-Geymüller, construit au XVIIe siècle et remanié au siècle suivant, possède un beau portail baroque encadré par deux atlantes ● *82*, ▲ *157*. Après le traité de Campo-Formio (1797), qui mit fin à la campagne d'Italie de Bonaparte contre les Autrichiens, le Directoire installa dans ce palais le général Bernadotte (1763-1844), ambassadeur de France. (Jean Bernadotte, sergent sous Louis XVI, devint maréchal d'Empire et finit sur le trône de Suède.) Arrivé en avril 1798, ce dernier fit hisser un drapeau tricolore, qui évoquait la Révolution et qui pendait jusqu'à terre. Les Viennois, encore sous le coup de leurs défaites en Italie et de l'exécution de Marie-Antoinette, et à qui l'usage de pavoiser était inconnu, arrachèrent le drapeau, ce qui provoqua le départ immédiat de l'ambassadeur, ulcéré. La petite rue qui relie la Wallnerstrasse à la Herrengasse s'appelle rue du Drapeau (Fahnengasse).

FONTAINE AUSTRIA
Ce serait la petite-fille de Goethe ▲ *222* qui aurait posé pour la statue de l'Autriche (ci-dessus). On dit aussi que le sculpteur aurait caché du tabac de contrebande dans ces statues creuses et qu'il serait arrivé trop tard pour l'en retirer. La fontaine en serait donc encore remplie !

FREYUNG

Cette place triangulaire est l'une des plus grandes de la ville intérieure, avec le Graben ▲ *137*, Am Hof ▲ *166* et Hoher Markt ▲ *155*. Son nom (*frei* signifie «libre») évoque le droit d'asile concédé aux étrangers et aux voleurs – mais non aux criminels – qui se réfugiaient dans le couvent des Écossais.
AUSTRIABRUNNEN. Au milieu de la place s'élève la fontaine Austria (1846), réalisée d'après les dessins de l'Allemand Ludwig Schwanthaler. Ses sculptures représentent les principaux fleuves qui traversaient l'empire d'Autriche : l'Elbe, le Danube ■ *20, 22*, ▲ *271*, la Vistule et le Pô.
SCHOTTENKIRCHE. Les édifices qu'on appelle église et couvent des Écossais (Schottenkirche et Schottenstift) ont été fondés en fait par des moines bénédictins irlandais, au début du XIIe siècle. Cette confusion s'explique par le fait que ce grand foyer missionnaire irlandais, depuis sa fondation par saint Colomban, au VIe siècle, était le monastère de l'île d'Iona, au nord-ouest de l'Écosse.

Le Freyung ● *96* peint par R. Bernt (1906).

LYCÉE DU SCHOTTENSTIFT
«Lorsque je rencontre un homme à l'accent nasal un peu snob de l'ancien Schotten-gymnasium de Vienne, je me sens, malgré moi, plutôt attiré vers lui.»
Konrad Lorenz, *L'Agression*

LA MORT DE HAYDN
C'est en l'église des Écossais qu'une messe fut dite le 15 juin 1809, à la mémoire de Haydn ● *48*, ▲ *152, 162*, mort le 31 mai et enterré quelques jours après, alors que Vienne, assiégée par les troupes françaises, venait de capituler ● *38*. Ces événements avaient fait passer la mort du grand homme inaperçue aux yeux des Viennois, mais les Français, s'étant souvenus qu'il était membre correspondant de l'Institut, tinrent à lui rendre hommage. Intendant aux armées, Henri Beyle – le futur Stendhal ● *107* – prit part à la campagne d'Autriche en 1809 et assista à cet office funèbre. Il s'en inspira pour écrire en 1814 ses *Lettres sur Haydn*, l'une de ses premières œuvres.

D'Iona, beaucoup de missionnaires chrétiens s'étaient rendus un peu partout en Europe, comme ce fut le cas de ces bénédictins, qui avaient fait d'abord étape à Ratisbonne, en Allemagne, avant d'être appelés à Vienne par le duc de Babenberg Henri II Jasomirgott. Ces édifices religieux étaient à l'origine de style roman, puis ils furent remaniés au XIVe, au XVe et au XVIIe siècle, dans les styles gothique et baroque. Couverte d'un crépi blanc et jaune, l'église semble aujourd'hui bien sage pour un édifice baroque, à l'exception du clocher à bulbe qui pointe au-dessus de son abside ● *76*. Dans l'église, on peut admirer plusieurs œuvres d'art, notamment deux retables du XVIIe siècle (de Tobias Pock et Joachim Sandrart), ainsi que le monument funéraire, de style baroque, élevé par Fischer von Erlach ● *74, 80* à la gloire du comte Rüdiger de Starhemberg, qui défendit Vienne assiégée par les Turcs ● *34*. Quant à la statue de la Vierge Marie que recèle l'église, les Viennois la vénèrent car elle passe pour être miraculeuse. C'est en tout cas la plus ancienne madone de Vienne (vers 1250). Dans la crypte se trouvent les tombeaux des fondateurs de l'église, le duc Henri II Jasomirgott et son épouse.

SCHOTTENSTIFT. Le monastère des Écossais (Schottenstift) s'ordonne autour d'une grande cour (Schottenhof) ombragée que des terrasses de cafés et de restaurants occupent en partie. Il abrite un lycée privé réputé. Une PINACOTHÈQUE aménagée dans ce monastère conserve de nombreux chefs-d'œuvre de la peinture du XVe au XIXe siècle. Son fleuron est le grand RETABLE GOTHIQUE DES ÉCOSSAIS, peint par Tobias Pock et Joachim Sandrart à la fin du XVe siècle.

LA RÉSIDENCE DE LISZT. La maison dans laquelle le musicien hongrois Franz Liszt (1811-1886) séjournait lorsqu'il venait à Vienne donner des concerts et des récitals de piano s'ouvre sur la COUR DES ÉCOSSAIS qui, de même que le *CAFÉ HAAG*, avec ses voûtes gothiques, est un véritable havre de paix.

PALAIS DAUN-KINSKY. Hildebrandt ● *75, 81*, qui réalisera peu après le Belvédère ▲ *246, 256*, a érigé sur le Freyung, en 1716, l'un de ses plus beaux édifices : le palais Daun-Kinsky. Il a traité la façade avec raffinement, multipliant les pilastres décorés et les statues, agrémentant les fenêtres de frontons sculptés. Le porche, qui ressemble à un arc de triomphe avec ses hautes colonnes et ses atlantes ▲ *157*, donne accès à un vestibule ovale orné d'un bel escalier et de statues, puis à des cours.

PALAIS HARRACH. Au coin du Freyung et de la Herrengasse, on retrouve le palais Ferstel. À côté s'élève le palais Harrach, qui date du XVIIe siècle.

KUNST-FORUM. Prolongeant l'église des Écossais, l'ancien PRIEURÉ du couvent, construit à la fin du XVIIIe siècle, a été surnommé «la Commode», en raison de sa forme. En face s'élève le Kunst-Forum, galerie d'art aménagée récemment, dans laquelle se tiennent des expositions d'art contemporain. Sa décoration s'inspire du style Sécession ● *86, 88,* ▲ *232*.

RENNGASSE

PALAIS SCHÖNBORN-BATTHYANY. Dans la Renngasse, qui s'amorce entre la «Commode» et le Kunst-Forum, se trouve le beau palais Schönborn-Batthyany, transformé par Fischer von Erlach. Cette demeure à l'imposante façade sculptée fut la résidence d'une grande famille hongroise : les Batthyany, dont un membre, Charles-Joseph (1698-1772), servit comme général sous les ordres du Prince Eugène ● *35,* ▲ *147, 247*. Il a vraisemblablement été le commanditaire de ce palais. Franz Schubert ● *50,* ▲ *227* ne donna que de rares concerts. L'un d'eux eut lieu dans l'ancien hôtel *À l'Empereur romain*, en face du palais Schönborn-Batthyany. Âgé de vingt et un ans, il fit entendre *La Complainte du pâtre*, d'après un texte de Goethe.

HOHENSTAUFENGASSE. Débouchant sur la Renngasse, la Hohenstaufengasse passe à l'ouest près de la Bourse ▲ *201* et coupe le Schottenring. La rue compte deux immeubles remarquables : la LÄNDERBANK, construite en 1882 par Otto Wagner ● *86, 88,* ▲ *228, 237, 240*, et la FACULTÉ DE DROIT (Juridicum), imposant édifice de verre construit dans les années 1970-1980.

HENRI II JASOMIRGOTT
Il hérite en 1141 de son frère Léopold IV de Babenberg le duché de Bavière et l'Ostmark (Autriche). Frédéric Barberousse ● *28* fait de l'Ostmark un duché héréditaire, en 1158, contre restitution de la Bavière. Devenu en 1156 le premier duc d'Autriche, Henri II fonde la même année le monastère des Écossais.

LA PLACE DU FREYUNG
Sur le Freyung se déroulaient des fêtes populaires, mais aussi le supplice réservé aux traîtres, qu'on noyait la tête en bas dans un tonneau.

LES TROIS JEUNES FILLES
La vie sentimentale de Schubert fut presque aussi énigmatique que celle de Beethoven. Épris à vingt ans de Thérèse Groger, chanteuse qui créa ses premiers lieder, il la laissa épouser un boulanger, sans doute à cause de son impécuniosité. S'il eut d'autres amours, sa musique seule en parle et aucun témoignage ne confirme qu'il ait courtisé les habitantes de la maison des Trois Jeunes Filles, comme la légende le prétend.

ADALBERT STIFTER (1805-1868)
Peintre et romancier, Stifter fit ses études au monastère de Krems, au milieu des montagnes, ce qui lui donna l'amour de la nature. Il passa une bonne partie de sa vie à Vienne, où il fit ses études universitaires, fut précepteur et conseiller à la cour. Il écrivit à partir de 1840 de nombreuses nouvelles (*Les Grands Bois*...) et des romans (*L'Été de la Saint-Martin*, *Witiko*), dans lesquels il exprime la beauté de la nature en Autriche et qui ont fait de lui l'un des plus grands écrivains de langue allemande. Les difficultés conjugales et le suicide de sa fille adoptive assombrirent la fin de sa vie, et il finit par se suicider en 1868.

MÖLKERBASTEI

MELKER HOF. En remontant la Schottengasse, on aperçoit le Melker Hof, résidence viennoise des abbés de Melk, bâtie au XVe siècle et remaniée au XVIIIe. Il comprend une CHAPELLE datant du XVIe siècle ornée de fresques de Bergl ▲ *180, 278* et d'un tableau de Kremser Schmidt, ainsi qu'une *Weinstube* qui sert des vins de Melk ◆ *334*. Au bout de la Schottengasse passe le Ring ▲ *202*. La Schottentor se trouve au carrefour des deux voies.
PASQUALATIHAUS ♥. Dominant le Ring, la MÖLKERBASTEI, vestige des anciens remparts ▲ *198*, compte deux ou trois bâtiments remarquables ; en particulier la maison Pasqualati (Pasqualatihaus ou Beethovenhaus), où vécut Beethoven ● *51*, ▲ *298*. Au cours de son séjour dans ce lieu, entre 1804 et 1815, Beethoven composa plusieurs chefs-d'œuvre : son opéra *Fidelio*, la *Quatrième Symphonie*, puis la *Cinquième Symphonie*. Un petit musée aménagé dans la maison présente des partitions, des dessins et des gravures de l'époque. Dans cette maison Pasqualati vécut également une autre personnalité viennoise : Adalbert Stifter ● *108*, dont les dessins et les manuscrits ont été rassemblés dans un autre petit musée.
DREIMÄDERLHAUS. À l'ouest du Mölkerbastei, dans la petite Schreyvogelgasse et à côté de la Pasqualatihaus, se trouve la belle maison des Trois Jeunes Filles (Dreimäderlhaus), demeure bourgeoise Biedermeier ● *62* construite dans le style néo-Renaissance au début du XIXe siècle. On remarquera, sur la façade, les guirlandes qui ornent les fenêtres et le portail, encadré par deux colonnes sculptées.

AM HOF

Am Hof est la plus grande place de la ville intérieure. La place «À la Cour» a pris ce nom au XIIe siècle, quand la marche de l'Est (Ostmark) a été érigée en duché d'Autriche par Frédéric Barberousse ● *28*. Lorsque son premier duc, Henri II Jasomirgott, de la dynastie des Babenberg, s'installa à Vienne ▲ *165* «avec sa cour», il fit construire son palais au bord de cette place. Alors qu'il ne reste pas trace de cette résidence des Babenberg, d'importants vestiges de l'ancien camp romain ont été retrouvés.

MARIENSÄULE ET ZU DEN NEUEN CHÖREN DER ENGEL. La place est dominée par la colonne de la Vierge (Mariensäule) sur laquelle des angelots combattent les quatre grandes plaies de l'humanité : la peste (un basilic), l'hérésie (un serpent), la guerre (un lion) et la famine (un dragon), et par la grande église des Neuf-Chœurs-des-Anges (Zu den neun Chören der Engel). Bien que construit dans le style gothique par les carmes entre le XIVe et le XVe siècle, cet imposant édifice présente aujourd'hui une façade baroque fortement inspirée des sanctuaires romains. En effet, à la demande des jésuites, qui avaient succédé aux carmes, il a été remanié au XVIIe siècle par l'architecte italien Carlo Antonio Carlone ● *77*. Ce dernier appartenait à une famille de sculpteurs et de peintres génois qui avait travaillé à la décoration de plusieurs églises de Rome (notamment celle du Gesú). C'est du balcon, au milieu de la façade, que François II proclama la fin du Saint Empire romain germanique, en 1806. Il devint alors le premier empereur héréditaire d'Autriche, sous le nom de François Ier ● *38*, ▲ *176, 179*. À l'intérieur de l'église, on admirera la tribune d'orgue ainsi que les fresques de Franz Anton Maulbertsch (1724-1796), le retable du maître-autel dû à J. J. Daringer et le plafond de la chapelle Saint-Ignace, peint par le jésuite italien Andrea Pozzo (1642-1709) ▲ *149, 152, 292*, déjà auteur de la décoration intérieure de l'église des Jésuites, dite aussi de l'Université.

PALAIS COLLALTO. Plus au nord de la place Am Hof, du même côté que l'église des Neuf-Chœurs-des-Anges et relié à elle par un arc-boutant, se trouve le palais Collalto, des XVIIe et XVIIIe siècles. En 1762 s'y produisit pour la première fois en concert un musicien prodige de six ans : Wolfgang Amadeus Mozart ● *48* ▲ *147, 281*.

BÜRGERLICHES ZEUGHAUS ♥. Plutôt insolite, cette somptueuse caserne de pompiers occupe le coin nord-ouest de la place Am Hof. Les pompiers ont la chance d'être logés dans l'ancien Arsenal bourgeois (Bürgerliches Zeughaus), construit au XVIe siècle et remanié dans le style baroque ● *80, 82* par Anton Ospel au début du XVIIIe siècle. Outre les logements des sapeurs-pompiers et le garage, la caserne abrite un intéressant MUSÉE DU FEU (Feuerwehrmuseum).

VESTIGES DE VINDOBONA. Dans l'immeuble voisin de la caserne des pompiers (n° 9), on peut voir des vestiges du camp romain de Vindobona ● *28*, qui est à l'origine de la ville de Vienne.

CASERNE DES POMPIERS
Baroque, dotée d'un fronton grec, elle est ornée de sculptures dues à l'Italien Lorenzo Mattielli.

MOZART AU PALAIS COLLALTO
Leopold Mozart, père de Wolfgang, avait organisé une tournée à travers toute l'Europe afin de «montrer un miracle au monde». Avec sa sœur Nannerl et son père, le petit Wolfgang Amadeus quitta sa ville natale de Salzbourg en 1762. Après Ips, Passau et Linz, la famille Mozart arriva à Vienne et, après le concert au palais Collalto, elle fut reçue à Schönbrunn ▲ *274*.

LA PLACE DES JUIFS
Bien avant la Seconde Guerre mondiale, la communauté juive de Vienne avait été victime de nombreux pogroms. Celui de 1421 fit disparaître de la Judenplatz (ci-contre) tous les édifices que les Juifs occupaient (écoles, commerces, maison du rabbin, synagogue). Cela se passait sous le règne de l'archiduc d'Autriche Albert V l'Illustre, empereur romain germanique et premier des Habsbourg à ceindre la couronne royale de Hongrie.

MÄRKLEINNISCHES HAUS. C'est ici, au n° 7 de la place Am Hof, que se trouvait le château des Babenberg. Après qu'on l'eut rasé, on édifia la maison Märklein (Märkleinisches Haus) d'après les plans de Johann Lukas von Hildebrandt ● *75, 81,* ▲ *147, 247* (au n° 12 se trouve une autre maison dans le style de cet architecte).

SCHULHOF

Minuscule place derrière l'église des Neuf-Chœurs-des-Anges, Schulhof communique avec Am Hof par un passage couvert.

PALAIS OBIZZI. Cette belle demeure du XVIIe siècle occupe le côté sud de la place. Le MUSÉE DES HORLOGES (Uhrenmuseum) et, récemment, un MUSÉE DES POUPÉES ET DES JOUETS (Puppen- und Spielzeug-Museum ◆ *332*) y ont été aménagés. Dans le premier, toute l'histoire récente de l'horlogerie est retracée sur plusieurs étages. On y voit, entre autres ouvrages, l'ancienne horloge de la cathédrale, une pendule murale astronomique (XVIIe siècle), des pendulettes de voyage, des pendules à décor imagé et à automates, des coucous, des montres-bracelets et des montres de gousset précieuses ainsi que divers carillons.

AU-DELÀ DU SCHULHOF. Au n° 4 de la Steindlgasse se trouve le plus vieux restaurant de la ville : *AU DRAGON D'OR (Haus zum güldenen Drachen)*, ouvert depuis le XVIe siècle. La Steindlgasse débouche sur la Tuchlauben et la Milchgasse, qui mène à l'église Saint-Pierre ▲ *139*. La Kurrentgasse est une ruelle parcourue par les calèches et bordée d'immeubles datant du XVIIIe siècle ; elle débouche sur la Judenplatz.

> «IL GOÛTAIT LES HISTOIRES JUIVES ET LES RACONTAIT AVEC UN MALIN PLAISIR. LE PRÉFET NE LES COMPRENAIT PAS, ELLES NE LE FAISAIENT PAS RIRE NON PLUS, MAIS IL DISAIT : “TRÈS BON, TRÈS BON !”»
>
> JOSEPH ROTH

JUDENPLATZ

Petite place étroite et plutôt calme, la place des Juifs ▲ *156* (Judenplatz) n'a pas conservé trace de l'ancien ghetto dont elle était le centre.

HAUS ZUM GROSSEN JORDAN. Pour commémorer l'autodafé auquel le pogrom de 1421 avait donné lieu, une maison construite sur les ruines du ghetto, la maison du Grand Jourdain (Haus zum grossen Jordan) arbore un bas-relief représentant le baptême du Christ. Au n° 8 s'élève la MAISON DE LA CORPORATION DES TAILLEURS et, au n° 11, l'une des façades de l'ancienne chancellerie de Bohême, dont l'entrée se trouve Wipplingerstrasse.

JORDANGASSE

Toute petite, la rue du Jourdain (Jordangasse) fait communiquer la Judenplatz avec la Wipplingerstrasse. Le n° 5 est la maison dans laquelle mourut le grand architecte baroque Johann Bernard Fischer von Erlach ● *74, 80,* ▲ *147, 155, 165, 169.*

WIPPLINGERSTRASSE

EHEMALIGE BÖHMISCHE HOFKANZLEI ♥. Au n° 7 s'élève l'un des plus beaux édifices (1708-1714) que Fischer von Erlach a construits : l'ancienne chancellerie de Bohême (Ehemalige Böhmische Hofkanzlei). Comme elle a été agrandie par Matthias Gerl en 1750, il ne reste en fait de l'édifice conçu par l'illustre architecte que la superbe façade, datant de 1708, dans un style classique proche de celui de Palladio auquel se mêlent des motifs baroques français et italiens.

ALTES RATHAUS. En face de la chancellerie de Bohême, l'ancien hôtel de ville (Altes Rathaus) offre un autre bel exemple d'architecture baroque. À l'origine, il existait un premier immeuble, construit au Moyen Âge, que le duc d'Autriche Frédéric II le Beau (1286-1330) offrit au conseil municipal. Il avait été confisqué au notable Otto Heimo, accusé d'avoir comploté contre les Habsbourg peu après l'assassinat d'Albert Ier, père de Frédéric le Beau. Refait au début du XVIIIe siècle, ce bâtiment a servi d'hôtel de ville jusqu'en 1883, date à laquelle le nouvel hôtel de ville ▲ *204* entra en service.

FRÉDÉRIC LE BEAU. Fils du duc d'Autriche Albert Ier de Habsbourg, Frédéric II, dit le Beau, succéda à son frère Rodolphe III le Débonnaire en 1307. À la mort de l'empereur des Romains Henri III de Luxembourg, en 1313, Frédéric III posa sa candidature au trône impérial ; il alla jusqu'à prendre les armes pour évincer ses rivaux. Finalement, il fut vaincu à

Dans la Kurrentgasse.

DEUX MAISONS DE MOZART
Sur la place des Juifs, on voit (au n° 3 et au n° 4) deux maisons qui ont servi de résidence à Mozart, en 1783, quelques mois après son mariage avec Constance Weber, et en 1789-1790, un an avant sa mort ● *48,* ▲ *147, 281.*

LE BAPTÊME DU CHRIST
(au n° 2, Judenplatz)
«Par le baptême dans le Jourdain, le corps est lavé de tout mal. Même la pensée secrète du péché disparaît. En 1421, la soif de vengeance fit rage dans la ville, pour faire expier aux chiens d'Hébreux leurs effroyables crimes. Le monde fut jadis purifié par le Déluge ; cette fois, la faute fut effacée par les flammes.»
Inscription de la maison du Grand Jourdain

LA CHANCELLERIE DE BOHÊME (en haut) Sur la façade de l'édifice, Fischer von Erlach a multiplié les ornements, les statues (des atlantes encadrent portes et fenêtres) ainsi que la ferronnerie (un balcon en fer forgé surplombe le portail). Toutes les sculptures ont été commandées à l'Italien Lorenzo Mattielli ● *80*.

L'ANCIEN HÔTEL DE VILLE (ci-dessus) Réalisée en 1699 par un architecte inconnu, la façade s'inspire du style de Fischer von Erlach : deux beaux portails encadrés par des colonnes et des statues allégoriques (représentant la Justice et la Bonté, œuvres de Johann Martin Fischer) donnent accès à l'intérieur de l'édifice, et notamment à la cour (entrée au n° 8). Ci-contre, détail de la décoration extérieure.

la bataille de Mühldorf, et Louis IV de Bavière, qui devint empereur de 1314 à 1347, le fit prisonnier. En renonçant à toute intrigue, Frédéric le Beau se réconcilia avec Louis IV, qui le relâcha et lui demanda même d'assurer son intérim lors d'un voyage en Italie, en 1326.

MUSÉE DE LA RÉSISTANCE. À l'intérieur de l'ancien hôtel de ville, plusieurs salles sont consacrées au centre d'archives et de documentation sur la résistance autrichienne avant et pendant la Seconde Guerre mondiale. Il évoque des épisodes peu connus de l'histoire contemporaine autrichienne.

Dès 1934, sous le régime autoritaire des chanceliers Engelbert Dollfuss ● *42*, ▲ *159*, puis Kurt von Schuschnigg, bon nombre d'Autrichiens de toutes tendances se regroupèrent en front patriotique, sorte de parti unique, décidés toutefois à empêcher la mainmise allemande sur le pays. Ce sont eux qui poussèrent Schuschnigg à organiser un référendum sur l'indépendance de l'Autriche, lequel suscita la colère d'Adolf Hitler et l'amena à déclencher l'opération Otto : l'invasion militaire de l'Autriche et la proclamation à Vienne de l'Anschluss, en mars 1938 ● *42*. Pendant la guerre, la résistance passa dans la clandestinité et organisa des sabotages contre l'occupant ainsi que des maquis dans les montagnes autrichiennes de Styrie, de Carinthie, du Tyrol et de Salzbourg. Aidée par les partisans yougoslaves de Tito, elle se heurta durement aux divisions SS. À la fin de la guerre, elle prit possession de la plupart des villes autrichiennes (à l'exception de Vienne, occupée par les Soviétiques) et empêcha ainsi les SS de mettre à exécution leur tactique de la terre brûlée. Néanmoins, l'Autriche, pendant le conflit, a payé un lourd tribut : trois mille résistants exécutés, près de dix-sept mille Autrichiens pris en otages, assassinés dans les prisons de la Gestapo dans toute l'Europe, cent quarante mille autres (notamment des Juifs) morts dans les camps de concentration. Au total (en incluant les soldats tombés dans les rangs de la Wehrmacht et les victimes

des bombardements), six cent mille Autrichiens seraient morts pendant la Seconde Guerre mondiale.

ANDROMEDABRUNNEN ♥. Dans la cour se trouve un chef-d'œuvre de la sculpture baroque : la fontaine d'Andromède (Andromedabrunnen), réalisée par Raphael Donner (1693-1741) ▲ *141, 304* en 1741, trois ans après celle de la Providence, sur le Neuer Markt. Elle illustre le mythe de la princesse éthiopienne livrée à un monstre marin. Formé en Italie, Donner travailla à Salzbourg, à Presbourg (Bratislava), puis à Vienne. Outre la fontaine d'Andromède et celle du Neuer Markt ▲ *141*, on doit à ce maître de la sculpture baroque plusieurs groupes de statues exposés au musée d'Art baroque ▲ *256* du Belvédère inférieur.

FONTAINE D'ANDROMÈDE Encadrée par des angelots juchés sur des colonnes et soutenant un balcon de fer forgé, une niche abrite le groupe sculpté par Raphael Donner (1693-1741) : Andromède délivrée par Persée du monstre marin qui allait la dévorer. Cassiopée, femme de Céphée, roi d'Éthiopie, avait affirmé haut et fort que sa beauté et celle d'Andromède, sa fille, surpassaient celle des Néréides, divinités marines. Furieux, Poséidon créa un monstre qui commença de ravager les côtes. Andromède, désignée comme victime expiatoire, fut attachée à un rocher. Libérée, elle épousa son sauveur.

TIEFER GRABEN

Au temps des Romains, Vindobona était un petit quadrilatère de terrain ceint de fossés remplis d'eau et par le Danube, au nord. L'un de ces fossés était le Graben ▲ *137*, qui communiquait avec le Tiefer Graben (le «fossé profond»), dans lequel coulait l'Alsbach, petit affluent du Danube. Depuis le Moyen Âge, cette rivière a été comblée. C'est aujourd'hui une grande rue qui part du Freyung et passe au pied de Notre-Dame-du-Rivage (ci-contre).

HOHER BRÜCKE. Enjambant le Tiefer Graben, le Hoher Brücke (Haut-Pont) est un gracieux ouvrage Jugendstil ● *86* en métal, agrémenté comme toutes les œuvres de ce style d'une élégante décoration florale formant des guirlandes. Il a été construit en 1903 sur les plans de Josef Hackhofer et de Karl Christl.

L'ALSBACH Sur une maison de la petite place Heidenschuss, au sud du Tiefer Graben, une plaque que surmonte un cavalier turc signale le passage de cette rivière.

MOZART ET BEETHOVEN Au n° 18 du Tiefer Graben résidèrent Mozart ● *48,* ▲ *147, 281* et son père, Léopold, en 1773, lors de leur troisième voyage à Vienne. Le musicien, âgé de 17 ans, était venu de Salzbourg demander le poste de maître de chapelle de la cour. La démarche fut vaine mais Mozart profita de son séjour pour écrire six quatuors à cordes et une sérénade. Aux n°s 8 et 10 a habité Beethoven ● *51,* ▲ *298.*

▲ Du Kohlmarkt à Maria am Gestade

Un rédemptoriste et le joséphisme
Membre de la congrégation du Très-Saint-Rédempteur, Clément-Marie Hofbauer (1750-1820), originaire de Bohême, fut à l'origine d'un renouveau catholique à Vienne au début du XIXe siècle. Il réagissait contre le joséphisme, politique de Joseph II qui visait à réduire l'influence du pape et à accorder la liberté de culte (aux juifs et aux protestants notamment). Son tombeau est à Notre-Dame-du-Rivage.

Portail de Saint-Sauveur
Les deux statues de chevaliers sont des copies : les originaux sont conservés au musée d'Histoire de l'art ▲ *208*.

Maria am Gestade ♥. L'église Notre-Dame-du-Rivage (Maria am Gestade), l'un des fleurons du gothique en Autriche, dresse sa flèche ajourée au-dessus du Tiefer Graben. Surnommée Maria Stiege (Notre-Dame-des-Marches) à cause de l'escalier qui y donne accès, elle date de la même époque que Saint-Étienne ▲ *132*. Elle a remplacé une chapelle romane en bois que fréquentaient les bateliers du Danube (aujourd'hui, ce sont surtout des Tchèques qui assistent aux offices). Due à maître Michael Knab, elle a été restaurée plusieurs fois : son clocher a notamment été refait après le siège de 1683 ● *34*. La façade, qui s'étire en hauteur, est ornée d'une belle verrière, d'un fronton et de deux fins pinacles sculptés. Le portail, surmonté d'un baldaquin de pierre, est agrémenté de bas-reliefs représentant saint Jean Baptiste et saint Jean l'Évangéliste. L'intérieur est très étroit et la nef n'est pas dans l'axe du chœur car l'église dut s'adapter à l'habitat confiné et aux rues étroites du Moyen Âge. On peut admirer des vitraux du XIVe siècle, des retables gothiques (chapelle Saint-Clément-Marie), un buffet d'orgues et un autel Renaissance (chapelle Saint-Jean). *L'Annonciation* ♥, tableau anonyme datant du XIVe ou XVe siècle, vaut à elle seule la visite.

Salvatorgasse

La petite rue Saint-Sauveur (Salvatorgasse) relie Notre-Dame-du-Rivage au Hoher Markt ▲ *155*. Le portail de la chapelle Saint-Sauveur (Salvatorkapelle) ● *74*, au n° 5, réalisé en 1530 dans le style Renaissance, est l'un des rares exemples de ce type à Vienne.

La Hofburg

DÔME DE LA PORTE SAINT-MICHEL
Baroque et néo-classicisme sont les styles dominants de l'architecture du palais Impérial.

ÉGLISE SAINT-MICHEL
Les statues du portail, dues au sculpteur baroque Lorenzo Mattielli (début du XVIIIe siècle) ● *80*, représentent la chute des anges.

HERCULE COMBAT LE LION DE NÉMÉE
La porte Saint-Michel est ornée de colonnes, de balcons et de statues, qui illustrent les travaux d'Hercule. Comme celles de l'église Saint-Michel, ces statues sont l'œuvre de Lorenzo Mattielli.

MICHAELERPLATZ

La place Saint-Michel (Michaelerplatz) donne accès au palais Impérial (Hofburg). Les vestiges découverts récemment en réaménageant la place, et qui remonteraient à l'époque du camp romain, témoignent d'une occupation ancienne du site mais défigurent un peu l'endroit. La place Saint-Michel est le carrefour de deux rues élégantes de Vienne : le Kohlmarkt ▲ *158* et la Herrengasse ▲ *159*.

MICHAELERKIRCHE. Faisant pendant à l'immeuble de Loos, l'église Saint-Michel (Michaelerkirche) n'offre pas la même rigueur dans le style. Romane à l'origine, elle a été dotée d'un chœur et d'un clocher gothiques, d'un portail baroque et d'une façade néo-classique dépouillée, ornée seulement de pilastres. L'église Saint-Michel, dans laquelle la cour impériale assistait aux offices religieux, abrite un maître-autel baroque, des vestiges de fresques romanes et un tableau gothique représentant le Christ supplicié (*Ecce Homo*, 1430). Dans l'église se trouve aussi le tombeau du poète italien Métastase ▲ *161*, qui fut l'ami de Haydn ● *49*, ▲ *152, 162, 164* et le librettiste de Mozart ● *48*, ▲ *147, 281*.

L'OSSUAIRE. Dans la crypte de l'église, une vision macabre : tout a été tapissé d'ossements et on y dénombre plusieurs centaines de cercueils, dont certains sont ouverts.

LOOSHAUS. Aucun édifice de Vienne n'a suscité autant de controverses que l'immeuble de Loos (Looshaus), achevé en 1911 au n° 3, place Saint-Michel. François-Joseph le trouva si laid qu'il fit tirer les rideaux de toutes les fenêtres du palais qui donnaient sur la place ! Le style simple et fonctionnel d'Adolf Loos (1870-1933), qu'il inaugurait avec cet immeuble, allait faire fortune dans le monde entier. Du reste, l'immeuble détonne moins qu'on ne l'a dit par rapport aux autres constructions de la place. Employant des matériaux nobles comme le marbre vert, Loos a construit une colonnade qui fait

«L'EMPIRE EST BÂTI DANS LE STYLE DE SES MAISONS : INHABITABLE, MAIS JOLI.»

KARL KRAUS

pendant à celles de l'église et de la porte Saint-Michel. Ce qui était nouveau dans cet immeuble – outre le parti pris de dépouillement des formes – c'était la séparation nette des fonctions du bâtiment : le rez-de-chaussée et l'entresol, traités en marbre de couleur, étaient destinés à recevoir des bureaux et des commerces, tandis qu'au-dessus, les quatre étages à la façade nue et blanche ne comptaient que des logements. En passant et en repassant devant l'immeuble, on finit par être sensible à l'harmonie des tons sourds de la façade, à la partie basse de laquelle l'emploi d'un marbre veiné donne un mouvement discret qui anime ce qu'elle a de trop carré.

«CAFÉ GRIENSTEIDL». Fermé en 1897 et rouvert récemment au n° 2, place Saint-Michel, le *Café Griensteidl* fut – avec le *Café Central* ▲ *160* et le *Herrenhof* – le quartier général de grands écrivains comme Schnitzler ● *113*, Hofmannsthal ● *110*, Broch ● *111*, Kraus ● *116*. Dans ces «théâtres de la vie», comme les appelait Peter Altenberg ● *67*, venaient aussi des musiciens (Wolf, Schönberg et Berg ● *52*), des architectes (Loos) et même des révolutionnaires, comme Trotsky, pour y refaire le monde. La plupart du temps, il s'y tramait plutôt des «révolutions de café». Le nouveau *Café Griensteidl* offre une atmosphère feutrée et très «bon chic, bon genre», loin de l'ambiance enfumée et agitée qui régnait au temps de «l'apocalypse joyeuse», selon l'expression de Kraus.

MICHAELERTOR. C'est par la monumentale porte Saint-Michel (Michaelertor ▲ *180*) que l'empereur et sa famille gagnaient leurs appartements privés mais aussi les salles d'audience et de réception. Le DÔME ▲ *174, 181* qui coiffe la porte Saint-Michel forme un bandeau en haut du porche d'entrée. En passant sous la porte, on accède à un vestibule en rotonde d'où partent les escaliers qui mènent aux appartements impériaux et à la collection de porcelaine et d'argenterie ▲ *186* de la Cour.

HOFBURG

Les bâtiments du palais Impérial (Hofburg) semblent disposés sans ordre apparent. Depuis la construction d'un premier palais par Rodolphe Ier ▲ *176*, ses successeurs l'ont agrandi sans plan établi et l'ont remanié dans le style de leur époque. Néanmoins, les styles baroque et néo-classique dominent.

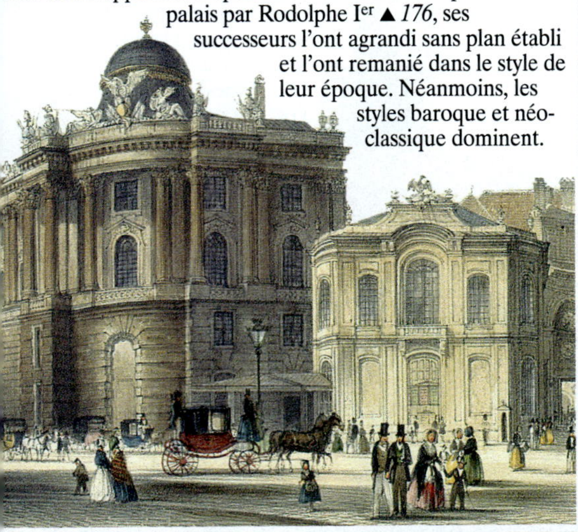

IMMEUBLE DE LOOS
● *86, 90,* ▲ *174, 236*
«C'est une maison sans sourcils !» s'exclamèrent les Viennois en voyant la maison de Loos. Comme le dit si bien, à l'époque, Karl Kraus : «Ce n'est pas un immeuble qu'il nous a construit, mais bien une pensée.»

PORTE SAINT-MICHEL
Au temps des Habsbourg, la porte Saint-Michel, en forme d'arc de triomphe romain, entrée principale de la Hofburg, était gardée par des soldats qui en interdisaient l'accès au public. Un superbe auvent en ferronnerie d'art surmonte le porche. À l'intérieur, des statues illustrent les devises impériales : «Justice et clémence» (Marie-Thérèse ● *36*), «Par le courage et l'exemple» (Joseph II ● *36*), «Par l'union des forces» (François-Joseph ● *41*).

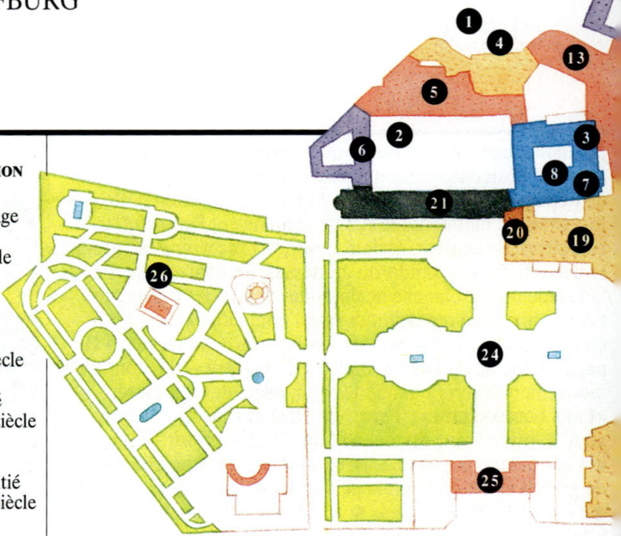

PÉRIODES DE CONSTRUCTION

- Moyen Âge
- XVIe siècle
- XVIIe siècle
- XVIIIe siècle
- 1re moitié du XIXe siècle
- Après la 1re moitié du XIXe siècle

RODOLPHE Ier
Suzerain de quelques fiefs en Alsace et en Suisse, Rodolphe de Habsbourg (1218-1291) n'inquiétait personne. C'est ce qui lui valut d'être élu empereur du Saint Empire en 1273, de préférence au puissant Ottokar II, ce qui mit fin au grand interrègne de vingt ans au cours duquel aucun empereur n'avait pu être élu. Rodolphe Ier battit et tua Ottokar II à la bataille de Marchfeld (1278), ce qui lui rapporta la plupart des fiefs du roi de Bohême, dont le duché d'Autriche. Il érigea ce duché en fief héréditaire au profit de ses fils Albert et Rodolphe, fondant une dynastie qui régna jusqu'en 1918.

UN PLAN COMPLIQUÉ. La porte Saint-Michel donne accès à un premier ensemble de bâtiments qui comprend l'AILE SAINT-MICHEL (Michaelertrakt), l'aile de la Chancellerie et le Manège d'hiver, ensemble que prolonge l'Amalienburg. Ces bâtiments sont parmi les plus récents de la Hofburg puisque l'aile Saint-Michel, commencée au XVIIIe siècle, n'a été terminée qu'à la fin du XIXe siècle. Faisant corps avec cette dernière, L'AILE DE LA CHANCELLERIE (Reichskanzleitrakt) abrite les appartements de François-Joseph. Ceux de Sissi occupent le palais de l'impératrice Amélie (Amalienburg), édifié au XVIe siècle mais remanié plusieurs fois (en 1764, Nikolaus von Pacassi le dota d'une petite tour à bulbe).
IN DER BURG. Cet ensemble de bâtiments est réuni à l'aile Léopold et au Vieux Palais, formant une cour d'Honneur (In der Burg). Au temps de Maximilien II (1527-1576), on y organisait des courses de chevaux. Par la suite, on y donna des fêtes et des concerts. Des exécutions y eurent lieu. Au milieu se dresse la statue de François Ier d'Autriche ● *38*.
LEOPOLDINISCHER TRAKT. En vis-à-vis de l'aile de la Chancellerie, l'aile Léopold, qui abrite la présidence de la République, fut remaniée à la demande de Léopold Ier dans le style baroque, à la fin du XVIIe siècle. Sa petite-fille Marie-Thérèse l'occupa par la suite.

1. Michaelerplatz
2. In der Burg
3. Alte Burg
4. Michaelertor
5. Kaiserhof
6. Amalienburg
7. Burgkapelle
8. Schatzkammer
9. Prunksaaltrakt
10. Josefsplatz
11. Augustinerkirche
12. Stallburg
13. Winterreitschule
14. Augustinerkloster
15. Albertina
16. Palmenhaus
17. Prunksaal (Biblio.)
18. Bibliothekshof
19. Spanische Reitschule
20. Zeremoniensaal
21. Leopoldinischer T.
22. Neue Burg
23. Burggarten
24. Heldenplatz
25. Burgtor
26. Volksgarten

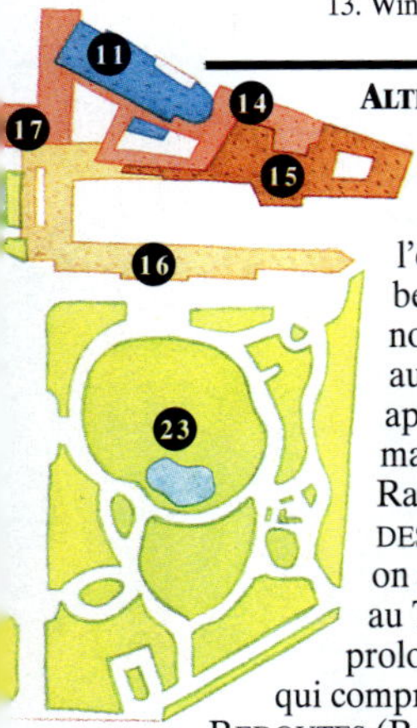

ALTE BURG. Bordant le côté est de la cour d'Honneur, le Vieux Palais (Alte Burg) remonte à Rodolphe Ier. Ce palais, à l'origine un château fort, a beaucoup été remanié. De nombreux empereurs l'ont habité et, au XIXe siècle, on a aménagé des appartements pour les hôtes de marque, en particulier le maréchal Radetzky ▲ *143, 179*. Par la COUR DES SUISSES (Schweizerhof), on accède à la chapelle du Palais et au Trésor. Le Vieux Palais est prolongé par l'ensemble de bâtiments qui comprend l'AILE DE LA SALLE DES REDOUTES (Redoutensaaltrakt), le MANÈGE D'HIVER ▲ *190* (que borde le MANÈGE D'ÉTÉ) et, au bout, les ÉCURIES ▲ *188*.

VERS L'ALBERTINA. L'AILE DE LA SALLE D'APPARAT (Prunksaaltrakt), qui abrite la Bibliothèque nationale, relie l'aile de la salle des Redoutes à l'AILE DES AUGUSTINS (Augustinertrakt), formant la Josefsplatz. Cette aile se prolonge d'une part par les serres, d'autre part par l'église des Augustins et l'Albertina.

FESTSAALTRAKT. Le corps de bâtiment (Festsaaltrakt) qui relie l'aile Léopold, le Vieux Palais et le Nouveau Palais, centre de congrès depuis 1958, comprend la SALLE DES FÊTES (Festsaal) et la SALLE DES CÉRÉMONIES (Zeremoniensaal), autrefois salles du trône. Ce centre occupe aussi des pièces de l'aile Léopold (salles de Marbre et du Conseil secret), du Vieux Palais (salles des Chevaliers et des Hallebardiers, appartements de Radetzky) ainsi que l'aile de la salle des Redoutes. On y organise aussi des bals ● *58*.

NEUE BURG. Plus imposant encore que le reste de la Hofburg, le Nouveau Palais (Neue Burg) va jusqu'au Ring ● *84*, ▲ *198*. Cette bâtisse néo-Renaissance dans le style du Ring forme un arc de cercle. Une colonnade orne la galerie du premier étage, et les statues du rez-de-chaussée illustrent l'histoire de l'Autriche : on reconnaît un Marcoman (peuple qui habitait l'Autriche dans l'Antiquité), un légionnaire romain, un Germain, un missionnaire (sans doute irlandais), un Slave, un comte franc, un Magyar, un croisé, un lansquenet, un Polonais, un Tyrolien… La Neue Burg abrite des collections, le musée d'Éphèse, le musée d'Ethnographie et certains départements de la Bibliothèque nationale.

APPARTEMENTS IMPÉRIAUX

Siège de la présidence de la République, l'aile Léopold (Leopoldtrakt) – où résida Marie-Thérèse – ne se visite pas. En revanche, dans l'AILE DE LA CHANCELLERIE (Reichskanzleitrakt), construite au XVIIIe siècle par Fischer von Erlach ● *74, 80*, ▲ *138, 147* et Hildebrandt ● *75, 81*,

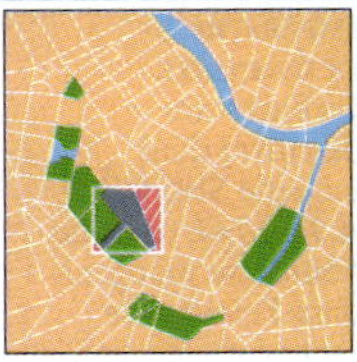

1/2 journée

L'INCENDIE DE LA REDOUTENSAAL
En novembre 1992, un incendie a ravagé la salle des Redoutes, théâtre transformé par Nikolaus von Pacassi qui servit aux bals de la Cour et aux dîners de gala. Depuis la proclamation de la République, ces salles servaient aux congrès et aux conférences, et on y donnait le bal des Chasseurs et celui de la Redoutensaal ● *58*.

PORTE DES SUISSES
La porte des Suisses (Schweizertor), construite en 1522, qui s'ouvre dans la façade du Vieux Palais, est le vestige de l'un des principaux remaniements du Vieux Palais de la Hofburg, effectué sous Ferdinand Ier (1503-1564) en pleine Renaissance. Elle permet de passer de la cour d'Honneur (In der Burg) à la cour des Suisses. L'aigle des Habsbourg l'orne.

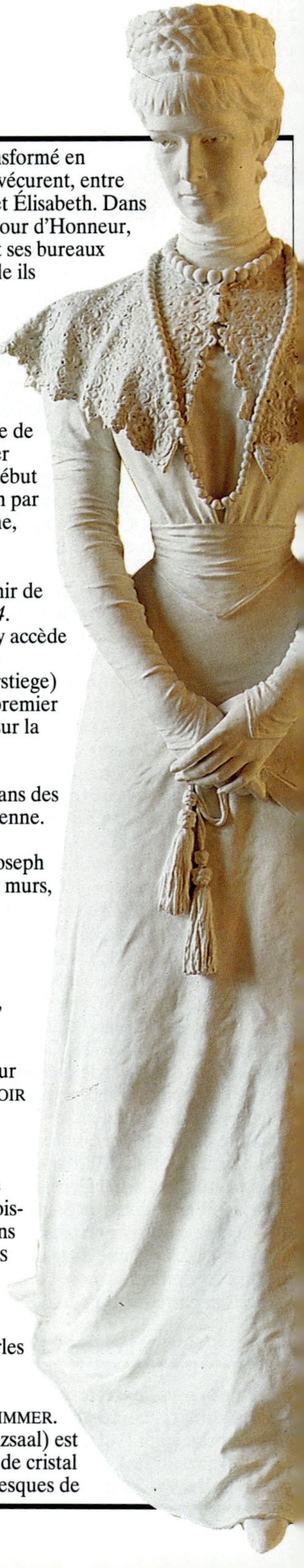

IMPÉRATRICE ET GYMNASTE
La baignoire de cuivre dans laquelle Sissi ● *119,* ▲ *143, 144*, dès cinq heures, se plongeait dans l'eau froide, étonne moins que le cabinet de toilette dans lequel on voit des agrès de bois (ci-dessous). Sissi mangeait peu, se faisait masser, pratiquait la gymnastique, la marche et

l'équitation, ce qui lui permit de garder toute sa vie une taille qui faisait l'admiration de tous.

SISSI
«Grande, élancée, ses mouvements si nobles et si naturels ont une grâce à la fois royale et animale. Sous la masse de ses cheveux châtain clair, sa petite tête pourrait être celle d'une déesse grecque sans l'intense vitalité qui anime la perfection de ses traits, étincelle dans ses yeux tendres et farouches, dans son regard magnétique où passent toutes les nuances de la douceur et de l'ironie, de l'audace et de la pudeur, du rêve, de la gaîté et de la pitié.»
Comte de Saint-Aulaire (ambassadeur de France à Vienne de 1882 à 1891), *François-Joseph*

▲ *147* notamment, on a transformé en musée les appartements où vécurent, entre autres, François-Joseph Ier et Élisabeth. Dans cette aile, qui donne sur la cour d'Honneur, la chancellerie d'Empire eut ses bureaux jusqu'en 1806, date à laquelle ils furent aménagés en appartements pour l'archiduchesse Marie-Louise. Son fils, l'Aiglon ▲ *283*, y vécut à son tour, ainsi qu'à Schönbrunn, ses dernières années. Une partie de ces appartements du premier étage fut aussi occupée au début du règne de François-Joseph par son cousin l'archiduc Étienne, Palatin de Hongrie, qui y demeura de 1848 à 1867. Ils conservent surtout le souvenir de François-Joseph ● *41,* ▲ *144*.

KAISERAPPARTEMENTS. On y accède par la porte Saint-Michel et l'ESCALIER IMPÉRIAL (Kaiserstiege) qui mène de la rotonde au premier étage. Cet escalier donnait sur la salle des Hallebardiers (Trabantenstube). Après l'antichambre, on pénètre dans des salles dites de l'archiduc Étienne. Dans la SALLE À MANGER (Speisezimmer), François-Joseph conviait son état-major (aux murs, tapisseries flamandes du XVIe siècle : *Les Travaux d'Hercule*). Après le dîner, ils passaient dans la SALLE DU CERCLE (Cerclezimmer), ornée de tapisseries de Bruxelles représentant des scènes de la vie de l'empereur romain Auguste, ou au FUMOIR (Rauchsalon), décoré également de tapisseries de Bruxelles et d'un buste de Maximilien Ier. On arrive aux appartements de François-Joseph proprement dits. Dans la SALLE DES HALLEBARDIERS (Trabantenstube), ancienne chambre à coucher de l'Aiglon, se trouvent notamment le buste de Charles Quint et une maquette du Vieux Palais.

AUDIENZSAAL ET AUDIENZZIMMER. La salle d'audience (Audienzsaal) est éclairée par un grand lustre de cristal de Bohême et décorée de fresques de

«COMME L'IMPÉRATRICE ÉLISABETH, SON IDOLE, LA JEUNE FILLE SAUTAIT AVEC UN ALLANT FOU, PASSAIT DES HEURES DANS LES ÉCURIES ET, COMME SON MODÈLE, EÛT MONTÉ À CRU LES TROIS CENTS CHEVAUX DE L'EMPEREUR.»

PAUL MORAND

FRANÇOIS-JOSEPH DANS SON CABINET DE TRAVAIL
Au mur du cabinet de travail (Arbeitszimmer), voisin de la salle du Conseil, est accroché l'un des portraits les plus célèbres de Sissi signé Winterhalter. On y voit aussi un buste et le sabre de Radetzky ▲ *143, 177*, le seul, en dehors des proches parents, à entrer dans les appartements de l'empereur sans se faire annoncer. C'est dans le cabinet de travail que François-Joseph apprit le suicide de Rodolphe ▲ *145*, ◆ *323*.

Peter Krafft représentant des épisodes de la vie de François Ier ● *38* (dans les coins de la salle : buste de François Ier et de François-Joseph à vingt-trois ans). François-Joseph donnait audience deux fois par semaine. L'aide de camp appelait à leur tour les solliciteurs, qui attendaient dans la vaste salle d'audience, et le grand chambellan les introduisait dans la chambre d'audience. François-Joseph recevait debout derrière un pupitre (la liste des audiences du 3 janvier 1910 s'y trouve encore). Aux murs de la chambre d'audience (Audienzzimmer), on voit les portraits de François Ier, de Ferdinand Ier et de François-Joseph à quarante-trois ans. Enfin, sur un chevalet est posé l'un des derniers portraits de François-Joseph, à l'âge de quatre-vingt-cinq ans.

KONFERENZZIMMER. Dans la salle du Conseil (Konferenzzimmer) François-Joseph présidait le conseil des ministres (son portrait à l'âge de vingt ans est accroché au mur). La porte du fond de la salle du Conseil donne sur la GARDE-ROBE DE L'EMPEREUR (Kaisergarderobe), dont le chambellan Ketterl était responsable. François-Joseph portait presque toujours une tenue militaire.

SCHLAFZIMMER. Dans la chambre à coucher (Schlafzimmer), le petit lit de fer étonne par sa simplicité. Au-dessus sont suspendus quatre portraits de Sissi et celui de l'archiduchesse Sophie, mère de l'empereur, avec le petit François-Joseph à l'âge de deux ans. Sur les commodes sont posés les bustes des parents de François-Joseph.

GROSSER SALON, KLEINER SALON. Dans le Grand Salon (Grosser Salon), on voit les célèbres portraits de François-Joseph et Sissi, de Winterhalter. Le Petit Salon (Kleiner Salon), qui servait de fumoir, recèle des souvenirs et un portrait de Maximilien.

AMALIENBURG. Prolongeant les appartements de l'empereur, ceux de l'impératrice ont été aménagés dans le palais de l'impératrice Amélie (Amalienburg), veuve de Joseph Ier

De haut en bas, la salle à manger, la salle de Réception, le salon et la chambre à coucher de l'impératrice, le Grand Salon (Amalienburg).

«LES TROIS MONARQUES À CHEVAL»
Le tsar Alexandre Ier, l'empereur d'Autriche François Ier et le roi de Prusse Frédéric-Guillaume III (musée de l'Albertina ▲ *196*).

(1678-1711), où résida le tsar Alexandre Ier pendant le congrès de Vienne ● *38*. Comme son mari, Sissi se contentait d'un lit de fer qu'on retirait tous les matins pour dégager le SALON ET CHAMBRE À COUCHER DE L'IMPÉRATRICE (Wohn- und Schlafenzimmer der Kaiserin). Dans cette belle pièce qui ouvre les appartements de Sissi, on voit le petit bureau de l'impératrice et son oratoire : une Vierge dans une sorte de niche gothique. Après la SALLE DE BAINS (Badezimmer) et le CABINET DE TOILETTE (Toilettezimmer) vient le GRAND SALON (Grosser Salon), dans lequel le couple impérial prenait le petit déjeuner dans l'intimité. Malgré ses entorses au protocole, Sissi ne perdit jamais l'amour de l'empereur ; en témoigne la profusion de portraits de l'impératrice qui ornent les appartements de François-Joseph. Après la mort de Sissi, l'empereur interdit l'accès de ses appartements. Ensuite, Charles Ier les occupa en partie. Dans ce grand salon, les objets les plus remarquables sont la statue d'Élisa, sœur de Napoléon Ier, œuvre de Canova, ainsi que deux statuettes en biscuit de François-Joseph à cinquante-sept ans et Sissi à cinquante ans. Le PETIT SALON (Kleiner Salon) rouge, blanc et or est consacré à la mémoire de Sissi (des bustes, un portrait et une vitrine rassemblent des objets lui ayant appartenu). Donnant sur la COUR AMÉLIE (Amalienhof), le SALON DE BERGL (Berglzimmer), qui ne se visite pas, est décoré de fresques exotiques de Johann Bergl ▲ *277, 278*.

LA PORTE SAINT-MICHEL
Construite au XVIIIe siècle au creux de la façade concave de l'aile nord (Michaelertrakt), la porte Saint-Michel (Michaelertor ▲ *174, 175, 181*) est un bel exemple du style baroque. Elle multiplie les colonnes, les balcons et les statues illustrant les travaux d'Hercule. La façade est flanquée de part et d'autre d'une fontaine monumentale réalisée à la fin du XIXe siècle par Hellmer et Weyr. Elle représente une allégorie : la puissance de l'empire sur terre et sur mer.

LES APPARTEMENTS D'ALEXANDRE Ier. Après la GRANDE ANTICHAMBRE (Grosser Vorzimmer), qui contient les portraits des enfants de Marie-Thérèse, notamment Marie-Antoinette ▲ *144*, et la statue de Sissi grandeur nature, on arrive aux appartements du tsar Alexandre Ier. S'il ne reste aucune trace de son passage dans ces pièces richement décorées, on y voit en revanche de nombreux portraits de Charles Ier, qui se servit des appartements comme salles d'audience et cabinet de travail. Après le VESTIBULE (Eingangzimmer), qui rassemble les bustes de Charles Ier et de Zita, on accède au SALON DE RÉCEPTION (Empfangsalon) rococo ; il possède de magnifiques tapisseries des Gobelins à fond rouge, d'après des cartons de François Boucher, offertes par Marie-Antoinette à Joseph II ● *36*, ▲ *291, 292* à l'occasion du voyage de celui-ci à Paris, en 1777. Dans le CABINET DE TRAVAIL (Arbeitszimmer), décoré de tentures de Bruxelles, se trouve le bureau où Charles Ier rédigea son acte de renonciation.

SPEISEZIMMER. La longue table de la salle à manger (Speisezimmer), toujours dressée, ne comptait guère plus de dix couverts. L'étiquette voulait que tous les couverts fussent à droite de l'assiette.

LE FUMOIR. Ce petit salon dédié aux archiducs morts tragiquement, Rodolphe et François-Ferdinand, prolonge les appartements du tsar.

CHARLES Ier
Le dernier empereur d'Autriche abdiqua en 1918 ▲ *144*.

Les toits de la Hofburg
On reconnaît, de gauche à droite et de haut en bas : le monument du Prince Eugène devant l'aile de la salle des Fêtes (Heldenplatz ▲ *207*), le dôme de la porte Saint-Michel ▲ *174*, *175*, *180*, un détail de la Neue Burg, le toit de la Bibliothèque nationale ▲ *192* et quatre détails du dôme de la porte Saint-Michel.

DEUX FOIS EMPEREUR
Le successeur de Joseph II fut couronné empereur du Saint Empire sous le nom de François II (bas de la page) ; il coiffa la couronne dite de Charlemagne et porta le globe. Puis il devint François Ier, premier empereur d'Autriche ● *38*.

Ci-dessus, le globe impérial (XIIe siècle, or, argent et pierres précieuses) et la couronne impériale.

SCHATZKAMMER ♥

Le fonds du Trésor impérial (Schatzkammer) a été rassemblé par Ferdinand Ier (1503-1564), puis enrichi par ses successeurs, qui en avaient disséminé les pièces dans le palais. C'est sous Charles VI que l'on a regroupé le trésor ici.

INSIGNES DU SAINT EMPIRE. La couronne du Saint Empire romain germanique a été l'emblème de la souveraineté sur une partie de l'Europe pendant mille ans. Longtemps appelée, à tort, couronne de Charlemagne, elle a probablement été façonnée au Xe siècle pour Othon II. Cette pièce d'orfèvrerie dans la tradition byzantine et carolingienne est surmontée d'une croix et d'un arceau d'or et de pierreries ajouté au XIe siècle pour Conrad II. Autres insignes impériaux : le globe d'or (XIIe siècle), le sceptre gothique, la croix impériale (XIe-XIIIe siècle), l'évangéliaire carolingien sur lequel l'empereur prêtait serment, le glaive de Charlemagne (en fait un sabre oriental), la sainte lance et la croix de procession. Les premières salles montrent d'autre part les emblèmes des Habsbourg comme rois de Bohême et de Hongrie ou comme archiducs d'Autriche (ainsi, la couronne, le globe et le sceptre en dent de narval, commandés par Rodolphe II aux orfèvres de Prague).

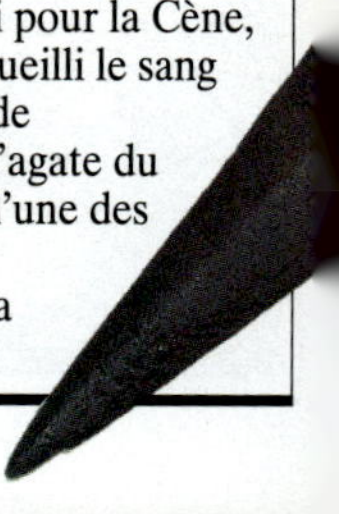

JOYAUX ET OBJETS D'ART. Des manteaux à traîne servaient lors des cérémonies : celui que porta François Ier à son couronnement est de pourpre brodée d'or avec un col d'hermine. Il faut voir aussi l'ensemble que Marie-Thérèse aurait brodé de sa main pour le baptême de ses petits-enfants. Rares sont les bijoux que les derniers Habsbourg n'ont pas emportés dans leur exil. Aussi remarque-t-on l'émeraude de Colombie (2 680 carats), la Rose d'or du pape offerte par Pie VII à Caroline-Augusta, femme de François Ier, et l'aigle à deux têtes formée par une améthyste, une opale et une hyacinthe.

LE SAINT-GRAAL ET LA LICORNE. La coupe qui aurait servi pour la Cène, et dans laquelle Joseph d'Arimathie aurait recueilli le sang du Christ, fut le thème de nombre de romans de chevalerie. Longtemps, on crut que la coupe d'agate du Trésor était le Graal ; ce vase a été taillé dans l'une des plus grosses agates du monde, au IVe siècle seulement. De même, une dent de narval passa longtemps pour la corne de la licorne.

Le collier de la Toison d'or ▲ *133* Dans la mythologie grecque, Jason, parti à bord de l'*Argo* en quête de la toison d'or d'un bélier divin, dut, entre autres épreuves, triompher d'hommes nés des dents d'un dragon. En souvenir de cette bravoure digne des chevaliers, le duc de Bourgogne Philippe le Bon fonda l'ordre de la Toison d'or en 1429. Charles Quint lui donna son éclat en recrutant ses membres parmi la haute noblesse et les hommes d'État.

Le trésor de la Toison d'or montre les vêtements que portaient les membres et les hérauts de l'ordre – manteaux de velours pourpre, tabards brodés d'armoiries – des armures et des joyaux, comme la croix du Serment de l'ordre (XVe siècle) et la coupe de Philippe le Bon.

L'Héritage des rois de Sicile. Par le jeu des alliances et des héritages, les insignes du pouvoir des rois normands de Sicile se sont transmis aux Hohenstaufen puis aux Habsbourg. La plus belle pièce est le manteau de soie rouge brodé que Roger II de Sicile porta le jour de son couronnement.

La Toison d'or. Une petite galerie de portraits montre les principaux membres de la maison de Valois-Bourgogne. On voit aussi des parements d'autels et des vêtements liturgiques appartenant à l'ordre. Le trésor de la Toison d'or vient de la dot de Marie de Bourgogne, fille de Charles le Téméraire, femme de Maximilien Ier.

Un musée d'art sacré. Le Trésor ecclésiastique contient les objets liturgiques qui servaient lors des offices auxquels la Cour assistait. La bourse de saint Étienne – reliquaire qui aurait appartenu à Charlemagne et aurait contenu le sang du premier martyr chrétien – en est considérée comme l'objet le plus ancien. Autres curiosités : le reliquaire contenant un clou de la Crucifixion, l'ostensoir recelant des fragments de la Sainte Croix et le petit temple-reliquaire dans lequel serait déposée une dent de saint Pierre.

Ci-dessus, la Sainte Lance (Langobardisch-Karolingisch, VIIIe siècle), ci-dessous, le sceptre autrichien.

Burgkapelle

À côté du Trésor se trouve la chapelle du Palais (Burgkapelle), qui fut construite au XVe siècle par Frédéric III «à la grosse lèvre» (1415-1493) dans le style gothique. Elle fut plusieurs fois remaniée par la suite mais, au XIXe siècle, on décida de la remettre dans son état originel. C'est à cet endroit que l'on dressait le catafalque dans lequel on déposait le cercueil des membres de la famille impériale et où le public était convié à leur rendre un dernier hommage. Dans cette chapelle, on peut entendre les petits chanteurs de Vienne ● *54* ▲ *270*.

La frise des Parthes.

L'ARTÉMISION
Le temple d'Artémis, à Éphèse, comptait parmi les sept merveilles du monde recensées par un sage byzantin. Consacré à Artémis (Diane), l'Artémision aurait été fondé par les Amazones et mis à sac sept fois (selon l'historien romain Pline). C'est Crésus, roi de Lydie, qui lui donna sa plus grande splendeur au VIe siècle av. J.-C. Détruit par un fou, Érostrate, en 356 av. J.-C., la nuit même de la naissance d'Alexandre, il fut reconstruit à l'identique, puis détruit de nouveau par les Goths en 263 apr. J.-C.

EPHESOS-MUSEUM

Des vestiges des fouilles entreprises par les archéologues autrichiens à Éphèse, en Asie Mineure, en 1866 (et qui se poursuivent) sont exposés dans le Nouveau Palais au musée d'Éphèse (Ephesos-Museum). Éphèse devint un port marchand et l'une des places financières importantes d'Asie Mineure dès le VIIIe siècle av. J.-C., grâce au commerce avec l'Orient. Ce fut également un centre religieux, où l'on adorait Artémis, à laquelle on érigea un grand temple, l'Artémision,

au VIe siècle av. J.-C. Éphèse vit se succéder Crésus, roi de Lydie – célèbre pour sa richesse –, Cyrus, roi de Perse, Alexandre le Grand, Mithridate, roi du Pont, et le dictateur romain Sylla. En 54 apr. J.-C., saint Paul et saint Jean y fondèrent l'une des premières communautés chrétiennes ; la Vierge Marie serait morte dans cette ville. Puis Éphèse accueillit l'empereur Hadrien (auquel on éleva un temple), passa sous la domination de Byzance, puis des Turcs.

UNE VISION MYSTIQUE. La religieuse allemande Anne-Catherine Emmerich (1774-1824) revécut plusieurs fois la Passion, dont elle porta les stigmates. Ce sont ses visions, qui racontent la vie de la Vierge et des apôtres, transcrites par l'écrivain allemand Clemens Brentano, qui permirent aux archéologues qui travaillaient sur le site d'Éphèse, quarante ans après la mort de la «nonne de Dülmen», d'identifier la maison dans laquelle vécurent saint Paul et saint Jean.

FRAGMENTS DU TEMPLE D'ARTÉMIS. On a exhumé des vestiges de l'Artémision, du théâtre romain, de l'Odéon, du temple d'Hadrien, du stade, de l'agora, du forum, de la bibliothèque de Celsus et de la rue des Kourètes (une grande maquette du site est exposée

Entablement,
temple d'Artémis.

dans le musée). Le musée a récupéré de nombreux fragments de ces monuments, en particulier du grand théâtre (reliefs érotiques et frises de masques), de l'autel d'Artémis (IVe siècle av. J.-C.), d'un tombeau de la période d'Auguste (Ier siècle apr. J.-C.) ainsi que d'un monument funéraire du Ier siècle surnommé l'Octogone.

FRISE DES PARTHES. Le monument des Parthes fut élevé à la gloire de Lucius Verus (130-169 apr. J.-C.), qui partagea le pouvoir avec son frère adoptif, Marc Aurèle. De 161 à 166, il repoussa les Parthes (peuple venu du nord-est de l'Iran) au-delà de l'Euphrate et enleva la Mésopotamie. Parmi les hauts-reliefs grandeur nature de cette frise de 40 m, on reconnaît l'adoption de Marc Aurèle et de Lucius Verus par Antonin le Pieux en 138, puis les soldats romains aux prises avec les Parthes, l'assemblée des divinités protectrices des Romains et l'apothéose de Lucius Verus divinisé. Cette fresque est typique de l'art des Antonins (96-192 apr. J.-C.) : le sculpteur, qui a sans doute pris modèle sur les frises de la colonne Trajane de Rome, fait passer un souffle épique en associant les dieux au combat.

L'ATHLÈTE D'ÉPHÈSE. Le musée conserve plusieurs copies de la statuaire grecque de l'époque classique (450-323 av. J.-C.) exécutées par des sculpteurs romains. La plus belle est celle de *L'Athlète d'Éphèse* (page de gauche), bronze d'après un original du IVe siècle av. J.-C. Autres belles pièces : *Le Jeune Grec à l'oie* (d'après un original du IIe siècle av. J.-C.) et *Le Combat d'Hercule contre les centaures* (IIe siècle av. J.-C.).

BIBLIOTHÈQUE DE CELSUS. Le consul Julius Aquila avait édifié à Éphèse une grande bibliothèque en l'honneur de son père Julius Celsus, dont elle a pris le nom, vers 110-135 apr. J.-C. Elle abritait douze mille volumes ainsi que des portraits et des stèles. Parmi ceux qui ont été rapportés à Vienne : les portraits (présumés) d'Homère et d'Hadrien (en voyage à Éphèse en 123 apr. J.-C.) ainsi qu'une stèle reproduisant une lettre de Marc Aurèle et Lucius Verus au sénat d'Éphèse.

DES VICTOIRES DE SAMOTHRACE.
Au VIIIe siècle av. J.-C., des habitants de Samos (île située au large d'Éphèse et réputée pour ses fondeurs de bronze et ses orfèvres) émigrèrent vers l'île de Samothrace («les Samos de Thrace»), au nord-est de la mer Égée. Elle fut longtemps un centre religieux, où l'on vénérait les Cabires, divinités archaïques dépendant d'Héphaïstos, protecteur des forgerons. De grands temples y furent érigés au IIIe siècle av. J.-C. en l'honneur de Ptolémée Sôtêr – «le Sauveur» – (vers 360-283 av. J.-C.), pharaon égyptien de la famille grecque des Lagides, et de sa fille Arsinoé II, femme du roi Lysimachos de Thrace. C'est de cette île grecque que les archéologues de la fin du siècle dernier rapportèrent la *Victoire de Samothrace* du Louvre, plusieurs autres *Victoires* du musée de Vienne et des fragments d'architecture. Parmi ces derniers, on remarque des morceaux de la rotonde du temple d'Arsinoé (Arsinoeion), élevée vers l'an 281 av. J.-C., du temple de Ptolémée (Ptolemaion), de la même période, ainsi que du *hieron* (enceinte sacrée) qui date de 325 av. J.-C.

DEUX PIÈCES DU SERVICE D'ARGENTERIE DE MARIE-THÉRÈSE Installée dans l'aile Saint-Michel (Michaelertrakt), la collection de porcelaine et d'argenterie de la cour comprend de luxueux services provenant de manufactures chinoises, françaises (Sèvres), allemandes (Saxe), italiennes (Milan) et autrichiennes (Augarten ▲ 269).

Cuirasse et armure ayant appartenu à Ferdinand Ier.

COLLECTIONS

Fils de Ferdinand Ier et frère de Maximilien II, l'archiduc Ferdinand du Tyrol (1529-1595) ▲ *210*, comme tous les princes de la Renaissance, aimait les arts. Il vécut avec sa Cour au château d'Ambras, au Tyrol. Grâce à sa fortune et à celle de sa femme (fille du banquier Welser qui consentit des prêts à Charles Quint pour faciliter son élection en 1519), Ferdinand rassembla armes anciennes, instruments de musique et objets ethnographiques qui ont enrichi par la suite les grands musées de Vienne.

HOFTAFEL- UND SILBERKAMMER. Parmi les pièces les plus belles de la collection de porcelaine et d'argenterie de la Cour, on remarque le «surtout de Milan», plateau en bronze doré de plus de 30 m de long du début du XIXe siècle, le service anglais offert par la reine Victoria à François-Joseph, trois services de Sèvres offerts par Marie-Antoinette (avec les tapisseries des Gobelins qui ornent le Salon Rouge des appartements impériaux) à son frère Joseph II, lors de sa visite officielle à Paris, en 1777, et le grand service en vermeil. Ce dernier, qui était destiné à cent quarante convives, fut réalisé par Guillaume Biennais (1764-1843), orfèvre parisien très en vogue sous le Premier Empire français. La plupart de ses pièces de vaisselle s'inspirent de modèles de Louis David, peintre officiel de la Révolution et de l'Empire, passionné d'Antiquité gréco-romaine.

RÜSTUNGEN- UND WAFFENSAMMLUNG. La collection d'armes et d'armures (Rüstungen- und Waffensammlung) est une des plus importantes du monde. Elle commença à être rassemblée au XVe siècle par le duc d'Autriche Ernest Ier de Fer (1377-1424) et par l'archiduc Ferdinand du Tyrol (1529-1595). Les armes les plus anciennes remontent aux invasions barbares du Ve siècle de notre ère et les plus splendides à la Renaissance, en particulier les armures d'apparat de Charles Quint, de son fils Philippe II d'Espagne et du roi de France François Ier, réalisées dans des ateliers de Milan au XVIe siècle. On remarquera également le glaive en or de Maximilien II (1551), ses équipements pour les tournois, dits «aux feuilles de rose» et des armes turques.

SAMMLUNG ALTER MUSIK-INSTRUMENTE ♥. Les plus belles pièces de la collection d'instruments de musique anciens (Sammlung alter Musik-Instrumente) viennent du fonds que l'archiduc Ferdinand du Tyrol avait réuni dans son château d'Ambras. D'autres ont appartenu à l'archiduc Ferdinand-Charles (1754-1806), fils de Marie-Thérèse, qui avait épousé Marie-Béatrice d'Este. Grande famille du nord de l'Italie, les princes d'Este – qui furent alliés aux Sforza et aux

Concert européen
L'histoire de la musique européenne est retracée ici par le biais des instruments. On peut admirer le clavicythérium, ancêtre du clavecin (XVIIe siècle), le violon en écaille de Marie-Thérèse (XVIIIe siècle) et la trompette ciselée de Ferdinand du Tyrol (XVIe siècle). Ci-dessus, sorte de mandoline (Pandurina) et détails de violes à bras.

Borgia – avaient rassemblé de nombreux objets d'art dans leurs résidences, en particulier des instruments de musique de collection (certains étaient installés dans l'ancienne propriété des marquis d'Obizzi, près de Padoue).

Museum für Völkerkunde

Le musée d'Ethnographie (Museum für Völkerkunde) conserve plus de cent cinquante mille objets provenant du monde entier, qui ont été collectés aux cours des siècles soit par les Habsbourg eux-mêmes, soit par des ethnologues envoyés par l'Autriche.

Le diadème de Moctezuma. Le musée est particulièrement riche en objets de l'ancien Mexique (empire aztèque) car il a hérité des collections que le conquistador Hernán Cortés envoya à Charles Quint après la prise de Tenochtitlán (Mexico), en 1520, et de celles de l'infortuné empereur du Mexique, Maximilien ▲ *145*. C'est ainsi que le musée conserve la couronne de plumes de l'empereur aztèque Moctezuma II (1466-1520) ▲ *207*, tué pendant la révolte des Aztèques contre les troupes de Cortés, en 1520. Aujourd'hui, le Mexique réclame ce diadème. Il y a beaucoup d'autres pièces provenant d'Amérique latine, et notamment du Brésil, l'archiduchesse Marie-Léopoldine, fille de François Ier, ayant épousé en 1817 Pierre Ier d'Alcantara, empereur du Brésil. L'Autriche envoya des savants et en particulier Johann Naterer (1787-1843) qui, tout en étant naturaliste, dota le musée d'Ethnographie d'innombrables objets acquis auprès des Indiens d'Amazonie.
Collections du capitaine Cook. Quant à la section Océanie du musée, elle fut constituée à partir de collections du capitaine Cook, que François Ier fit acheter à Londres en 1806. Sans oublier l'Afrique, l'Australie et l'Asie, où l'on envoya des missions ethnographiques. Tous ces apports complétèrent et enrichirent les collections de Ferdinand du Tyrol ▲ *210*. Il est à noter que l'archiduc François-Ferdinand

En noires et blanches
On voit des instruments à clavier qui ont appartenu à des musiciens célèbres, comme le clavecin de Haydn ● *49*, ▲ *152, 162, 164*, le pianoforte *(Hammerflügel)* de Mozart ● *48*, ▲ *147, 281* (ci-dessus), celui que les facteurs Érard offrirent à Beethoven ● *51*, ▲ *298* en 1803, les pianofortes de Schubert et de Brahms ● *51*, l'orgue-harmonium de Liszt, les pianos de Schumann ▲ *153*, de Wolf et Mahler ● *52*.

Le capitaine anglais James Cook (1728-1779) entreprit trois tours du monde de 1768 à 1779.

Autoportrait, de Vincent Van Gogh et *Baigneuse*, d'Auguste Renoir.

Guerrier indien (début du XVIIIe siècle), musée d'Ethnographie.

COOK DANS LE PACIFIQUE Il découvrit les îles de la Société, la côte orientale d'Australie et les îles Sandwich, où il fut assassiné par les indigènes. Il rapporta une foule de documents géographiques, zoologiques et ethnographiques, dont certains ont été acquis par le musée d'Ethnographie.

● *33*, ▲ *145*, ayant entrepris un tour du monde en 1892-1893, rapporta quatorze mille objets asiatiques.

COLLECTIONS D'ART DU BÉNIN. On voit également l'une des plus belles collections d'art du Bénin, royaume qui occupait le territoire de l'actuel Nigeria. À partir du XVe siècle et jusqu'au XIXe siècle, un art de cour se développe au Bénin : sculptures et bas-reliefs à figurines. Ces œuvres sont destinées à décorer les palais des *obas*, puissants monarques qui règnent sur toute la côte du golfe de Guinée. La plupart de ces figurines, coulées selon la technique de la cire perdue, représentent le souverain, la reine mère, des guerriers, des serviteurs ou des chasseurs. Lors de la prise de la ville de Bénin, en 1897, par l'armée britannique, l'*oba* partit en exil et ses biens furent vendus aux enchères à Londres. C'est à cette occasion que l'Autriche acheta soixante-quatorze bronzes.

NEUE GALERIE

Au deuxième étage des ÉCURIES (Stallburg), tout au bout de l'aile de la salle des Redoutes, la Nouvelle Galerie (Neue Galerie) est une annexe du musée d'Histoire de l'art ▲ *208*. Cette galerie est «nouvelle» car elle a été aménagée dans les locaux de l'ancien musée de peinture constitué au XVIIe siècle et que Marie-Thérèse transféra au Belvédère ▲ *246* en 1776.

IMPRESSIONNISTES FRANÇAIS. Cette galerie conserve une superbe collection de peinture européenne, notamment des chefs-d'œuvre de l'école impressionniste : une *Baigneuse* de Renoir, plusieurs paysages de Monet, un *Autoportrait* de Van Gogh, des portraits de Degas et Manet, une nature morte de Cézanne, un paysage de Pissaro et un *Portrait de femme au lit* par Toulouse-Lautrec. Autres grands artistes français représentés : Millet, Corot, Géricault, Delacroix, Courbet et le sculpteur Rodin. On y voit aussi de nombreuses œuvres de diverses écoles allemandes : le romantisme (Caspar David Friedrich), le réalisme (Leilbl, Thoma), l'impressionnisme (M. Liebermann, Lovis Corinth).

SPANISCHE REITSCHULE ♥

L'école d'équitation espagnole ▲ *190* (Spanische Reitschule) occupe les ÉCURIES (Stallburg) et s'entraîne soit dans le Manège d'été soit dans le Manège d'hiver. À sa fondation, elle occupait la Josefsplatz.

WINTERREITSCHULE. Le Manège d'hiver (Winterreitschule) ne fut mis en chantier qu'à la fin du XVIIe siècle, dans les anciens appartements de Maximilien II et fut terminé en 1729.

Pour les chevaux, les Habsbourg ne reculaient devant aucun sacrifice. Au XVIe siècle, Maximilien II céda pour y aménager les écuries de la Cour les appartements que son père Ferdinand Ier lui avait fait construire, et s'installa dans le Vieux Palais. On adopta alors le projet d'un grand Manège d'hiver (ci-contre), installé près des écuries (ci-dessous) mais à l'intérieur du palais.

Ce chef-d'œuvre baroque est dû à Joseph Emanuel Fischer von Erlach ● *74, 80,* ▲ *302*. Le manège, tout blanc, est entouré de deux galeries et d'une haute colonnade. Une loge surmontée d'un fronton triangulaire à l'antique y avait été ménagée pour l'empereur. Des bas-reliefs en stuc, d'un blanc immaculé, ajoutent une touche raffinée. Le Manège d'hiver fut inauguré en 1735 par son commanditaire, Charles VI ● *36,* ▲ *192*, dont on voit le monogramme en relief et le portrait sur les murs et dans la loge de l'édifice. Comme aujourd'hui, les cavaliers défilèrent d'abord dans un ordre impeccable et saluèrent l'empereur. Puis ils multiplièrent les exercices de haute école qui ont établi la renommée de l'école espagnole.

SOMMERREITSCHULE. L'été, les démonstrations de l'école espagnole se font au Manège d'été (Sommerreitschule), dans la cour qui borde le Manège d'hiver.

BALS, CONCERTS ET CARROUSELS

Le Manège d'hiver (ci-dessous) ne fut pas seulement le théâtre d'exercices de haute école. Toujours avec les lipizzans, on multiplia les carrousels et les ballets équestres, où danseurs et cavaliers évoluaient au son d'un orchestre dans de magnifiques décors. Lors du congrès de Vienne ● *38*, l'aristocratie de l'Europe prit part à des bals organisés dans le manège ainsi qu'à des concerts.

JOSEFSPLATZ

Elle doit son nom à Joseph II (1741-1790), dont elle présente la statue équestre (œuvre de Franz Anton von Zauner, vers 1795-1807). Il fit redessiner toutes les façades, entre 1760 et 1770, par le même architecte, Nikolaus von Pacassi ▲ *192*, d'où leur superbe unité. Avant d'être remodelée au XVIIIe siècle, la place servait aux tournois et à l'entraînement des chevaux de l'école espagnole. Le Manège d'hiver, la salle des Redoutes, l'église des Augustins et la Bibliothèque nationale donnent sur cette place, qui s'ouvre sur la rue des Augustins (Augustinerstrasse).

CAVALIER DE L'ÉCOLE ESPAGNOLE
Il porte un frac brun à boutons dorés, un pantalon en peau de cerf et un bicorne.

L'ART DU DRESSAGE
À la Révolution de 1789, les grandes écuries de Versailles furent désaffectées et le maître écuyer La Guérinière partit pour Vienne, où il enseigna l'art équestre à l'École espagnole. Comme le Cadre noir de Saumur, l'école viennoise s'est spécialisée dans l'art du dressage – qui multiplie les exercices savants –, très différent de l'équitation sportive qui s'est imposée au XIXe siècle avec les *jumpings*. Bien des exercices de haute école sont issus de la tradition française, très prestigieuse depuis le règne de Louis XIV.

UNE SÉLECTION UNIQUE
En 1735, année de l'inauguration du manège impérial, les traits principaux du type lipizzan étaient presque fixés ainsi que son usage de combat et de parade.

En 1562, le frère de Maximilien II, l'archiduc Charles, qui avait hérité de domaines dans le nord de l'actuelle Yougoslavie, aménagea de grands haras à Lipizza, près de Trieste, et fit venir des pur-sang espagnols (d'où le nom de l'école) qu'il fit croiser avec des chevaux du Karst. La race des lipizzans est née à la fin du XVIe siècle dans ces haras et a fourni en chevaux l'École espagnole et la cavalerie de la Cour. Après l'annexion par les Italiens puis par les Yougoslaves de Trieste et de la Slovénie, à la fin de la Première Guerre mondiale, l'Autriche décida, en 1920, de fonder un haras pour ses lipizzans à Piber, près de Graz, en Styrie. Aujourd'hui, les chevaux blancs de l'École espagnole proviennent à la fois de Lipizza (Lipice) et de Piber.

LE MANÈGE D'HIVER
Le public peut assister plusieurs fois par jour aux démonstrations et à l'entraînement des cavaliers dans le Manège d'hiver ▲ *188* de la Hofburg.

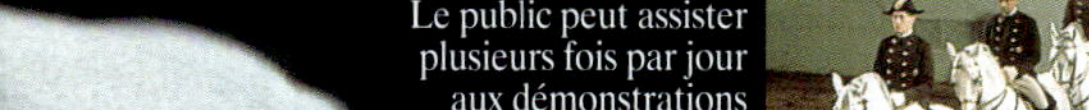

LES «ÉTALONS D'ARGENT»
Les lipizzans de l'École espagnole sont blancs depuis un décret impérial datant du début du XIXe siècle. Auparavant, les Habsbourg choisissaient aussi bien des chevaux pie, bais, tigrés ou alezans. Sissi ▲ *119, 142, 144, 178* collectionnait les chevaux, mais sa préférence – à la différence de François-Joseph – n'allait pas aux «étalons d'argent». Elle affectionnait plutôt les pur-sang à robe sombre.

LES AIRS
Les cavaliers multiplient les «airs», exercices de haute école qui donnent toute son élégance au cheval. On distingue les airs bas (pirouette, piaffer, appuyer, changement de pied au galop, passage, pas et trot espagnol) et les airs hauts (courbette, cabriole, croupade).

«Le Troisième Homme»
Les cinéphiles connaissent le palais Pallavicini car devant sa porte monumentale ornée de cariatides (à droite) se déroule l'une des premières scènes du *Troisième Homme,* de Carol Reed ● *42* ▲ *267.*

Palais Pallavicini. Le palais Pallavicini (au n° 5) ● *81* est doté d'une belle porte qu'encadrent des cariatides, œuvre de von Zauner (1786), comme la statue de Joseph II. Ce palais, de style classique, a été construit à la fin du XVIIIe siècle par Ferdinand von Hohenburg, à l'emplacement d'un ancien couvent où mourut, en 1592, Élisabeth d'Autriche, fille de Maximilien II et femme du roi de France Charles IX. Aujourd'hui, il sert de salle de congrès.

Valse à Vienne. En face de la Hofburg également (à l'angle de la Bräunerstrasse) se tient toujours le cours de danse Ellmayer ● *58.*

Palais Palffy. Doté d'une belle façade Renaissance, le palais Palffy, qui donne également sur la Josefsplatz, vit Mozart ● *48* présenter *Les Noces de Figaro* en 1785. Ce palais s'élève à l'emplacement de l'ancienne chancellerie d'Empire et abrite aujourd'hui la maison d'Autriche, où l'on organise en permanence des manifestations culturelles.

Nationalbibliothek

La bibliothèque de la cour impériale – devenue Bibliothèque nationale (Nationalbibliothek) en 1920 – était dispersée dans toute la Hofburg avant que Charles VI, en 1722, ne demande à Fischer von Erlach ● *74, 80,* ▲ *138, 147, 302* et à son fils Joseph Emanuel de lui construire un bâtiment.

Prunksaal ♥. Le résultat est grandiose, comme en témoigne cette superbe salle d'Apparat (Prunksaal) dans laquelle sont rassemblées les collections des Habsbourg et du Prince Eugène ● *35,* ▲ *147, 247* (Joseph II racheta la bibliothèque de ce dernier à sa mort, en 1736). Avec ses marbres et ses boiseries sculptées, sa coupole peinte recouverte de fresques dues à Daniel Gran *(Apothéose de Charles VI)*, ses colonnes, ses statues, sa nef et son transept ovale, cette salle ressemble à une église baroque. La salle d'Apparat fut bientôt trop exiguë. Aussi la bibliothèque fut-elle forcée d'éclater : les départements des manuscrits, des cartes et le musée des Globes sont logés dans l'aile des Augustins ; les papyrus et les partitions de musique, ainsi que la cinémathèque, à l'Albertina ; les périodiques, les salles de lecture, ainsi que le département des portraits, des gravures et des photographies (plus de huit cent mille) dans le Nouveau Palais.

La bible de Gutenberg. La richesse de la bibliothèque empêche d'en montrer tous les trésors en une fois, aussi organise-t-on toute l'année de nombreuses expositions temporaires. En effet, la Bibliothèque nationale compte plus

Un architecte italien
Apprécié de Marie-Thérèse et de Joseph II, Nikolaus von Pacassi (1716-1790) avait été formé à l'école classique française. Quelques années après Fischer von Erlach et Hildebrandt ● *75, 81* ▲ *147,* il fut appelé à remanier, agrandir ou terminer leurs édifices dans un style moins mouvementé, plus majestueux. Débordé par les commandes, il travailla à la Hofburg, à Schönbrunn ▲ *274,* au Theresianum ▲ *244,* au château de Hetzendorf ● *64,* dans les faubourgs, etc.

«SUR LA JOSEPHSPLATZ, LA STATUE ÉQUESTRE DÉCOUPAIT SON BRONZE NOIR CONTRE LES FAÇADES BLANCHES DE LUNE DU PALAIS SCHWARZENBERG.»

PAUL MORAND

LES INCUNABLES DE LA BIBLIOTHÈQUE NATIONALE
Les incunables sont les premiers livres imprimés (avant 1500). Le premier est la «bible à quarante-deux lignes» que Gutenberg imprima vers 1450-1455. Né à Mayence, Johannes Gensfleisch, dit Gutenberg (vers 1395-1468), commença par tailler des pierres précieuses et fabriquer des miroirs. Ces techniques lui donnèrent sans doute l'idée de sculpter des caractères mobiles en plomb. Mais ses affaires étaient mauvaises et en 1455 le banquier Fust fit saisir ses biens, dont les premières «bibles à quarante-deux lignes».

de deux millions et demi de livres imprimés, dont la bible de Gutenberg. Parmi les autres trésors, on citera un traité de médecine par le Grec Dioscoride, qui vécut au Ier siècle apr. J.-C. (manuscrit byzantin de 512), l'évangéliaire de saint Cuthbert (VIIIe siècle) et celui de Johannes von Troppau (écrit par le duc d'Autriche Albert III en 1368), un antiphonaire – livre de chants liturgiques – de Saint-Pierre à Salzbourg (XIIe siècle), les livres d'heures de Charles le Téméraire et du duc de Milan Galeazzo Sforza (tous deux du XVe siècle) ainsi que le *Theuerdank*, récit historique écrit par Maximilien Ier (1459-1519) et imprimé en 1517.
GLOBENMUSEUM. Installé dans l'aile des Augustins, le musée des Cartes et Globes (Globenmuseum) conserve en particulier des atlas de Blaeu, des globes fabriqués en 1541 pour Charles Quint par le mathématicien et géographe flamand Mercator

Sur ce projet de façade de la Hofburg, on reconnaît, à gauche, la bibliothèque et, à droite, le dôme de la porte Saint Michel.

ATLAS BLAEU
Établi à Amsterdam, Blaeu édita en 1605 une carte du monde célèbre, puis ses fameux atlas en 1619 : *Theatrum mundi* et *Theatrum urbium et monumentorum*.

Ci-contre, projection à plat de globes terrestres du *Grand Atlas* ; ci-dessous, sphère armillaire héliocentrique.

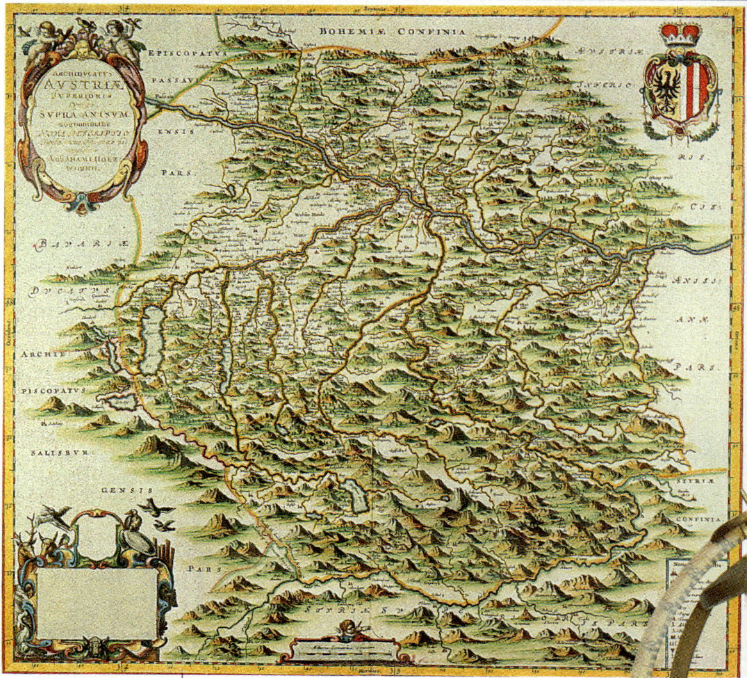

BLAEU ET VERMEER
Le Hollandais Willem Janszoon Blaeu (1571-1638) vivait à l'époque de l'expansion maritime des Provinces-Unies en Europe du Nord, en Afrique et en Asie. Toute l'Europe se fournissait chez lui. À sa mort, son fils Joan prit sa succession. Vermeer de Delft ▲ *220*, ami de la famille Blaeu, représentait souvent des cartes dans ses tableaux – contre rémunération, dit-on !

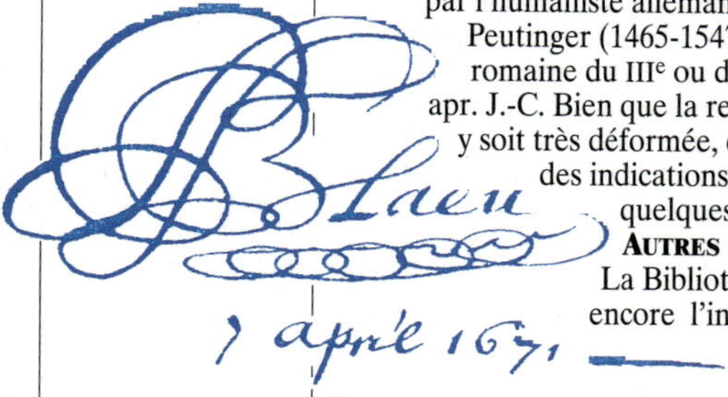

(1512-1594) et encore des globes du géographe vénitien Vincenzo Coronelli (1650-1718), qui travailla à la cour de Louis XIV. Bien que ce soit une carte de géographie, la *Table de Peutinger* est conservée au département des manuscrits. C'est une belle copie réalisée au XVIe siècle par l'humaniste allemand Konrad Peutinger (1465-1547) d'une carte romaine du IIIe ou du IVe siècle apr. J.-C. Bien que la représentation des lieux y soit très déformée, cette carte comporte déjà des indications de relief, de sites et quelques distances routières.

AUTRES DÉPARTEMENTS. La Bibliothèque nationale comprend encore l'institut de restauration, le MUSÉE DE L'ESPÉRANTO, les archives théâtrales (plus d'un million d'ouvrages, photographies, maquettes, manuscrits de pièces de théâtre, etc.).

AUGUSTINERKIRCHE UND- KLOSTER

Intégrés dans la Hofburg, l'église et l'ancien couvent des Augustins (Augustinerkirche und- Kloster) forment un grand ensemble avec l'Albertina et les serres (Palmenhaus). L'Albertina ainsi que plusieurs départements de la Bibliothèque nationale occupent les salles du couvent. L'église gothique des Augustins est le cadre des mariages élégants.

Dans cette église, on célèbre, le 21 novembre, la messe anniversaire de la mort de François-Joseph. Anton Bruckner ● *52* joua souvent sur les orgues anciennes des Augustins, qui proviennent de l'église détruite de bénédictins espagnols (Schwarzspanier). C'est là qu'il aurait composé et joué en public, pour la première fois, sa *Messe en fa mineur*, en 1872. Cette tradition musicale se maintient puisqu'un orchestre classique accompagne la messe du dimanche aux Augustins.

Tombeau de Marie-Christine. Outre la statue miraculeuse, à l'entrée de l'église, on remarque la belle chaire, le maître-autel et surtout le tombeau monumental de Marie-Christine de Saxe-Teschen (1742-1798), fille de Marie-Thérèse, qui fut gouvernante des Pays-Bas en 1778 (son mari Albert de Saxe a fondé la galerie de dessins dite Albertina ▲ *196*). Ce monument funéraire est l'un des chefs-d'œuvre du sculpteur italien Canova (1757-1822), très inspiré par la statuaire grecque et romaine, qui fut en vogue auprès des cours royales et impériales européennes – notamment auprès de Napoléon Ier – au XIXe siècle.

Habsburger-Herzgruft. Une curiosité : la crypte (Habsburger Herzgruft) dans laquelle on conserve les cœurs des Habsbourg ● *29,* ▲ *143, 144, 280*, contenus dans des urnes d'argent, depuis le règne de Mathias II, au début du XVIIe siècle. Depuis cette date et selon un rite immuable, les corps de la famille impériale étaient littéralement dépecés : le cœur allait à la crypte des Augustins, les viscères à la crypte de la cathédrale Saint-Étienne ▲ *132* et le reste de la dépouille mortelle à la crypte des Capucins ▲ *142*.

ALBERTINAPLATZ

Au bout de la RUE DES AUGUSTINS (Augustinerstrasse) un ancien bastion de la Hofburg domine la place de l'Albertina (Albertinaplatz). Au-dessus se dresse la statue équestre de l'archiduc Albert (1817-1895), de Kaspar Zumbusch. Adossée au bastion s'élève aujourd'hui la monumentale FONTAINE DU DANUBE (Donaubrunnen), de la fin du XIXe siècle, œuvre de Moritz von Löhr et Johann Meixner. C'est de cette place qu'on accède au JARDIN IMPÉRIAL (Burggarten) ▲ *207* et aux SERRES.

Travaux des champs
Manuscrit provenant de l'abbaye Saint-Pierre de Salzbourg.

Gerhard Kremer Mercator (1512-1594)
Dès le XVIe siècle, le géographe Gerhard Kremer Mercator réalisa la première projection plane de la terre, selon des principes qui sont toujours en vigueur. Il fournit dès cette époque une image de la terre d'une précision stupéfiante.

Mariages princiers
En l'église des Augustins ont été bénies les unions de Marie-Thérèse avec François de Lorraine, en 1736, et celle d'Élisabeth de Bavière avec François-Joseph en 1854. C'est ici également que se déroulèrent les mariages par procuration de Marie-Antoinette, puis de Marie-Louise de Habsbourg-Lorraine, avec leurs époux absents – le futur Louis XVI et l'empereur Napoléon Ier –, représentés par leurs alliances.

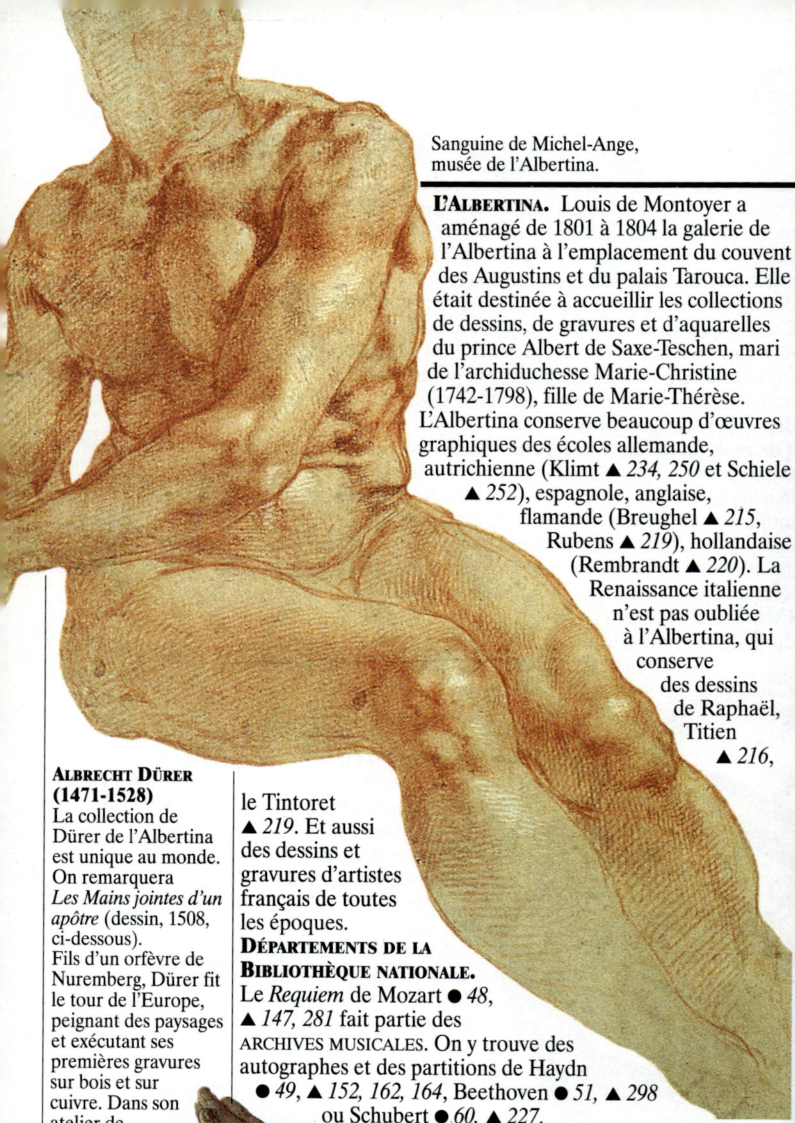

Sanguine de Michel-Ange, musée de l'Albertina.

L'ALBERTINA. Louis de Montoyer a aménagé de 1801 à 1804 la galerie de l'Albertina à l'emplacement du couvent des Augustins et du palais Tarouca. Elle était destinée à accueillir les collections de dessins, de gravures et d'aquarelles du prince Albert de Saxe-Teschen, mari de l'archiduchesse Marie-Christine (1742-1798), fille de Marie-Thérèse. L'Albertina conserve beaucoup d'œuvres graphiques des écoles allemande, autrichienne (Klimt ▲ *234, 250* et Schiele ▲ *252*), espagnole, anglaise, flamande (Breughel ▲ *215*, Rubens ▲ *219*), hollandaise (Rembrandt ▲ *220*). La Renaissance italienne n'est pas oubliée à l'Albertina, qui conserve des dessins de Raphaël, Titien ▲ *216*, le Tintoret ▲ *219*. Et aussi des dessins et gravures d'artistes français de toutes les époques.

DÉPARTEMENTS DE LA BIBLIOTHÈQUE NATIONALE. Le *Requiem* de Mozart ● *48*, ▲ *147, 281* fait partie des ARCHIVES MUSICALES. On y trouve des autographes et des partitions de Haydn ● *49*, ▲ *152, 162, 164*, Beethoven ● *51*, ▲ *298* ou Schubert ● *60*, ▲ *227*.
Le DÉPARTEMENT DES PAPYRUS conserve, parmi cent cinquante mille documents, des exemplaires du Livre des morts (dont l'un remonte au XVe siècle av. J.-C.). On y trouve également des papyrus grecs et des manuscrits musulmans très anciens.

LA CINÉMATHÈQUE. L'Albertina abrite aussi la Cinémathèque, qui conserve et projette les films célèbres ou inconnus de l'histoire du cinéma.

ALBRECHT DÜRER (1471-1528)
La collection de Dürer de l'Albertina est unique au monde. On remarquera *Les Mains jointes d'un apôtre* (dessin, 1508, ci-dessous).
Fils d'un orfèvre de Nuremberg, Dürer fit le tour de l'Europe, peignant des paysages et exécutant ses premières gravures sur bois et sur cuivre. Dans son atelier de Nuremberg, il peignit des scènes religieuses, des portraits, des planches de sciences naturelles… À la fin de sa vie, il délaissa l'art pour la religion réformée de Luther.

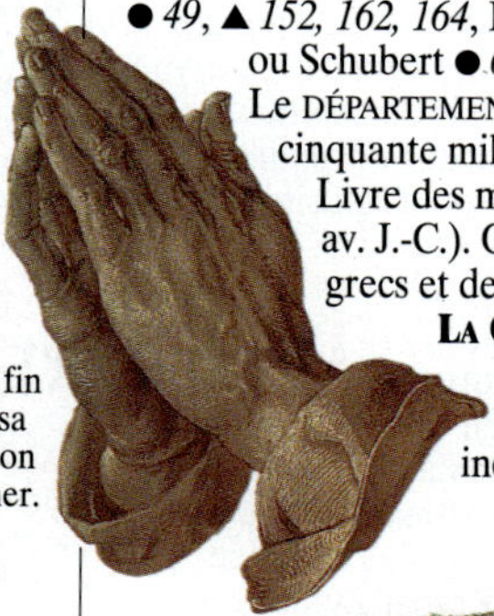

LE PALAIS DU DUC ALBERT DE SAXE-TESCHEN
En l'honneur du prince, la galerie fut appelée l'Albertina et, avec plus d'un million et demi d'œuvres, elle est la plus grande collection de dessins du monde.

Le Ring

L'EXPANSION URBAINE
Au milieu du XIXe siècle, Vienne avait largement débordé les murs : palais et nouveaux quartiers s'étaient construits dans les faubourgs.

Grand boulevard de ceinture entourant la vieille ville, le Ring («l'anneau») forme un immense arc de cercle de 4 km de long sur 56 m de large bordé d'édifices du XIXe siècle, qui en font une des artères les plus élégantes d'Europe. De création récente, le Ring a été aménagé dans la seconde moitié du siècle dernier, à l'emplacement des fortifications – remparts, tours et bastions – qui protégèrent Vienne des assauts des Turcs (1529 et 1683). Aux XVIIIe et XIXe siècles, la stratégie évolua : on préféra se battre sur les champs de bataille – où l'issue se jouait en un seul jour – plutôt que de tenir de longs sièges. Ainsi, Napoléon entra à Vienne sans coup férir après Austerlitz (1805) puis Wagram (1809).
En décembre 1857, François-Joseph signa l'acte de démolition des fortifications.

FRANÇOIS-JOSEPH
Grâce à ce boulevard ceinturant la ville intérieure ▲ *129*, l'empereur souhaitait donner à Vienne un visage plus salubre et plus conforme à la grandeur des Habsbourg ▲ *143*.

Comme le baron Haussmann, qui ouvrait de grandes artères dans le vieux Paris à la même époque, François-Joseph ne vit pas d'un mauvais œil la construction d'un boulevard qui permettrait d'intervenir plus efficacement en cas d'émeute (en 1848, les fortifications gênèrent les forces régulières qui voulaient intervenir contre les insurgés).

Défilés de l'inauguration du Ring
Sceptiques et parfois hostiles au départ, les Viennois se montrèrent ravis lorsque la nouvelle promenade fut inaugurée, en 1865. Les armées impériales défilèrent en habit de parade et le peuple dansa sur la *Polka de la démolition*, de Johann Strauss fils ● *56*.

Les chantiers du Ring
Le long du Ring, les chantiers se multiplièrent : celui de l'Opéra d'État (inauguré en 1869), puis ceux de l'Académie des arts appliqués, de l'Académie des beaux-arts, de l'église votive, du Parlement, de l'hôtel de ville, etc. Une bonne dizaine d'édifices publics et de palais privés accueillirent sur le Ring tout le gotha de l'aristocratie viennoise ainsi que la haute finance bourgeoise, issue de la révolution industrielle. On fit appel aux plus grands architectes d'Europe qui, se conformant au goût assez conservateur de l'empereur François-Joseph, n'inventèrent pas de nouveaux styles mais s'inspirèrent des formes du passé (historicisme). Le Ring offre au visiteur une leçon d'histoire de l'art, depuis la Grèce antique jusqu'à la période baroque, en passant par les styles roman, gothique et Renaissance.

Vue du Schanzel, près du Danube.

Ci-contre, immeuble sur le quai François-Joseph. À droite, immeuble faisant le coin du quai François-Joseph et de la Werdertorgasse.

RINGTURM
La tour du Ring a été achevée en 1955.

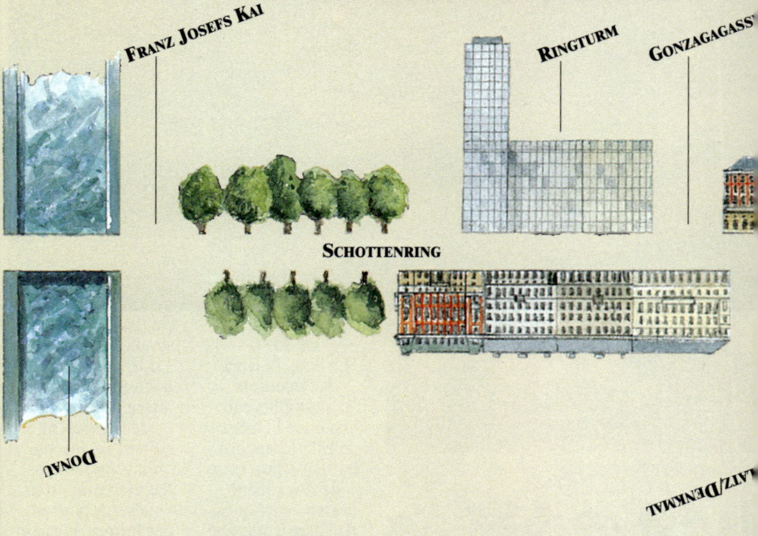

Le Marché aux fruits sur le Schanzel, d'Aloïs Schorn.

FRANZ JOSEFS KAI ▲ 229, 230
Les quais ont été lourdement bombardés en 1945 ● 42, si bien qu'il n'y reste presque plus de bâtiments anciens.

ROSSAUERKASERNE
Cette grande caserne (1869) rappelle, par son architecture, celle qui abrite le musée de l'Armée ▲ 258.

Le monument dédié au régiment des Hoch- und Deutschmeister (ancien régiment de la ville de Vienne), Deutschmeisterplatz, se dresse devant la Rossauerkaserne.

C'est la Bourse provisoire érigée sur l'emplacement de l'actuelle Bourse qui a été le cadre du «jeudi noir», le 9 mai 1873. L'effondrement des cours ce jour-là mit fin à une période de prospérité ; les effets s'en firent sentir même aux États-Unis.

N° 24
Ce bel immeuble d'époque historiciste abrite la *Ring Cafeteria*.

BÖRSE
La Bourse (n° 16) est de Theophil von Hansen (1871-1877). Elle a subi un incendie en 1956.

«CAFÉ SCHOTTENRING»
(n° 19)

MIETHAUS
Immeuble de rapport (au n° 23, Schottenring) construit en 1877 par Otto Wagner ● 86, 88.

IMMEUBLE DU N° 21

«ÊTRE JOUÉ AU BURGTHEATER
ÉTAIT LE RÊVE SUPRÊME
DE TOUT ÉCRIVAIN VIENNOIS.»
STEFAN ZWEIG

VOTIVKIRCHE
L'église Votive est un édifice néo-gothique que l'architecte Heinrich von Ferstel fit construire entre 1856 et 1879.

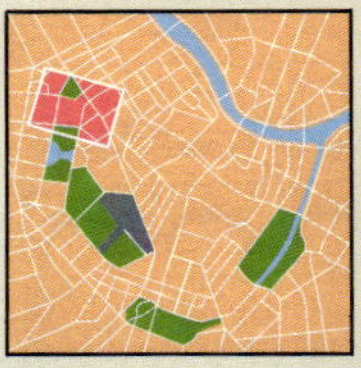

MAISON NATALE DE ZWEIG
Au n° 14 se trouve la maison natale de l'écrivain Stefan Zweig ● *110*.

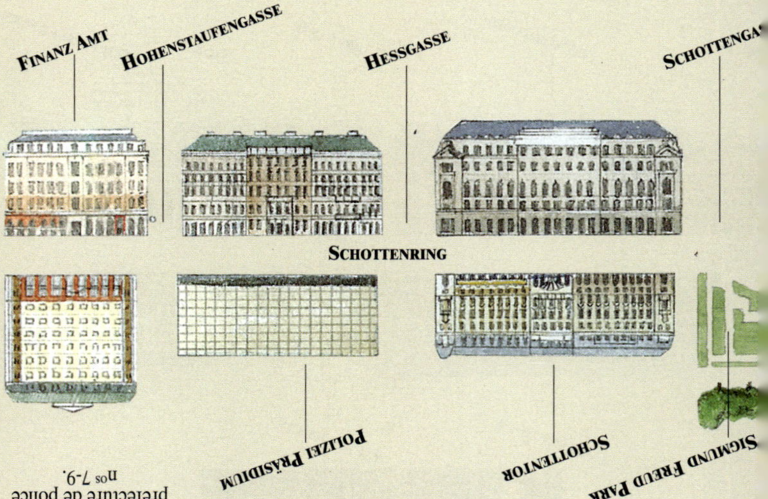

POLIZEI PRÄSIDIUM
L'Opéra comique (1874) céda la place au Ringtheater, qui brûla en 1881. Puis on édifia la Sühnhaus (1886), siège de la préfecture de police nos 7-9.

«HÔTEL DE FRANCE»
Au n° 3 de Schottenring, il abrite, au coin de la Hessgasse, l'un des meilleurs cinémas de Vienne.

MAISON DE BRUCKNER
Le musicien Anton Bruckner ● 52 habita de 1877 à 1895 une maison bourgeoise au n° 5 de Schottenring (à l'angle du n° 7, Hessgasse).

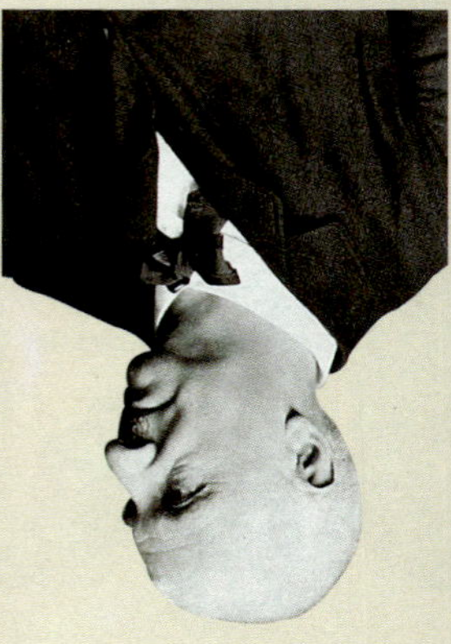

«HOTEL PLAZA»
(n° 11)
A gauche et ci-dessous.

Palais Ephrussi
▲ *230*
Au n° 14 Dr. Karl Lueger Ring s'élève ce palais construit en 1873 par Theophil von Hansen, architecte du Parlement, tout proche.

Liebenberg Denkmal
J. A. von Liebenberg était maire de Vienne à l'époque du siège de 1683. Sur les ruines du bastion de Melk (Mölkerbastei, XVIIe siècle), démoli en 1872, se trouve la maison Pasqualati ▲ *166*.

«Café Landtmann»
Cet établissement que la famille Querfeld dirige depuis plusieurs générations est le rendez-vous des parlementaires (le Parlement est presque en face) et, le soir, des spectateurs qui sortent du Burgtheater voisin.

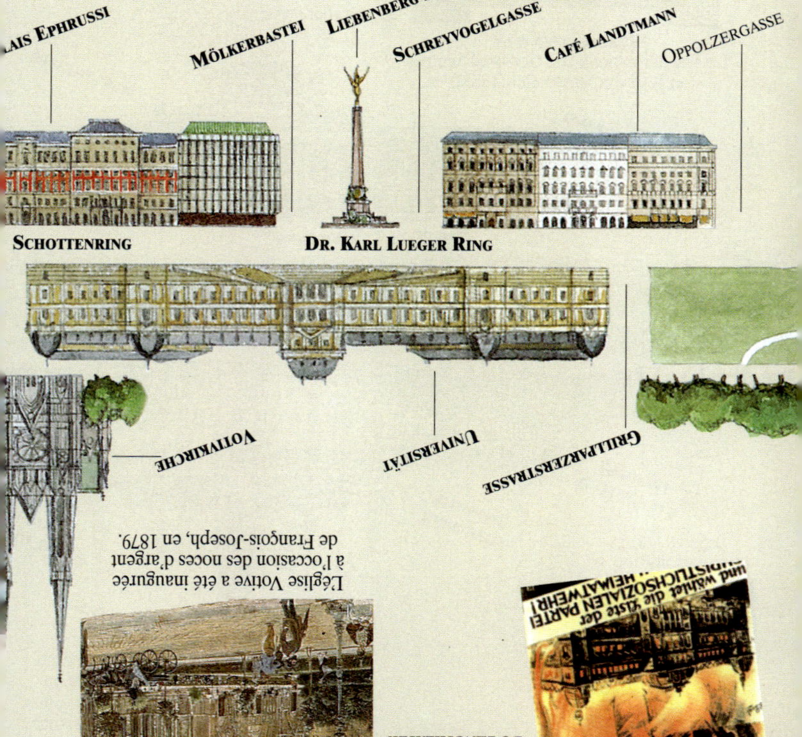

L'église Votive a été inaugurée à l'occasion des noces d'argent de François-Joseph, en 1879.

Votivkirche ● *84*
L'église Votive, Rooseveltplatz, rappelle l'attentat auquel François-Joseph a échappé en 1853.

Incendie du Ringtheater

Incendie de l'Université
«Souviens-toi du 15 juillet !» proclame cette affiche du parti chrétien-social.

Le Burgtheater associe à un style Renaissance tardif des éléments néo-baroques et Napoléon III. Après la guerre, il fut reconstruit par Michel Engelhart. Certaines fresques du plafond datent de la période historiciste de Gustav et Ernst Klimt (à gauche, *Le Théâtre antique de Taormina*, fresque de l'escalier principal due à Gustav Klimt ; à droite, vue de l'escalier principal).

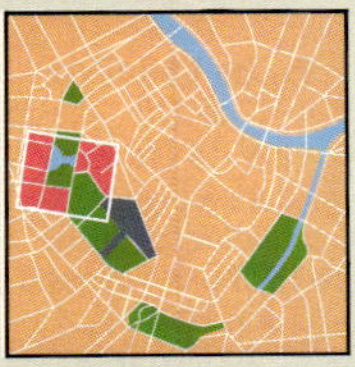

BURGTHEATER ● *84*
Le Théâtre national, de Gottfried Semper et Karl von Hasenauer (1888).

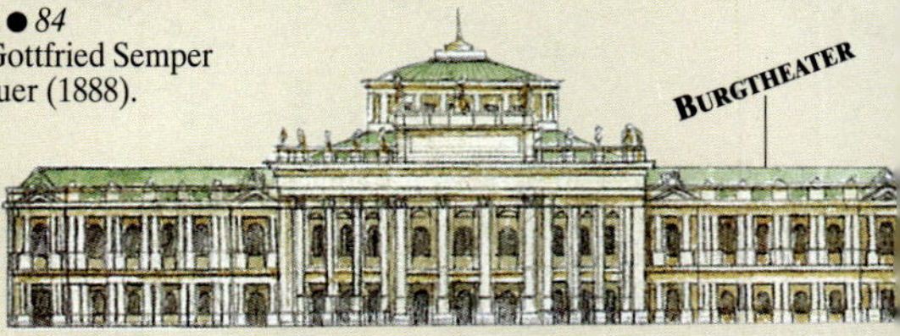

DR. KARL LUEGER RING

RATHAUS ● *84*
Le nouvel hôtel de ville néo-gothique est l'œuvre de Friedrich von Schmidt (1883), architecte de la cathédrale ▲ *132*.

Le Burgtheater vu de l'hôtel de ville.

Dessiné par Rudolf Siebeck (1873) l'hôtel de ville s'inspire de celui de Bruxelles. Il remplace l'ancien hôtel de ville. Son beffroi (90 m) s'élève derrière le Rathauspark, où l'on peut voir une copie du *Rathausmann*, statue qui orne le beffroi.

VOLKSGARTEN
Il est parsemé d'édifices : le temple de Thésée, de Nobile (à droite, 1820), réplique en plus petit du Théseion d'Athènes, précédé de la statue d'un athlète, de Müllner (1921) ; le monument de l'impératrice Élisabeth (1907) ; un café octogonal et plusieurs bassins (1866-1880) ornés de statues.

Ce jardin, comme le Burggarten, a été aménagé à la place de fortifications que Napoléon avait fait raser en 1809. Il fut ouvert au public dès son inauguration (1823).

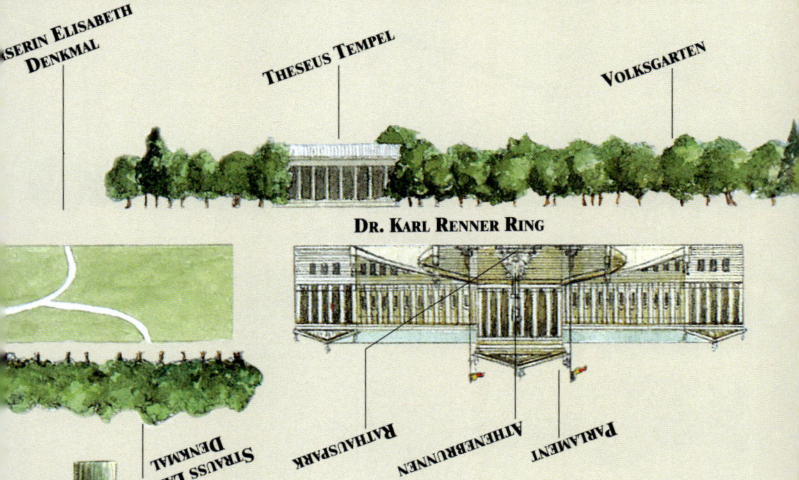

ATHENEBRUNNEN (1902) ● *85*
Athéna surmonte cette fontaine. À ses pieds, les statues allégoriques représentent le Danube, la Moldau, l'Elbe, l'Inn.

RATHAUS

PARLAMENT
Le Parlement, ou Reichsrat, de Theophil von Hansen (1874-1883) s'inspire de l'Antiquité grecque. Les statues qui en ornent la rampe sont celles des historiens antiques. C'est devant le Parlement que fut proclamée la république, en 1918.

STRAUSS LANNER DENKMAL
Les musiciens Strauss et Lanner ● *56*, rivaux de leur vivant, ont été réconciliés en 1905 par le sculpteur.

Grillparzer Denkmal
Karl Kundmann, Karl von Hasenauer et Rudolf von Weyr (1889) ont collaboré à ce monument.

«Café Meierei»
Cet établissement situé en plein air près de l'université est ouvert de début avril à la fin septembre. Il sert quelques spécialités de cuisine viennoise.

Les bas-reliefs du monument à Grillparzer ● *60, 62*, ▲ *147* reproduisent les scènes les plus connues des pièces du dramaturge.

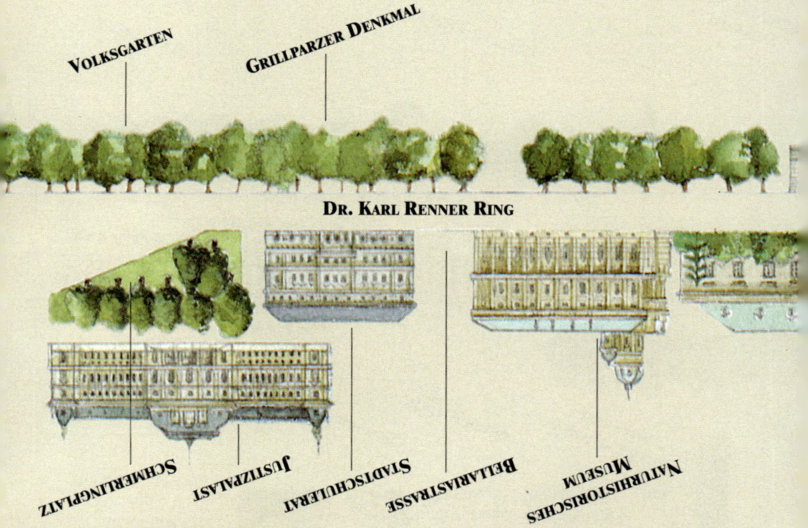

Palais Auersperg et Volkstheater Derrière le palais de Justice se trouvent le Volkstheater et le palais Auesperg. Ce dernier fut le quartier général du comité national provisoire, mouvement de la Résistance fondé en 1944 ● *42*.

Justizpalast
Le palais de Justice (1881), de style Renaissance allemande, incendié en 1927, fut, de 1945 à 1955, le siège du haut commandement allié. Ci-dessous, le grand escalier intérieur.

Coiffe de Moctezuma
Elle se trouve au musée d'Ethnographie ▲ *187* (Museum für Völkerkunde, Heldenplatz, 1) de la Neue Burg ▲ *177*.

Neue Burg
La partie de la Neue Burg (1881-1913) qui donne sur le Ring s'appelle le Corps-de-Logis. Celui-ci devait être prolongé par un arc de triomphe au-dessus du Ring afin de rejoindre le musée d'Histoire de l'art. À la Neue Burg devait faire face un bâtiment semblable, relié par un arc de triomphe au musée d'Histoire naturelle. Le tout devait former le forum impérial.

Burgtor Réalisée par P. von Nobile (1824) d'après un projet de L. Cagnola, elle a été modifiée par R. Wondracek (1934), qui en a fait un monument aux victimes de la Grande Guerre. On y a ajouté un monument dédié à la Résistance autrichienne.

Heldenplatz La Burgtor donne accès à la place des Héros, sur laquelle se dressent les statues de l'archiduc Charles ● *38*, ▲ *261* et du Prince Eugène ● *35*, ▲ *247*, inaugurées respectivement en 1860 et en 1865.

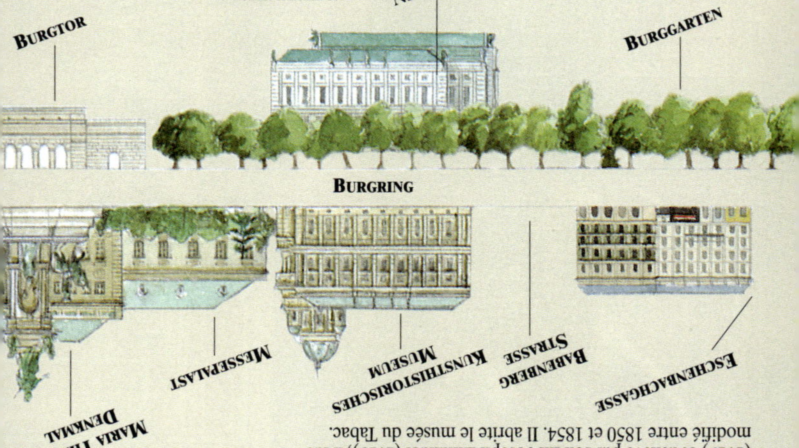

Messepalast Le palais des Expositions occupe les anciennes écuries de la Cour. Bâti par Fischer von Erlach (1719) et achevé par son fils Joseph Emanuel (1723), il fut modifié entre 1850 et 1854. Il abrite le musée du Tabac.

Maria Theresia Denkmal
Œuvre du sculpteur allemand K. von Zumbusch (1830-1915). Les cavaliers sont des généraux et les statues de la partie centrale sont celles de chanceliers. Les hauts-reliefs honorent seize hommes, dont Haydn et Mozart ● *48*.

Kunsthistorisches Museum ● *84*, ▲ *208*
et Naturhistorisches Museum
Le musée d'Histoire de l'art et celui d'Histoire naturelle ont été construits dans le style Renaissance italienne par Karl von Hasenauer (décoration intérieure) et Gottfried Semper (dessin des façades), entre 1872 et 1891. Les entrées principales, place Marie-Thérèse, sont flanquées de figures allégoriques.

Salière Neptune et Tellus (Entresol, salle XXVII) Cette salière en or (1540-1543), montée sur un socle pivotant en ébène, a été réalisée par Benvenuto Cellini (1500-1572). Neptune est le dieu de la Mer ; Tellus, également appelée Terra Mater, était, dans la Rome antique, la déesse de la Terre nourricière.

Le départ de l'armée turque après sa défaite, le 12 septembre 1683 ● *34* (tapisserie réalisée à Nancy en 1709-1718).

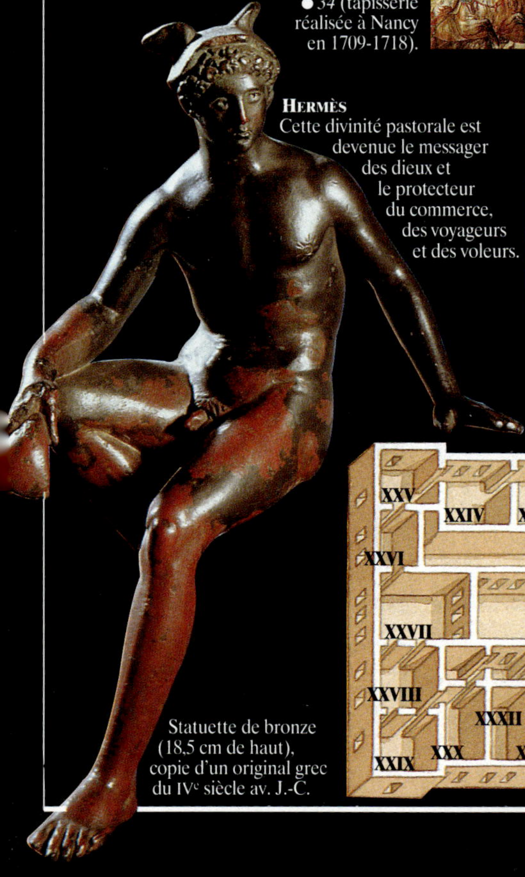

Hermès
Cette divinité pastorale est devenue le messager des dieux et le protecteur du commerce, des voyageurs et des voleurs.

Statuette de bronze (18,5 cm de haut), copie d'un original grec du IVe siècle av. J.-C.

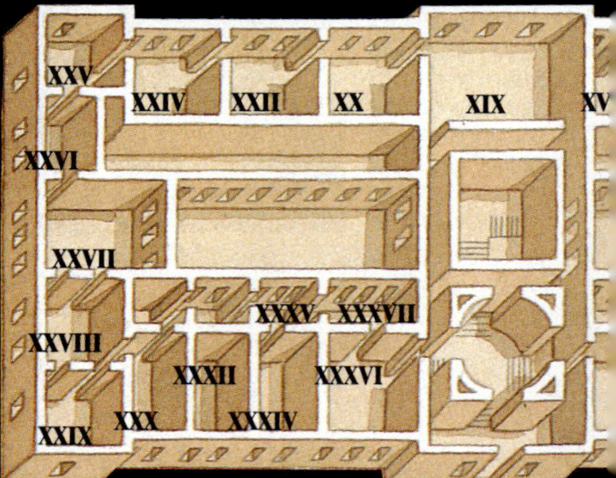

Le génie de Cellini
Ce bijou d'orfèvrerie, que le sculpteur réalisa pour François Ier roi de France, est une allégorie de l'Univers : un éléphant porte la Terre tandis que des chevaux soutiennent Neptune ; figurent également les quatre vents et les heures de la journée.

Bézoard
Ce bézoard espagnol du XVIe siècle est posé sur un trépied en or formé de trois lions et décoré d'émeraudes provenant du Nouveau Monde. Le bézoard, concrétion formée de matières indigestes dans le corps de certains animaux, était considéré comme un excellent antidote.

Second étage
Ce niveau abrite le cabinet des Monnaies (Münzkabinett, 500 000 pièces et 1 000 petits portraits de personnages historiques, aile gauche).

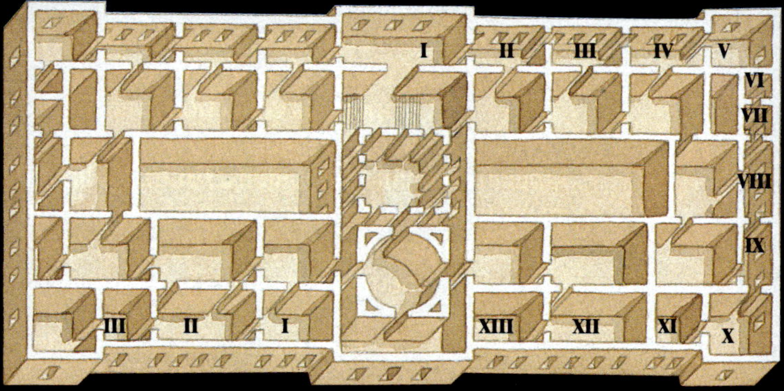

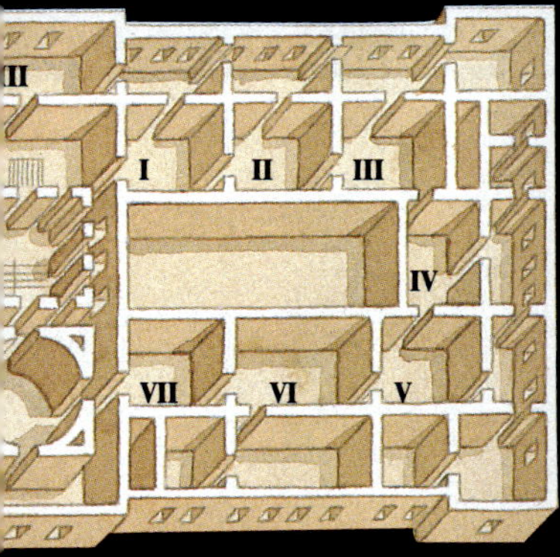

Premier étage
Consacré à la peinture le 1er étage abrite la galerie des peintures italienne et espagnole (aile droite : Titien en I, le Tintoret en II, Véronèse en III, Reni en IV, le Caravage en V, Tiepolo et Giordano en VI, Belloto ● *96* en VII) et la galerie des peintures hollandaise, flamande et allemande (aile gauche : Patinier en VIII, Aertsen en IX, Bruegel en X, Jordaens en XI, Van Dyck en XII, Rubens en XIII-XIV, Ruisdael en XV). La galerie secondaire (Titien, Moretto, Corrège, Van Eyck, Dürer, Holbein…) s'étend au second étage.

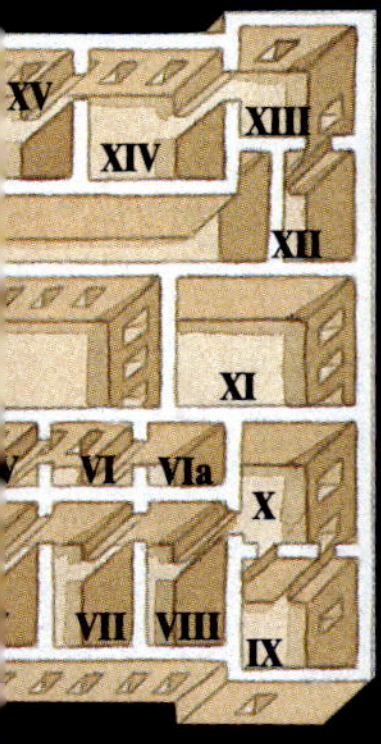

Entresol
Trois collections : la collection égyptienne (Aegyptisch Sammlung, salles I à VIII), la collection des antiquités grecques, étrusques et romaines (Antikensammlung, salles IX à XVIII) et la collection de sculptures et d'objets d'art (Sammlung für Plastik und Kunstgewerbe, salles XIX à XXXVII).

Le musée d'Histoire de l'art est l'un des plus riches d'Europe. Le bâtiment fut construit sur les plans de Karl Hasenauer et de Gottfried von Semper (1870-1891). Cinq départements se répartissent les collections ▲ *208*, celle de peinture étant la plus extraordinaire de toutes. Ferdinand Ier (1503-1564) fut le créateur d'un premier «cabinet d'art et de merveilles» qu'il installa au château Ambras, près d'Innsbruck. Son neveu Rodolphe II se constitua un véritable trésor de tableaux (les Bruegel notamment) dans son château de Prague. Son successeur, Mathias, transféra la Cour de Prague à Vienne et emporta la collection avec lui. Léopold Ier (1640-1705) hérita de tableaux flamands et italiens. Enfin, les liens de parenté avec la branche espagnole permirent aux empereurs autrichiens de compléter heureusement ces possessions.

Ferdinand du Tyrol, fils de Ferdinand Ier (portrait de F. Terzio conservé au château d'Ambras, dont la collection fait partie du «Kunst»). Ci-dessous, *Vue des écuries impériales sur la Hofburg*, de Franz Alt.

«LA VILLE POSSÈDE DE BELLES CATHÉDRALES, DE VIEILLES RUES MAL PAVÉES, LE BEAU DANUBE BLEU, DES MUSÉES REMPLIS DE TRÉSORS (À EUX SEULS, LES BRUEGEL VALENT LE VOYAGE)...»

JOSEF VON STERNBERG

GIUSEPPE ARCIMBOLDO
Les empereurs d'Autriche (et surtout Rodolphe) accueillirent à leur Cour ce peintre milanais d'une extrême originalité. Arcimboldo (1527-1593) avait l'habitude de peindre des visages à travers des formes végétales. Ainsi, dans *L'Hiver* (1573, ci-contre), il représente François Ier sous l'aspect d'un tronc d'arbre, que les nœuds du bois et quelques champignons vénéneux suffisent à transformer en visage humain. On ne peut s'empêcher d'être frappé par la fantasmagorie qui se dégage de l'ensemble. Mais ce sont peut-être les détails du tableau qui offrent le plus d'intérêt.

Jan Van Eyck (vers 1390-1441)

Grand seigneur de la peinture, Jan Van Eyck traverse la vie en prince. Loin de se cantonner à son pays natal, il se rendit (à un moment où les voyages étaient rares) jusqu'en France, en Espagne et au Portugal. Dépassant les modes de l'époque, il libéra son pinceau des contraintes du gothique et redécouvrit la nature dans toute sa simplicité.

Le réalisme est le trait principal de son art. Si Van Eyck consacra une partie de son œuvre aux sujets religieux, c'est dans les portraits qu'il excelle. *Le Cardinal Nicolas Albergati* (ci-contre) est l'une de ses œuvres maîtresses (1431). Ce cardinal polonais est peint sans esprit de caricature mais également sans complaisance.

Sa stature puissante, ses traits taillés à la serpe indiquent une forte personnalité.

Mais la profondeur de son regard contredit cet aspect physique.

Hans Holbein le Jeune (1497-1543)

Un siècle plus tard, Holbein le Jeune éleva la peinture allemande à son point culminant. S'étant définitivement installé en Angleterre en 1532, après le triomphe de la Réforme, il était alors au faîte de sa carrière et devint le portraitiste officiel de la Cour. On trouve chez lui le même souci de l'objectivité et du détail que chez Van Eyck, comme dans ce *Portrait de Jane Seymour* (ci-contre), ainsi que la même gravité dans les visages. La philosophie de Luther annule ainsi les conquêtes de la Renaissance.

Jérôme Bosch (1450-1516)

Ce pessimisme latent va être exacerbé chez un peintre comme Bosch, très bien représenté à Vienne, qui laisse libre cours à ses fantasmes. Sous son pinceau, *Le Portement de croix* (page de droite) prend des allures de mascarade : grimaces, gesticulations, visages hurlants empreints de férocité.

Ce tableau s'apparente à une scène de damnation. Les peuples du Nord, en dépit de la Renaissance, laissent échapper les démons.

« Van Eyck poursuit la ressemblance avec ténacité, car c'est la ressemblance matérielle qui, à force d'exactitude, entraîne la ressemblance morale de l'individu dont les besoins et les fonctions ont peu à peu modelé le visage. »

Élie Faure

Après ses *Noces villageoises,* d'une solide gaieté et d'un matérialisme convaincant, Pieter Bruegel le Vieux (vers 1525-1569) nous donne, avec *Les Chasseurs en hiver,* un paysage qui serre le cœur et qu'Élie Faure décrit ainsi : «L'hiver violet et noir est plus pénible avec son sol gelé, qui craque jusqu'au bout des branches, que quand la neige a couvert sa carcasse nue et assourdit tous ses bruits, sauf les voix des hommes qui montent, étonnées d'être seules.» Plus de la moitié des tableaux de Bruegel le Vieux sont au musée d'Histoire de l'art de Vienne.

GIORGIONE (1477-1510)
Avec Giorgione, la peinture italienne prend un nouveau tournant. Elle ne se contente plus d'une transposition littérale (Giotto) ou harmonieuse (Raphaël), elle devient une tentative poétique, sinon ésotérique, de voir le monde. Chaque peinture de Giorgione est une énigme. Ici, *Les Trois Philosophes* (à droite) mystérieux ont suscité bien des gloses. Certains ont voulu y voir l'image de Pythagore, Platon, Zoroastre, qui exprimerait la diversité du genre humain. Mais une radiographie a ruiné cette explication ingénieuse. Les trois sages ne seraient que trois astrologues. En fait, les œuvres de Giorgione ne signifient rien. Elles n'en ont que plus de mystère.

RAPHAËL (1483-1520)
«Raphaël ne s'abandonne pas à son sujet, écrit Taine. Il demeure sobre et modéré ; il évite d'aller jusqu'au bout du mouvement et de l'expression. Il épure les types et arrange les poses. C'est ce goût de la mesure et cette délicatesse d'âme qui le portent au faîte.» *La Madone de la prairie* (ci-dessus) de Raphaël, plus connue sous le nom de *Madone du belvédère*, est un magnifique exemple du style classique. La composition en triangle, l'harmonie des gestes, la douceur des regards sont caractéristiques de cette manière de peindre. Notons que la symétrie dans le classicisme a une fonction plus haute que l'organisation de l'espace matériel, elle a pour ambition d'établir des relations avec le monde spirituel.

TITIEN (VERS 1485-1576)
L'approche de Titien, «le doge de la couleur», auteur de *La Madone aux cerises* (vers 1512-1515, haut de la page de droite), est tout autre : partant d'une composition de type raphaélique, il prend le contre-pied de son devancier en diluant la forme pour privilégier la couleur. Palma le Jeune aurait dit de son maître qu'il «ébauchait ses tableaux en plaçant les masses de couleur, qui servaient de lit ou de fondation à ce qu'il voulait exprimer, et sur lesquelles il s'appuyait ensuite».

«Bien avant les musiciens allemands, Giorgione annonce l'esprit moderne. Il a créé la symphonie. C'est le père de la peinture.»

Élie Faure

«Rubens, fleuve d'oubli, jardin de la paresse,
Oreiller de chair fraîche où l'on ne peut aimer
Mais où la vie afflue et s'agite sans cesse...»

Charles Baudelaire

Pierre Paul Rubens (1577-1640)
Daté de 1638, *Hélène Fourment nue* (extrême gauche), qu'on appelle parfois *La Petite Pelisse*, représente la seconde femme de Rubens. Le peintre ne se lassa pas de la représenter dans les costumes les plus variés ou de la déshabiller avec une sensualité débridée. Ici, elle apparaît à demi nue sous une pelisse. Elle se mire dans son regard, mi-confuse, mi-rieuse. Et lui reste confondu de tant de jeunesse. Ainsi le grand dessein de Rubens, héritier de Titien, n'est-il pas d'exprimer comme Raphaël l'harmonie de la raison ou comme Léonard de Vinci les pouvoirs de l'intelligence, mais les ressources infinies de la vie. Il se laisse emporter par elle et lui dédie son œuvre tout entière, qui annonce Fragonard et Renoir.

Le Tintoret (1518-1594)
Le récit biblique de *Suzanne au bain* (années 1560, ci-dessus) a inspiré maintes fois le Tintoret. Un tableau sur le même thème est exposé au Louvre. Mais, dans celui qu'on peut voir au musée d'Histoire de l'art de Vienne, le peintre, se rapprochant de Véronèse, atteint à la plénitude de ses moyens : l'habileté des perspectives, la luminosité du nu, la transparence des voilages, tout concourt à donner à cette toile un caractère très sensuel. Mais le peintre n'en reste pas à cette vision matérielle. Au-delà de son caractère charnel, sa peinture donne une sorte de leçon morale. Les vieillards, sur la gauche, peints selon une perspective audacieuse de haut en bas, semblent plongés dans l'enfer du désir, tandis que Suzanne, nimbée de gloire, représente l'innocence d'avant la chute.

Vermeer de Delft (1632-1675)
Le Peintre dans son atelier (ci-contre) est l'une des œuvres maîtresses du musée d'Histoire de l'art ; Johannes Vermeer l'a peint quelque temps avant de mourir. Tableau apparemment banal, si l'on n'en retient que le sujet, mais qui devient puissamment poétique si l'on se laisse prendre par la peinture. «La lettre n'a pas d'importance, les femmes non plus. Ni le monde où on apporte des lettres. Le monde est devenu peinture», écrit Malraux. La lumière, qui provient d'une fenêtre invisible, est irréelle, le peintre, qu'on aperçoit de dos, reste mystérieux, la jeune fille, parée comme pour des noces, énigmatique. Et, pour couronner le tout, une carte de géographie invite à de captivants voyages. Le spectateur est ici comme au théâtre, et la lourde draperie, retenue par un simple cordon sur la gauche, va retomber comme un rideau de scène pour indiquer que la pièce est finie.

Rembrandt Van Rijn (1606-1669)
C'est son quatrième fils, né de son union avec Saskia, que Rembrandt a pris pour modèle du *Portrait de Titus*, ou *Le Liseur* (haut de la page de droite). C'est le seul qui parvint à l'âge adulte, d'où la tendresse particulière avec laquelle il a représenté ce jeune homme. Seuls les mains et les livres sont éclairés : le visage, en contre-jour, ne l'est pas. Cet éclairage donne au portrait son mystère.

«Rembrandt est hanté par son propre visage, qu'il chargera d'abord de déguisements, non pour le parer comme on l'a dit, mais pour le multiplier.»

André Malraux

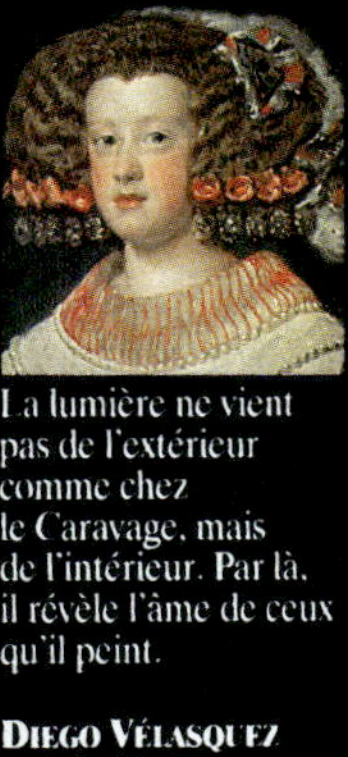

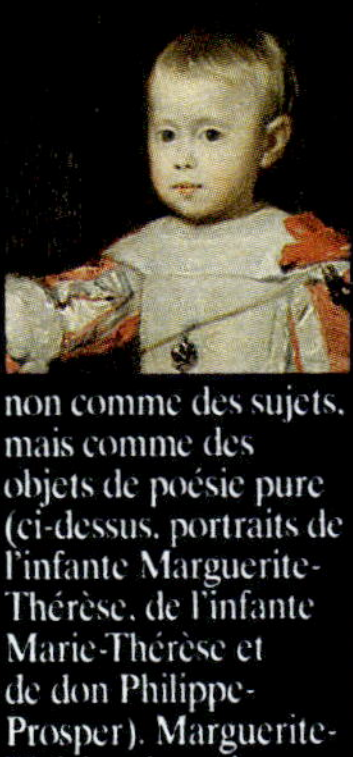

La lumière ne vient pas de l'extérieur comme chez le Caravage, mais de l'intérieur. Par là, il révèle l'âme de ceux qu'il peint.

Diego Vélasquez (1599-1660)

La démarche de Vélasquez est toute différente. Ce n'est pas l'intériorité des modèles qu'il essaie de révéler. Il les traite non comme des sujets, mais comme des objets de poésie pure (ci-dessus, portraits de l'infante Marguerite-Thérèse, de l'infante Marie-Thérèse et de don Philippe-Prosper). Marguerite-Thérèse, la petite princesse au visage buté, alors âgée de huit ans, devient, sous ses petites touches fluides, un bijou bleu nuit et or.

BURGGARTEN
Le jardin du palais impérial (1820), ancienne promenade de la Cour, a été ouvert au public en 1919. Il est orné de statues, dont celle de Mozart (ci-dessous et détail à droite, 1896), celle de François de Lorraine (1781) et le monument à François-Joseph (1904).

GOETHE DENKMAL
La statue de Goethe (1900), d'Edmund Hellmer, occupe le milieu de la rue qui porte son nom.

Entre l'Opéra et le Burggarten s'alignent les palais du brasseur A. Dreher (n° 4), du capitaine d'industrie A. Ritter von Schoeller (n° 6) et du banquier et mécène F. Schey (n° 8).

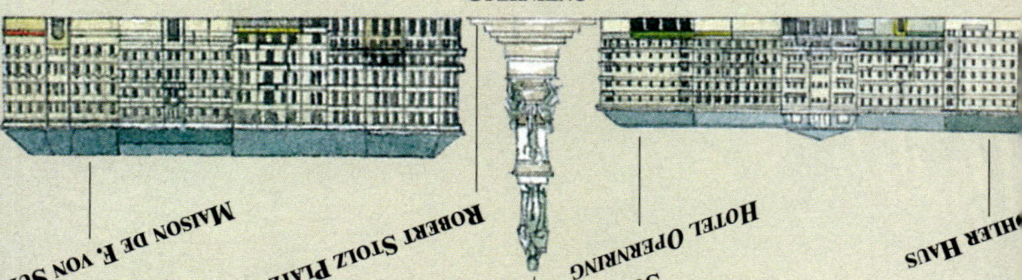

SECESSION ● *87*, ▲ *232* Le pavillon Sécession est situé en retrait de l'École des beaux-arts.

AKADEMIE DER BILDENEN KÜNSTE
L'École des beaux-arts (1876), bâtiment néo-Renaissance de Hansen, est ornée en façade de statues antiques et, à l'intérieur, d'une fresque d'Anselm Feuerbach, *La Chute des Titans*. Elle abrite une pinacothèque (écoles flamande, allemande, espagnole, italienne).

OPERNRING ET OPERNRINGHOF
Les maisons des n°s 7 à 23, Opernring, sont typiques de la première période de construction du Ring (1861-1863). L'Opernringhof, grand bâtiment moderne qui fait face à l'Opéra, est de Jonas Königswater (1956). Il remplace le Heinrichhof, qui fut détruit par les bombardements à la fin de la dernière guerre ● *42*.

SCHILLER DENKMAL
La statue du poète allemand F. von Schiller, de Schilling (1876), s'élève devant l'École des beaux-arts.

MAISON DE SUPPÉ
Au n° 23, Opernring, se trouve la maison dans laquelle mourut le compositeur d'opérettes ● *60*.

Staatsoper
Ravagé par les bombardements, l'Opéra néo-Renaissance d'A. Siccard von Siccardsburg et E. van der Nüll (1869) fut reconstruit par

Erich Boltenstern (1955). Les fresques du foyer, de Moritz von Schwind, illustrent, entre autres œuvres, *Fidelio* (ci-dessus), joué le jour de la réouverture, en 1955.

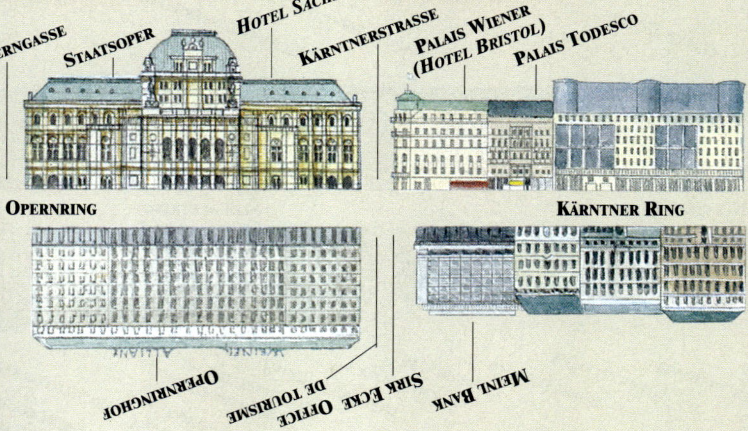

Meinl Ecke
Le «coin Meinl» est le siège du fabricant de café Julius Meinl ● 72, ▲ 136.

«Café Museum»
Aménagé en 1899 par Loos, le café avait des chaises réalisées par le célèbre créateur de chaises Thonet ▲ *158*.

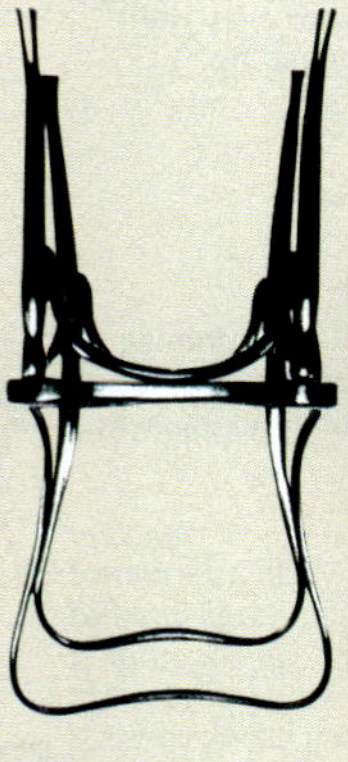

Opernpassage
Rue souterraine située au carrefour du Ring et de la Kärntnerstrasse, le passage de l'Opéra abrite plusieurs boutiques et l'office de tourisme de la ville.

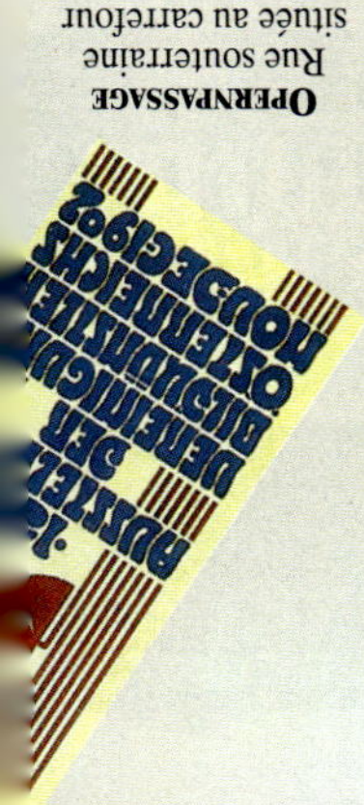

Karlsplatz ▲ *240*
La célèbre station de métro de l'architecte Otto Wagner ● 86, 88 se trouve derrière le Künstlerhaus.

«De l'appartement du n° 3, Opernring, elle pouvait voir, juste de l'autre côté de la place de l'Opéra, la célèbre Sirk Ecke, ce carrefour où la Kärntnerstrasse, […] aboutit à la Ringstrasse.» George Clare

«Café Schwarzenberg» Au n° 17, Kärntner Ring, et à l'angle de la Schwarzenbergstrasse, le *café Schwarzenberg* est l'un des plus agréables grands cafés de Vienne ● *66*, ▲ *124*.

Schwarzenbergplatz
En face de la statue équestre du prince Karl Philipp von Schwarzenberg s'élève le palais du même nom. Donnant sur la place, au n° 17, le palais Wertheim, de style néo-Renaissance, a été construit en 1868 par Ferstel.

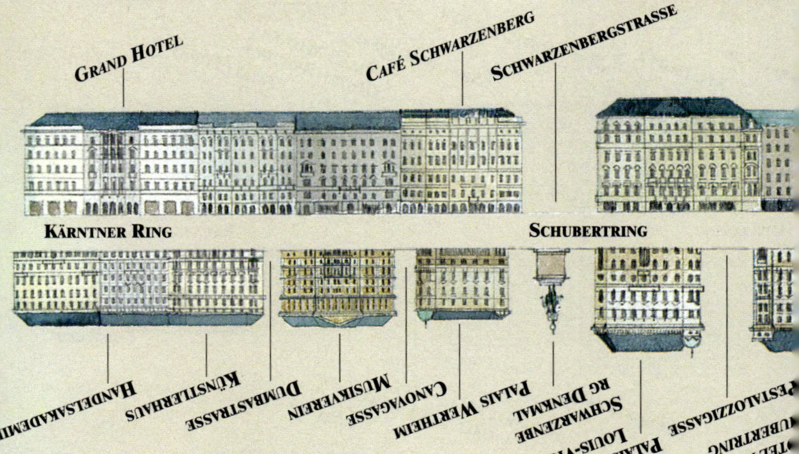

Richard Wagner Venu diriger *Tannhäuser* et *Lohengrin* en 1875 et 1876, il fut bien accueilli par le public mais malmené par la presse.

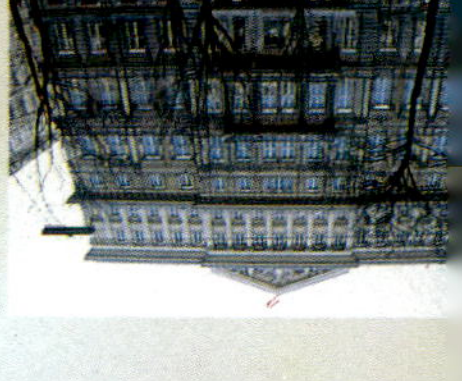

«Hotel Impérial» L'ancien palais Wurtemberg, dû à Arnold Zanetti et Heinrich Adam (1865), a été surélevé en 1928. L'hôtel accueillit Richard Wagner, et aussi Adolf Hitler. Il abrite le *Café Impérial* et le restaurant *Zur Majestät*.

Elsässische Bank (Société alsacienne de banque)

Palais de l'archiduc Louis-Victor Édifice néo-Renaissance (1869) de H. von Ferstel, au coin de la place Schwarzenberg et du Shubertring.

Palais Leintenberger
Construit en 1871 pour le baron Friedrich Leintenberger, gros propriétaire foncier et capitaine d'industrie autrichien (n° 16, Parkring), il est contigü au palais Henckel.

Le tramway
Rouge et blanc, le tramway viennois porte les couleurs de la ville.

Palais Skene et Kinsky
Le palais construit vers 1870 pour l'industriel du textile et député du Reichsrat Alfred

Skene et celui du banquier Eugen Kinsky occupent les nos 6 à 14.

Ringstrassen Galerien
Construction et réhabilitation, tel est le programme de cette portion du Ring qui verra naître un ensemble d'hôtels, de commerces et d'appartements portant le nom de Ringstrassen Galerien.

Immeuble du coin du Schubertring et de la Fichtegasse.

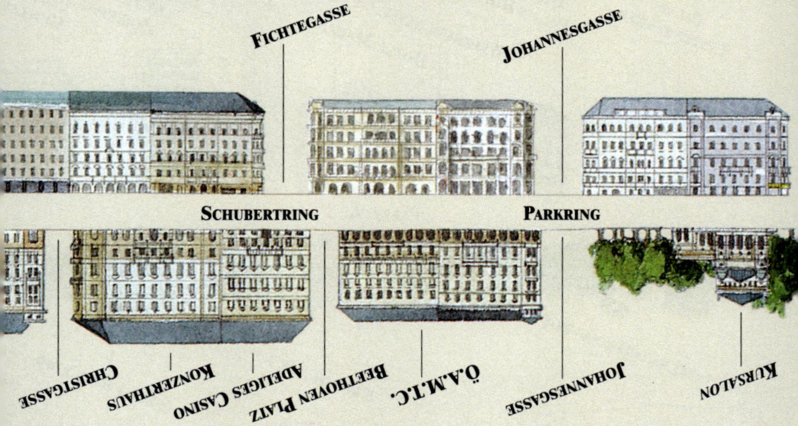

Wienerflussportal
L'endroit où la Vienne resurgit à l'air libre, dans le Stadtpark, a été appelé la «porte de la Vienne». Un ensemble Jugendstil ● *86* de kiosques, de balustrades et d'escaliers de pierre a été aménagé au début du siècle.

Ö.A.M.T.C.
Au n° 1 du Schubertring se trouve le siège de l'Automobile et Touring-Club autrichien (Österreichischer Automobil Motor und Touringclub).

«Kursalon»
On y entre par le n° 33, Johannesgasse. Ce salon de thé de style Renaissance italienne est dû à Johann Graben (1865-1867). Ici se produisit Eduard Strauss, frère de Johann ● 57. À la belle saison, on danse encore la valse sur la piste aménagée en terrasse.

Deutschmeisterpalais Au n° 8, le palais du grand maître de l'ordre Teutonique (ci-contre) ▲ *149*, est également appelé palais de l'archiduc Guillaume (1827-1894). Le grand maître de l'ordre le fit construire par Theophil von Hansen (1864-1867) ▲ *203, 205* dans le style néo-Renaissance. Le palais est devenu le siège de la direction de la police.

«Hotel Am Parkring» Le n° 12 de Parkring comprend deux hôtels (*Marriot* et *Am Parking*) et le *Kino Gartenbau*, le plus grand cinéma de Vienne, très apprécié pour son écran géant.

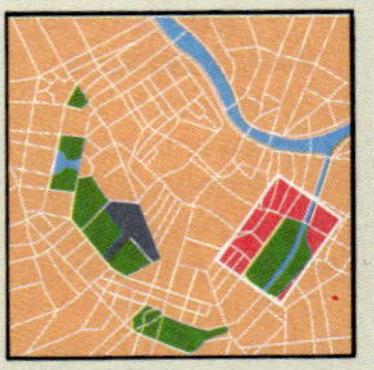

Palais Coburg Du Ring, on ne voit qu'en partie la façade néo-classique du palais Coburg (1843-1847), ancienne résidence des princes de Saxe-Cobourg, au fond de la Gartenbau Promenade.

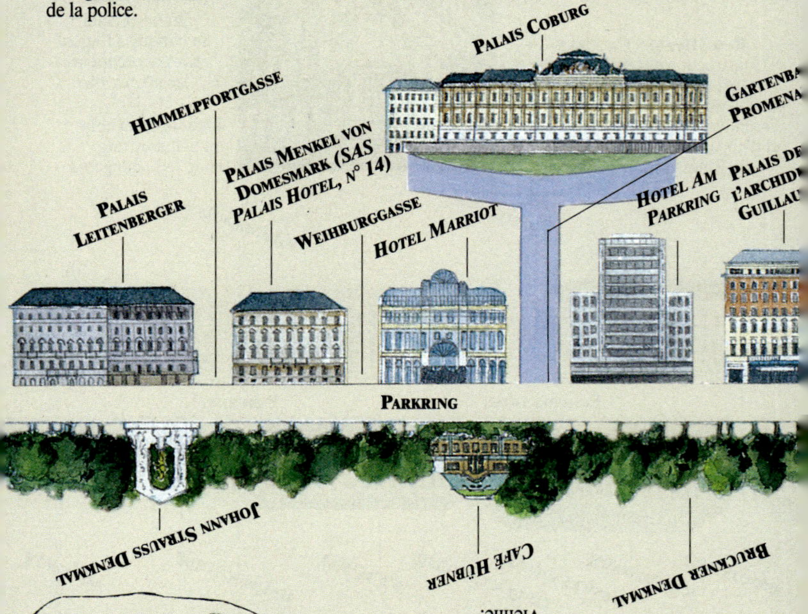

«Café Hübner» Dans le cadre agreste du Stadtpark, ce café-guinguette s'élève sur la rive droite de la Vienne.

Schubert Denkmal et Bruckner Denkmal Au centre du parc s'élèvent les statues des musiciens Franz Schubert ● *50* (1872) et Anton Bruckner ● *52* (1899) ainsi que celles des peintres Hans Makart et Friedrich von Amerling ▲ *241, 257, 280.*

Stadtpark Le parc de la Ville ■ *16* a été dessiné en 1862 par Rudolf Siebeck (qui a aussi dessiné le parc de l'Hôtel de Ville) d'après des dessins de Josef Selleny.

PALAIS COLLOREDO Cet hôtel particulier (n° 6) fut habité par la famille de Colloredo, dont on connaît surtout le prince-archevêque de Salzbourg, qui tyrannisa Mozart.

PALAIS DUMBA Ce palais (n° 4) a appartenu au mécène d'origine grecque Nikolaus Dumba.

KARL LUEGER DENKMAL La statue de celui qui fut maire de Vienne de 1897 à 1910 se dresse sur la place qui porte son nom. Fondateur du parti social-chrétien autrichien, cet avocat fut très apprécié du petit peuple viennois parce qu'il développa, surtout dans les quartier populaires, des équipements publics modernes gérés par des compagnies municipales. Ci-dessus, tableau de Wilhelm Gause représentant K. Lueger.

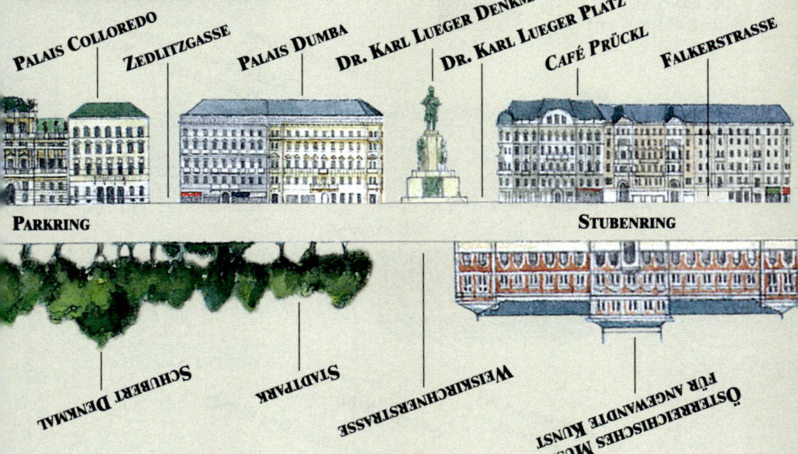

FRANZ SCHUBERT Ci-dessous, tableau de Gustav Klimt (1899) ▲ *204, 250* représentant Schubert ● *50* au piano, qui avait été commandé pour le palais Dumba. Il s'agit d'une copie, l'original ayant été détruit durant la Seconde Guerre mondiale.

JOHANN STRAUSS DENKMAL Edmund Hellmer fait tourbillonner, depuis 1921, un cortège de naïades de marbre autour de la statue de bronze de Strauss fils ● *57*.

«COMBAT AUTOUR DE MINEBURG» Cette tapisserie datant du premier quart du XVe siècle se trouve au musée des Arts appliqués (Österreichisches Museum für angewandte Kunst), situé au n° 5, Stubenring.

Manche à air en aluminium du chauffage de la Caisse d'épargne.

POSTSPARKASSE ● *88*
Dominant la place Georg-Coch, l'imposante Caisse d'épargne (1904-1912) est le chef-d'œuvre d'Otto Wagner ● *86,* ▲ *237, 240, 245,* architecte de la Sécession viennoise ▲ *232.* Devant la façade se trouve la statue de son fondateur, Georg Coch (1842-1890).

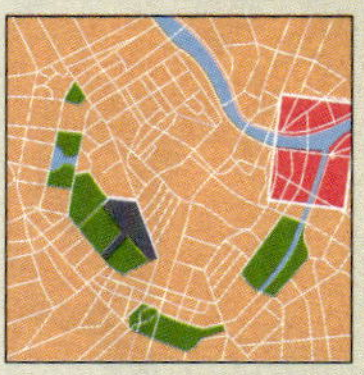

«**CAFÉ PRÜCKL**»
Au n° 24, à l'angle de la Lueger Platz, s'élève l'un des hauts lieux de la convivialité viennoise.

CHAMBRE DE COMMERCE Aux nos 8-10 du Stubenring s'élève l'immeuble Jugendstil ● *86* teinté de néo-classicisme que réalisa Baumann en 1907. Il abrite la chambre de commerce de Vienne (Kammer der gewerblichen Wirtschaft für Wien).

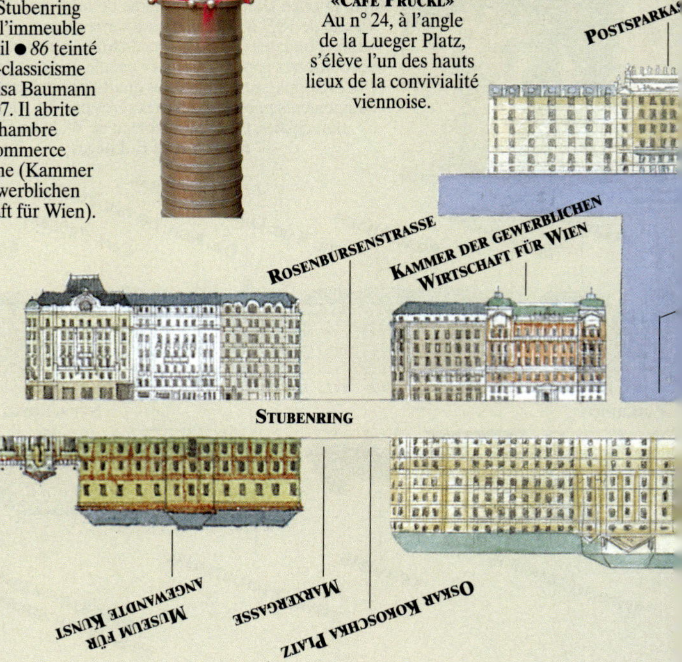

MUSEUM FÜR ANGEWANDTE KUNST
Le musée des Arts appliqués et l'académie voisine, contruits dans le style de la Renaissance italienne (1871) par Heinrich von Ferstel ▲ *224*, ont été agrandis par Ludwig Bauman en 1906-1908. Le musée conserve des collections de meubles anciens, de céramiques, de verrerie, de tapis et de textiles. Devant l'école se dresse la statue d'Oskar Kokoschka ▲ *254*, œuvre d'Alfred Hrlicka (1986).

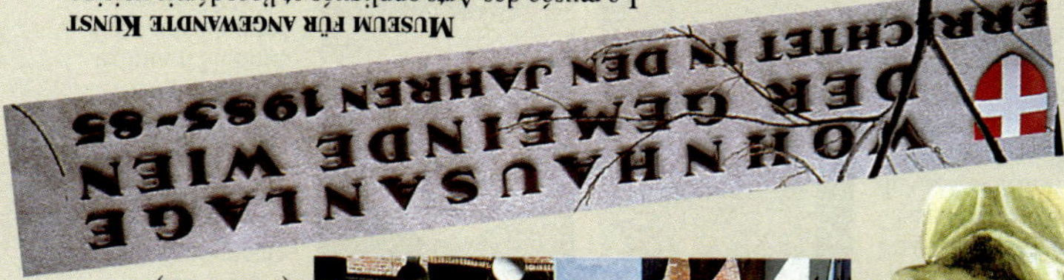

HUNDERT-WASSERHAUS ● *94*
À l'est du Ring, dans la Löwengasse, s'élève l'immeuble biscornu, bariolé et coiffé de dômes dorés conçu par le peintre Hundertwasser (1983-1985).

Franz Josefs Kai et Donaukanal ▲ *230* Fermant le boulevard circulaire du Ring, au nord-est, le quai longe le canal du Danube. Sur cette large avenue dominée par l'église Saint-Rupert ● *75,* ▲ *154* s'alignent les façades des hôtels et les terrasses des restaurants. Au bord de la Schwedenplatz se trouve le débarcadère des bateaux-mouches. Sur la Morzinplatz, un monument marque l'emplacement de l'ancien siège de la Gestapo, qui fit de nombreuses victimes à Vienne.

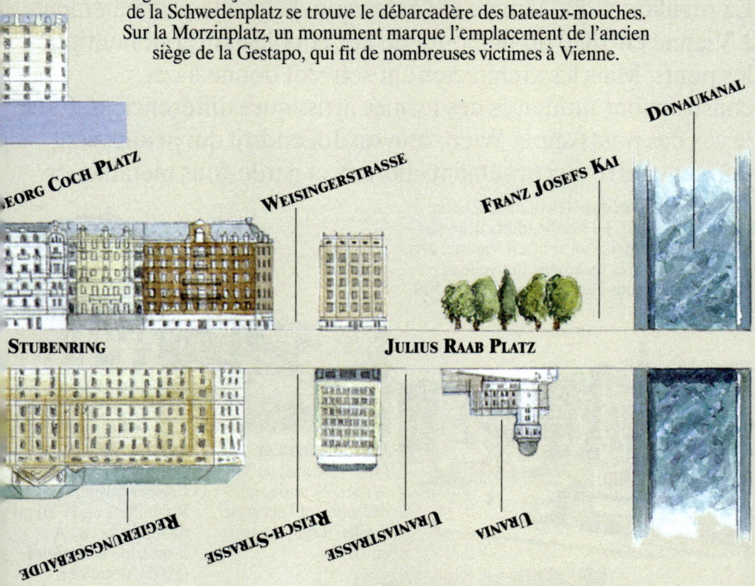

Urania
Cet immeuble Jugendstil ● *86* dû à Max Fabiani (1909-1910) se dresse au n° 1, Uraniastrasse, au bord du canal du Danube et de la Julius Raab Platz.

L'immeuble Urania comprend un observatoire et une grande salle de spectacles ; on y organise également des concerts.

Regierungsgebäude
L'ancien ministère de la Guerre abrite des administrations. Construit en 1913 par Franz Neumann, il fut le quartier général de l'état-major des Hasbourg en 1914-1918. Devant se dresse la statue du maréchal Radetzky ▲ *261* (1992).

La régulation du Danube et l'extension de la ville (rattachement à Vienne en 1850 du faubourg de la Leopoldstadt) ont multiplié les ponts. Mais les architectes ont souvent donné à ces constructions utilitaires des formes artistiques différenciées. C'est le cas des ponts sur la Wien, œuvres Jugendstil qui juxtaposent piles en pierre aux ornements floraux et garde-fous métalliques.

SCHWEDENBRÜCKE (Ferdinandsbrücke jusqu'en 1920) Le Ferdinandsbrücke (ci-dessus), premier pont solide à Vienne, fut élevé selon la technique nouvelle de construction sous l'eau et inauguré en 1819.

FRANZENSBRÜCKE (1803) Détruit en 1809 par les Viennois, qui défendaient l'accès de la ville, il fut restauré en 1899.

ASPERN BRÜCKE (reconstruit en 1919) L'Aspernplatz (Julius Raab Platz en 1976) au début du siècle. À droite, le «Kristallhof» (1905), détruit en 1945. Urania sera construite en 1910.

SALZTORBRÜCKE (Stephaniebrücke jusqu'en 1920)

SCHWEDENBRÜCKE, MARIENBRÜCKE ET SALZTORBRÜCKE Au premier plan, on peut voir une station de métro d'Otto Wagner et, sur la rive opposée, les maisons anciennes de la Leopoldstadt.

De la Secession au Musikvereinsgebäude

LA «TÊTE DE CHOU DORÉE»
La Cour et les architectes de la vieille école tentèrent, avec le grand public, de tourner en dérision le pavillon Sécession en le surnommant la «tête de chou dorée», allusion au dôme formé de centaines de feuilles de métal doré (ci-contre). Le bâtiment (ci-dessous), qui avait été endommagé pendant la Seconde Guerre mondiale et mis à sac en 1945 ● *42*, était resté à l'abandon jusqu'à son rachat par l'État en 1973.

SECESSION ♥

UN MANIFESTE DE L'ART NOUVEAU. Au sud de l'Opernring, à côté de l'ACADÉMIE DES BEAUX-ARTS ▲ *222* et en plein milieu du grand carrefour de la Friedrichstrasse s'élève le pavillon Sécession (Secession), construit en 1898. Grand cube blanc surmonté d'un dôme doré, il a été conçu par Josef Maria Olbrich ● *87*, élève d'Otto Wagner ● *86, 88* ▲ *228, 237, 240*, comme un manifeste du nouveau mouvement lancé par l'Union des jeunes artistes. Il était destiné à recevoir des expositions de l'avant-garde viennoise, qui prônait alors le Jugendstil (Art nouveau) ● *86*. De plan carré, le pavillon, vu de l'extérieur, n'est pas aussi nu qu'il paraît : des frises florales en bas relief ainsi que des têtes de Méduses et des chouettes en ornent la façade. L'ensemble joue sur une harmonie de deux tons : le blanc et l'or, éclatants depuis la toute récente rénovation du pavillon.

LE MOUVEMENT SÉCESSIONNISTE. Ce mouvement, dont le chef de file était le peintre Gustav Klimt ▲ *227, 250*, avait été lancé en 1897 par un groupe de jeunes peintres, architectes et décorateurs formés à l'Académie des beaux-arts ▲ *222*, toute proche, élèves – pour la plupart – de l'architecte Otto Wagner. Il prit le nom de Sécession car ces jeunes artistes commencèrent par «faire sécession» avec l'association, trop officielle à leur goût, de la MAISON DES ARTISTES (Künstlerhaus) ▲ *224* et avec l'esthétique historiciste, en vogue sous François-Joseph ● *41*, ▲ *142, 144, 178*, qu'ils jugeaient décadente. Le musicien Gustav Mahler ● *52*, ▲ *301* était proche du mouvement. Il entra dans le cénacle en 1902 grâce à son mariage en l'église Saint-Charles ▲ *238* avec Alma Schindler, la fille d'un peintre qui avait partagé un temps l'atelier de Hans Makart ● *103*, mais dont la mère se remaria avec le peintre sécessioniste Carl Moll ● *104*.

SECESSION II ET SECESSION III
Affiche de Josef Maria Olbrich (1898-1899).

LA FIN DE L'HISTORICISME. Pendant toute la seconde moitié du XIXe siècle, François-Joseph avait autorisé la destruction des remparts ▲ *198*, qui furent remplacés par les grands édifices du Ring ● *84*, ▲ *200* (église votive, nouvelle université, hôtel de ville, Théâtre national, Parlement, etc.). Tous ces derniers furent construits dans le style historiciste : leur style et leurs motifs décoratifs étaient empruntés à l'art grec, à l'art gothique et à la Renaissance. À la fin du siècle les intellectuels commencèrent à remettre en cause les valeurs de

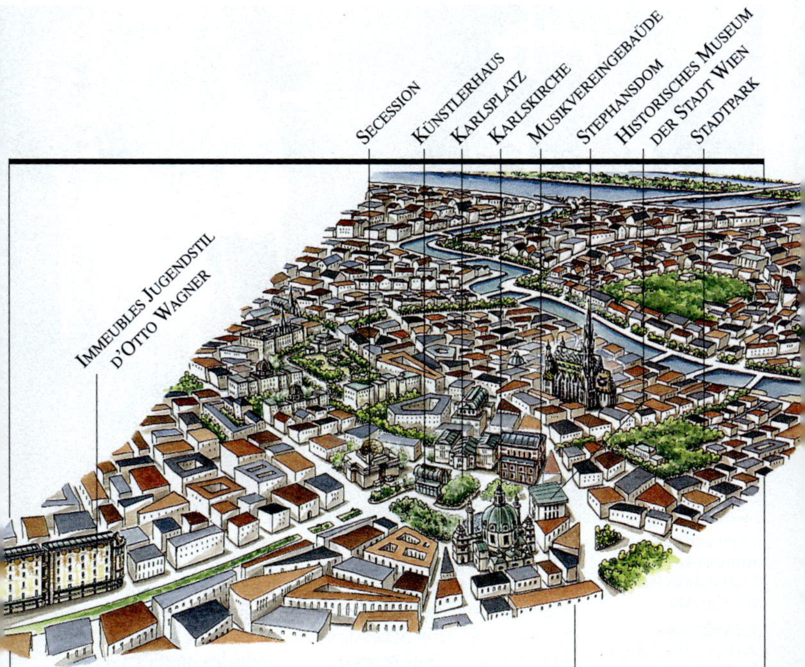

la culture libérale, et c'est la Rinsgtrasse qui devint la cible symbolique de leurs attaques. Bien que Gustav Klimt et Otto Wagner aient brillé dans la tendance historiciste (le premier a décoré les plafonds du Burgtheater ▲ *204*), ils se joignirent au groupe qui, dès 1897-1898, réalisa le célèbre pavillon, dont le style dépouillé et les volumes géométriques firent scandale autant que l'insolente petite phrase inscrite sur le fronton : «Der Zeit ihre Kunst, der Kunst ihre Freiheit.» («À chaque époque son art, à l'art sa liberté.») La remarque de Kirk Varnedoe, extraite de *Vienne 1900*, est valable pour l'ensemble du mouvement sécessionniste : «Dans sa réaction contre les codes stéréotypés de l'historicisme de la Ringstrasse, Olbrich est allé chercher quelque chose de délibérément indéchiffrable dans le cadre des conventions occidentales, le mystère symboliste d'une "clé énigmatique des registres de l'émotion".»

Le jardin. À côté du groupe sculpté en bronze qui représente le général romain Marc Antoine assis sur un char tiré par des lions – œuvre d'Arthur Strosser (1854-1927) –, le jardin a été aménagé en terrasses pour y installer la CAFÉTÉRIA du pavillon.

Un musée d'art moderne. À l'intérieur du pavillon, une bonne partie du mobilier et de la décoration d'origine a disparu pendant la Seconde Guerre mondiale, notamment

1/2 journée

Les sécessionnistes
À gauche, Josef Maria Olbrich. Sur la photographie (1902) ci-dessous, on reconnaît, de gauche à droite : Anton Stark, Gustav Klimt, Koloman Boehm, Maximilien Lenz (couché), Ernst Stoehr, Wilhelm List, Emil Orlik, Maxi Kurzweil, Leopold Stolba (cigarette), Carl Moll (couché) et Heinrich Vogeler.

«Les Forces hostiles»
Détail de la frise Beethoven.

Expositions
À droite, billet d'entrée à la *Kunstschau* de 1908, l'une des plus fameuses expositions du groupe de Klimt.

Tissu imprimé motif «Sécession».

les meubles de style Sécession dessinés par Josef Maria Olbrich et Joseph Hoffmann, ainsi que le buste de Beethoven sculpté par Max Klinger (lequel orne désormais la Gewandhaus, salle de concert de Leipzig). Les œuvres du mouvement de la Sécession étaient en effet tombées dans l'oubli jusqu'à leur redécouverte, dans les années 1960. Dans ces espaces vides sont organisées des expositions de toutes les tendances de l'art contemporain, et une LIBRAIRIE qui vend des livres d'art, des catalogues d'exposition, des affiches et des cartes postales a récemment été installée.

«Beethovenfries» ♥.
Quel contraste entre la frise Beethoven *(Beethovenfries)* et les fresques du Burgtheater (1888) ▲ *204*, peintes quinze ans plus tôt ! Klimt, héritier de l'historicisme, inventa une manière de peindre très personnelle et radicalement novatrice. Pour leur quatorzième exposition collective, qui devait se tenir en 1902, les artistes du mouvement de la Sécession décidèrent de prendre pour thème le génie de Ludwig van Beethoven ● *50*, ▲ *298*. Tandis qu'on exposait dans le pavillon la sculpture gigantesque de Max Klinger à la gloire du musicien (représenté sous les traits d'un personnage olympien imposant la loi au grand aigle de l'existence par le pouvoir de l'art), Gustav Klimt s'attela à la réalisation d'une fresque monumentale : la frise Beethoven. Immense – elle se déroule sur les quatre murs d'une grande salle du pavillon, soit sur une longueur totale de 34 m environ – et exécutée à la caséine sur un soc de stuc incrusté de pierreries, elle est considérée comme l'une des œuvres maîtresses de l'artiste. Déposée après l'exposition de 1902, la fresque appartint longtemps à un particulier avant d'être rachetée dans les années 1970 par le gouvernement autrichien, qui la fit restaurer et lui fit réintégrer le pavillon Sécession, rénové.

SECESSION

Une forêt de symboles. La frise commence, sur la gauche quand on entre dans la salle, par le thème de *La Nostalgie du bonheur* (que symbolisent des personnages volant dans les airs). On arrive à un premier groupe intitulé *Les Souffrances de la faible humanité* : les faibles (un couple agenouillé) implorant les forts (un chevalier en armure). Sur le petit mur du fond, Klimt a peint *Les Forces hostiles* (le géant Typhée et ses filles, les trois Gorgones) contre lesquelles les dieux luttent en vain. On y voit aussi les allégories de la maladie, de la folie et de la mort, ainsi que celles de la volupté, de la luxure et de l'intempérance, accompagnées de la représentation du *Chagrin* (une femme accroupie). Sur le long mur de droite, les personnages volants réapparaissent (ils symbolisent toujours les aspirations de l'humanité au bonheur). *La Poésie*, *La Musique* (cette dernière incarnée par une femme qui joue de la lyre) et tous les arts mènent l'homme au bonheur suprême. La fresque s'interrompt ensuite à l'emplacement où se trouvait une fenêtre, par laquelle on pouvait voir la statue de Beethoven. Elle se poursuit avec un groupe de femmes et un chœur d'anges encadrant un couple enlacé.

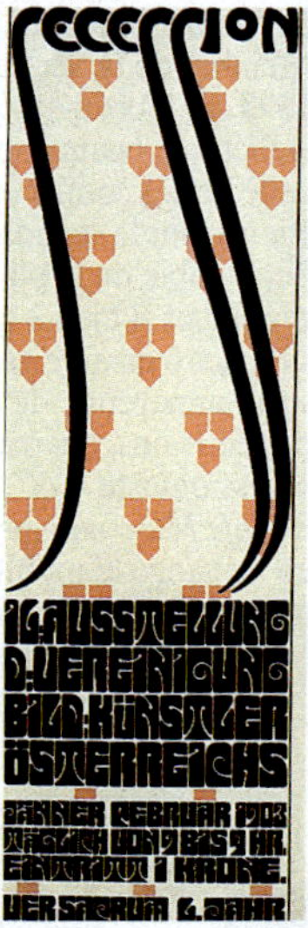

Ces personnages illustrent l'*Ode à la Joie*, mouvement qui termine la *Neuvième Symphonie* de Beethoven. Gustav Mahler ● *52*, ▲ *301*, qui était l'ami de Gustav Klimt, a très certainement conseillé le peintre dans le choix des thèmes qu'il a représentés. (Outre cette fresque magnifique, la Ville de Vienne possède tous les dessins préparatoires – études et esquisses – qui ont été exécutés par Gustav Klimt et qui sont conservés à la galerie de l'Albertina ▲ *196*).

Affiches de Koloman Moser, 1902 (ci-dessous) et d'Alfred Roller, 1903 (ci-dessous, à gauche).

Les Arts déco
Josef Hoffmann (1870-1956) et Koloman Moser (1868-1918) ont dessiné des meubles (ci-contre). Otto Wagner imaginait volontiers le mobilier de ses immeubles. Les artistes sécessionnistes conçurent bijoux, vaisselle, pièces d'orfèvrerie, dessinèrent des motifs de tissus et des affiches, illustrèrent des livres et leur revue *Ver Sacrum*.

ADOLF LOOS (1870-1933)
Le *Café Museum* ▲ *223*, qui compte parmi les premiers ouvrages d'Adolf Loos ● *86, 90,* ▲ *142, 174*, date de 1899, l'année suivant la rupture de l'architecte avec le mouvement de la Sécession.

LES MARCHÉS
La Wienzeile est surtout connue pour son GRAND MARCHÉ D'ALIMENTATION (Naschmarkt), qui se tient toute la semaine sur le terre-plein central (*naschen* signifie «déguster avec gourmandise»). Beaucoup d'étals et de pavillons sont tenus par des Orientaux – Turcs, Chinois – qui y vendent des produits exotiques ; ils s'occupent également des petits restaurants qui sont disséminés sur le marché. Tous les samedis se tient également dans la Wienzeile le MARCHÉ AUX PUCES (Flohmarkt), dont les étals sont à l'air libre, dans le prolongement du Naschmarkt.

FRIEDRICHSTRASSE

«CAFÉ MUSEUM». À quelques pas du pavillon Sécession, au n° 6 de la Friedrichstrasse, se trouve le *Café Museum*, réalisé par Adolf Loos en 1899 (soit un an après le pavillon). Membre de la Sécession, Loos rompit avec ce mouvement en 1898 car il prônait le développement, en architecture, d'une esthétique beaucoup plus fonctionnelle et plus dépouillée que celle de ses confrères Josef Maria Olbrich et Otto Wagner. Bien avant le scandale que provoqua la Haas Haus, l'immeuble de la place Saint-Michel ▲ *137*, ce *Café Museum* répondait si bien à cette doctrine sévère du vide et de la simplicité en architecture que les contemporains de Loos le surnommèrent : «le café Nihilisme». Il fut le lieu de rencontre des écrivains, des artistes et des musiciens de la mouvance sécessionniste ● *67*. Fréquenté aujourd'hui par les étudiants, le *Café Museum* a beaucoup perdu de sa pureté originelle : on en a changé le mobilier et des affiches couvrent en partie les murs, qui ressemblaient autrefois à ceux d'un réfectoire de monastère. Pionnier de l'architecture fonctionnelle, qui connaîtra son

«WAGNER EST À L'ART VIENNOIS CE QUE L'EMPEREUR EST À L'AUTRICHE-HONGRIE : LE CIMENT D'ALLIANCES APPAREMMENT IMPOSSIBLES SANS LUI.»

KIRK VARNEDOE

heure de gloire au XXe siècle, Loos construira presque uniquement des villas et des boutiques, aux volumes dépouillés.

WIENZEILE

Passant devant le pavillon Sécession, l'avenue de la Wienzeile (les rives de la Vienne) s'engage profondément vers le sud-ouest, de Mariahilf (VIe arrondissement) jusqu'au château de Schönbrunn ▲ *274*. Elle trace de grandes courbes car, en fait, elle suit, comme son nom l'indique, les méandres de la Vienne, en partie enterrée depuis le Naschmarkt jusqu'au Stadtpark ▲ *226*. Elle mériterait de s'appeler l'avenue Sécession ou Jugendstil, non seulement en raison de la présence du pavillon Sécession, mais aussi parce que de nombreux immeubles de ce style y ont été édifiés.

IMMEUBLES D'OTTO WAGNER. Deux très beaux immeubles d'habitation ont été construits aux n°s 38 et 40 de la Wienzeile par Otto Wagner ● *86, 88*. Spectaculaire, la MAJOLIKAHAUS (immeuble aux Majoliques) a la façade entièrement couverte de carreaux de céramique qui représentent un immense arbre en fleurs dont les branches sont déployées sur l'ensemble de la maison. Jouxtant la Majolikahaus et construit également vers 1898 (à la même époque que le pavillon Sécession), l'immeuble d'angle offre un décor raffiné. Sa façade est ornée de médaillons dorés représentant des visages de femmes, qui sont dus à Koloman Moser, de palmes d'or et de plantes grimpantes également dorées. Les autres bâtiments remarquables sont : les STATIONS DE MÉTRO ▲ *240* construites par Otto Wagner (Kettenbrückengasse, Pilgramgasse et Margaretengürtel) et plusieurs immeubles d'habitation de style Sécession.

«CAFÉ SPERL». Au nord-ouest de la Wienzeile, au n° 11 de la Gumpendorferstrasse, se trouve le *Café Sperl* (1880), qui se veut toujours un lieu de rendez-vous des intellectuels viennois ● *66*.

IMMEUBLES JUGENDSTIL
Ci-dessus, immeubles d'Otto Wagner de la Linke Wienzeile, dont la Majolikahaus (n° 40) et la maison aux Médaillons (n° 38).

LE CAFÉ DU MATIN
«Il pouvait être sept heures du matin quand nous arrivâmes à la porte du café Magerl. Les premiers mitrons s'y montraient, tout blancs, fleurant les petits pains au lait, les galettes au pavot et les baguettes salées. Le premier café, frais torréfié, virginal, aromatique, embaumait comme un second matin. Joseph Branco était assis à mon côté, sec, noiraud, méridional, gai, éveillé, débordant de santé. Moi, j'avais honte de ma fadeur de blond et de ma fatigue de noctambule.»

Joseph Roth, *La Crypte des Capucins*

Saint Charles Borromée
Archevêque de Milan, saint Charles Borromée (1538-1584) se dévoua aux habitants de la ville frappés par la peste, en 1576, sans se soucier de la contagion. Mais il joua aussi un grand rôle après le concile de Trente, pièce maîtresse de la Contre-Réforme : par son action, il empêcha la montée du protestantisme en Italie du Nord. Pour ces deux raisons, Charles VI le choisit comme saint patron de cette église.

Comme dans tous les édifices baroques, la décoration est riche et fait appel à des matériaux précieux, notamment les marbres polychromes.

Karlskirche

Au sud-est de la place Saint-Charles et précédée par de grands jardins, s'élève l'église Saint-Charles-Borromée (Karlskirche). C'est l'édifice baroque le plus imposant de Vienne. Il a été commandé à Fischer von Erlach ● *74, 80,* ▲ *138, 147* par Charles VI, qui avait fait vœu d'édifier un sanctuaire – dédié à saint Charles Borromée – dès la fin de l'épidémie de peste de 1713. Fischer von Erlach dirigea les travaux de 1716 à 1723 et son fils Joseph Emanuel ▲ *189, 302* prit la relève de 1723 à 1737. On a installé en face de l'église une sculpture de Henry Moore, cadeau de l'artiste à la ville.

Peste et hérésie. Les Habsbourg, depuis Charles Quint et son fils Philippe II d'Espagne, avaient combattu aux côtés des papes contre les protestants. Cette église Saint-Charles n'est donc pas seulement votive, elle glorifie aussi la puissance séculière des empereurs romains germaniques et la foi catholique dont ils étaient les défenseurs. Le mélange des styles romain, grec et byzantin symbolise ces deux aspects du pouvoir de l'empereur. Cette architecture est controversée : certains la trouvent disparate, d'autres estiment au contraire que les emprunts à l'architecture ancienne, parfaitement intégrés, témoignent de la culture des architectes.

Grecs, Romains et Chinois. Vue de l'extérieur, l'église rappelle les grandes basiliques italiennes de la Renaissance, et notamment Saint-Pierre de Rome. Plus original est l'encadrement du dôme par deux colonnes qui évoquent des minarets. Elles s'inspirent des colonnes édifiées à Rome à la gloire des empereurs Trajan et Marc Aurèle ▲ *185.*
De plus près, on remarque que les toits des deux pavillons latéraux semblent empruntés à des pagodes chinoises.

Symboles à double sens. Le monument et les sculptures qui peuplent l'église sont chargées de symboles. La foi chrétienne y est glorifiée à travers des anges sculptés (à l'entrée), la représentation des vertus théologales : la foi, l'espérance et la charité (au-dessus du fronton et des pavillons latéraux) et la grande statue de saint Charles Borromée (surmontant le fronton). Une seconde lecture révèle d'autres symboles, moins évidents, de la puissance des Habsbourg. Les deux colonnes, par exemple, feraient référence aux colonnes d'Hercule (élevées par le héros antique au sud de l'Espagne) que Charles Quint avait fait figurer dans ses armoiries. On remarque aussi les aigles et les couronnes impériales accrochées au haut de ces deux colonnes. Par ailleurs, les bas-reliefs en spirale qui entourent les colonnes représentent les épisodes de la vie de saint Charles Borromée. Elle est représentée selon deux thèmes symboliques : sa constance et sa force morale – *Constantia et fortitudo* –, devise de Charles VI, commanditaire de l'église.

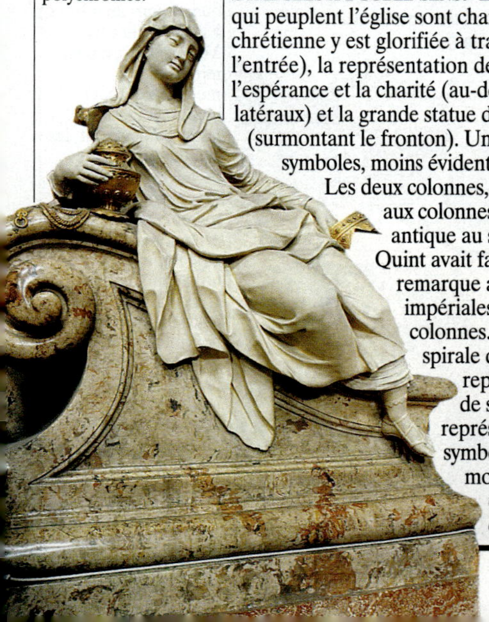

La coupole
La fresque peinte par Johann Michael Rottmayr ▲ *139, 293* comprend une gamme de vieux roses et de bleus pâles qui s'harmonise avec les couleurs du tambour.

Une nef ovale. À l'intérieur, on constate que la coupole n'est pas ronde mais ovale, ainsi que la nef, située juste au-dessous. La lumière naturelle qui tombe des fenêtres du tambour de la coupole joue avec la lumière artificielle, atténuée, qui monte du bas de l'église. La fresque de la coupole représente l'apothéose de saint Charles Borromée qui, assisté de la Vierge, supplie la Sainte-Trinité de débarrasser le monde de la peste. Plusieurs groupes d'anges et d'allégories, disposés en ellipses concentriques, occupent cet espace ovale. Au centre s'ouvre le lanternon de la coupole, au fond duquel est peinte la colombe du Saint-Esprit. Dans la fresque on remarque, sur la gauche, l'ange mettant le feu avec sa torche à la Bible de Luther, chez les réformés. Johann Michael Rottmayr est également l'auteur de la fresque se trouvant au-dessus de la tribune d'orgue, intitulée *Sainte Cécile parmi les anges musiciens*.

L'autel. Imposant et théâtral, comme toutes les œuvres baroques, le maître-autel représente saint Charles Borromée montant au ciel sur un nuage entouré d'anges. Il est sans doute dû à Fischer von Erlach. L'église conserve de nombreux tableaux et retables de Daniel Gran (*Jésus et le centurion romain*, *La Guérison du paralytique*, *Sainte Élisabeth de Hongrie*), de Martino Altomonte (*La Résurrection du fils de la veuve de Naïm*),

Les magnifiques orgues de Saint-Charles.

La place Saint-Charles (carte postale du début du siècle).

STATUE DE BRAHMS
Due à Rudolf Weyr, cette statue a été placée dans le parc Ressel parce que Brahms ● *51*, ▲ *262*, arrivé de Hambourg en 1862, est mort en 1897 non loin de là, dans la maison du n° 4, rue Saint-Charles (Karlsgasse). Vieux garçon au solide coup de fourchette, Brahms était un habitué des cafés ● *66* et des *Heurigen* ● *68*, tout comme Schubert ● *50* ou Bruckner ● *52*.

KARLSPLATZ
En 1898, année de la construction du pavillon Sécession ● *87*, ▲ *232*, tout proche, Otto Wagner conçoit la station de métro Karlsplatz dans le style raffiné qui est celui du mouvement Sécession. L'architecte n'hésite pas à faire appel aux ressources de la technique moderne. Ainsi, les panneaux à décor floral (qui évoquent un peu le style rococo, du XVIIIe siècle) n'ont pas été fabriqués à la main, mais en série dans des usines avant d'être montés sur des structures métalliques elles-mêmes préfabriquées.

de Sebastiano Ricci (*L'Assomption*) ainsi que la chaire, des stalles et des confessionnaux baroques.

LE TRÉSOR. Les pièces les plus remarquables en sont les vêtements liturgiques de saint Charles Borromée et un reliquaire en or et en argent, orné de la couronne impériale et de l'aigle à deux têtes des Habsbourg.

KARLSPLATZ

Beaucoup d'architectes et d'urbanistes critiquent l'aspect confus de la place Saint-Charles (Karlsplatz), qu'on a réaménagée à plusieurs reprises sans véritable plan. Il faut dire que la position en biais de l'église Saint-Charles – qui prolonge l'Argentinierstrasse – posait un problème ; le cours de la Vienne ▲ *225*, qui passait derrière elle, en posait un autre. L'église ne pouvait être déplacée et elle devait en outre dominer la place. On dut lever de nombreux obstacles, et en particulier détourner la rivière.

STATION KARLSPLATZ. Parmi les derniers travaux importants, ceux du métropolitain ont eu le mérite de laisser deux ravissants pavillons conçus par Otto Wagner ● *86, 90,* ▲ *228, 237*. Rénovés récemment, ces petits édifices en verre et en métal ont été construits à la fin du siècle dernier, quand Otto Wagner fut chargé d'aménager l'ensemble des stations, des galeries et des ponts du métro de Vienne. Au lieu d'imaginer une architecture froide et fonctionnelle, Wagner déploie alors toutes les ressources de la décoration raffinée du Jugendstil : une débauche de courbes et de motifs floraux dorés qui font de ces stations de ravissantes bonbonnières. Aujourd'hui, ces pavillons de la Karlsplatz abritent un petit MUSÉE WAGNER et un minuscule café.

TECHNISCHE UNIVERSITÄT. Cette université technique (Technische Universität) a été fondée en 1815 par Johann Joseph Prechtl. Son siège, qui se trouve au n° 13 de

la place, a été édifié de 1816 à 1818 dans le style néo-classique par Joseph Schemerl von Leytenbach. La façade principale, ornée de colonnes ioniques, fait face au PARC RESSEL (Resselpark). La plupart des statues de ce parc représentent des inventeurs autrichiens : Joseph Ressel d'abord (l'hélice de bateau), Siegfried Markus (le moteur à explosion), Joseph Madersperger (la machine à coudre). Enfin, une statue de Brahms, de Rudolf Weyr, se trouve parmi elles.

HANDELSAKADEMIE. L'école de commerce (Handelsakademie) se reconnaît à sa façade néo-gothique (1860-1862), ornée des statues des découvreurs que furent Christophe Colomb et Adam Smith, œuvre de Ferdinand Fellner l'Ancien.

HISTORISCHES MUSEUM DER STADT WIEN. À gauche de l'église Saint-Charles se trouve le musée historique de la Ville de Vienne (Historisches Museum der Stadt Wien). Ouvert en 1959, il conserve de nombreux objets et documents qui retracent l'histoire de la ville, du néolithique à nos jours. Dans les premières salles, on voit en particulier des vestiges de Vindobona et des objets qui datent des grandes invasions barbares. Le Moyen Âge est représenté, entre autres, par des fragments de sculptures et des vitraux qui proviennent de la cathédrale ▲ *132*, des armes et des armures datant des premiers empereurs germaniques. Avec la Renaissance se développent la Réforme, puis la Contre-Réforme, suivies du premier siège par les Turcs. Sculptures, gravures, tableaux et maquettes illustrent la Vienne de l'âge baroque, époque du second siège par les Turcs ● *34* et de la construction des principaux édifices de la ville. Au siècle des Lumières (XVIIIe siècle) succède la brève période napoléonienne, qui se termine par le congrès de Vienne ● *38*. Commence alors l'époque Biedermeier ● *62*, illustrée par de nombreux tableaux (Amerling ▲ *280*, Fendi, Schindler, Waldmüller ● *100*, etc.) ainsi que par la reconstitution de l'appartement de l'auteur dramatique Franz Grillparzer ● *62*, ▲ *147, 206*. Les dernières salles sont consacrées à l'époque du style Sécession ● *86, 88* (plans d'Otto Wagner, meubles de Koloman Moser, peintures de Gustav Klimt ▲ *227, 250*) et aux mouvements artistiques du XXe siècle (œuvres expressionnistes d'Egon Schiele ● *252* et d'Oskar Kokoschka ● *254*, sculptures de Fritz Wotruba ▲ *288*).

UN CUBE ORANGE. En attendant la transformation des écuries impériales ▲ *188, 190*, situées derrière le musée d'Histoire de l'art (Kunsthistorisches Museum ▲ *208*), en galerie d'art contemporain destinée à rassembler les collections du musée du XXe Siècle (Museum moderner Kunst, palais Liechtenstein ▲ *292*), on a installé un bâtiment cubique en métal presque en face de la Sécession. Le hideux hexaèdre semble devoir rester là plusieurs années…

OTTO WAGNER ET LE MÉTRO
Nommé conseiller impérial pour l'architecture de Vienne en 1894, Otto Wagner se voit confier par la municipalité, la même année, tout l'aménagement des transports publics. C'est en effet l'époque à laquelle Vienne construit l'un des tout premiers réseaux de chemins de fer métropolitains (avant Paris, mais après Londres). Membre de la Sécession depuis 1899, Otto Wagner conçoit une trentaine de stations, dont la plupart ressemblent à de petits palais. Parmi les plus belles, il y a bien entendu celle de la place Saint-Charles, mais aussi celle de Schönbrunn (Hofpavillon) ▲ *286* et celle du Stadtpark ▲ *226*.

Un temple des arts
La maison des Artistes est placée sous le patronage de grands peintres dont les statues ornent la façade : Léonard de Vinci, Michel-Ange, Raphaël ▲ *216*, Titien ▲ *216*, Dürer ▲ *196*, Vélasquez ▲ *221*.

Affiche de A. H. Schram, de 1902, pour l'exposition annuelle de la maison des Artistes.

Goldene Saal ● *54*
Contrairement à la plupart des grandes salles de concert ou de spectacle, celle de la maison des Amis de la musique n'est pas inspirée du modèle italien : rangs d'orchestre, loges et balcons disposés en amphithéâtre. Au contraire, l'immense salle dorée a une forme rectangulaire. Elle peut accueillir deux mille personnes. En 1911, on a décoré cette salle, déjà ornée de cariatides et de muses (ci-contre), d'un plafond à caissons qui en a encore amélioré l'acoustique.

Bösendorferstrasse et Dumbastrasse

Künstlerhaus. L'Association des artistes viennois a été fondée en 1861. C'est en réaction contre l'esprit de cette institution qu'ils estimaient routinier que les disciples de Klimt ▲ *227, 250* ont fondé en 1897 la Sécession ▲ *222, 232*. La maison des Artistes (Künstlerhaus ▲ *224*) a été construite de 1865 à 1868 dans le style de la Renaissance italienne par August Weber, d'après les plans d'un groupe d'architectes. Elle fait office de théâtre, et le musée historique de la Ville se sert du bâtiment pour des expositions et des conférences.

Musikvereinsgebäude. Le maison des Amis de la musique (Musikvereinsgebäude) se trouve Dumbastrasse, en face de la maison des Artistes. L'Association des amis de la musique a été fondée en 1812 et son siège, de style néo-Renaissance, dû à Theophil Hansen (1813-1891), date de 1867-1869. Comme il le fit plus tard pour le Parlement ▲ *205*, Hansen employa des éléments de style grec antique librement adaptés. Cet édifice abrite l'orchestre philharmonique *(Wiener Philarmoniker)* ● *54*, que les plus grands chefs ont dirigé depuis cent cinquante ans. L'Association des amis de la musique organise des concerts de renommée internationale. C'est en particulier dans la grande salle dorée (Goldene Saal), l'une des plus belles de Vienne, que se donne le concert Strauss du nouvel an, diffusé par la télévision dans le monde entier. Cette salle de concert, à l'acoustique remarquable, est décorée de seize cariatides dorées qui se

font face le long de deux murs ; la fresque du plafond, *Apollon et les neuf muses*, est d'August Eisenmenger. Le bâtiment est voisin du palais du duc de Wurtemberg, devenu l'hôtel Impérial ▲ *224*, sur le Kärntnerring ▲ *223*.

DU THERESIANUM AU ZENTRALFRIEDHOF

▲ Du Theresianum au Zentralfriedhof

🚗 1/2 journée

Le Theresianum : une résidence d'été Léopold Ier ● *31, 35* ▲ *138, 275,* Joseph Ier et Charles VI ▲ *142, 302* résidaient l'été au Theresianum.

Au sud du Ring ▲ *198* et de l'église Saint-Charles-Borromée ▲ *238* s'étendent les quartiers de Wieden (IVe arrondissement) et de Favoriten (X[e] arrondissement), qui sont émaillés de beaux édifices, comme les palais du Belvédère, souvent entourés de parcs.

La façade du Theresianum, ornée du blason de François II.

Theresianum

De la Favorita au Theresanium. Jusqu'à la fin du XVIIe siècle, la Favorita fut la résidence d'été des Habsbourg, avant d'être détruite par les Turcs en 1683 ● *34* et d'être détrônée définitivement par le nouveau palais qu'on construisit à Schönbrunn ▲ *274*. Sur les ruines de la Favorita, l'Italien Ludovico Burnacini a bâti, de 1687 à 1690, le Theresianum, ce très long édifice aux lignes sévères qui se trouve Favoritenstrasse. Il doit son nom à Marie-Thérèse ● *36* ▲ *260, 291*, qui y installa un collège destiné à former les jeunes nobles aux carrières publiques. Par la suite, il devint l'École des Diplomates

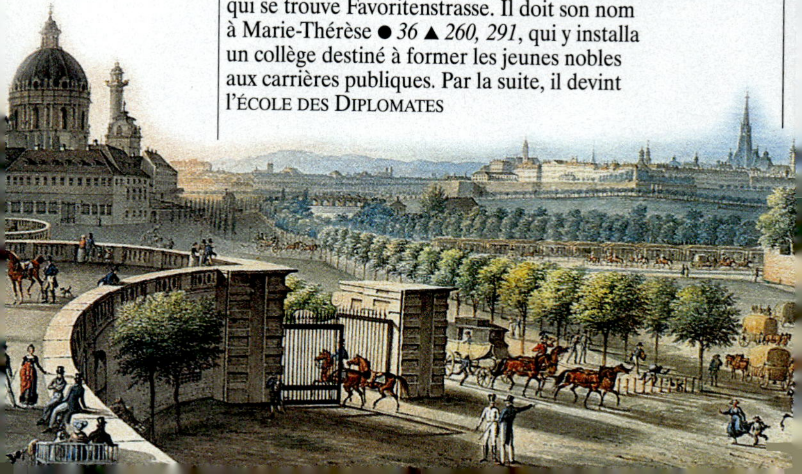

«LE RUDOLFINERHAUS EST UN HÔPITAL PRIVÉ, DANS UNE VILLE OÙ TOUTE LA MÉDECINE EST SOCIALISÉE ; SES VIEUX MURS DE PIERRE SONT DU MÊME JAUNE MARIA THERESIA QUE LE PALAIS DE SCHÖNBRUNN, OU LES DEUX BELVÉDÈRES.» J. IRVING

(Diplomatische Akademie). Dans le parc du Theresanium se trouvent aujourd'hui les locaux de la radio autrichienne (Österreichische Rundfunk), qui donnent sur l'Argentinestrasse.

SCHWARZENBERGPLATZ

La place Schwarzenberg tire son nom du maréchal prince de Schwarzenberg, qui commanda les armées alliées contre la France à la bataille de Leipzig, en 1813, et dont la statue (SCHWARZENBERGDENKMAL) orne la place.

RUSSEN-DENKMAL. Au milieu de la place Schwarzenberg, que les Soviétiques avaient rebaptisée place Staline (Stalinplatz), se dresse le monument de la libération par l'Armée rouge (Befreiungsdenkmal der roten Armee), réplique de ceux de Budapest, Bucarest, Sofia, Varsovie, Riga. Les Viennois l'ont surnommé «au pillard inconnu». À la fin de l'occupation, en 1955, l'Autriche s'était engagée à l'entretenir, mais la promesse n'a pas été tenue. Ce vestige de la gloire de l'Armée rouge doit être gardé en permanence par la police tant les soviétiques ont laissé un mauvais souvenir. Actuellement, son plus grand tort est de masquer en partie le palais Schwarzenberg.

PALAIS SCHWARZENBERG. Donnant sur la grande place du même nom, derrière la statue équestre, le palais Schwarzenberg abrite aujourd'hui un hôtel de luxe (*Im Palais Schwarzenberg*, au n° 9).

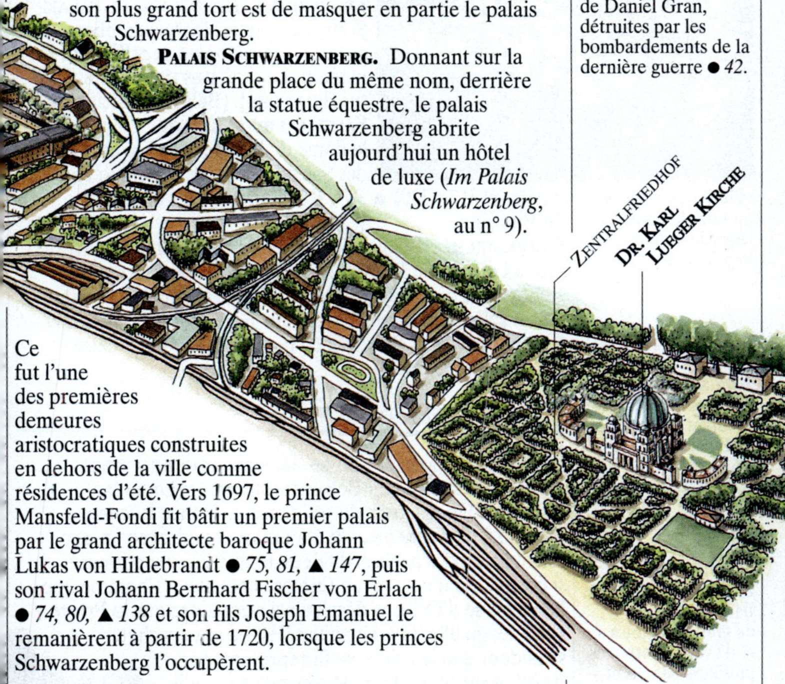

Ce fut l'une des premières demeures aristocratiques construites en dehors de la ville comme résidences d'été. Vers 1697, le prince Mansfeld-Fondi fit bâtir un premier palais par le grand architecte baroque Johann Lukas von Hildebrandt ● *75, 81,* ▲ *147*, puis son rival Johann Bernhard Fischer von Erlach ● *74, 80,* ▲ *138* et son fils Joseph Emanuel le remanièrent à partir de 1720, lorsque les princes Schwarzenberg l'occupèrent.

RENNWEG

UN PALAIS NÉO-RENAISSANCE D'OTTO WAGNER. La grande avenue du Rennweg part de la place Schwarzenberg et monte vers le Belvédère inférieur. En face du palais Schwarzenberg s'élève la belle demeure qu'Otto Wagner ● *86, 88,* ▲ *228, 237, 240* se construisit en 1891. À cette époque, l'architecte, qui n'avait pas encore rejoint le mouvement sécessionniste ▲ *232*, s'inspirait de l'architecture de la Renaissance italienne.

DES FRESQUES DÉTRUITES
De part et d'autre d'un corps central formé par un perron à colonnade et par une tour tronquée s'ordonnent deux ailes décorées de pilastres.
Le somptueux intérieur a été récemment rénové, mais on n'a pas pu sauver les fresques de Daniel Gran, détruites par les bombardements de la dernière guerre ● *42*.

Propriétaire du palais et de l'hôtel Schwarzenberg, le prince Charles de Schwarzenberg, originaire de la Bohême, est devenu en 1989 secrétaire général de la présidence de la République à Prague.

Les palais du Belvédère doivent leur nom au magnifique panorama sur Vienne

et le Wienerwald ■ *18* qu'offre la butte sur laquelle a été érigé le palais supérieur.

On remarque bien la différence entre les étages supérieurs et inférieurs du palais Wagner (il fut ensuite racheté par la famille Hoyos) : au rez-de-chaussée et au premier étage, la façade est très sombre, avec les pierres apparentes, tandis qu'en haut de l'édifice les fenêtres sont entourées de guirlandes de fleurs.

LES JARDINS. Les JARDINS DU PALAIS SCHWARZENBERG (Schwarzenberggarten) se prolongent vers l'est par le magnifique PARC DES DEUX PALAIS DU BELVÉDÈRE (Belvederegarten) ♥.

SALESIANERINENKIRCHE. On aperçoit le dôme de l'église baroque du couvent des Salésiennes, due à Donato Felice d'Allio (1717-1730) ▲ *303*. Il indique qu'on s'approche du Belvédère.

GARDEKIRCHE. L'église de la Garde (Gardekirche), qui fait face à l'entrée du Belvédère inférieur, de l'autre côté du Rennweg, a d'abord appartenu à l'hôpital impérial avant d'être celle des Polonais. Nikolaus Franz von Pacassi ▲ *192* l'a édifiée dans le style rococo peu après le petit théâtre de Schönbrunn ▲ *274*.

JARDINS À LA FRANÇAISE
Montant en terrasses du Belvédère inférieur au Belvédère supérieur, les jardins ont été dessinés au début du XVIIIe siècle par le Français Dominique Girard. Ils comportent de grandes pelouses et de vastes parterres, plusieurs bassins et d'innombrables statues (on remarque en particulier les étranges sphinges proches du Belvédère supérieur).
Ci-contre, le sourire énigmatique d'une sphinge du jardin du Belvédère.

UNTERES BELVEDERE ♥

Le Rennweg passe devant les anciennes ÉCURIES avant d'atteindre l'entrée du Belvédère inférieur (Unteres Belvedere), qui servait de résidence au Prince Eugène.

HERCULE ET APOLLON. «Il était petit et laid, avec un nez retroussé et des narines dilatées, et une lèvre supérieure si étroite, qu'il ne pouvait fermer la bouche.» L'homme que la duchesse d'Orléans décrit ainsi n'est autre que le Prince Eugène, qu'elle vit à Versailles. Est-ce pour racheter sa laideur que le prince se fit représenter en Apollon sur un plafond de son palais et qu'il consacra une grande partie de son temps et de sa fortune à cultiver la beauté, amassant une fabuleuse collection d'œuvres d'art ? Les deux palais du Belvédère, capables d'éclipser le château de Schönbrunn, qui était en construction à la même époque, furent commandés par le Prince Eugène. Chef de guerre dont la gloire fut à son faîte après qu'il eut réussi à repousser

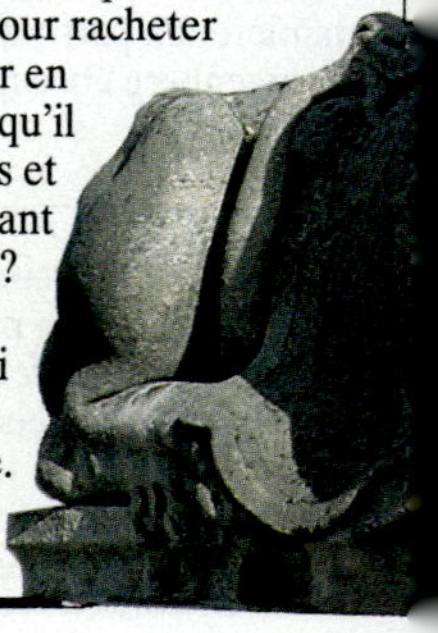

définitivement les Turcs hors de Hongrie ● *34*, le Prince Eugène était également un mécène, passionné par les arts. Encore jeune maréchal, il avait acheté, en 1693, un terrain à bâtir destiné à son futur palais d'été. Vingt ans plus tard, au début du XVIIIe siècle, alors qu'il était à l'apogée de sa carrière de soldat et de diplomate, il choisit pour mettre ce projet à exécution l'un des deux grands architectes de l'époque, Hildebrandt. Rival de Fischer von Erlach (mobilisé à l'époque par les travaux de Schönbrunn), Hildebrandt avait déjà travaillé avec ce dernier à la construction du palais d'hiver du Prince Eugène ▲ *147*, commencée dans les années 1697-1698. Premier à être construit, de 1714 à 1716, le Belvédère inférieur s'étend sur des terrains donnant sur le Rennweg situés entre le palais Schwarzenberg et le couvent des Salésiennes. Le Belvédère supérieur fut bâti de 1721 à 1722 sur une butte de laquelle il domine le parc et le Belvédère inférieur.

Vainqueur des Turcs. D'origine française, Eugène de Savoie-Carignan (1663-1736) se destinait aux ordres. Mais il se ravisa et entra dans l'armée de Louis XIV. Ce dernier lui ayant refusé le commandement d'un régiment, le Prince Eugène alla en Autriche (1683) servir Léopold Ier. Le Prince Eugène de Savoie n'avait que vingt ans, en 1683, lorsqu'il combattit les Turcs. Commandant en chef des armées des Habsbourg à partir de 1697 (sous Léopold Ier puis sous ses fils Joseph Ier et Charles VI), il remporta d'éclatantes victoires contre l'Empire ottoman. En battant les Turcs à Zenta en 1697, le «vainqueur des Turcs» permit à l'empire de récupérer la Hongrie et gagna une renommée dans toute l'Europe. Président du conseil de guerre de la

«Bal masqué à l'ambassade de Russie»

«Le thème du bal faisait mentir l'Histoire : le prince Eugène n'avait pas définitivement repoussé les Ottomans en 1716, à Peterwardein, puisque le Grand Turc, maître de Vienne, y recevait ce soir ses sujets. Sa Hautesse était postée en personne au haut de l'escalier monumental du palais Stolberg. Sous un croissant de strass géant, éclairé par la fée Électricité à travers des queues de cavales vierges, Elle recevait, flanquée de la sultane favorite. Sur sa tête coiffée d'une citrouille à la Carpaccio tremblait une huppe de diamants auprès de laquelle les aigrettes des magnats hongrois tombaient au rang de plumet de blaireau. L'amphitryon saluait, en les baisant à l'épaule, ses invités, les plus beaux noms de la monarchie danubienne, le corps diplomatique au complet et les étrangers de condition de passage à Vienne.»

Paul Morand, *Fin de siècle*

monarchie autrichienne en 1703, il combattit Louis XIV lors de la guerre de la Succession d'Espagne et chassa définitivement les Turcs de la Hongrie en 1716-1717. Grâce à lui, l'Autriche entra dans une longue période de puissance, de paix et de prospérité. C'est l'époque à laquelle le Prince Eugène se fit construire son palais d'hiver et ses palais du Belvédère. On surnomma, non sans exagération, le Prince Eugène l'«empereur dans les coulisses» tant son influence dans la conduite des affaires était grande.

François-Ferdinand. Après le suicide de son cousin germain Rodolphe ▲ *145*, à Mayerling ◆ *322*, l'archiduc François-Ferdinand (1863-1914) devint héritier du trône. Il s'établit alors une âpre rivalité entre François-Joseph vieillissant ● *41*, ▲ *142, 178* et le jeune archiduc, qui vivait au Belvédère. François-Ferdinand ne cessa de s'immiscer dans les affaires de l'empire, soit par le biais de la presse, soit en faisant le tour des cours d'Europe ; il ne manqua jamais de critiquer la politique de son oncle, qu'il jugeait timorée. Il lui arriva d'écrire au pape pour empêcher la nomination d'un évêque ou d'envoyer une dépêche aux ambassadeurs en poste à l'étranger afin de contrecarrer les instructions officielles ! Il tint un véritable contre-gouvernement qui prônait une politique plus énergique. Mais l'archiduc avait un point faible : il avait fait une mésalliance et ce mariage morganatique privait ses héritiers du droit d'accéder au trône). Après son assassinat, l'Europe se crut débarrassée d'un futur despote ; mais elle fut entraînée dans la Grande Guerre…

Ci-dessus, détail de l'architecture et des jardins du Belvédère.

Résidents célèbres du Belvédère

À la mort du Prince Eugène, en 1736, la couronne impériale acheta les deux Belvédères. Pendant quelques années, elle y entreposa ses collections d'œuvres d'art, qui sont aujourd'hui au musée d'Histoire de l'art ▲ *208*. Anton Bruckner ● *52*, ▲ *195*, nommé organiste de la Cour en 1868, y eut un logement de fonction à partir de 1895, et y mourut en 1896. Il y composa ses neuf symphonies. Mais à cette époque, c'est l'archiduc François-Ferdinand qui fut l'hôte le plus marquant du Belvédère, de 1894 jusqu'à son assassinat, en 1914 ● *33*, ▲ *145*.

CONFÉRENCES ET TRAITÉS. Acquis par l'État républicain, les deux palais vécurent au XXe siècle des heures historiques : Hitler y organisa des conférences diplomatiques pendant la dernière guerre et, en 1955, le traité du Belvédère – qui mit fin à l'occupation alliée en Autriche ● *33* – y fut signé par le Français Antoine Pinay, l'Américain Foster Dulles, le Soviétique Molotov, le Britannique McMillan et le ministre autrichien des Affaires étrangères Leopold Figl. La même année, on y ratifia la Constitution. Depuis le début du siècle, le Belvédère inférieur abrite les musées d'Art baroque et d'Art médiéval autrichiens, tandis que le Belvédère supérieur abrite la galerie d'Art autrichien des XIXe et XXe siècles.

COUR D'HONNEUR. Une porte monumentale, qui ressemble à un arc de triomphe, donne accès à la cour d'honneur du palais. Elle est surmontée par les allégories de la Force et de la Sagesse ainsi que par la croix de la Savoie, blason du Prince Eugène. De la cour, on voit se déployer l'orangerie, qui abrite le musée d'Art médiéval (Museum mittelalterlicher österreichischer Kunst ▲ *256*) et l'imposante façade baroque du Belvédère inférieur. Dessinée par Hildebrandt, au début du XVIIIe siècle, celle-ci intègre harmonieusement sept bâtiments d'inégale longueur, coiffés de toits triangulaires ou en trapèze. Le bâtiment central est orné de pilastres, de statues et de balustres au niveau de l'attique. Il se prolonge par deux ailes, qui se terminent à chaque extrémité par des pavillons dotés d'un fronton triangulaire, à l'antique. Ce premier palais, qui servait de résidence d'été au Prince Eugène (qui possédait par ailleurs un palais d'hiver ▲ *147* en ville), en impose par sa taille et sa majesté.

BAROCKMUSEUM. Le musée d'Art baroque (Barockmuseum) ● *80, 81* a été aménagé dans plusieurs salles, dont certaines splendides : la GALERIE DE MARBRE (Marmorgalerie) ; la galerie des Glaces, ou CABINET D'OR (Goldenkabinett), avec des boiseries rococo ; et la SALLE DES GROTESQUES (Groteskensaal), décorée de fresques à «grotesques» de Jonas Drentwett, dans laquelle sont exposées les têtes grimaçantes de Messerschmidt.

LES GROTESQUES
Lorsqu'on découvrit les premières fresques de Pompéi, elles étaient recouvertes de terre. Il fallut donc creuser et l'on appela «grotesques» les motifs que l'on découvrit dans ces «grottes».

DES FACES GRIMAÇANTES
Les pièces les plus étonnantes du musée d'Art baroque sont les têtes grimaçantes de Franz Xaver Messerschmidt (1736-1783), artiste non conformiste très apprécié à la Cour. C'est, dit-on, afin de se venger de ceux qui raillaient son accoutrement et ses manières excentriques que ce sculpteur les croquait sous forme de «têtes de caractères». Mais le plus souvent c'est lui-même qu'il représente faisant des grimaces au spectateur.

L'année 1902 – durant laquelle il présenta sa *Beethovenfries* ▲ *234* à l'exposition de la Sécession ● *86*, ▲ *232* – est un tournant dans l'œuvre de Gustav Klimt (1862-1918). Que ce soit dans ses paysages (ci-dessus, *Le Jardin aux tournesols*, de 1905) ou dans ses portraits de femmes (à droite, *Portrait d'Adele Bloch-Bauer*, de 1907), Klimt use de la stylisation géométrique qui confond figure et fond dans un même poudroiement chromatique. S'arrêtant toujours aux frontières de l'abstraction, il joue avec l'ambiguïté des formes, laissant surgir, d'une cascade ou d'une spirale ornementale, des

corps, des fleurs, ou un visage, tel celui, hiératique, d'une grande dame de la société juive de Vienne. Abstraction et symbolisme caractérisent la peinture de Klimt.

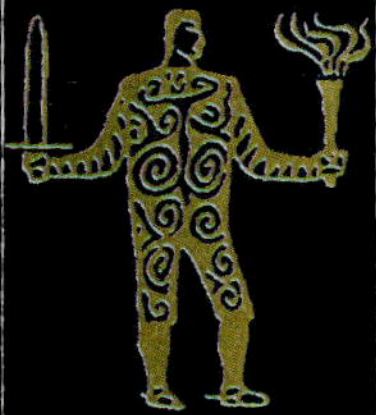

Dans le *Portrait d'Adele Bloch-Bauer*, les motifs décoratifs suggèrent des conflits psychologiques. Les mosaïques de San Vitale, à Ravenne, qu'il visita en 1903, ont encouragé ce primitivisme précieux qui sera la marque de tous les arts décoratifs viennois du début du siècle. En témoignent ici les vignettes de l'illustrateur Carl-Otto Czeschka (1878-1960) qui influencèrent *Les Nibelungen*, de Fritz Lang, et la tunique portée par Klimt (ci-dessous) et réalisée par Emilie Flöge, qui diffusait dans son magasin les modèles inspirés par l'esthétique nouvelle.

«EN PEIGNANT, VOUS VOUS MÉTAMORPHOSEZ, COMME DANS UN CONTE DE FÉES, EN UN HOMME DE LA PLUS GRANDE MODERNITÉ, CE QUE VOUS N'ÊTES PEUT-ÊTRE PAS DANS LA VIE QUOTIDIENNE.»

PETER ALTENBERG, À GUSTAV KLIMT

«Et Schiele et Klimt, ces kitschistes, sont tout de même aujourd'hui les plus modernes de tous, c'est pourquoi, au fond, Klimt et Schiele me dégoûtent tellement.»

Thomas Bernhard

Inconnu des manuels il y a encore trente ans, Egon Schiele (1890-1918) a pris place, aux côtés de Modigliani et de Van Gogh, dans le peloton médiatique des «artistes maudits», de ceux qui, en butte aux difficultés de toutes sortes, n'ont pas connu de leur vivant le succès qui allait couronner leur œuvre. Le procès pour affaire de mœurs causée par une Lolita fugueuse, l'autodafé en plein tribunal d'un dessin érotique et l'emprisonnement ne sont que les épisodes les plus connus d'une vie pleine de traumatismes, depuis la mort du père syphilitique jusqu'à celle de sa femme Edith, enceinte de leur premier enfant, emportée par une épidémie qui allait faucher l'artiste à 28 ans. Celui qui aimait se représenter lui-même en saint Sébastien succombant sous les traits de la critique n'a pas peu contribué à cette légende. Très tôt, en effet, Egon Schiele rencontra les collectionneurs qui allaient lui permettre d'accomplir ce qui est considéré à juste titre aujourd'hui comme l'une des œuvres majeures du XXe siècle. Si le peintre fut un écorché vif, c'est en raison d'une sensibilité exacerbée. «Il faut absolument que je voie quelque chose de nouveau, que je l'explore, écrit-il, je veux déguster les eaux sombres, voir craquer les arbres, surprendre dans les haies le foisonnement de la vie.» Cette curiosité vorace le poussait à chercher en toute chose la pulsion vitale qui abolit la frontière entre la nature et l'homme. Plus que des «états d'âme», ses paysages (ci-dessus, *Quatre Arbres*, 1917) sont les tableaux de la destinée humaine. Par ailleurs, le peintre met en scène et à nu le corps humain pour découvrir dans ses chairs mortifiées où saignent les sexes et percent les os l'énigme de la souffrance et d'Éros. Dans *La Famille* (ci-contre), de 1917, on le reconnaît qui protège les siens d'un geste d'oiseau blessé. Le tableau ne représente pas Edith et l'enfant qui n'a pas vu le jour. Il devait faire partie d'un cycle pictural destiné à un mausolée.

«D'UNE ŒUVRE D'ART, ON N'EST RESPONSABLE DEVANT PERSONNE ; D'UNE MAISON, ON EST RESPONSABLE DEVANT TOUT LE MONDE. [...] L'ŒUVRE D'ART EST RÉVOLUTIONNAIRE, LA MAISON CONSERVATRICE.»

ADOLF LOOS

Oskar Kokoschka (1886-1980) et Richard Gerstl (1883-1908) furent tous deux bouleversés par les œuvres de Hodler, Munch et surtout de Van Gogh, exposées dans les années 1904 et 1906 à Vienne. Gerstl (ci-dessus, *Homme riant*, autoportrait de 1907) abandonna son pointillisme précieux et ses arabesques ornementales pour des accords plus brutaux et une touche épaisse et grasse qui disloquaient les formes. Aucun message social, aucune préoccupation d'école chez cet artiste solitaire qui ne fréquentait que les musiciens de l'école de Vienne. Gerstl se suicida après avoir détruit une partie de son œuvre. Encouragé par son ami Adolf Loos, Kokoschka fut charmé, lui aussi, par les sirènes de l'expressionnisme. Il abandonna peu à peu un graphisme syncopé et brutal pour s'adonner à une peinture de plus en plus violente. Dans les portraits qu'il réalisa de 1908 à 1915, seul compte le sujet, tout environnement est banni. En effet, l'expressionniste cherchait à cerner l'essence des êtres (ci-contre, *Portrait de Carl Moll* ● *104*, de 1914). Son chef-d'œuvre reste *La Fiancée du vent* (1914), toile sur laquelle est transposée sa liaison orageuse avec Alma Mahler.

Portail d'entrée du Belvédère supérieur.

« Garp lui expliqua que le musée du Belvédère supérieur ne contenait rien d'autre que des tableaux des XIXe et XXe siècles, ce à quoi Jenny répondit que les XIXe et XXe siècles lui suffisaient amplement. »

Ce musée conserve en particulier les originaux en plomb des sculptures de Raphael Donner qui ornent la fontaine du Neuer Markt ▲ *141*, ainsi que de nombreux tableaux baroques (dont beaucoup sont des projets de fresques) de Johann Michael Rottmayr ● *139, 160, 293* ou d'Anton Franz Maulbertsch ▲ *167*, notamment.
MUSEUM MITTELALTERLICHER ÖSTERREICHISCHER KUNST. Installé dans l'ancienne ORANGERIE, le musée d'Art médiéval conserve de magnifiques retables, du XVe siècle surtout.

OBERES BELVEDERE ♥

Comme le Belvédère inférieur, le Belvédère supérieur (Oberes Belvedere) est composé de sept corps de bâtiments savamment réunis. Mais il est beaucoup plus élégant que l'autre, plus baroque, avec une touche orientale qui en fait tout le charme. On y accède par le portail sud, encadré par deux lions de pierre et dont les grilles sont des chefs-d'œuvre de la ferronnerie baroque, ou en montant à travers les jardins en terrasses qui s'ouvrent devant le Belvédère inférieur.
UN PALAIS DES MILLE ET UNE NUITS. La façade méridionale du Belvédère supérieur, que l'on peut admirer de la Landstrasser Gürtel, mire ses statues, ses décorations rococo et ses élégantes toitures à dômes dans une immense pièce d'eau. Au XVIIIe siècle, les Viennois commençaient à être férus d'orientalisme et subissaient le charme exotique du

Garp lui expliqua qu'elle pourrait au moins traverser les jardins du Belvédère inférieur pour aller voir les collections d'art baroque, mais Jenny secoua la tête ; à Steering, elle avait suivi plusieurs cours d'histoire de l'art... »
John Irving,
Le Monde selon Garp

Vue sur Vienne du Belvédère supérieur

Belvédère supérieur, qui évoquait bien plus un palais des Mille et Une Nuits qu'une résidence princière européenne. L'illusion était encore plus grande lorsque le Prince Eugène y organisait des bals masqués et des feux d'artifices. Par bien des aspects, ce palais du Belvédère porte la marque de l'Orient : les longs toits des principaux corps de bâtiments rappellent les tentes d'apparat des vizirs qui vinrent assiéger Vienne en 1683, tandis que les pavillons – aux extrémités des ailes – sont coiffés de bulbes, comme les mosquées d'Istanbul. De plus, l'abondante décoration de la façade lui donne l'air d'une magnifique pièce d'orfèvrerie arabe.

Vestibule des Atlantes. L'intérieur du palais est comparable à l'extérieur par la somptuosité de sa décoration. Des atlantes monumentaux ● *82,* ▲ *157* supportent la voûte basse et mouvementée du vestibule qui y donne accès.

Österreichische Galerie des 19. und 20. Jarhunderts. Dans le Belvédère supérieur, on a aménagé depuis 1953 la très riche Galerie autrichienne des XIXe et XXe siècles (Österreichische Galerie des 19. und 20. Jahrhunderts). On y voit aussi la superbe GRANDE SALLE DE MARBRE (Grosser Marmorsaal), de style baroque, tout en marbre rose, dont le plafond a été peint à fresque par Carlo Carlone *(Apothéose du Prince Eugène)*. La Galerie autrichienne conserve presque toutes les toiles de Gustav Klimt ▲ *250* et d'Egon Schiele ▲ *252*, bon nombre de celles d'Oskar Kokoschka ▲ *254*, des tableaux de Carl Moll ● *104* et du Norvégien Edvard Munch. Du XIXe siècle, on peut voir des tableaux de Hans Makart, de Friedrich von Amerling ▲ *241, 280,* de Ferdinand Georg Waldmüller ● *100*, de Rudolf von Alt ● *103*…

Marmorgalerie
La galerie de Marbre du musée d'Art baroque est couverte d'ornements en stuc et décorée au plafond d'une magnifique fresque due à Martino Altomonte (1657-1745) : *Le Triomphe du Prince Eugène, vainqueur des Turcs*. Ce peintre d'origine napolitaine était également connu sous le nom de Martin Hohenberg. En 1684, il devint le peintre de Jean Sobieski, roi de Pologne ● *34*, et vécut en Autriche à partir de 1702.

Schweizergarten

Museum des 20. Jahrhunderts. Vienne compte deux musées consacrés à l'art moderne : le palais Liechtenstein ▲ *292* et le musée du XXe Siècle (Museum des 20. Jahrhunderts). Dans celui-ci, on organise des grandes expositions d'art contemporain.

Dans le jardin suisse situé derrière le pavillon s'étend un parc dans lequel on expose des sculptures d'artistes contemporains du monde entier.

MUSÉE DU XXe SIÈCLE Il se trouve dans un pavillon moderne de verre et de métal qui fit partie de l'Exposition universelle de Bruxelles en 1958.

MUSÉE DE L'ARMÉE ♥ Après la révolution de 1848, François-Joseph décida, pour parer à toute nouvelle insurrection, de bâtir près de Vienne un arsenal qui servirait également de caserne. Il a été dessiné dans le style byzantino-mauresque par Theophil von Hansen, architecte de la Bourse et du Parlement.

HEERESGESCHICHTLICHES MUSEUM

ARSENAL. Conçu comme une gigantesque forteresse, l'Arsenal impérial et royal d'artillerie (Arsenal) – construit de 1848 à 1856 – ne compte pas moins de trente et un bâtiments, dont l'un a été affecté au musée de l'Armée (Heeresgeschichtliches Museum). Dans ces luxueux bâtiments, on plaça les collections que les Habsbourg avaient réunies depuis le XIe siècle. Mais, peu après l'ouverture du musée, en 1869, on transféra la collection d'armes et d'armures à la Hofburg ▲ *175*. Néanmoins, le musée de l'Armée est assez riche pour retracer d'une manière détaillée l'histoire de l'armée impériale jusqu'à la Première Guerre mondiale. Pour visiter le musée selon le déroulement chronologique, il faut commencer par le premier étage, que l'on rejoint en traversant l'imposant vestibule coiffé de voûtes en ogives néo-gothiques. À chaque pilier s'adossent les statues de marbre des principaux souverains et commandants en chef de l'armée autrichienne. Puis un escalier monte à l'étage supérieur, où s'ouvre la SALLE D'HONNEUR. Les fresques, dans cette salle et les suivantes, sont de Karl von Blaas (1815-1894), dont François-Joseph appréciait le réalisme. Elles représentent des batailles, en particulier celle de Zenta (1697) contre les Turcs ou les campagnes contre Napoléon Ier ● *38*.

La salle d'Honneur (fresques de Karl von Blaas), le Grand Escalier et la salle des Généraux du musée de l'Armée.

La guerre de Trente Ans. Les premières salles du premier étage sont consacrées au XVIIe siècle, durant lequel l'art militaire évolua sensiblement dans toute l'Europe. L'époque, en effet, a été marquée par la guerre de Trente Ans (1618-1648) – qui opposa les Habsbourg catholiques aux princes allemands protestants – et par la guerre contre les Turcs. Les Pays-Bas de Guillaume d'Orange et la Suède de Gustave II Adolphe employaient des troupes moins nombreuses mais plus entraînées, plus mobiles, disposant d'une grande puissance de feu. L'infanterie joua un rôle primordial,

L'assassinat de Wallenstein
Les princes allemands firent destituer celui qui était devenu le généralissime de Ferdinand II. Rappelé, il pactisa en secret avec l'ennemi et menaça de marcher sur Prague ; il fut alors assassiné.

avec ses arquebusiers, ses mousquetaires et ses piquiers, tandis que l'artillerie, plus légère grâce aux canons de cuivre et de fer, prenait son autonomie. Quant à la cavalerie, en plus des cuirassiers, elle comptait des dragons, plus légers. Mais, tandis que Gustave II Adolphe se constituait une armée de paysans dévouée à la cause de la Réforme, les Habsbourg louaient les services des condottieres. Le plus célèbre est le Tchèque Albrecht Valdstjin (1583-1634) – en allemand Wallenstein –, qui mit son armée personnelle au service de Ferdinand II. Autre grande figure de condottiere : le Siennois Ottavio Piccolomini (1600-1656), qui combattit les Suédois, notamment à Lützen (1632). Dans ces premières salles du musée, de nombreux objets, armes et tableaux évoquent cette guerre ruineuse, qui prit fin en 1648 avec la paix de Westphalie.

La guerre contre les Turcs. Affaibli par la guerre de Trente Ans, l'empire est une proie facile pour les Turcs, qui occupaient déjà les Balkans. Sous le règne de Méhémet IV (1648-1687), l'Empire ottoman lança une offensive qui aboutit au siège de Vienne en 1683 ● *34*. Le musée montre de nombreux trophées pris aux Turcs ainsi qu'une *Vue du siège de Vienne*, délivrée par Jean Sobieski. Dans ces salles, qui font la liaison entre

Piccolomini
Il dénonça les manœuvres de Wallenstein contre l'empire. Lors de la guerre de Trente Ans, il commanda la cavalerie contre les Suédois et les réformés allemands à Nördlingen (1634), battit les troupes de Richelieu à Thionville (1640) et guerroya contre les Suédois en Bohême. En 1654, Ferdinand III le fit prince d'Empire.

«Le feldmaréchal Laudon à cheval sur le champ de bataille de Kunersdorf» (de Sigmund l'Allemand, 1878) Le 12 août 1759, ce grand général de Marie-Thérèse et de Joseph II infligea une lourde défaite à Frédéric II à Kunersdorf

Montecuccoli
Après la guerre de Trente Ans, Raimondo Montecuccoli (1609-1680) se battit contre les Turcs comme maréchal à Saint-Gotthard, en 1664. Il combattit surtout les armées de Louis XIV à partir de 1672. Il est l'auteur d'ouvrages de stratégie militaire et fut promu prince d'Empire en 1679.

le XVIIe et le XVIIIe siècle, on voit le mortier qui fit sauter la poudrière de Belgrade occupée par les Turcs en 1717 et la tente du grand vizir Dahmad Ali, sous laquelle le Prince Eugène rédigea le bulletin de victoire destiné à Charles VI. Le prince combattit également pour Charles VI lors de la guerre de la Succession d'Espagne. Elle se termina en 1715 au profit de Louis XIV, qui plaça son petit-fils Philippe V sur le trône d'Espagne.

«Mater castrorum» ● *36,* ▲ *158, 291*.
Le règne de Marie-Thérèse (la «mère des camps») a été dominé par sa rivalité avec Frédéric II de Prusse. Elle l'affronta au lendemain de la mort de son père pour pouvoir accéder au trône (guerre de la Succession d'Autriche), puis elle défit ses armées à Kolin (1757) lors de la guerre de Sept Ans (1756-1763). L'armée impériale était alors sous les ordres du maréchal von Daun (1705-1766), l'un des premiers à recevoir l'ordre de Marie-Thérèse.

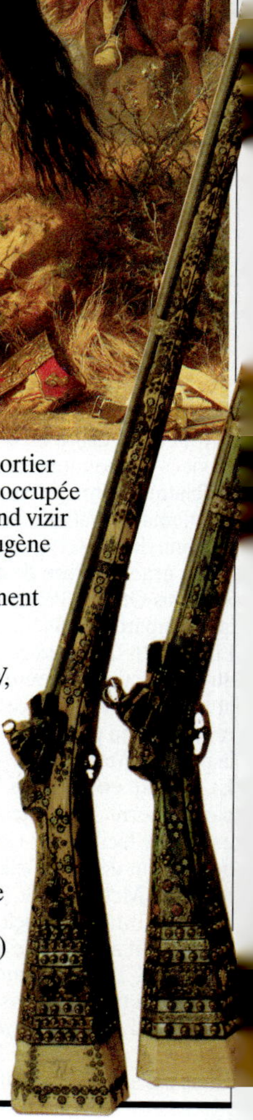

Mousquetons turcs du XVIIIe siècle.

Le musée conserve portraits et souvenirs d'autres capitaines qui servirent Marie-Thérèse et Joseph II pendant la guerre de Sept Ans : Lacy (1725-1801) et Laudon (1717-1790).

Statue de l'archiduc Charles. La statue équestre qui se dresse au milieu de la salle consacrée à l'archiduc Charles est la réplique de celle de la place des Héros ▲ *207*. On y voit aussi des portraits du prince, en famille et à la bataille d'Aspern ● *38*. Frère de François II, l'archiduc Charles de Habsbourg (1771-1847), duc de Teschen, prit part à la plupart des batailles contre la France et fut l'un des grands témoins de l'histoire de la fin du XVIIIe et du début du XIXe siècle. En 1792, il se battit à Jemmapes contre Dumouriez, à Amberg et à Wurzbourg (en Allemagne) contre Jourdan et Moreau (1796-1797) et contre les armées du premier consul Bonaparte lors de la deuxième coalition (1799-1801). Président du conseil de guerre de l'empire en 1801, l'archiduc Charles n'était pas partisan de la guerre immédiate contre Bonaparte, ce qui le mit en désaccord avec les autres ministres autrichiens. Après Austerlitz (1805), il réorganisa l'armée autrichienne et imposa de dures batailles à Napoléon Ier. Après 1809, il prit sa retraite et écrivit des livres de théorie militaire.

Salle Radetzky. Pendant la révolution de 1848 ● *38*, le nouveau chancelier Félix von Schwarzenberg (1800-1852) et son beau-frère Windischgrätz réprimèrent les insurrections de Vienne ● *40* et de Prague, tandis que le maréchal von Radetzky (1766-1858) combattait les mouvements nationalistes italiens. Dans la salle, on voit des souvenirs du maréchal et une vue de la bataille de Novara (1849). Des tableaux évoquent les défaites de Solferino (1859) contre les Français et les Piémontais, et de Sadowa (1866) contre la Prusse. Après cette période sombre, au cours de laquelle sa zone d'influence en Europe diminua, l'empire devenu la double monarchie austro-hongroise connut une période de paix qu'interrompit seulement l'occupation de la Bosnie-Herzégovine en 1878. Mais, en 1914, un nationaliste serbe assassina François-Ferdinand à Sarajevo ▲ *145*.

Salles de la Marine. Il y faut voir la maquette de la frégate *Novara*, qui fit le tour du monde en 1857-1859, les souvenirs de l'archiduc Maximilien, qui réorganisa la marine de guerre avant de devenir empereur du Mexique ▲ *145*, et les documents sur l'expédition au pôle Nord de 1872 à 1874 (découverte de la «terre de François-Joseph»).

Ci-dessus, étendard du régiment de dragons «Prince Eugène de Savoie» et médaille commémorative de Joseph II ; ci-dessous, drapeau de bataillon d'un régiment impérial d'infanterie.

L'Autriche fut en guerre avec la France dès 1792 (Marie-Antoinette était la sœur de Joseph II). Sous le Directoire (1795-1799), Bonaparte mena la brillante campagne d'Italie contre les forces autrichiennes. L'Autriche forma avec les autres monarchies des coalitions, que Napoléon Ier battit à Austerlitz (1805) et à Wagram (1809). Puis ce fut la chute et le premier exil à l'île d'Elbe.

La Bataille de Novara, le 23 mars 1849.

Le buste de Brahms ● *51*.

SANKT-MARXER-FRIEDHOF

LE CIMETIÈRE DE MOZART. Au sud-est du musée de l'Armée se trouve le petit cimetière Saint-Marc, où Mozart ● *48* fut inhumé le 6 décembre 1791. La neige et la pluie empêchèrent ses amis et sa famille de passer la porte d'enceinte de la ville. Aussi le corbillard se dirigea-t-il seul vers le cimetière, qui se trouvait en rase campagne. Le fossoyeur jeta le corps de Mozart dans la fosse commune. Quand la veuve du musicien s'y rendit, le fossoyeur – un nouveau – fut incapable de retrouver le corps. Ce cimetière est de style Biedermeier ● *62*.

Ci-dessus, les tombeaux de Josef Strauss, Johann Strauss, Franz Schubert et Beethoven ; ci-contre, celui de Mozart.

ZENTRALFRIEDHOF ♥

Au bout du Rennweg, que prolonge la Simmeringer Hauptstrasse, s'étend le Cimetière central (Zentralfriedhof), le plus grand d'Autriche (240 ha). Ouvert en 1874, il contient les dépouilles d'un million de personnes, dont un grand nombre de célébrités de la politique et des arts. Le portail, qui donne sur la Simmeringer Hauptstrasse, a été dessiné en 1905 par Max Hegele, architecte de l'ÉGLISE KARL-LUEGER (Luegerkirche). Entre le portail et l'église, l'allée centrale mène à la crypte des présidents de la République et aux tombes d'honneur. Les plus connues sont celles des musiciens. Des peintres et des sculpteurs y reposent aussi : Alt ● *103*, Amerling ▲ *241, 257, 280*, Makart. Dans le secteur israélite, on verra les tombes de Kraus ● *116* et de Schnitzler ● *113*. Souvent, on a exhumé les célébrités pour les transférer ici.

CHÂTEAU DE NEUGEBÄUDE. Le Cimetière central continue de l'autre côté de la Simmeringer Hauptstrasse. Là se trouvent le CRÉMATORIUM, bâtiment original de Clemens Holzmeister (1922), et les vestiges du château de Neugebäude. Il fut bâti par Maximilien II (1527-1576) ● *30* qui en fit sa résidence d'été (à la même époque, il acquit le vieux château de Katterburg). Transformé en poudrière, Neugebäude fut dépouillé d'une partie de ses colonnades et de ses décorations, qui servirent à construire les ruines romaines de Schönbrunn et la colonnade de la Gloriette ▲ *282, 284*.

D'ILLUSTRES ABSENTS
Gluck, Beethoven, Brahms, Schubert, les Strauss, Lanner, Wolf et Schönberg ● *48, 50, 52, 56, 58* reposent au Cimetière central. Mais le tombeau de Haydn est dans l'église d'Eisenstadt (ville des Esterhazy). Quant à Mozart, il n'a qu'un cénotaphe. Malher est enterré au cimetière de Grinzing, tandis que la tombe de Bruckner se trouve dans la crypte de la basilique de Saint-Florian. Berg repose à Hietzing, non loin de Klimt ▲ *250*.

Du Prater au Danube

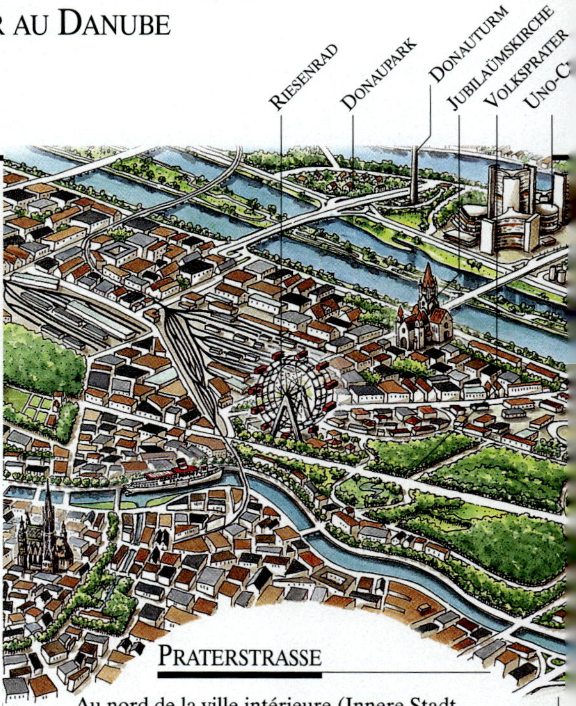

1/2 journée

UN AUTEUR DE VAUDEVILLES
Acteur, puis directeur de théâtre à Vienne, Johann Nestroy (1801-1862) est resté populaire pour ses comédies de mœurs ● *60*, très prisées du grand public. Comme dans le théâtre de boulevard français, il dresse une satire mordante de la société bourgeoise de son époque (Biedermeier ● *62*), dans d'innombrables farces, vaudevilles et comédies. Les plus connues sont *Lumpazivagabundus* (1833), *À terre et au premier étage* (1835), *Les Deux Somnambules* (1836) et *La Jeune Fille du faubourg* (1841).

MAISON DE STRAUSS
Johann Strauss fils ● *57* écrivit deux cents valses environ et fut appelé le «roi de la valse». Un critique écrivit dès 1833 : «On peut dire de Strauss fils qu'il est la Valse incarnée. [...] Bonne nuit Lanner ! Bonsoir Strauss père ! Bonjour Strauss fils !».

PRATERSTRASSE

Au nord de la ville intérieure (Innere Stadt, ▲ *129*), la rue du Prater (Praterstrasse) relie le canal du Danube et la place de Suède (Schwedenplatz) au carrefour de l'Étoile-du-Prater (Praterstern), près duquel se tiennent la fête foraine et le parc. Le bateau-mouche *Johann-Strauss* est amarré au QUAI FRANÇOIS-JOSEPH (Franz Josefs Kai) ▲ *200, 229*, où ont lieu presque tous les soirs des spectacles de valse viennoise.

«LE BEAU DANUBE BLEU». La Praterstrasse, qui traverse la Leopoldstadt, est bordée de quelques maisons intéressantes, notamment AU CHASSEUR VERT (n° 28), où Joseph Lanner – rival des Strauss – faisait valser Vienne ● *56*. Près de la PLACE NESTROY (Nestroyplatz) s'élevait autrefois le théâtre Carl, que dirigea de 1845 à 1860 l'écrivain Johann Nestroy (1801-1862). Plus loin, en face de l'ÉGLISE SAINT-JEAN-NÉPOMUCÈNE (Johann-Nepomuk-Kirche), de style néo-byzantin (1846), se tient la MAISON-MUSÉE DE JOHANN STRAUSS fils (n° 54). C'est dans cette maison qu'il composa, en 1867, *Le Beau Danube bleu*, la plus célèbre de ses valses. Sur le même trottoir, au n° 70, se trouve le PALAIS DES DOGES (Dogenhof), pastiche de style néo-gothique byzantin d'un palais vénitien. Il fut probablement construit au siècle dernier, en même temps que la «Venise à Vienne» du Prater, où l'on circulait en gondole sur les canaux. À son emplacement, on a édifié la grande roue ▲ *266* et les manèges de la fête foraine.

PRATERSTERN. La Praterstrasse se termine au carrefour de l'Étoile-du-Prater (Praterstern), d'où rayonnent sept grandes avenues qui traversent Leopoldstadt. Au nord du carrefour s'étend l'imposante gare de Vienne-Nord, tandis qu'à l'est la grande roue domine les arbres du parc du Prater. Au milieu de la place s'élève le MONUMENT À L'AMIRAL TEGETTHOFF, qui participa à la bataille navale de Héligoland contre les Danois en 1864 et fut le grand vainqueur des Italiens à la bataille navale de Lissa (1866). En 1867, il fut chargé d'aller chercher au Mexique la dépouille de Maximilien ▲ *145*.

Le *Johann-Strauss.*

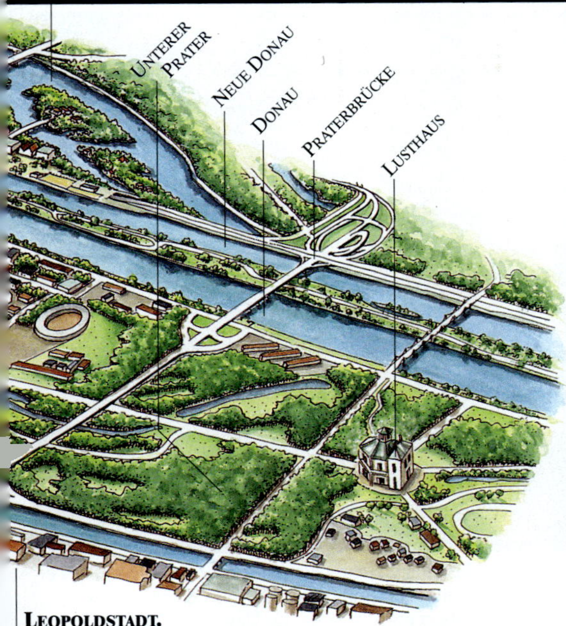

LEOPOLDSTADT.
Grand quartier populaire du nord de la ville intérieure, la Leopoldstadt (IIe arrondissement) s'étend entre le canal du Danube et le fleuve ■ *20, 22*. Jusqu'à la Seconde Guerre mondiale, de nombreuses familles de petits commerçants et d'artisans juifs le peuplaient. Après l'Anschluss ● *42*, les nationaux-socialistes déportèrent les Juifs ▲ *156, 169* de la Leopoldstadt et détruisirent toutes les synagogues.
MAISON DE SCHÖNBERG. Au bord du canal du Danube, le quai de l'OBERE DONAUSTRASSE vit naître le père de la musique dodécaphonique.

PRATER

Depuis son ouverture au public par Joseph II, en 1766, le Prater est la promenade favorite des Viennois. Ils y trouvent non seulement de grands espaces verts pour la marche et la course à pied, mais également un grand parc d'attractions que domine la grande roue,

LE CONGRÈS S'AMUSE
Le Prater eut son heure de gloire lors du congrès de Vienne ● *38*. Les rois, les empereurs et leurs suites de généraux et de diplomates vinrent de toute l'Europe à Vienne où, nuit et jour, se donnaient réceptions, feux d'artifice et bals. Au Prater, devenu la promenade la plus élégante d'Europe, une nouvelle danse – la valse ● *56* – faisait fureur.

ARNOLD SCHÖNBERG (1874-1951) ● *52*
Influencée par Brahms ● *51*, Wagner ▲ *224* et Mahler ● *52*, ▲ *232*, comme en témoigne *Nuit transfigurée* (1899), son écriture évolua vers l'atonalité pour donner naissance au dodécaphonisme. Son *Traité d'harmonie* date de 1911. Quant à *Pierrot lunaire* (1912), mélodrame qui utilise la technique du *Sprechgesang*, il eut un retentissement mondial. En 1933, Schönberg s'exila aux États-Unis, où il enseigna.

PRATERSTRASSE
Joseph II ● *36*, ▲ *291, 292* lança à ceux qui se plaignaient qu'on ouvrît le Prater au public : «Pour être avec mes pairs, j'en serais réduit à me promener dans la crypte des Capucins !»

PÉRIPÉTIES
En 1898, Marie Kindl se suspendit par les dents à un câble qui pendait d'une cabine de la grande roue. En 1914, la Française Solange d'Atalide monta à cheval sur le toit d'une cabine. Entre les deux guerres, les frères Maningo effectuèrent des acrobaties pour le compte des actualités cinématographiques Pathé. En 1986, des écologistes déployèrent au sommet une banderole dénonçant l'emploi du nucléaire.

«VENEDIG IN WIEN»
Durant les travaux de la régularisation du cours du Danube, on aménagea de petits canaux sur lesquels on pouvait se promener en gondole, ce qui leur valut le surnom de Venise à Vienne.

LA ROUE EN CHIFFRES
Supportée par de grands piliers en poutrelles de fer, la grande roue a une hauteur de 64,75 m (diamètre de la roue seule : 61 m). Elle comporte 120 rayons faits de câbles métalliques. Elle pèse au total 430,05 t et tourne à la vitesse de 0,75 m/s. Depuis la dernière guerre, elle ne compte plus 30 cabines mais 15 qui portent un numéro pair. À l'occasion de son 90e anniversaire, en 1987, la cabine n° 30 a été aménagée en version «luxe».

d'innombrables guinguettes – surtout fréquentées le samedi et le dimanche – et des installations sportives. Ces terrains marécageux situés entre le canal du Danube et le fleuve furent aménagés en réserve de chasse au XVIe siècle, sous Maximilien II (1527-1576), qui, à la même époque, venait d'acheter le domaine de Schönbrunn ▲ *274* dans le même but. S'étendant sur plus de 1 300 ha, le Prater tire peut-être son nom du mot espagnol *prado*, «prairie» (de nombreux Habsbourg, notamment Charles Quint, Ferdinand Ier ou Charles VI parlaient espagnol).

LA FÊTE FORAINE. Dès les premiers jours de l'ouverture du Prater au public, les marchands de glace et de café ainsi que les manèges eurent le droit de s'y installer. Et, à la fin de l'année 1766, on ne dénombrait pas moins d'une centaine de baraques – des tentes pour la plupart – qui vendaient du vin, de la bière, du café ou de la pâtisserie. Au siècle suivant, l'affluence des promeneurs attira de plus en plus de forains, qui se regroupaient dans le VOLKSPRATER (Prater populaire) ou WURSTELPRATER (Prater de Polichinelle). Wurstel est le personnage malchanceux et tragi-comique qui symbolise le Prater. Ce don Quichotte viennois est persécuté par un crocodile et finit par triompher. Le parc d'attractions était fréquenté non seulement par les gens de la rue pour ses baraques de tir, ses manèges et ses guinguettes, mais aussi par les élites,

C'est dans la grande roue que le metteur en scène britannique Carol Reed tourna en 1949 une scène du *Troisième Homme* : la confrontation de Holly Martins (Joseph Cotten) et de son ami Harry Lime (Orson Welles). En 1986, elle servit encore de décor de cinéma, lorsqu'on y tourna quelques scènes du 15e James Bond (incarné par Timothy Dalton).

qui aimaient ses restaurants dansants où se livrait la «guerre des valses» entre Strauss et Lanner ● *56*.

Riesenrad. Au tournant du XIXe et du XXe siècle, alors que l'on comblait les canaux de la petite Venise (dont il ne reste que le Dogenhof, Praterstrasse), on donna à la fête foraine du Prater son attraction la plus spectaculaire : la grande roue (Riesenrad). C'est l'ingénieur militaire Walter Basset, de la marine britannique, qui eut l'idée de la construire, à l'image de celles de Paris, Blackpool, Londres et Chicago. Son inauguration en 1897 vint à point nommé pour l'Exposition universelle, qui eut lieu quelques semaines avant les fêtes du jubilé du règne de François-Joseph ▲ *271*. La grande roue du Prater échappa de peu à la destruction dans les premières années du XXe siècle, lorsque les héritiers du propriétaire la mirent en vente auprès des ferrailleurs. Puis la Première Guerre mondiale éclata : l'état-major la réquisitionna pour en faire un poste d'observation. Elle eut moins de chance pendant la Seconde Guerre mondiale : lors des bombardements de 1944 ● *42*, le Volksprater fut réduit en cendres. La grande roue fut reconstruite et modernisée et, en mai 1947,

Orson Welles dans «Le Troisième Homme» ● *42*, ▲ *192*
Grand prix du Festival de Cannes de 1949, le film connut un énorme succès et n'a pas peu contribué à faire la renommée de la grande roue du Prater.

elle entrait à nouveau en service, au milieu d'une fête foraine en pleine restauration.

Planetarium et Pratermuseum. À côté de la grande roue s'élève le Planétarium, fondé en 1927 par le constructeur de matériel et d'équipements optiques Zeiss. Il renferme également un musée (Pratermuseum) qui retrace toute l'histoire du Prater. Une curieuse maison en forme de boule se trouve à côté du Planétarium : la Kugelmugel. Elle sert de résidence à un original, Edwin Lipburger, qui y a fondé «la plus petite République du monde». Près de la grande roue, on peut prendre le petit train appelé Lilliputbahn, qui traverse une bonne partie du Prater (de la fête foraine au grand stade [Stadion]).

Tour Mannesmann. Entre la Grande Allée (Hauptallee) du Prater et la route de l'Exposition (Ausstellungstrasse) se trouve, outre la fête foraine, le parc des Expositions (Messelände),

que domine la tour Mannesmann (150 m de hauteur). C'est là que se tiennent – ainsi qu'au palais des Expositions (Messepalast ▲ *207*) les foires internationales de printemps et d'automne.

Équipements sportifs. Au sud-est du parc des Expositions, on a construit des équipements sportifs : hippodrome, stade, piscine, tennis, terrain de golf et champ de courses de Freudenau.

Lusthaus
Tout au bout de la Grande Allée cavalière se dresse le pavillon de Plaisance (Lusthaus), agencé en café-restaurant. Cet ancien pavillon de chasse impérial a été aménagé par Isidorio Canevale ▲ *271* en 1784. Lors du premier anniversaire de la bataille de Leipzig (1813) contre Napoléon Ier, l'empereur d'Autriche et ses alliés organisèrent un grand banquet commémoratif à l'intérieur, tandis que dix-huit mille de leurs soldats pique-niquaient dans le parc.

Hauptallee
Partant du carrefour de l'Étoile-du-Prater (Praterstern), la Grande Allée cavalière (Hauptallee) traverse le Prater de part en part, du Prater inférieur (Unterer Prater) à Freudenau. Parallèle au Danube, cet axe de plusieurs kilomètres est entièrement piéton. Jadis, l'aristocratie venait s'y promener en calèche ou à cheval.

Taborstrasse

Comme la rue du Prater, la rue du Tabor (Taborstrasse) part du canal du Danube et de la place de Suède, mais elle monte à travers la Leopoldstadt.

Barmherzige-Brüder-Kirche. Au début de la Taborstrasse, à droite, s'élèvent l'hôpital et le couvent des Frères-de-la-Charité, dotés d'une grande église (Barmherzige-Brüder-Kirche), construits au XVIIe siècle. Avant d'être maître de chapelle des Esterhazy ● *49*,

▲ *162*, Joseph Haydn ● *48* fut épisodiquement organiste de cette église, de 1755 à 1758.

Karmeliterplatz. La Taborstrasse passe ensuite par la place des Carmélites (Karmeliterplatz), où se tient l'Église Saint-Joseph (Josefskirche), ancienne église des Carmélites, construite au XVIIe siècle, dont on admirera la belle façade baroque. Sur cette même place se trouvait autrefois la maison du Cerf (Hirschenhaus), où vécut la famille Strauss ● *56*.

Augarten

Au nord de la ville intérieure, le parc d'Augarten (ci-dessus) s'étend sur 52 ha, à la frontière de la Leopoldstadt (IIe arrondissement, ▲ *265*) et de Brigittenau (XXe arrondissement, ▲ *296*). Aménagé sous Ferdinand II (1578-1637), il fut redessiné en 1712 par le jardinier français Jean Trehet qui, à la même époque, travaillait au parc du nouveau château de Schönbrunn ▲ *284*. Comme le Prater, le parc d'Augarten fut ouvert au public par Joseph II, en 1775.

Mozart et Beethoven. Dans ce parc se trouvait autrefois l'Alte Favorita, palais de Léopold Ier (1640-1705), qui fut détruit lors du siège de 1683 ● *34*. Des décombres surgirent une orangerie, où des musiciens comme Mozart ● *48*, ▲ *147, 281* et Beethoven ● *51*, ▲ *298* donnèrent des concerts pour la cour impériale, sous Joseph II ● *36*, ▲ *291, 292* et François Ier ● *38*, ▲ *182*.

Porzellanmanufaktur Augarten ♥. Cette ancienne orangerie abrite aujourd'hui la manufacture de porcelaine d'Augarten (Porzellanmanufaktur Augarten) ● *72*, dont le monogramme «À la Ruche» est célèbre dans le monde entier. Fondée en 1717 par le Néerlandais Du Paquier, la manufacture occupa d'abord à Vienne des locaux dans la Porzellangasse (rue de la Porcelaine) avant d'être transférée à Augarten. Elle a connu une grande vogue à l'époque baroque, lorsqu'elle produisait non seulement de la vaisselle mais aussi des vases et des bibelots qui s'harmonisaient avec le décor rococo des palais viennois ● *80, 82*. Concurrencée par les porcelaines de Sèvres et de Saxe (Meissen), la manufacture connut un nouvel essor lorsque Marie-Thérèse ● *36*, ▲ *158, 280, 291* en fit, en 1744, une manufacture d'État. Elle forma alors de nombreux décorateurs dont les styles renouvelaient sans cesse les dessins des productions d'Augarten. Le «vieux-Vienne», par exemple, connut une

Petit chanteur dans le palais d'Augarten.

La manufacture de porcelaine
Au XIIIe siècle, Marco Polo rapporta de Chine les premières pièces de porcelaine. Les négociants d'Amsterdam continuèrent longtemps d'en importer de Chine pour la vendre dans toute l'Europe, car ce n'est qu'à la fin du XVIIe siècle que, en plusieurs points d'Europe, on perça le secret de fabrication de la porcelaine dure. Au début du XVIIIe siècle, des manufactures s'ouvrirent à travers l'Europe, dont celle de Meissen, en Saxe, en 1710, et celle d'Augarten, en 1717. À la fin du XVIIIe siècle, Augarten était réputée pour ses groupes mythologiques. Jusqu'en 1744, les pièces étaient estampillées d'un écu bleu rayé, puis elles portèrent l'aigle à deux têtes des Habsbourg ▲ *143, 144, 195, 280*.

PETITS CHANTEURS À AUGARTEN ● *54*
Cette institution dispense à 150 enfants formation musicale et instruction générale. Ils sont répartis entre quatre chœurs. Les chanteurs ont leur internat dans le grand palais ; ceux dont la voix a mué (ils ne font alors plus partie de la chorale) dans le pavillon de Joseph II.

FLAKTURM
La masse de béton de la tour de défense antiaérienne (Flakturm) trouble la paix du parc d'Augarten. On a construit six tours de ce type à Vienne pendant la Seconde Guerre mondiale. Et on n'a pas pu les détruire ! La municipalité, après avoir essayé de les camoufler, tente de les transformer en belvédères, en salles d'expositions, ou, selon un projet récent, en restaurants panoramiques.

LES REMPARTS ET LE SCHLAG BRÜCKE
Pour empêcher les crues du Danube, les Viennois ont entrepris à partir de la fin du XVIIIe siècle des travaux titanesques pour en régulariser le cours. Le bras qui passait au pied des remparts est devenu le canal du Danube, navigable sur les 17 km de son cours. Quant au Danube proprement dit, on lui a creusé, à la fin du XIXe siècle, un nouveau lit en ligne droite, sur quelque 20 km, dont les berges ont été empierrées et bétonnées. En 1975, on en a aussi aménagé le bras parallèle, le Nouveau Danube (Neue Donau) ■ *20, 22.*

renommée mondiale, avec ses décors à fleurs et à personnages peints. Puis Augarten emprunta ses sujets aux bergeries françaises, à la mythologie et au rococo (feuillages et arabesques). À la fin du XVIIIe siècle, quand toute l'Europe se passionna pour les fouilles d'Herculanum et de Pompéi, la vaisselle se couvrit de grotesques et de figures à l'antique inspirées de Raphaël. On fabriqua beaucoup de figurines, qu'on collectionnait partout en Europe. L'arrivée de Napoléon Ier et son installation à Schönbrunn ● *38* lancèrent le style Empire. Puis, après le congrès de Vienne, l'époque Biedermeier ● *62* s'épanouit. Elle fut particulièrement en vogue à Augarten qui recruta un peintre miniaturiste, Daffinger, lequel lança le décor à «idylles». Dans les appartements de l'époque fleurissaient d'innombrables porcelaines décoratives, assiettes accrochées au mur ou tabatières, pipes, figurines, tasses, théières, etc., exposées dans des vitrines. À la chute de l'empire des Habsbourg, en 1918 ● *33*, la manufacture connut des moments difficiles, mais elle se releva bientôt et continua à inventer des décors adaptés à l'esprit du temps.

LES PALAIS DE L'AUGARTEN. Dans le parc d'Augarten se trouve également un palais baroque (AUGARTENPALAIS), construit à la fin du XVIIe siècle dans le style de Fischer von Erlach ● *74, 80,* ▲ *138, 147*. Acheté en 1780 par Joseph II, il fut un peu délaissé par l'empereur, qui lui préférait le petit pavillon (JOSEPHSSTÖCKL) tout proche, construit par l'architecte italien Isidorio Canevale ▲ *268*, en

1781. Dans ces palais séjournèrent le pape Pie VI en 1782 et l'empereur Charles Ier ● *33,* ▲ *144, 180* pendant son enfance. Aujourd'hui, ce sont les petits chanteurs de Vienne (Wiener Sängerknaben) ● *54* qui occupent les palais d'Augarten.

BRIGITTAKAPELLE. La chapelle Sainte-Brigitte, bâtiment Renaissance (1645-1651), est coincée au milieu d'immeubles, dans l'Adalbert-Stifter-Strasse, au nord d'Augarten. Due à Filiberto Lucchesi, elle est sans doute votive, destinée à conjurer la menace des armées suédoises pendant la guerre de Trente Ans ▲ *259.*

MEXIKOPLATZ. C'est dans le quartier de la place de Mexico (Mexikoplatz), entre la GARE DU NORD (Nordbahnhof) et le Danube, que les réfugiés politiques d'Europe de l'Est trouvaient un asile temporaire avant de reprendre leur émigration vers d'autres pays.

DONAU

Contrairement à çe qu'on imagine, le Danube (Donau) ■ *20, 22* ne baigne pas les murs de Vienne ; il a toujours formé ici un vaste delta intérieur, dont les bras morts sont semés d'îles et d'îlots.

REICHSBRÜCKE. L'immense Pont-Impérial (Reichsbrücke), qui part de la place de Mexico, franchit d'abord le Danube, où se pratiquent toutes sortes de navigations : péniches, barges, chalands et bateaux-mouches descendent vers la Hongrie (Budapest) ou débarquent à l'immense port fluvial de Vienne, plus en aval (qui comprend les ports céréalier d'Albern, de marchandises de Freudenau et pétrolier de la Lobau).

DONAUINSEL. Puis le pont enjambe la grande île du Danube (Donauinsel), qui s'étire tout en longueur sur 21 km – d'où son surnom d'«île Spaghetti» – entre le Danube

JUBILÄUMSKIRCHE
En 1898, les Viennois décidèrent de fêter dignement les cinquante ans de règne de François-Joseph ● *41,* ▲ *142, 144, 178.* On organisa de grandes fêtes à travers la ville, tandis que commençait la construction de l'église du Jubilé (Jubiläumskirche), place de Mexico. Cet édifice néo-roman ne sera achevé qu'en 1913 – François-Joseph n'avait alors plus que trois ans à vivre.

DONAUTURM
Le parc du Danube est surtout connu pour la haute tour du Danube (Donauturm), de 252 m, qui en est devenue l'emblème. Deux restaurants tournants, installés à 160 m et 170 m d'altitude, offrent une vue panoramique sur la région de Vienne : vallée du Danube, plaine du Marchfeld, collines de la forêt viennoise ■ *18*, ● *68, 100*.

et le Nouveau Danube. Cette bande de terre bordée de 42 km de plages est consacrée aux sports nautiques (voile, canotage, natation) et terrestres (football, cyclisme, patinage à roulettes). On y a même prévu des aires de jeux pour les handicapés, des sites de pêche à la ligne et une réserve animalière. Tous les sports nautiques se pratiquent dans le Nouveau Danube, qui n'est pas ouvert à la navigation marchande.

Après le Danube, l'île artificielle du Danube et le Nouveau Danube, le Pont-Impérial enjambe la grande île du Danube et le Vieux Danube, puis rejoint la Donaustadt (XXIIe arrondissement), sur la rive gauche du fleuve.

UNO-CITY. Construite dans les années 1973-1976, la cité des Nations unies (UNO-City) dresse ses tours de bureaux paraboliques au milieu de l'île cernée par le Nouveau et le Vieux Danube. Ouvert en 1987, l'AUSTRIA CENTER VIENNA, voisin de la cité de l'ONU, compte quatorze salles pouvant recevoir de cinquante à plus de quatre mille personnes. Outre les conférences et les séminaires, on y organise expositions, galas, spectacles et concerts. Ce centre a sa propre radio, des restaurants, des banques, des agences de voyages et une poste.

DONAUPARK. Aménagé au nord-ouest de la cité des Nations unies, à l'occasion des floralies internationales de 1964, le parc du Danube (Donaupark) est le deuxième grand espace vert de Vienne, après le Prater. Un petit train permet de faire le tour des jardins et du lac artificiel, IRISSEE, où l'on a aménagé un THÉÂTRE sur l'eau capable d'accueillir quatre mille spectateurs.

ALTE DONAU. Au sud-est de la cité des Nations unies, l'île du Danube s'échancre par le beau plan d'eau de KAISERWASSER, débarcadère de canots électriques. Deux chenaux donnent accès au Vieux Danube (Alte Donau) et à ses îles (GROSS UND KLEIN GÄNSEHÄUFEL), paradis des promeneurs. Celui-ci n'est plus qu'un bras mort, fermé aux deux extrémités et noyé dans la verdure, ce qui en fait un lieu de pique-nique, de voile ou de canotage.

LA CITÉ DE L'ONU
Les Nations unies louent à l'État autrichien ce complexe où sont installées en particulier l'AIEA (Agence internationale de l'énergie atomique) et l'ONUDI (Organisation des Nations unies pour le développement industriel).

De Schönbrunn au Steinhof

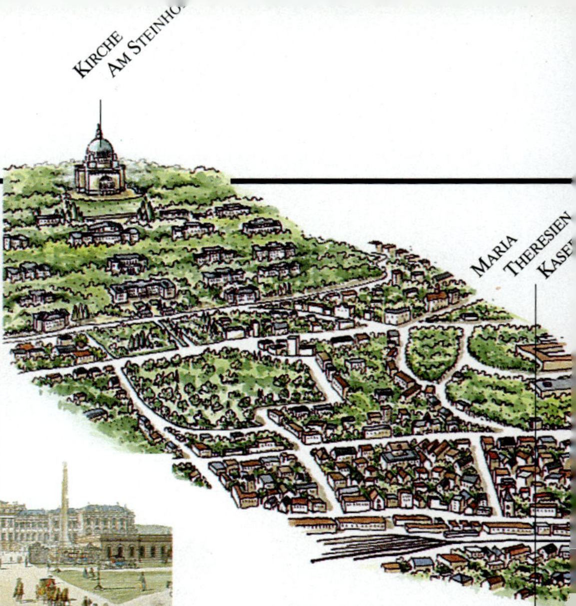

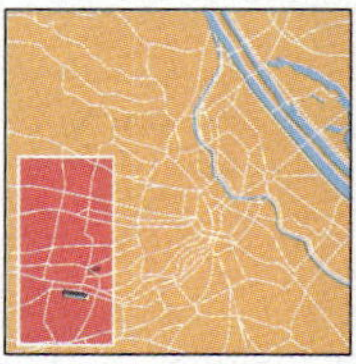

1/2 journée

FAÇADE DE SHÖNBRUNN Deux obélisques coiffés d'aigles encadrent l'entrée de la cour d'honneur. Il ne s'agit pas des aigles à deux têtes, emblème des Habsbourg ● *29,* ▲ *143, 144, 195, 200,* mais des aigles napoléoniennes, que l'empereur des Français fit poser lors de ses deux séjours à Vienne ● *38,* en 1805, après Austerlitz, et en 1809, après Wagram. Son beau-père François Ier ▲ *182* conserva ces aigles même après la chute de l'Empire français, en 1815.

UNE EAU PURE L'eau de la Belle Fontaine était très pure. François-Joseph ● *41,* ▲ *178* en faisait boire à ses invités qui venaient déjeuner ou dîner à Schönbrunn.

SCHLOSS SCHÖNBRUNN ♥

Tout au bout de la Wienzeile ▲ *237,* au sud-ouest de Vienne, s'étendent le grand parc et le château de Schönbrunn (Schloss Schönbrunn), ancienne résidence d'été des Habsbourg. À l'origine, sur le domaine de Schönbrunn, s'élevait le château de Katterburg, détruit par les Turcs en 1529 ● *34.* La terre fut achetée en 1559 par Maximilien II en vue d'y aménager une réserve de chasse, des bassins pour la pisciculture, un élevage de volailles et d'y planter les essences rares du jardin. Rebâti, le château de Katterburg devint à la fois le rendez-vous de chasse des Habsbourg et une ferme agricole. Agrandi par Rodolphe II, le château fut de nouveau détruit en 1605, lors d'une incursion des Hongrois menés par Étienne Bockai.

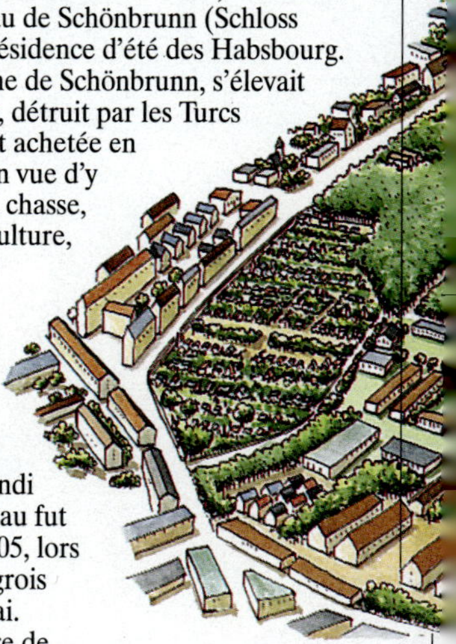

LA BELLE FONTAINE. Frère de Rodolphe II, Mathias II, qui lui succéda en 1612, résida épisodiquement au château, qu'il avait fait reconstruire. Au cours d'une partie de chasse, il découvrit dans les bois une belle fontaine (Schöner Brunnen), qui donnera son nom à l'ensemble du site : Schönbrunn. Mais la vogue de Schönbrunn auprès de la famille impériale commença vraiment avec Éléonore de Gonzague, femme de Ferdinand II (1619-1637). La princesse italienne agrandit le château et aménagea le jardin pour en faire sa résidence d'été, dans laquelle elle donna des fêtes splendides.

SURPASSER VERSAILLES ? Après la victoire de 1683, qui repoussait définitivement les Turcs d'Europe, l'empire des Habsbourg entrait pour quelques années dans une période de paix et de prospérité. Léopold Ier et les princes attachés à la cour impériale en profitèrent pour se faire construire à Vienne des palais magnifiques ● *80, 82,* ▲ *246.*

Schönbrunn ayant été détruit lors du siège de 1683, Léopold Ier décida de le remplacer par un palais digne de la puissance retrouvée des Habsbourg. Il fit appel à Fischer von Erlach ● *74, 80,* ▲ *138, 147*. Bien que formé en Italie, l'architecte autrichien prit pour modèle Versailles, palais gigantesque en construction depuis 1661, où Louis XIV vivait en monarque absolu. Le projet que Fischer von Erlach présenta à Léopold en 1690 surpassait

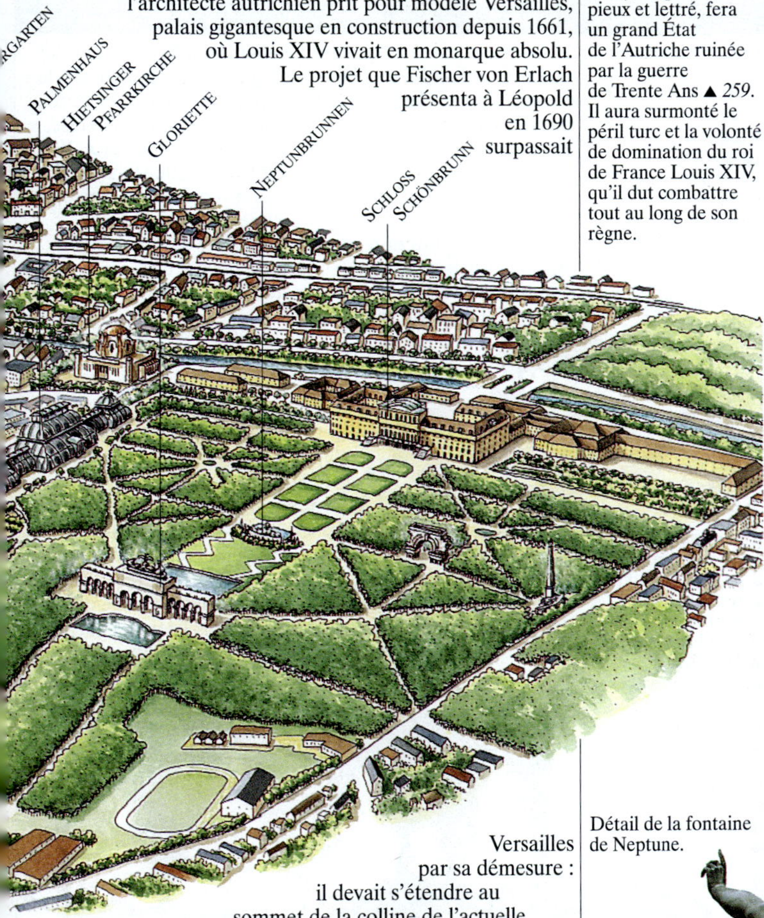

Versailles par sa démesure : il devait s'étendre au sommet de la colline de l'actuelle Gloriette. L'empereur le refusa car il n'était pas dans la tradition des Habsbourg de vouloir imposer à leurs sujets l'image de dieux vivants. Au contraire, la dynastie était plutôt connue pour sa simplicité et son sens de l'économie. En 1693, un second projet – beaucoup plus modeste et moins dispendieux – fut accepté : le nouvel édifice compterait – seulement – 1 441 pièces !

Une résidence agréable. Commencés au pied de la colline en 1696, les travaux de Schönbrunn se poursuivirent longtemps après la mort de Léopold Ier (en 1705) et de Fischer von Erlach (en 1723), sous les règnes de Joseph Ier (1705-1711), de Charles VI et de sa fille Marie-Thérèse ● *36* ▲ *158, 291*. Beaucoup moins solennel que le palais impérial de la Hofburg ▲ *175*, le château de Schönbrunn s'imposera de plus en plus comme la résidence favorite des

Léopold Ier ● *31*
Grand-père de Marie-Thérèse, Léopold Ier (1657-1705), empereur pieux et lettré, fera un grand État de l'Autriche ruinée par la guerre de Trente Ans ▲ *259*. Il aura surmonté le péril turc et la volonté de domination du roi de France Louis XIV, qu'il dut combattre tout au long de son règne.

Détail de la fontaine de Neptune.

La cour du château.

Carrosses impériaux
Considéré comme le plus beau du monde, le carrosse de Charles VI ● *36*, ▲ *302* (ci-dessous) fut utilisé lors de son couronnement, en 1714. Cette voiture

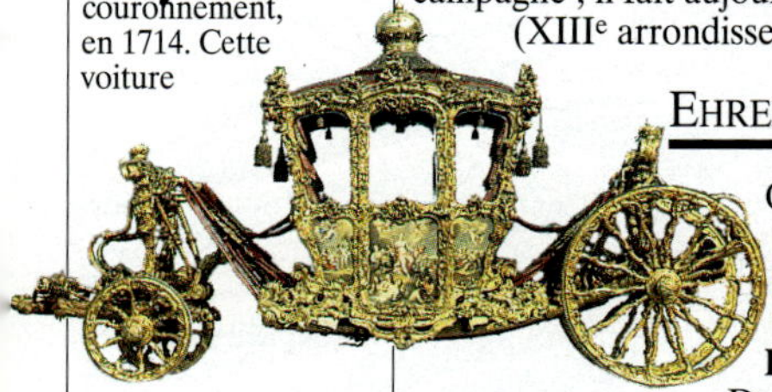

d'apparat de style rococo a la forme d'une couronne dorée et ses portes sont ornées de peintures de l'école de Rubens ▲ *219*. Tiré par huit chevaux, il servit à sept couronnements, y compris à celui de Charles Ier en pleine Grande Guerre. Ci-contre, la berline de Rodolphe ▲ *145*, ◆ *322*.

Habsbourg. La vie à Schönbrunn était très différente de celle que l'on menait à Versailles – où régnait une étiquette rigide – d'autant que le château n'hébergeait pas la cour. Pour broder en paix avec ses filles et faire de l'aquarelle, Marie-Thérèse fit réaménager Schönbrunn par Nikolaus von Pacassi ▲ *192*, afin de rendre le palais plus habitable : on réduisit la taille des pièces des appartements privés en vue de permettre plus d'intimité, tandis que le style baroque de l'ensemble de l'édifice – souvent pompeux – fut égayé par le rococo. Au XIXe siècle, le château se trouvait encore en pleine campagne ; il fait aujourd'hui partie de Hietzing (XIIIe arrondissement ▲ *286*).

EHRENHOF

On accède au palais de Schönbrunn par l'immense cour d'honneur (Ehrenhof) en passant par la grille de l'entrée principale (Hauptor).

Les aigles de Napoléon. Deux obélisques surmontés d'aigles napoléoniennes encadrent la grille. L'empereur des Français les fit poser lors de ses deux séjours à Vienne, après Austerlitz, en 1805, et après Wagram, en 1809. Ornée par deux grandes fontaines (placées par Marie-Thérèse) qui représentent les grands fleuves et les royaumes appartenant

à l'empire, cette cour d'honneur fut le théâtre de grands événements : elle vit défiler la Grande Armée, accueillit les souverains russe, britannique et autrichien lors du congrès de Vienne ● *38*, les armées de Hitler, ainsi que les présidents Kennedy et Khrouchtchev en 1961.

Schönbrunn fut le quartier général soviétique en 1945 et celui des Britanniques de 1945 à 1948 ● *43*.

«JAUNE MARIE-THÉRÈSE». La peinture jaune qui couvre les murs de Schönbrunn fut ensuite imposée à tous les bâtiments administratifs. On dit qu'à l'origine les murs étaient roses et les pilastres gris. En tout cas, on a récemment repeint les bâtiments d'un jaune moins orangé que le précédent.

LA FAÇADE. De cette vaste esplanade on voit se profiler la masse imposante du château, dont la façade ▲ *285* est ornée de pilastres et couverte d'une peinture ocre-jaune (le «jaune Marie-Thérèse»). Au balcon, notamment, se tint Marie-Thérèse pour saluer l'arrivée du comte Kinsky, venu lui annoncer la victoire autrichienne sur les Prussiens ● *36*.

LES DÉPENDANCES. Outre le château, de nombreuses dépendances entourent la place, en particulier le MUSÉE DES CARROSSES (Karossensammlung), installé dans l'ancien manège d'hiver. Soixante voitures y sont exposées, parmi lesquelles la berline de Napoléon Ier, le phaéton de l'Aiglon et la calèche de Sissi ▲ *119, 143, 144, 178*, dans laquelle elle se rendit incognito à Genève en 1898. Un corbillard rouge servait à l'enterrement des archiducs, et un noir était réservé à celui des souverains. À la demande de Marie-Thérèse, Pacassi construisit en 1747 le petit théâtre (SCHLOSSTHEATER), dans le style baroque. C'est là que se produisirent Mozart et Haydn ● *49*. Aujourd'hui, on peut y écouter l'opéra de chambre de Vienne *(Wiener Kammeroper)* ● *54*.

Sculptures du parc ▲ *284*.

CORPS DU BÂTIMENT

Sur les 1 441 pièces que compte Schönbrunn, quarante-deux seulement, au premier étage, sont ouvertes au public (les autres sont louées). On y accède par la cour d'honneur. Dans toutes les pièces de Schönbrunn (comme à la Hofburg ▲ *175*) se trouvent de grands poêles de faïence.

BERGLRÄUME. Avant d'aller visiter les appartements et les salons du premier étage, on passe par les salons de Bergl (Berglräume), ou «pièces indiennes», entièrement décorés de fresques exotiques ▲ *180*. À côté, la CHAPELLE (Schlosskapelle), construite vers 1700, a un plafond orné d'une belle fresque de Daniel Gran ▲ *146, 304*.

GROSSE GALERIE. La Grande Galerie (Grosse Galerie) donne sur l'ESCALIER D'HONNEUR et le balcon qui s'ouvre sur l'esplanade. Décorée de ses lambris blanc et or et de lustres de cristal, la Grande Galerie (43 m) sert toujours aux banquets officiels : c'est ici qu'eut lieu en 1955 la réception de clôture suivant la signature du traité qui mettait fin à l'occupation de Vienne par les troupes alliées ; en 1945, une bombe a traversé la fresque du plafond de Gregorio Guglielmi ▲ *279* représentant les territoires de l'empire rendant hommage à Marie-Thérèse et à François Ier, mais, par chance, elle n'a pas explosé !

LE PETIT THÉÂTRE
Joseph II et sa sœur Marie-Antoinette (future reine de France) dansent le ballet *Le Triomphe de l'amour* (1764), de Gluck ● *48*. Les Habsbourg aimaient et pratiquaient tous les arts : danse, musique, théâtre, peinture, etc. C'est dans le petit théâtre que Mozart dirigea *Le Directeur de théâtre* et qu'on donna son *Don Juan*.

Détail d'une fresque de la Berglräume ▲ *277*, de Johann Bergl (1718-1789).

KARUSSELLZIMMER ET LANTERNZIMMER. De part et d'autre de la Grande Galerie s'ouvrent la SALLE DU CARROUSEL (laquelle doit son nom à la peinture de Meytens ● *98* qui représente l'École d'équitation espagnole, ▲ *190* ; il s'y trouve aussi un grand portrait de Charles VI ● *36*, ▲ *142, 302*) et la SALLE DES LANTERNES, qui servait d'antichambre.

KLEINE GALERIE. Dans le prolongement de la Grande Galerie mais donnant sur le parc, la Petite Galerie (Kleine Galerie) est également blanc et or, avec une fresque du même Guglielmi *(Le Rattachement de la maison de Habsbourg-Lorraine au Saint Empire romain germanique)*. Aménagée par Pacassi, la Petite Galerie était réservée aux fêtes pour enfants et aux petits banquets. On y jouait aussi de la musique. De part et d'autre de la Petite Galerie s'ouvrent les CABINETS CHINOIS : le cabinet Rond et le cabinet Ovale. Le premier (Chinesischen Rundkabinett), cabinet secret de Marie-Thérèse, communique par un escalier dérobé avec l'étage supérieur, où résidait le chancelier von Kaunitz.

SALONS DE ROSA. Anciens appartements de Joseph Ier, ces salons doivent leur nom à Joseph Rosa, qui les a décorés de fresques représentant des paysages suisses et italiens qui préfigurent l'art romantique. Dans le GRAND SALON DE ROSA sont représentées les ruines de Habsbourg, berceau de la dynastie impériale.

AILE DROITE

APPARTEMENTS DE FRANÇOIS-JOSEPH ET SISSI. Le couple impérial a occupé quinze pièces de l'aile droite. On y accède par un escalier monumental au plafond orné d'une fresque de Sebastiano Ricci, *Allégorie des Vertus des princes*, exécutée en 1702 (un ange figurant «l'Amour de la vertu» prend la main du futur Joseph Ier et lui indique la voie à suivre). Une première pièce, près de l'escalier, servait de SALLE DE GARDE ; on passait ensuite dans l'ANTICHAMBRE (Wartezimmer), dotée d'un billard de style Biedermeier ● *62*, où les personnes reçues en audience attendaient d'être annoncées. La SALLE D'AUDIENCE est également appelée «salon de noyer» (Nusszimmer) car ses murs sont couverts de boiseries de noyer, d'un ton brun qui s'harmonise

«IL NOUS FAUT DES SPECTACLES, SANS CELA LA VIE DANS UNE AUSSI GRANDE RÉSIDENCE EST IMPOSSIBLE.»

MARIE-THÉRÈSE

De haut en bas : la galerie des Glaces, la salle à manger officielle, le salon de la princesse Sophie et le salon Garten Perronsaal (gravures du XIXe siècle du musée historique de la Ville de Vienne ▲ *241*).

❝— Je voudrais aller à Schönbrunn ! fit M. von Trotta et il roula vers Schönbrunn. Inlassable, la pluie fine noyait le château de Schönbrunn, tout comme l'asile de Steinhof. M. von Trotta monta l'avenue, cette même avenue qu'il avait suivie il y avait longtemps, longtemps, pour l'audience secrète, lors de l'affaire de son fils.❞

Joseph Roth, *La Marche de Radetzky*

UN PEINTRE EUROPÉEN

On peut considérer le peintre baroque Gregorio Guglielmi (1714-1773) comme un artiste vraiment européen. Né à Rome, il étudia dans l'atelier de Sebastiano Conca, grand voyageur. Dès 1753, Guglielmi suivit l'exemple de son maître et se rendit à Dresde, puis à Vienne en 1755, avant de retourner à Turin en 1765 ; il mourut à Saint-Pétersbourg. Lors de son séjour à Vienne, il peignit les plafonds de la Petite et de la Grande Galerie ainsi que celui de l'Académie des sciences ▲ *151*, à la demande de Marie-Thérèse.

UNE VIE DE FAMILLE
Chez les Habsbourg, la vie privée – dont la famille est le centre – est distincte des obligations des souverains. C'est le cas pendant le long règne de Marie-Thérèse qui, avec son mari et leurs seize enfants, donne l'image d'une famille unie, aux goûts et aux plaisirs simples (broderie, peinture, botanique). On reconnaît, ci-contre, Marie-Thérèse et ses enfants pour la fête de Saint-Nicolas, et, sur la page de droite, Joseph II au chevet de sa femme nouvellement accouchée.

MARIE-THÉRÈSE ET JOSEPH II
Au XVIIIe siècle, les personnalités de Marie-Thérèse et de son fils Joseph II ● *36,* ▲ *291* ont marqué l'Autriche. Le second régna avec sa mère après la mort

de François Ier, de 1765 à 1780. On les reconnaît ici – Marie-Thérèse portant le deuil de son mari – peints par Heinrich Friedrich Fueger (1751-1818).

DEUX FRANÇOIS Ier
Il faut distinguer François de Lorraine (époux de Marie-Thérèse devenu François Ier, souverain du Saint Empire par l'élection de 1745) de son petit-fils François II, devenu François Ier, empereur héréditaire d'Autriche en 1806 ● *38,* ▲ *182.*

avec le mobilier revêtu de damas rouge (dans la pièce : bustes de François-Joseph portant le collier de l'ordre de la Toison d'or ▲ *133, 183* et de son père l'archiduc François-Charles). Donnant sur la cour d'honneur, le CABINET DE TRAVAIL de François-Joseph est tendu de reps marron, comme les sièges. Cette pièce et la suivante sont ornées de portraits et de statuettes représentant François-Joseph, Sissi et l'archiduc Rodolphe ▲ *145.*

UNE CHAMBRE À COUCHER. La CHAMBRE MORTUAIRE de François-Joseph est décorée des mêmes tissus bruns. C'est ici que l'empereur mourut, le 21 novembre 1916 (un tableau montre l'empereur étendu sur son lit de mort). Après la visite des deux cabinets, on accède au CABINET DE TOILETTE, tendu de brocart rose. Avec ses lits jumeaux en bois foncé et son prie-Dieu, la CHAMBRE À COUCHER commune de François-Joseph et d'Élisabeth paraît aussi austère qu'une cellule de moine. Aux murs, on admire les *Madone à l'Enfant*, de Carlo Dolci et de Guido Reni).

GRAND SALON D'ÉLISABETH. Les murs sont tapissés de brocart gris clair et les meubles recouverts de soie rouge à fleurs. Plusieurs portraits au pastel d'enfants de Marie-Thérèse par Liotard agrémentent cette pièce, qui donne sur le jardin privé impérial. Il faut voir également les tableaux de Hackert *(La Moisson, Les Vendanges)*. Le salon de Marie-Antoinette, l'une des plus grandes pièces des appartements impériaux, tapissé de lambris blanc et or et meublé de sièges tendus de damas rouge, est dominé par l'immense portrait de François Ier en tenue de chevalier de l'ordre de la Toison d'or, par Friedrich von Amerling (1803-1887) ▲ *241*, peintre officiel de la cour.

LA CHAMBRE DES ENFANTS. Les sièges de cette pièce, également de couleur blanche et or, sont recouverts de damas bleu clair. On y conserve des portraits des filles de Marie-Thérèse. L'armoire qui sert de secrétaire appartenait à Marie-Antoinette ; Sissi l'avait emportée dans sa villa *L'Achilleion*, dans l'île grecque de Corfou.

FRÜHSTÜCKZIMMER. Au coin de l'aile droite du château, donnant sur le parc, la salle du petit déjeuner est décorée de vingt-six médaillons fixés aux murs qui contiennent des napperons brodés par Marie-Thérèse et ses filles.

SALON JAUNE. Le salon Jaune, dont les lambris sont blanc et or, doit son nom aux sièges tendus de damas jaune. Aux murs

«La monarchie, notre monarchie, est fondée sur la piété ; sur la croyance que Dieu a choisi les Habsbourg pour régner sur tant de nations chrétiennes.»

Joseph Roth

sont accrochés des portraits d'enfants par Liotard. Sur la commode trône la pendule de l'horloger parisien Ridel, qui fut offerte par Napoléon III à François-Joseph. Aménagée en 1854, la pièce au Balcon termine les appartements de l'aile droite. Les murs en sont couverts de lambris blanc et or et de portraits des enfants de Marie-Thérèse.

Spiegelsaal. Le salon Jaune communique avec la petite galerie des Glaces, où les ministres récemment nommés par Marie-Thérèse venaient prêter serment à la souveraine. Dans cette salle d'apparat, Wolfgang Amadeus Mozart ● *48*, ▲ *147* donna l'un de ses premiers concerts.

Le salon de Porcelaine.

Aile gauche

Zeremoniensaal. Après la salle du Carrousel et la salle des Chevaux (scènes de chasse à courre et portraits de chevaux

Mozart à Schönbrunn
Venu de Salzbourg avec son père et sa grande sœur Nannerl, Mozart se rendit pour la première fois à Vienne en 1762. Âgé de six ans, il donna son premier concert dans la petite galerie des Glaces devant Marie-Thérèse. Ayant glissé sur le parquet, il fut rattrapé par la jeune Marie-Antoinette et déclara qu'il voulait l'épouser !
On rapporte aussi que l'enfant, après avoir joué, alla grimper sur les genoux de l'impératrice pour l'embrasser, sans souci de l'étiquette.

SALON VIEUX-LAQUE ET SALON GOBELIN
Au XVIIIe siècle, l'art d'Extrême-Orient est en vogue en Europe : cabinets et salons couverts d'estampes chinoises, mobiliers en laque, porcelaines et paravents à décors exotiques assortis aux ornements rococo.

LA GLORIETTE
Vue prise de la chambre de Marie-Thérèse, qui fut celle de Napoléon Ier. Celui-ci avait fait de Schönbrunn son quartier général ● *38*.

❝Garp se détendait, quand il n'écrivait pas, en se rendant au zoo ; le zoo occupait une partie de l'immense parc et des jardins qui entouraient le palais de Schönbrunn.❞
John Irving, *Le Monde selon Garp*

aux murs), on accède à l'aile gauche du château par la salle des Cérémonies (Zeremoniensaal), ou salle des Batailles en raison des ornements en stuc doré qui représentent des drapeaux et des hallebardes entrecroisés. Cette pièce spacieuse servait pour les baptêmes, mariages et autres cérémonies de la famille impériale. Aux murs figurent des scènes du mariage de Joseph II par Martin van Meytens ● *98* et un portrait en pied de Marie-Thérèse ● *36*.

BLAUEN CHINESISCHEN SALON. Les murs du salon Chinois Bleu, dans lequel Charles Ier signa, le 11 novembre 1918 ● *33*, l'acte de renonciation, sont couverts de papier peint dans lequel sont insérées des estampes chinoises à fond bleu. Armoires en laque et potiches japonaises complètent ce décor.

VIEUX-LAQUE-ZIMMER. Autre pièce portant la marque du goût pour les chinoiseries, le salon Vieux-Laque, où le style rococo est à son apogée : encadrés par des moulures dorées au dessin compliqué, de longs panneaux de laque représentent des paysages japonais ainsi que des fleurs et des oiseaux gravés à l'or fin. La pièce possède aussi un riche plafond en stuc et un superbe parquet marqueté.

ANCIENNE CHAMBRE À COUCHER DE MARIE-THÉRÈSE. Donnant sur le parc, cette pièce succède au salon Vieux-Laque. Il accueillit Napoléon Ier ; c'est ici également que l'Aiglon mourut. Des tapisseries de Bruxelles du XVIIIe siècle, figurant des scènes de la vie militaire, ornent les murs de cette pièce.

SALON DES PORCELAINES. Ancien cabinet de travail de Marie-Thérèse, ce salon fait l'angle de l'aile gauche. Il donne sur le JARDIN DU PRINCE HÉRITIER (Kronprinzgarten), espace privé soustrait au parc du château (qui, lui, est ouvert au public depuis 1779). Ce salon est orné de moulures en bois peint en bleu imitant la porcelaine qui représentent des fleurs, des fruits et des ombrelles chinoises. Sur les murs, 213 lavis bleus, encadrés, ont été exécutés par François de Lorraine et ses filles. Accrochés au milieu des sous-verre, quatre médaillons en bas relief figurent les portraits de François Ier, des archiduchesses Élisabeth et Christine ainsi que du duc Albert de Saxe-Teschen.

MILLIONENZIMMER. Réservé aux petites audiences, le salon du Million (Millionenzimmer) est couvert de lambris en bois de rose dans lesquels on a inséré 260 miniatures indiennes et persanes qui coûtèrent, au XVIIIe siècle, un million de florins (d'où le nom de la pièce). En regardant de près, on remarque que ces miniatures ont été découpées et assemblées de façon à les faire entrer dans les cartouches.

Marie-Thérèse, François de Lorraine et leurs enfants.

GOBELINSALON. Dans le salon Gobelin (Gobelinsalon), lesquelles proviennent en fait de Bruxelles et illustrent des scènes de la vie des pêcheurs d'Anvers, chacun des six fauteuils rococo est couvert de tapisseries qui représentent deux saisons. La visite se poursuit par une pièce qui fait office de musée consacré au souvenir de l'Aiglon. Son portrait enfant, son masque mortuaire et, embaumée sous une cloche, l'alouette qui partagea sa solitude sont exposés.

SALON ROUGE. Cet ancien salon de lecture tapissé de damas écarlate est décoré de portraits de famille : Joseph II en vêtements de sacre, son frère Léopold II, François-Joseph Ier à dix-huit ans, et le même à soixante-huit ans, portant les insignes de la Toison d'or ▲ *133, 183*. Le salon Rouge communique avec une pièce d'angle qui donne sur la cour d'honneur, décorée de fresques et tapisseries représentant des guirlandes de roses.

CHEZ LES PARENTS DE FRANÇOIS-JOSEPH. Les appartements de Sophie de Bavière et de l'archiduc François-Charles, parents de François-Joseph, situés dans l'aile gauche, donnent sur la cour d'honneur. Dans la CHAMBRE À COUCHER de l'archiduchesse Sophie, les murs et le lit sont tapissés de velours rouge (il a fallu 250 kg d'argent pour broder le baldaquin !). C'est ici que naquit François-Joseph. Puis on accède au CABINET DE TRAVAIL et au salon de l'archiduc François-Charles. Le SALON forme, avec le cabinet, une galerie de portraits où l'on reconnaît Marie-Thérèse, François de Lorraine et leurs seize enfants. Il est orné d'un lustre en cristal de Bohême.

L'AIGLON (1811-1832)
Quand Napoléon partit pour Sainte-Hélène, son fils, le roi de Rome, et sa mère, l'archiduchesse Marie-Louise, allèrent à Vienne. L'enfant fut hébergé à Schönbrunn par son grand-père François Ier, qui l'avait fait duc de Reichstadt. Délaissé par sa mère, devenue duchesse de Parme, l'Aiglon mourut de phtisie à 21 ans.

STATUES À L'ANTIQUE Les statues des jardins sont dues à Johann Christian Meyer, qui est également l'auteur du groupe sculpté de la fontaine de Neptune ▲ *275* et de la fontaine des Naïades, dans les allées en diagonale.

PARC DE SCHÖNBRUNN

En même temps que Fischer von Erlach construisait le château, à la fin du XVIIe siècle, les jardins – qui avaient été aménagés par Maximilien II, puis par Éléonore de Gonzague – furent redessinés à la française, avec des plates-bandes et des allées suivant un tracé géométrique, par Jean Trehet, vers 1691. Mais Joseph Hätzl et Adrian von Stockhoven, entre 1750 et 1780, firent des remaniements importants, introduisant un peu de fantaisie dans ces parterres et ces bosquets alignés au cordeau. Au pied du palais, une large allée rectiligne encadrée de plates-bandes ouvre une perspective qui se termine à la FONTAINE DE NEPTUNE (Neptunbrunnen), dont les sculptures sont de C. Bayer.

GLORIETTE ET PETITE GLORIETTE. Cette perspective est fermée par la Gloriette (Gloriette), monument juché au sommet de la colline, à l'emplacement du premier projet de château. Cet arc de triomphe de style néo-classique fut construit par Ferdinand de Hohenberg en 1775 pour commémorer la victoire autrichienne de Kolin (1757) sur les armées de Frédéric II de Prusse ● *31, 36* (trophées sculptés de J. B. Hagenauer, décoration et stucs de Benedikt Henrici). À l'est de la colline, la Petite Gloriette, où Marie-Thérèse se faisait parfois servir le petit déjeuner, est devenue un salon de thé.

CHALETS TYROLIENS. À l'ouest de la colline se trouvent le JARDIN et les chalets tyroliens aménagés à la demande de l'archiduc Jean, en 1800.

RUINES ROMAINES On s'est servi pour construire ces fausses ruines des restes du château de Neugebäude.

La Gloriette Devant et derrière la Gloriette, deux bassins servent à alimenter en eau les jardins et le parc zoologique. De la Gloriette, on a une vue superbe sur Schönbrunn et sur Vienne.

La façade
Elle s'organise autour d'un corps de bâtiment doté de deux escaliers qui mènent au balcon de l'étage noble (le premier) et de deux allées que prolongent deux grands pavillons.

Römische Ruine. Au pied de la colline se dressent deux monuments édifiés par Ferdinand de Hohenberg : l'OBÉLISQUE (Obelisk), où sont gravées des scènes de l'histoire des Habsbourg ● *29,* ▲ *143, 144, 195, 200,* et sa cascade, ainsi que les ruines romaines (Römische Ruine).
Statues mythologiques. Dans les jardins sont disséminées une quarantaine de statues représentant des héros de la mythologie grecque et de l'histoire romaine, dues à Johann Christian Meyer.
Schöner Brunnen. Dans les bosquets à gauche du parc, quand on sort du château, se cache la Belle Fontaine (Schöner Brunnen) qui a donné son nom au site. Cette source, dont on servait l'eau pure à la table impériale, a été aménagée dans une grotte artificielle où se niche une statue de la nymphe Égérie tenant une cruche par laquelle l'eau se déverse.

Botanischer Garten. Passionné de sciences naturelles, François Ier ● *36* finança de lointaines expéditions dans le monde entier afin de doter Schönbrunn de plantes rares et d'animaux exotiques. Déjà, au temps de Maximilien II et du château de Katterburg, qui s'élevait ici au XVIe siècle, on avait planté des essences rares dans le jardin. Mais c'est sous le règne de François Ier, au XVIIIe siècle, qu'on développa vraiment le jardin botanique (Botanischer Garten) de Schönbrunn et qu'on ouvrit une ménagerie, en 1752, dans la partie ouest du parc.
Tiergarten. Toute la famille impériale aimait d'ailleurs s'installer dans le pavillon octogonal, situé au centre de la ménagerie, pour observer les fauves (ce pavillon a été aménagé en café restaurant). Les descendants de François Ier poursuivirent son œuvre et développèrent autour de la ménagerie un parc zoologique (Tiergarten), l'un des premiers d'Europe, qui compte aujourd'hui 750 pensionnaires.

Palmenhaus
Une gigantesque serre tropicale (Palmenhaus), étonnante construction de verre et de métal, réplique de celle de Kew Garden à Londres, a été construite en 1883.

Technisches Museum für Industrie und Gewerbe

Au nord du château de Schönbrunn, de l'autre côté de la Vienne ▲ *225* et dans le prolongement du PARC AUER-VON-WELSBACH (Auer-Welsbach Park), s'étend le musée des

LE VOL D'ICARE
De 1891 à 1896, Otto Lilienthal (1848-1896) inventa toute une série de planeurs et réalisa deux mille vols planés sur des distances de 100 m à plus de 200 m avant de se tuer lors des essais de son dernier appareil, un biplan ; il a laissé un traité d'aéronautique : *Le Vol des oiseaux comme base de l'aviation*.

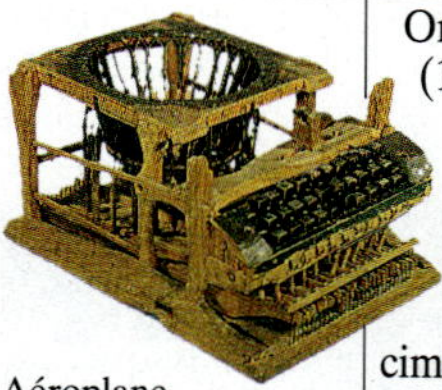

Aéroplane construit par Wilhelm Kress, la première voiture à moteur, de Diegfried Marcus et la machine à écrire de Peter Mitterhofer (1864).

UNE STATION DE MÉTRO IMPÉRIALE
La station de métro Hietzing (Hofpavillon), qui dessert le château de Schönbrunn, ne dépare pas le site. Construite par Otto Wagner en 1898 et réservée à l'époque à la Cour, elle ressemble plus à un temple qu'à une gare. De style néo-baroque, la station comprend une salle octogonale, coiffée par une élégante coupole. Comme toutes les œuvres de Wagner, cet édifice est décoré avec raffinement.

Techniques. Une partie du rez-de-chaussée est consacrée aux transports terrestres et maritimes. On y voit l'hélice de navire inventée par Josef Ressel (1827) ainsi que l'automobile à pétrole de Siegfried Markus (1888), et, au MUSÉE FERROVIAIRE, une locomotive *Ajax* (1841), un tramway tiré par des chevaux (1846) et la voiture-salon de Sissi (1873). Le premier étage est consacré à l'aviation, à la mécanique de précision (horloge de P. Imserrus, du XVIe siècle, machine à calculer de Braun, XVIIIe siècle, machine à écrire de Mitterhofer, XIXe siècle, machine à coudre Madersperger, XIXe siècle), au textile, à la chimie, à l'agro-alimentaire, etc. Au second étage sont exposées diverses inventions dans le domaine des postes (la première carte postale), de la lutherie, de l'informatique, de la photographie (l'appareil photographique Voigtländer), des ponts et chaussées. On y remarque aussi l'automate de Friedrich von Knaus (1760), capable d'écrire.

HIETZING

HIETZINGER FRIEDHOF. Au sud des JARDINS TYROLIENS (Tiroler Garten) de Schönbrunn se trouve le petit cimetière de Hietzing (Hietzinger Friedhof). Des personnages célèbres y sont enterrés : Franz Grillparzer ● *62*, ▲ *147, 206*, Gustav Klimt ▲ *227, 250*, Alban Berg

«Nous secouer de notre complaisance et de notre confort.»

Adolf Loos

● *53* et le chancelier Engelbert Dollfuss ▲ *159, 170*. Une petite place y a été faite pour Jean-Baptiste Hanet, dit Cléry, qui fut, avec François Hue, valet de chambre de Louis XVI dans la prison du Temple, jusqu'à son exécution en 1793. Il publia par la suite un journal sur ces événements.

Villa Primavesi-Skywa et Fürstenhof. Dans le quartier de Schönbrunn ont été construites vers la fin du siècle dernier de somptueuses résidences conçues par les meilleurs architectes du Jugendstil et du mouvement de la Sécession ● *86, 88,* ▲ *232*. D'ailleurs Hietzing fait partie, avec Döbling ▲ *294* et Währing ▲ *293*, des «faubourgs nobles» de Vienne. Ainsi, à l'ouest du parc de Schönbrunn s'élèvent la villa Primavesi-Skywa (1915), Gloriettegasse, œuvre de Hoffmann ● *86, 90,* ▲ *142, 174* et l'immeuble Fürstenhof, Trauttmannsdorffgasse, de H. Dvorak (1905), dont la façade en relief, avec colonnes et marquises, est très élégante.

Maisons de Loos. Tout près, la maison Scheu, Larochegasse, a été dessinée par Adolf Loos ▲ *142, 174*, en 1912, un an après l'immeuble de la place Saint-Michel ▲ *174* et dans le même style dépouillé. Une autre maison de Loos, la Hornerhaus (1913), Nothartgasse, présente la particularité d'avoir un toit bombé en berceau. Plus à l'ouest, Linzerstrasse, la villa Vojcsik ● *87*, dessinée par Otto Schönthal en 1901, est un bel exemple d'architecture Jugendstil, avec sa façade décorée d'une manière raffinée (voir la porte d'entrée).

Villas d'Otto Wagner. À proximité, deux villas d'Otto Wagner ● *88,* ▲ *228, 237, 240,* ont été bâties Huttelbergstrasse. La plus célèbre se trouve au n° 28, sur

La Hornerhaus, d'Adolf Loos.

Du rôle de l'artiste

«Aux yeux de Wagner, l'image qui se reflétait dans le miroir de la modernité était tout autre : il y voyait un bourgeois actif, efficace, rationnel et à la mode, un citadin ayant peu de temps mais beaucoup d'argent et le goût du monumental. Un seul manque pathologique affectait, selon Wagner, l'homme de la métropole : l'absence d'orientation. Dans son univers de vitesse dont le temps et le mouvement étaient les maîtres, ce que Wagner appelait la "douloureuse incertitude" guettait l'homme moderne à chaque instant. L'architecte devait l'aider à surmonter cette incertitude en lui donnant des grandes lignes de mouvement.»

Carl E. Schorske, *Vienne fin de siècle*

Le dôme de Saint-Léopold ● *87*
L'église du Steinhof est coiffée d'un grand dôme couvert de plaques de cuivre et surmonté d'un lanternon qui évoque ceux des églises Saint-Pierre ● *75*, ▲ *139* ou Saint-Charles-Borromée ● *74*, ▲ *238*.

Les anges en bronze doré (ci-dessus) qui surmontent les quatre colonnes sont dues à Othmar Schimkowitz. Les vitraux (à droite) sont de Koloman Moser ▲ *235*.

Kirche Zur Heiligsten Dreifaltigkeit ♥
L'église de la Sainte-Trinité, située sur le mont Saint-Georges, à l'orée du Wienerwald ● *18, 100* (angle de Georgsgasse et de Rysergasse), fut construite en 1974-1976 par Fritz Wotruba (1907-1975).

la pente d'une colline, mais elle a été remaniée en partie. On y accède par un double escalier qui donne sur un portique classique, flanqué de statues et de fresques.

Kirche Am Steinhof ♥

Au nord de Schönbrunn et à l'ouest du Ring s'élève l'un des plus beaux édifices d'Otto Wagner : l'église Saint-Léopold-du-Steinhof (Kirche Am Steinhof). Construit en 1902, peu avant l'immeuble de la caisse d'épargne de la Poste ● *88*, ▲ *228*, ce magnifique édifice, digne de voisiner avec des palais princiers ou impériaux, se trouve dans un asile d'aliénés : Am Steinhof. En effet, Saint-Léopold-du-Steinhof fait partie du vaste hôpital psychiatrique, commandé au début du siècle par la province de Basse-Autriche, et comprend un grand jardin pour les malades et de nombreux pavillons. L'ensemble a été bâti sur les pentes d'une colline, dont l'église d'Otto Wagner occupe le sommet. De style Sécession ● *86, 88*, ▲ *232*, ce sanctuaire emprunte à l'art baroque du XVIIIe siècle. Le bâtiment, en béton, est recouvert de fines plaques de marbre blanc dont le cloutage ajoute beaucoup d'élégance à l'édifice. La façade principale est flanquée de deux clochetons. Au sommet de ces derniers ont été posées des statues de saints dues à Richard Luksch. Le portail de Saint-Léopold, qui comprend quatre colonnes surmontées par des anges, est remarquable. La nef, le transept, le chœur et la coupole, également couverts de plaques de marbre blanc, forment un espace très lumineux, d'autant que de grandes fenêtres l'éclairent. L'architecte ne s'est pas contenté de concevoir les grands volumes de l'église, il a également dessiné le mobilier (bancs et luminaires), ainsi que le maître-autel, surmonté d'un baldaquin (décorations d'Othmar Schimkowitz, mosaïque de Remigius Geyling).

De la Josefstadt à Klosterneuburg

1/2 journée

«En dressant la carte du Désir barré (c'est-à-dire de l'inconscient), comme on dessinait jadis avec une innocence cruelle celle du Tendre, S. Freud donnait ainsi naissance à une manière de mannequin à la semblance de l'homme moderne, ambivalent, rêveur, névrosé. Cette figure, bien vite adoptée partout, a d'abord, je le répète, les traits du Viennois…»

Michel Guérin, *Le Deuil et la Mélancolie* (in *Vienne*)

Josefstadt

Alserkirche. Dans l'Alserstrasse s'élève l'église de la Sainte-Trinité (Alserkirche), de style baroque de la fin du XVIIe siècle. C'est ici qu'eut lieu, le 29 mars 1827, l'enterrement de Ludwig van Beethoven ● *51*, ▲ *298*. Plus de trente mille personnes accompagnèrent le musicien jusqu'à son tombeau, dans l'ancien cimetière de Währing (sa dépouille a été transférée au Cimetière central ▲ *262* en 1888). Cette église et la chapelle attenante sont tapissées d'ex-voto adressés à saint Antoine, intercesseur des causes désespérées.

L'Hôpital général
Arthur Schnitzler ● *113*, initialement médecin, exerça à l'Hôpital général à partir de 1885. Freud, lui, fut promu docteur en médecine en 1881. Il abandonna vite ses recherches au laboratoire de physiologie pour entrer à l'Hôpital général. L'étude des maladies nerveuses le conduisit à donner naissance à la psychanalyse.

Sigmund Freud et sa fille Anna (1913)

Piaristenkirche. De Hildebrandt ● *75, 81* on connaît surtout les palais. C'est une bonne raison de faire le détour par la place Jodok-Fink (Jodok-Fink-Platz), au cœur de la Josefstadt (VIIIe arrondissement), afin d'aller visiter l'église des Piaristes (Piaristenkirche). Elle appartenait à la congrégation des clercs réguliers des écoles pies, qui s'occupaient de l'éducation des enfants pauvres. La belle façade baroque à fronton est encadrée par deux hauts clochers. À l'intérieur, on peut voir des fresques de Franz Anton Maulbertsch ▲ *167*.

NARRENTURM
Isidorio Canevale (1730-1783), architecte de la Lusthaus ▲ *268*, construisit aussi la tour des Fous (Narrenturm, ci-dessous), l'Hôpital général et le Josephinum ▲ *292*.

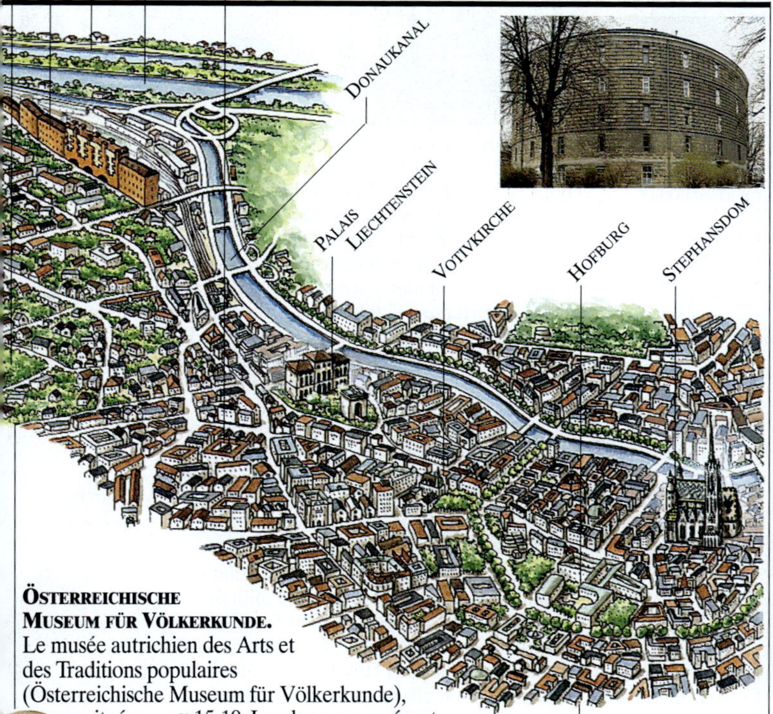

ÖSTERREICHISCHE MUSEUM FÜR VÖLKERKUNDE. Le musée autrichien des Arts et des Traditions populaires (Österreichische Museum für Völkerkunde), situé aux nos 15-19, Laudongasse, présente une collection de meubles, de costumes ● *64*, d'outils, ainsi que des crèches populaires.

ALSERGRUND

L'Alsergrund (IXe arrondissement) a été chanté par l'un des plus grands écrivains de l'Autriche, Heimito von Doderer ● *114*.

FREUD-HAUS. C'est à Alsergrund, au n° 19, Berggasse, dans un immeuble cossu dont il occupait deux étages, que Sigmund Freud (1856-1939) pratiqua la psychanalyse de 1891 à 1938. À cette date, il fuit le régime nazi, qui lui était hostile, et gagna Londres. On a reconstitué son cabinet à l'identique, avec ses collections de statuettes antiques, mais le célèbre divan n'est qu'une réplique – l'original se trouve au musée Freud de Londres.

ALLGEMEINES KRANKENHAUS. Comme Marie-Thérèse (1717-1780), Joseph II (1740-1790) ● *36* a contribué à jeter les bases d'une médecine moderne à Vienne, en recrutant des praticiens réputés, en favorisant les études médicales et en construisant des bâtiments hospitaliers près de la ville. Dès 1781, on fonda un hôpital militaire destiné à permettre aux médecins qui avaient acquis une pratique sur les champs de bataille de

LE «JOSÉPHISME» AVANT LA LETTRE
Il est vrai, mais en partie seulement, que Joseph II a ouvert la monarchie danubienne aux idées des philosophes des Lumières. En réalité, l'ère des réformes avait commencé déjà sous le règne de sa mère, Marie-Thérèse (1740-1780). Les hommes dont elle s'entourait s'inspiraient bien de l'esprit des Lumières. Ainsi, le juriste et philosophe Joseph von Sonnenfels (1733-1817) préconisa l'abolition de la torture, et Gerhard von Swieten (1700-1772), médecin personnel de l'impératrice, présida à la rénovation de l'université et inspira la réforme générale de l'enseignement.

Le Josephinum.

soigner les malades viennois et d'étudier la médecine et la chirurgie à l'Académie militaire, fondée peu après, qui prit le nom de Josephinum. En 1784, le petit hôpital militaire fut transféré dans les locaux de l'actuel Hôpital général (Allgemeines Krankenhaus) ; celui-ci n'a cessé de se doter de nouveaux corps de bâtiments, entourés de cours-jardins, en particulier l'étonnante TOUR DES FOUS (Narrenturm), dont le style s'apparente à l'architecture «utopique» des Français Étienne Boullée et Claude Ledoux. Construit sur cinq étages, ce grand cylindre compte cent quarante cellules, dans lesquelles on enferma des malades mentaux jusqu'en 1866. Il abrite aujourd'hui un MUSÉE DE PATHOLOGIE ET D'ANATOMIE (Pathologisch-anatomische Bundesmuseum), qui compte trente-cinq mille figurines et parties du corps ayant subi des malformations.

JOSEPHINUM ♥. Comme l'Hôpital général, le Josephinum (ancienne Académie militaire de chirurgie et de médecine) fut fondé par Joseph II, qui demanda à Canevale de prendre modèle sur l'Hôtel-Dieu de Paris. L'empereur, en effet, l'avait vu lors de son voyage officiel en France en 1777. Le Josephinum est un bâtiment conventionnel qui date de la fin du baroque (1783-1785). École de médecine, le Josephinum fut doté d'une imposante bibliothèque et surtout d'une collection de figures de cire destinée à permettre aux futurs médecins d'étudier l'anatomie. Outre les insolites écorchés de cire, on y voit de nombreux souvenirs des grands praticiens viennois et, en particulier, des lettres de Freud.

MUSEUM MODERNER KUNST. Au nord du Josephinum et au cœur de l'Alsergrund, le palais Liechtenstein, devenu le musée d'Art moderne (Museum moderner Kunst), s'élève au milieu d'un grand jardin. Ce palais baroque ● *80, 82* est l'une des deux résidences que les princes de Liechtenstein se firent construire à Vienne à la fin du XVIIe siècle. Doté d'une façade majestueuse, le palais d'été s'ouvre largement sur le jardin. À l'intérieur, la SALLE D'APPARAT (Festsaal) possède un plafond décoré de fresques dues à Andrea Pozzo ● *77,* ▲ *149, 152, 167* *(L'Apothéose d'Hercule)*. D'autres

LES DEUX PALAIS DE MARTINELLI
Le même architecte italien, Domenico Martinelli, a construit quasi en même temps deux palais Liechtenstein :

de 1691 à 1704 pour le palais d'été (ci-dessus) et de 1694 à 1706 pour le palais d'hiver de la Bankgasse ▲ *161*. Comme Hildebrandt, Martinelli (1650-1718) a débuté à Rome dans l'atelier de Carlo Fontana. De là, il partira pour l'Europe du Nord, Prague et Vienne notamment.

«ANATOMIA PLASTICA»
Joseph II eut l'idée de cette collection de figures de cire en découvrant en 1769 le musée anatomique de Bologne, puis une autre collection de figurines de cire à Florence. C'est dans cette ville qu'il commanda à l'auteur des sculptures, Paolo Mascagni, un millier de pièces destinées au Josephinum. La collection viennoise – *Anatomia plastica* – est maintenant célèbre dans le monde entier et fait partie du musée, aménagé dans le Josephinum, consacré à l'histoire de la médecine.

artistes baroques ont également travaillé à la décoration du palais : Giovanni Giulani et Johann Michael Rottmayr ▲ *139, 160* pour la sculpture, Antonio Belucci et Santino Bussi pour la peinture. La plupart des mouvements d'art contemporain (Jugendstil ● *88*, Sécession ● *86*, expressionnisme, cubisme, surréalisme, art abstrait, nouvelle figuration, pop art, etc.)

sont représentés dans les collections du musée. Des expositions temporaires donnent un aperçu des dernières tendances de l'avant-garde picturale internationale.

SERVITENKIRCHE. Au sud-est du palais Liechtenstein se trouve l'église des Servites (Servitenkirche ● *76*), construite par Carlo Canevale entre 1651 et 1677. Avec sa nef ovale, cet édifice est l'un des premiers de ce type construit à Vienne. La décoration intérieure est de Giovanni Battista Barberini.

WÄHRING

STRUDELHOFSTIEGE (SCHUBERTPARK). Les balustrades et les grands lampadaires de l'escalier Strudelhof (Strudelhofstiege), qui compte plusieurs paliers, en font un très bel exemple d'Art nouveau (Jugendstil). Il relie la Liechtensteinstrasse à la Währingerstrasse. En s'éloignant du Ring ▲ *200*, la Währingerstrasse coupe la Nussdorferstrasse, qui se prolonge jusqu'à Heiligenstadt, et la Döblinger Gürtelstrasse,

SCHUBERTS GEBURTSHAUS
Dans la Nussdorferstrasse, située à l'ouest du palais Liechtenstein, se trouve le petit musée consacré à Franz Schubert (1797-1828, ci-dessous) ● *50*, aménagé dans sa maison natale (Schuberts Geburtshaus, n° 54), à l'enseigne de *L'Écrevisse rouge* (*Haus zum roten Krebs*). Il y vécut sa petite enfance, puis déménagea tout près, dans la maison du n° 3, Saulengasse.

Il mourut à trente et un ans dans une maison de la Kettenbrückegasse, non loin du Naschmarkt ▲ *236*.

JOSEPH II
Derrière une figure de cire du Josephinum se trouve le buste de Joseph II, fondateur de cette institution.

«Der Türkenschanzpark» Tableau de Johann Varrone, 1898.

«Nettoausgaben der Gemeinde Wien» Répartition du budget de la municipalité de Vienne en 1926.

“L’appartement de ma grand-mère – je veux dire ma grand-mère Adele Schapira – occupait tout le dernier étage d’une fort imposante maison : le n° 7 de la Türkenschanzplatz, dans le XVIIIe arrondissement de Vienne. L’architecte qui avait construit cet immeuble au tournant du siècle avait repris le style caractéristique de la Ringstrasse. Une fois achevée la façade proprement dite, il l’avait parsemée d’innombrables cariatides, urnes, guirlandes, figurines...”

George Clare, *Dernière Valse à Vienne*

qui traverse Oberdöbling et Unterdöbling. Au passage, cette avenue parallèle au canal du Danube ■ *20, 22,* ▲ *271* longe le COMPLEXE UNIVERSITAIRE (Universitätszentrum).

Währinger Friedhof. Avant d’être transférée au Cimetière central ▲ *262* en 1888, la dépouille mortelle de Schubert fut inhumée dans l’ancien cimetière de Währing (Währinger Friedhof), devenu le parc Schubert (Schubertpark), Währingerstrasse. Beethoven y fut également enterré.

Johannes-von-Nepomuk-Kirche. Toujours dans les environs de l’Hôpital général et du palais Liechtenstein, on voit la belle petite église Saint-Jean-Népomucène (Johannes-von-Nepomuk-Kirche), Währingergürtel, qui fut construite par Otto Wagner ● *86, 88,* ▲ *228, 237, 240* en 1895-1898.

Volksoper. Tout près se trouve l’Opéra populaire (Volksoper), construit en 1898, cinquantième année du règne de François-Joseph. Cet édifice imposant évoque bien plus un cirque qu’un théâtre lyrique. Depuis son ouverture, c’est le temple de l’opérette ● *60,* ▲ *299*. C’est aussi dans cette salle, plutôt qu’à l’Opéra d’État ▲ *223*, situé sur le Ring, qu’on donne fréquemment *La Flûte enchantée*, de Mozart ● *48,* ▲ *147, 281*.

Geymüller-Schlössl. À Pötzleinsdorf, au nord-ouest de Währing, s’élève le manoir (Geymüller-Schlössl, au n° 102, Pötzleinsdorfer Strasse) construit au XIXe siècle par le banquier J. H. Geymüller. La COLLECTION SOBECK, consacrée à l’horlogerie ancienne, y est exposée : montres de gousset et de poignet, horloges, carillons et pendules du XVIIe au XIXe siècle. Mais c’est avant tout pour son décor Biedermeier ● *40, 62* que cette ancienne demeure mérite une visite.

Döbling

Türkenschanz. À cheval sur Währing (XVIIIe arrondissement) et Döbling (XIXe arrondissement) s’étend le parc de Türkenschanz (la «redoute des Turcs»), où les armées de Soliman le Magnifique avaient dressé l’un de leurs campements lors du siège de 1529 ● *34*. À la fin du siècle dernier, on aménagea un parc de 15 ha sur ces hauteurs, et il devint la promenade favorite de nombreux Viennois, en

particulier de l'écrivain Arthur Schnitzler ● *113,* ▲ *290*.

VILLAS GESSNER ET MOLLER. Autour du parc et de l'OBSERVATOIRE (Sternwarte) s'étend un grand quartier résidentiel qui compte de belles maisons, notamment la villa Gessner, de style Sécession ● *88,* ▲ *232* (construite en 1907 par Hubert et F. Gessner, Sternwartestrasse) et la villa Moller, Starkfriedgasse (construite par Adolf Loos ▲ *142, 174* en 1927-1928), dans le faubourg de Pötsleinsdorf.

KARL-MARX-HOF. Plus au nord du complexe universitaire s'allonge sur 1 km l'immense ensemble de logements du Karl-Marx-Hof ● *92*, qui donne sur la Heiligenstädterstrasse. Le corps de bâtiment central rouge et ocre est particulièrement imposant, avec ses six hautes tours surmontées de mâts où flottaient des oriflammes, sa façade agrémentée de statues et ses arcades qui font communiquer cours et jardins. La cité, qui compte plus de mille trois cents appartements, s'élève au milieu de grands espaces verts compris entre les collines de Döbling et de Heiligenstadt, à l'ouest, et la grande gare de Heiligenstadt, à l'est. Ce grand ensemble fait partie des 398 cités ouvrières – surnommées les «citadelles rouges» – construites autour de Vienne entre 1919 et 1934. Cette période est marquée par l'affrontement des chrétiens-sociaux et des sociaux-démocrates. Ces derniers étaient en outre les ennemis des communistes, qui étaient fortement marqués par l'idéologie marxiste (l'austro-marxisme d'Otto Bauer). Administrée par un conseil municipal social-démocrate, Vienne la Rouge constituait un véritable État dans l'État, ou encore «un morceau de socialisme au cœur de

Affiches des partis social-démocrate, chrétien-social et communiste (1920, 1927 et 1919).

LA PEUR DU BOLCHEVIQUE ET DU JUIF

«— Cet empire sombrera fatalement. Dès que notre Empereur fermera les yeux, nous nous disloquerons en cent morceaux. Les Balkans seront plus puissants que nous. Toutes les nations organiseront leurs sales petits États et les Juifs eux-mêmes proclameront un roi en Palestine. Vienne sent déjà la sueur des démocrates, et je ne supporte plus la Ringstrasse. Les ouvriers ont des drapeaux rouges et ne veulent plus travailler. Les curés suivent déjà le peuple, on prêche en tchèque dans les églises.»

Joseph Roth, *La Marche de Radetzky*

Mise en place d'une campagne d'hygiène à l'école communale par la municipalité socialiste, dans les années vingt.

l'État bourgeois». L'équipe municipale s'appliqua à faire de Vienne la vitrine de la future société socialiste qu'elle voulait promouvoir, et multiplia alors les réalisations, notamment dans le domaine de l'habitat : on construisit plus de soixante-quatre mille logements sociaux entre 1919 et 1934. Ces logements sociaux sont concentrés dans certains quartiers, au nord et au sud de la ville, car, jusqu'en 1918, les classes sociales se répartissaient par quartiers – aristocratiques, bourgeois ou populaires. Plus de cinq mille habitants résident dans le Karl-Marx-Hof, qui s'ordonne autour de plusieurs grandes cours intérieures et de jardins (ils occupent plus de 80 % de l'espace).

KARL-MARX-HOF SOUS LE CANON. Lors de la guerre civile qui éclata à Vienne en février 1934 ● *33* – et qui dura seulement quelques jours –, le Karl-Marx-Hof connut des heures tragiques. Bastion de quelques insurgés, ce grand ensemble fut attaqué au canon par l'armée envoyée par le chancelier Dollfuss ▲ *159, 170*. Partiellement détruite, cette citadelle dut se rendre, tandis que l'État autoritaire se mettait en place, interdisant tout parti et toute organisation ouvrière, ouvrant la voie à l'Anschluss ● *42*, réalisé quelques années après.

BRIGITTENAU

Entre le Danube et le canal du Danube ● *20, 22* ▲ *122, 272*, au nord de Leopoldstadt, s'étend Brigittenau (XXe arrondissement), quartier ouvrier que couvrent en partie de grandes gares de chemin de fer.

OTTO-HAAS-HOF. C'est ici que la municipalité de Vienne la Rouge fit construire plusieurs grands ensembles de logements destinés aux ouvriers : l'Otto-Haas-Hof (273 logements), construit en 1924 par une équipe d'architectes parmi lesquels Adolf Loos. Ce dernier tenta d'imposer l'idée d'un habitat social fondé sur la construction

«VIENNE LA ROUGE»
Sous la conduite de son maire Karl Seitz (1869-1950, ci-dessous), élu en 1923, l'équipe municipale de «Vienne la Rouge» (H. Breitner, F. Siegel et A. Weber) mit l'accent sur la construction du logement social. La quasi-totalité des logements sociaux construits de 1923 à 1933 faisaient partie de grands ensembles *(Höfe)*, des cités

ouvrières, intégrant des équipements sociaux collectifs. Parmi les projets les plus importants, citons Sandleiten (1 587 logements) en 1924, le Rabenhof (1 109 logements) en 1925, le Karl-Seitz-Hof (1 173 logements) en 1926, le Karl-Marx-Hof (1 325 logements) en 1927, le George-Washington-Hof (1 084 logements) en 1927, le Mithlingerhof (1 136 logements) en 1929 et l'Engelsplatz (1 467 logements) en 1930.

Ci-contre, la façade du Karl-Marx-Hof.

POUR PLUS DE CONFORT
Construite par l'architecte Karl Ehn de 1927 à 1930, la cité ouvrière du Karl-Marx-Hof cherchait à donner aux classes laborieuses un habitat plus confortable. Ainsi ce grand ensemble compte-t-il non seulement dix types d'appartements différents (avec eau courante, gaz de ville et électricité), mais également de nombreux équipements sociaux : piscine, laveries, jardins d'enfants, poste, dispensaire, pharmacie, bibliothèque, boutiques, etc.

de petits pavillons mais sans grand succès : l'ensemble de ces pavillons ouvriers *(Siedlungen)* ne représentera guère plus de 9 % des nouveaux logements. En effet, la municipalité leur préféra les grands ensembles, plus conformes à ses idées collectivistes.

WINARSKYHOF. Autre grand ensemble de logements, le Winarskyhof (534 logements) comprend plusieurs cours ainsi que des crèches, des boutiques et des piscines. La façade extérieure du Winarskyhof est agrémentée de moulures de style expressionniste.

REUMANNHOF ● *93.* Le buste de Jakob Reumann, premier maire «rouge» de Vienne, a été érigé devant l'ensemble de logements sociaux qui porte son nom.

ENGELSPLATZ. À proximité du pont qui, enjambant le Danube, mène à Floridsdorf s'élève la place Engels (Engelsplatz), que domine l'imposant complexe de 1 467 logements construits dans les années 1930, à la fin de l'expérience de Vienne la Rouge. Ce grand ensemble qui s'ordonne autour de plusieurs cours est flanqué de tours qui lui confèrent un aspect monumental.

FLORIDSDORF

Cet ancien village (XXIe arrondissement), sur la rive gauche du Danube, est devenu un quartier populaire coincé entre le Nouveau Danube, le Vieux Danube et un échangeur autoroutier.

KARL-SEITZ-HOF ● *92.* L'un des plus grands ensembles *(Höfe)* de Vienne la Rouge a été construit dans cet arrondissement : le Karl-Seitz-Hof (1 113 logements) fut réalisé par Hubert Gessner en 1926, un an avant le Karl-Marx-Hof de Döbling. Cet ensemble est particulièrement spectaculaire car l'édifice central, en arc de cercle, est surmonté d'une haute tour donnant accès à une large rue intérieure. Du côté gauche de l'hémicycle s'élève une tour dotée d'une horloge. Des bureaux, des crèches, des magasins, des laveries et même un théâtre équipent cet ensemble d'habitation.

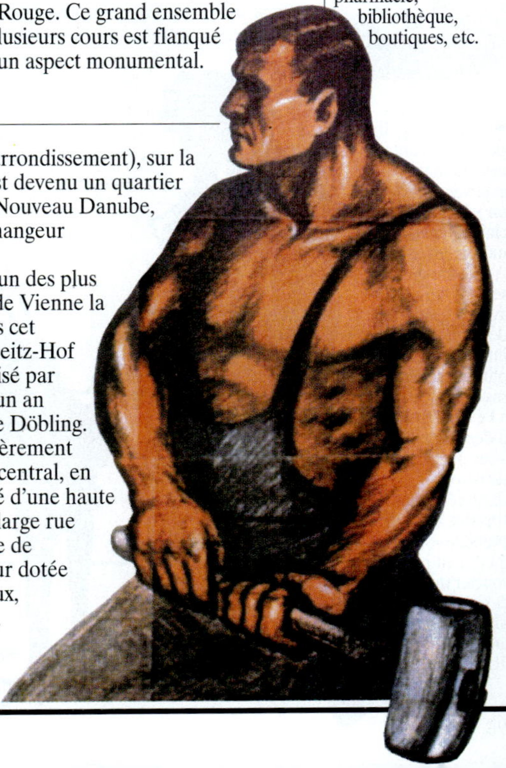

«MES ŒUVRES MUSICALES SONT LE PRODUIT DU GÉNIE ET DE LA MISÈRE, ET CE QUI APPORTE LE PLUS DE PLAISIR AU PUBLIC EST CE QUI M'A DONNÉ LE PLUS DE PEINE.»

LUDWIG VAN BEETHOVEN

Le testament de Beethoven.

HEILIGENSTADT

Ce joli village perché sur les contreforts du Kahlenberg et du Leopoldsberg, au nord de Vienne, est moins célèbre pour ses vignobles ■ *26,* ● *68* que pour les nombreux séjours qu'y fit Beethoven ● *51* à la fin de sa vie.

«JE N'ÉCRIS PAS POUR LA GALERIE !». Comme tous les romantiques, le musicien aimait chercher son inspiration dans la nature sauvage des hauteurs de la forêt viennoise ■ *18,* ● *100* ou dans les travaux champêtres. Ainsi, au cours de son séjour de 1807-1808, il composa la *Sixième Symphonie,* dite *Pastorale*, lors de ses promenades autour de Heiligenstadt, cherchant à traduire en musique la palpitation de l'Univers et la sensation d'une divinité immanente.

«LE TESTAMENT DE HEILIGENSTADT». Mais Heiligenstadt rappelle surtout aux mélomanes le premier et douloureux séjour que Beethoven y fit en 1802. Sachant que sa surdité était incurable, le musicien, qui avait tout fait pour la dissimuler depuis six ans, l'avoua dans le fameux *Testament de Heiligenstadt*, destiné à ses frères, Kaspar et Johann. Il y écrivit également avoir envisagé de se suicider : «De telles épreuves me conduisirent au bord du désespoir ; il s'en fallut de peu que je misse fin à mes jours. L'art, l'art seul, m'a retenu…»

HEILIGENSTÄDTER-TESTAMENT-HAUS. Dans cette humble maison du n° 6 de la Probusgasse (ci-dessus), Beethoven rédigea ce testament, composa également sa *Deuxième Symphonie* et imagina probablement sa troisième, la *Symphonie héroïque*. Une partie de la maison du Testament de Heiligenstadt (Heiligenstädter-Testament-Haus) a été transformée en musée, où l'on peut voir des objets et gravures qui évoquent le séjour du musicien.

BLASON DE HEILIGENSTADT : saint Georges terrassant le dragon.

❝À mesure qu'il perdait le contact avec le monde extérieur, il tournait un regard plus clairvoyant vers son monde intérieur. À mesure qu'il se sent familiarisé avec la gestion de son royaume intérieur, il impose plus consciemment ses exigences à l'extérieur : il demande à ses protecteurs de ne plus rémunérer ses travaux, mais de prendre soin qu'il n'ait plus à se soucier du monde et puisse travailler uniquement pour lui-même.❞

Richard Wagner, *Beethoven*

UNE VIE TRAGIQUE
Le manuscrit de la *Neuvième Symphonie* et le cornet acoustique de Beethoven.

UNE AUTRE DEMEURE DE BEETHOVEN. Au centre de Heiligenstadt, sur la PLACE DE LA PAROISSE (Pfarrplatz), s'élève l'ÉGLISE SAINT-JACQUES (Jacobikirche), de style roman, qui aurait été construite sur des vestiges romains ● *28*, ▲ *167*. Juste à côté (au n° 2) se trouve la maison que Beethoven occupa en 1817. Il n'y composa pas d'œuvre marquante, étant troublé par les difficultés qu'il rencontrait dans la procédure d'adoption de son neveu Karl (fils de son frère Kaspar, mort en 1815). Pendant des années, celle-ci resta bloquée à cause de conflits avec la mère de l'enfant. La cause enfin gagnée, ses rapports avec son protégé achevèrent de lui empoisonner la vie. Au nord du village et de la Pfarrplatz, l'Eroicagasse franchit le cours d'une petite rivière, le SCHREIBERBACH, dont la berge nord s'appelle PROMENADE DE BEETHOVEN (Beethovengang) en souvenir des nombreuses promenades qu'y fit le musicien.

NUSSDORF

Au nord de Heiligenstadt, Nussdorf, village perché sur les collines, domine le cours du Danube. Il est entouré de vignobles ■ *26* et compte des guinguettes *(Heurigen)* ● *68*.
LEHAR-SCHIKANEDER-SCHLÖSSL. Au n° 18, Hackhohergasse, se tient le château de Franz Lehár (Lehár-Schikaneder-Schlössl), dans lequel vécut le compositeur d'opérettes ● *60* à partir de 1932 (un petit MUSÉE se trouve à l'intérieur). Originaire de Hongrie, Franz Lehár (1870-1948) poursuivit la grande tradition de l'opérette lancée au XIXe siècle par les musiciens Jacques Offenbach, Français d'origine allemande, et Johann Strauss ● *56*. Il est l'auteur de grands succès, comme *La Veuve joyeuse* (1905), *Le Comte de Luxembourg* (1909) et *Le Pays du sourire* (1929). De style baroque, cette demeure avait appartenu à Emmanuel Schikaneder, directeur du Theater An der Wien ● *62*, qui commanda à Mozart ● *48*, ▲ *147, 281* l'opéra *La Flûte enchantée*, dont il rédigea le livret. Il résida à Nussdorf de 1802 à 1812, faisant la connaissance de Beethoven, qu'il voulut pousser à écrire des opéras.

«Que pouvait voir le rêveur extasié quand il parcourait les rues grouillantes de Vienne et qu'il regardait fixement devant lui, les yeux grands ouverts, uniquement inspiré par le monde des harmonies, qui seul restait éveillé en lui ?»
Richard Wagner, *Beethoven*

AH LE PETIT VIN BLANC !
Le petit vin blanc nouveau *(Heuriger* ■ *26,* ● *68)*, qu'on célèbre en musique dans les guinguettes, a fait la renommée de Grinzing, village perché sur les hauteurs de Döbling au nord de Vienne (ci-dessus). D'autres villages autrefois célèbres pour leur vin, comme Gumpendorf, à Margareten (VIe arrondissement), sont devenus des zones d'habitation dense. L'église Saint-Charles ▲ *238* et le Belvédère ▲ *246* ont aussi été entourés de vignes.

TOUJOURS BEETHOVEN... Au n° 26 de la Kahlenbergerstrasse se trouve une maison du XVIIIe siècle dans laquelle Beethoven habita en 1824, année où il termina la *Neuvième Symphonie* (sa dernière), avec chœurs. Enfin, au sud-ouest de Heiligenstadt, sur la Grinzingerstrasse, après la Michaelskirche, s'élève (au n° 64) une autre maison du XVIIIe siècle où habitèrent en 1808 Beethoven et la famille du poète Franz Grillparzer ● *62,* ▲ *147, 206* : le musicien eut de nombreuses disputes avec celle-ci, au point qu'elle déménagea.

NUSSDORFER WEHR. L'entrée du canal du Danube (Donau-Kanal) ▲ *230* est barrée par une écluse (Nussdorfer Wehr) des moins banales, dominée par deux lions de bronze (œuvre de Rudolf Weyr) juchés sur de hauts piédestals. Elle offre à la vue une architecture raffinée qui allie avec art la pierre, le verre et les poutrelles de fer. Elle a été dessinée par Otto Wagner ▲ *228, 237, 240* en 1894-1898, à l'époque où il faisait partie du mouvement de la Sécession ● *86, 88,* ▲ *232*.

GRINZING

LES CITOYENS D'HONNEUR. Aujourd'hui, les guinguettes de Grinzing se transforment peu à peu en restaurants pour touristes, tandis qu'à la belle saison la foule encombre les rues paisibles du village et poussent les commerces à vendre des souvenirs. Pire encore, les promoteurs, profitant de la célébrité de l'endroit, achètent les terrains afin d'y construire des immeubles. Pour contrer cette évolution, qui risque – à terme – de faire disparaître les vignobles et de faire perdre à Grinzing son caractère champêtre, une campagne internationale a été lancée auprès du grand public afin de constituer une sorte de club des «citoyens d'honneur» de Grinzing. Chaque membre de ce club se porte acquéreur – pour un prix tout à fait symbolique – d'un pied de vigne, dont il devient le parrain et dont il contribue ainsi à perpétuer l'existence.

Parmi ces propriétaires honoraires, on compte de nombreuses vedettes et personnalités.

GRINZINGER FRIEDHOF. Pour les mélomanes, un détour s'imposera par le cimetière de Grinzing (Grinzinger Friedhof), qui abrite la TOMBE DE GUSTAV MAHLER *(Gruppe 6, Reihe 7)* ● *52,* ▲ *232,* lequel y repose depuis 1911.

LE LEOPOLDSBERG ET LE KAHLENBERG
Aux portes de Vienne, la vaste forêt giboyeuse chantée autrefois par Johann Strauss est demeurée étonnamment préservée, malgré les coupes claires qu'ont faites les nombreuses agglomérations.

KAHLENBERG

De Grinzing, deux routes en lacets – la Cobenzlgasse et la Höhenstrasse – montent au mont Chauve (Kahlenberg). C'est de ce mont (484 m) que, le 12 septembre 1683, les troupes de Jean III Sobieski descendirent pour écraser les trois cent mille Turcs qui assiégeaient Vienne ● *38*.

KAHLENBERGKIRCHE. Fréquentée par la communauté polonaise de Vienne, l'église dédiée à saint Joseph (Kahlenbergkirche) commémore cet événement : à l'intérieur, on admirera la CHAPELLE SOBIESKI et une réplique de la *Vierge noire de Czestochowa*.

RESTAURANT PANORAMIQUE. Du haut du Kahlenberg, et surtout depuis la terrasse de l'hôtel-restaurant, on a un superbe panorama sur Vienne et sur la vallée du Danube ■ *20, 22,* ▲ *271*. En 1809, lors de l'invasion de l'Autriche par les armées françaises, les Viennois vinrent en très grand nombre sur le Kahlenberg pour assister aux péripéties des batailles qui se déroulaient en aval, à Essling-Aspern et à Wagram ● *38*.

« Du haut du Kahlenberg, contemple le pays, tu comprendras ce que j'écris, ce que je suis. »
Franz Grillparzer

LEOPOLDSBERG

La Höhenstrasse mène également du Kahlenberg au mont Léopold (Leopoldsberg), plus à l'est, qui domine la vallée du Danube (425 m). Du haut du Leopoldsberg, la vue sur toute la région est splendide.

LEOPOLDSKIRCHE. Au XVIIe siècle, Léopold Ier y fit bâtir une église dédiée à saint Léopold (Leopoldskirche). Celle-ci fut détruite lors du second siège de Vienne par les Turcs ● *34,* puis reconstruite au début du XVIIIe siècle, dans le style baroque.

LE LEOPOLDSBERG
Ce belvédère doit son nom au margrave Léopold III de Babenberg ● *28,* ▲ *138*, fondateur de l'abbaye de Klosterneubourg, qui fut canonisé au XVe siècle. Après avoir été détruit lors du siège de 1529, le château des Babenberg, construit en haut du mont, resta longtemps en ruine.

Au pied du Leopoldsberg, s'étend l'abbaye de Klosterneubourg, la plus grande des abbayes qui s'égrènent le long du Danube.

KLOSTERNEUBURG ♥

L'abbaye de Klosterneubourg (Stift Klosterneuburg) fut fondée au début du XIIe siècle par le margrave Léopold III de Babenberg, dont le château s'élevait tout près, au sommet du Leopoldsberg. C'est là que se trouvait la capitale de la marche de l'Est (Ostmark), future Autriche. En 1156, lorsque Henri II Jasomirgott de Babenberg fut fait duc d'Autriche par l'empereur germanique Frédéric Ier Barberousse (1122-1190), il transféra sa capitale de Klosterneubourg à Vienne ● *28*.

LA LÉGENDE DU VOILE PERDU Léopold III décida d'élever une abbaye à l'endroit même où il avait retrouvé le voile précieux que sa femme, Agnès de Franconie, avait perdu. Panneau de bois (peint par Rueland Frueauf, 1470-1547) de l'autel de l'église abbatiale.

MARGRAVE ET SAINT. Très pieux, le margrave Léopold III ne voulut surtout pas prendre parti dans la rivalité qui opposait les empereurs germaniques aux papes (querelle des Investitures, 1059-1122) ni dans la rébellion des princes allemands contre l'empereur. Ce qui lui permit d'épouser Agnès, fille de l'empereur Henri IV, de vivre en paix sur ses terres et de se consacrer à la foi catholique ; il fut d'ailleurs canonisé au XVe siècle. Il repose dans la chapelle.

UNE ABBAYE DES AUGUSTINS PUIS UN ESCORIAL AUTRICHIEN. La première abbaye, tenue par des augustins, fut construite dans le style roman en s'inspirant des monastères que les cisterciens, membres des ordres de Cluny et de Cîteaux, avaient bâtis à travers l'Europe. Mais, quelques siècles plus tard, Charles VI conçut des projets destinés à donner un nouvel éclat à Klosterneubourg, qui venait d'être en partie détruite par un incendie (1730). Prenant pour modèle l'Escorial, qui avait été édifié non loin de Madrid (1563-1584), il voulut en faire un palais-monastère qui fût le symbole de la monarchie autrichienne et du Saint Empire romain germanique, ainsi qu'un majestueux caveau de famille proche de Vienne, capitale des Habsbourg ● *29*, ▲ *143, 144, 195*.

DE FISCHER VON ERLACH À D'ALLIO. Charles VI confia le projet à Joseph Emanuel Fischer von Erlach, fils de Johann Bernhard ● *74, 80*. Malheureusement, il était, à l'époque, mobilisé par une multitude de travaux d'envergure : la construction de la Bibliothèque nationale ▲ *192, 196*, du Manège d'hiver de l'École espagnole ▲ *188, 190* et de l'aile de la Chancellerie de la Hofburg ▲ *175*, l'achèvement de l'église Saint-Charles ● *74*, ▲ *240* et du château de Schönbrunn ▲ *274*. Il se contenta donc de livrer l'esquisse d'un projet

LÉOPOLD III (1070-1136) Le margrave Léopold III de Babenberg est le saint patron de la Basse-Autriche ▲ *138*.

grandiose qui prévoyait de nombreux corps de bâtiments groupés autour de quatre cours et coiffés de neuf coupoles. L'architecte milanais Donato Felice d'Allio (1690-1780) fut alors pressenti pour le mener à bien. Mais plusieurs obstacles de taille se présentèrent à leur tour : le manque d'argent chronique des Habsbourg et la mort de Charles VI, en 1740. Les travaux se réduisirent alors à ajouter à l'ancienne abbaye romane et gothique un bâtiment baroque doté d'une seule cour et de deux dômes de cuivre surmontés de la couronne impériale et de la barrette archiducale. Ils s'interrompirent en 1755 puis reprirent au siècle dernier, quand l'architecte Josef Kornhausel dota le bâtiment baroque d'une aile destinée à fermer la cour.

L'ABBATIALE. De l'esplanade au milieu de laquelle se dresse la COLONNE À LA LANTERNE (Lichtsäule), on accède à l'église abbatiale, surmontée de deux clochers. Romane à l'origine, elle a été fortement remaniée au cours des siècles, notamment au XIXe, dans le style néo-gothique. Il faut voir également les STALLES DU CHŒUR, l'ORATOIRE DE LA COUR IMPÉRIALE, la CHAIRE et les GRANDES ORGUES (sur lesquelles Anton Bruckner ● *52,* ▲ *195* a joué).

LE CLOÎTRE GOTHIQUE ET LA FREISINGERKAPELLE. Derrière l'abbatiale se tiennent le cloître gothique et la chapelle de Freising (Freisingerkapelle) ; celle-ci contient le gisant de Berthold von Wehingen, évêque de Freising au XIVe siècle.

LEOPOLDSKAPELLE. La chapelle Saint-Léopold (Leopoldskapelle) recèle l'une des merveilles de l'orfèvrerie médiévale : le RETABLE DE NICOLAS DE VERDUN (1181). Il se compose de cinquante et une plaques de métal doré travaillées selon la technique de l'émail champlevé (on creuse dans le métal des alvéoles dans lesquelles on coule l'émail). Des scènes de la Bible y sont représentées. Dans la chapelle, on voit aussi la châsse d'argent qui contient les reliques de saint Léopold Babenberg et les magnifiques vitraux des XIVe et XVe siècles.

LEOPOLDSHOF. Dominée par une vieille tour fortifiée, la cour Léopold (Leopoldshof) est bordée de bâtiments de styles gothique et Renaissance. Au milieu de la cour se trouve la FONTAINE SAINT-LÉOPOLD (Leopoldsbrunnen), du XVIIe siècle.

SALLE DE MARBRE. Dans les bâtiments baroques construits sous Charles VI, les appartements impériaux et le musée

LA COLONNE À LA LANTERNE
Ce mémorial du XIVe siècle (ci-dessous), se dresse au milieu de l'esplanade.

À gauche, la fontaine Saint-Léopold.

L'ÉGLISE ABBATIALE
L'intérieur baroque recèle de belles fresques de la fin du XVIIe et du début du XVIIIe siècle, commandées par Charles VI à des artistes comme Johann Michael Rottmayr ▲ *139, 160, 293*, J. G. Schmidt et G. Fanti.

UN ORFÈVRE MOSAN
Élève du moine flamand Godefroid de Claire, Nicolas de Verdun porta à un point de perfection l'art de l'émail champlevé au XIIe siècle. Cette technique, héritée de Byzance et de l'art carolingien, se développa dans les ateliers riverains de la Meuse (Maastricht, Verdun, Liège) et du Rhin (Cologne, Coblence) ainsi qu'à Aix-la-Chapelle.

RETABLE DE VERDUN
Le retable de Klosterneubourg (1181) est formé de plaques d'émaux historiés provenant de la châsse des Rois mages (cathédrale de Cologne, 1196) – l'une des seules pièces d'orfèvrerie médiévale exécutée en or massif – et de la châsse de Tournai (1205).

SOUVENIRS DES TURCS ● *34*
Comme à Vienne, des plaques apposées ici et là commémorent le passage des armées turques, rappelant un combat ou l'emplacement d'une redoute…

donnent sur la cour impériale (Kaiserhof). On accède aux étages par un escalier baroque monumental (1723), resté inachevé, qui mène à la SALLE DE MARBRE, ornée de fresques de Daniel Gran (*La Gloire de la maison d'Autriche*, 1749). Dans les appartements impériaux, on peut surtout s'attarder dans la SALLE DES TAPISSERIES, ornées de tapisseries de Bruxelles du XVIIIe siècle.

LA VIERGE DE KLOSTERNEUBOURG. Au deuxième étage, le MUSÉE conserve des chefs-d'œuvre, en particulier une Vierge de marbre du XIVe siècle. Il faut voir également le retable d'Albert II (début du XVe siècle), l'arbre généalogique des Babenberg (XVe siècle), des statues de la Renaissance italienne et le *Mercure* de Raphael Donner ▲ *170, 171*, auteur de la fontaine du Neuer Markt ▲ *141*.

TAUSENDEIMERFASS. Dans l'enceinte de l'abbaye se situent également la CHAPELLE GOTHIQUE SAINT-SÉBASTIEN, le CELLIER et la TONNELLERIE, qui renferme le «tonneau des mille seaux» (Tau[sen]deimerfass), d'une contenance de 56 000 l, fabriqué en 1704. Le 15 novembre, jour de la Saint-Léopold, ont lieu des fêtes à l'occasion desquelles on organise des concours de roulage de tonneaux. Ce qui rappelle que le vignoble ■ *26* de Klosterneubourg est l'un des plus importants du pays.

KIERLING

MUSÉE KAFKA. Le sanatorium de Kierling vit mourir de tuberculose Franz Kafka (1883-1924). Un petit musée expose des souvenirs de cet écrivain bohême de langue allemande connu mondialement.

Le Praguois Franz Kafka fut une partie de sa vie sujet de l'empereur d'Autriche. Si le nom de l'écrivain évoque surtout l'angoisse d'un monde sans issue, l'aspect tragique de son œuvre a peut-être été exagéré par Max Brod, son exécuteur testamentaire.

INFORMATIONS PRATIQUES

Les meilleures périodes pour aller à Vienne sont mai-juin et septembre-octobre. Vous profiterez d'un climat doux, souvent ensoleillé et de tous les spectacles : Wiener Festwochen en mai-juin, été musical, ou encore concerts du Philharmonique de Vienne en septembre. Pour connaître la ville sous la neige, il n'y a pas meilleurs mois que décembre et janvier. Les rues sont féeriques, égayées par les marchés de Noël, les festivités et les nombreux bals du Fasching, qu'achève un carnaval débridé.

UN OBJET INDISPENSABLE

Lorsque viennent l'hiver, la neige et le sel, tout Viennois utilise deux paires de chaussures, pour l'extérieur et l'intérieur. Le sac, qui contient alternativement l'une et l'autre, l'accompagne donc partout.

PAPIERS

Pour entrer en Autriche, il faut une carte d'identité nationale de moins de dix ans ou un passeport en cours de validité (aucun visa n'est exigé). Les ressortissants de certains pays européens, dont la France, peuvent se contenter d'un passeport périmé depuis moins de cinq ans.

SANTÉ

Aucune vaccination n'est exigée. Avant de partir, se munir d'un formulaire délivré par la Sécurité Sociale française (Se 110-7 A/F7), à échanger sur place contre un formulaire autrichien. Ceci afin de ne pas payer une consultation médicale sur place. Il est toutefois conseillé de contracter une assurance santé avant de partir.

DOUANE

◆ Les plus de 17 ans venant d'un pays européen peuvent importer librement : 200 cigarettes ou 50 cigares ou 250 g de tabac, 2,25 litres de vin, 1 litre d'alcool.
◆ La valeur des cadeaux ou souvenirs ne doit pas dépasser le montant de 400 ATS.

DÉTAXE

Il existe, pour les factures de plus de 1 000 ATS par magasin, une procédure de remboursement d'une partie de la TVA autrichienne (13%).

L'OFFRE DES VOYAGISTES

Les opérateurs proposent souvent des week-ends de fin d'année pour Noël, le Nouvel An, la saison des bals, ou des forfaits pour les week-ends de quatre jours. Des billets pour l'Opéra ou certaines visites sont souvent inclus dans les forfaits. Il existe des formules à la carte «train + voiture» pour un week-end ou une semaine. Il est possible de faire des croisières d'une semaine sur le Danube, entre Passau et Budapest, avec escale à Vienne.

LE «FASCHING»

Le «Fasching» se déroule tous les ans du 31 décembre au mardi gras (mi-février). La saison s'ouvre avec le Bal de l'Empereur dans les salons de la Hofburg. Le Mardi-gras clôture cette période. Les Viennois, déguisés, forment dans la rue de gais cortèges, à l'occasion desquels chars et voitures défilent sur le Ring.

JOURS FÉRIÉS

Jour de l'An, Épiphanie (6 janvier), lundi de Pâques, 1er mai, Ascension, lundi de Pentecôte, Fête-Dieu, Assomption (15 août), Fête nationale (26 octobre), Toussaint, Immaculée Conception (8 décembre), Noël, Saint-Etienne (26 décembre).

ORGANISMES OFFICIELS

◆ AMBASSADE D'AUTRICHE EN FRANCE
6, rue Fabert
75007 Paris
tél. (1) 45 55 95 66
Consulat d'Autriche en France
12, rue Edmond Valentin
75007 Paris
tél (1) 47 05 27 17
◆ CONSULAT GÉNÉRAL D'AUTRICHE
29, rue de la Paix
67 000 Strasbourg
tél (16) 88 35 13 94
◆ OFFICE NATIONAL AUTRICHIEN DU TOURISME
47, avenue de l'Opéra
75002 Paris
tél. (1) 47 42 78 57
Minitel
3615 Autriche
◆ INSTITUT CULTUREL AUTRICHIEN
30, bd des Invalides
75007 Paris
tél. (1) 47 05 27 10

CALENDRIER DES FÊTES ET MANIFESTATIONS

	J	F	M	A	M	J	J	A	S	O	N	D
ECOLE D'ÉQUITATION ESPAGNOLE												
REPRÉSENTATIONS			●	●	●	●			●		●	●
ENTRAINEMENT			●	●	●	●			●		●	●
PETITS CHANTEURS DE VIENNE												
MESSES	●	●	●	●	●	●			●	●	●	●
CONCERTS					●	●			●	●		
LES BALS												
BAL DE L'EMPEREUR												●
SAISON DES BALS	●	●										●
CONCERT DU NOUVEL AN	●											
CONCERTS DE VALSES ET D'OPÉRETTES				●	●	●	●	●	●			
CONCERTS MOZART							●	●	●			
FESTIVAL DE MUSIQUE ANCIENNE		●										
JOURNÉES HAYDN			●									
JOURNÉES MUSIQUE SACRÉE			●									
FESTIVAL DE PRINTEMPS				●								
FESTIVAL DE VIENNE					●	●						
MARATHON DE MARS			●									
CORSO FLEURI AU PRATER						●						
ÉTÉ MUSICAL						●	●	●	●			
VIENNALE FILMFESTIVAL										●		
FÊTE DES CERFS-VOLANTS										●		
JOURNÉES SCHUBERT											●	
FOIRE AUX ANTIQUITÉS											●	
FOIRE AUX OBJETS D'ART											●	
WIEN MODERN (MUSIQUE XXe S.)										●	●	
SEMAINES INT. DE DANSE		●					●	●				
FESTIVAL DE ROCK						●						

CLIMAT

Le climat de Vienne est modérément continental. Les hivers y sont longs (octobre à avril) et froids (- 5°C à + 5°C). Les demi-saisons, printemps et automne, sont courtes et parfois pluvieuses.

Mois	Maxi	Mini	Soleil
JANVIER	1°C	-4°C	10 j.
FÉVRIER	3°C	-3°C	12 j.
MARS	8°C	1°C	16 j.
AVRIL	15°C	6°C	20 j.
MAI	19°C	10°C	22 j.
JUIN	23°C	14°C	25 j.
JUILLET	25°C	15°C	26 j.
AOÛT	24°C	15°C	24 j.
SEPTEMBRE	20°C	11°C	21 j.
OCTOBRE	14°C	7°C	16 j.
NOVEMBRE	7°C	3°C	9 j.
DÉCEMBRE	3°C	-1°C	9 j.

Maxi : moyenne des températures maximales
Mini : moyenne des températures minimales
Soleil : nombre de jours de soleil prépondérant

BUDGET MODESTE POUR UN SÉJOUR D'UNE SEMAINE (7 NUITS)

COUPLE SEUL, TRAJET CHARTER, HÔTEL **
Compter 1 800 à 2 000 F pour le vol et 150 F /jour /p. pour l'hébergement, soit de 5 700 F à 6 000 F pour deux personnes.

BUDGET FAMILIAL POUR UN SÉJOUR D'UNE SEMAINE (7 NUITS)

COUPLE ET DEUX ENFANTS, TRAJET EN TRAIN, LOGEMENT CHEZ L'HABITANT
La réduction accordée aux enfants permet de contenir le coût du train sous la barre des 6 000 F (pour la famille).
A Vienne, pour la chambre et le petit-déjeuner chez un particulier, 260 F /nuit (par pers., -30% pour les moins de 12 ans) est un prix moyen. Soit un total pour la famille de 12 000 F à 12 500 F, plus les tours de Grande roue, au Prater !

BUDGET AISÉ POUR UN SÉJOUR D'UNE SEMAINE (7 NUITS)

COUPLE SEUL, VOL RÉGULIER, HÔTEL ****
Voyage confortable ◆ près de 9 000 F pour deux –, accueil chaleureux, dans un cadre très viennois. Prévoir 1 000 F /jour et par personne pour un bel hôtel central. Une semaine exceptionnelle pour un coût encore raisonnable de 23 000 F pour deux personnes. (champagne non compris...).

En avion

◆ Air France
À Paris :
119, av. des Champs-Élysées, 75008.
Réservations-ventes : tél (1) 44 08 22 22.
Départ Charles-de-Gaulle, aérogare 2, terminal D. Trois vols par jour en Airbus A 320 ou Boeing 737. Des tarifs promotionnels, soumis à des conditions particulières de réservation et de séjour sont régulièrement proposés (tarifs Jeunes, Visite, Vacances, Super Vacances, Temps libre). Consulter le Minitel : 3615 ou 3616 code AF, ou encore les renseignements Air France : 44 08 24 24.

◆ Austrian Airlines propose également des tarifs Excursion (au moins un week-end sur place, 4 805 F), Visite (séjour d'un mois, 3 385 F), Vacances (nov.-mars 2 155 F, avr.-oct. 2 395 F), Jeunes (moins de 25 ans,1 650 F) et Troisième Âge (plus de 60 ans, 1 940 F).

◆ Des voyagistes proposent des circuits «week-end fin d'année», «week-end pont», des formules «train + voiture» pour un week-end ou une semaine, voire des séjours thématiques : musique, histoire, découvertes (◆ 342).

◆ L'aéroport international de Schwechat est situé à 19 km de Vienne.

En train

◆ Consulter le Minitel 3615 ou 3616 SNCF

◆ Depuis Paris, il faut compter 13 heures de voyage. Deux trains directs par jour relient la gare de l'Est à la gare de Vienne-Westbahnhof (prix aller-retour 2e classe : 1 892 F ; prix aller-retour 1re classe : 2 874 F).

◆ Aucun train direct jusqu'à Vienne n'existe depuis les autres villes de France. De Lyon, il faut changer à Strasbourg (Lyon-Part-Dieu) ou à Mulhouse (Lyon-Perrache). De Nice, le changement se fait à Padoue (Italie).

◆ De nombreuses réductions sont accordées sur le réseau SNCF français (cartes Kiwi, Vermeil, Couple, Famille nombreuse, Modulopass, Carissimo). La carte Eurodomino Jeunes permet un aller-retour Paris-Salzbourg (frontière) ainsi qu'un pass de voyage illimité à travers toute l'Autriche durant 5 jours pour 1 646 F. Enfin, les agences de voyages Wasteel vendent des billets BIGE aux moins de 26 ans (-30 % à -50 % de réduction).

◆ Le réseau ferroviaire autrichien propose des réductions pour les Autrichiens et les touristes (cartes Rabbit et Rabbit Junior : renseignements à l'Office de tourisme autrichien à Paris).

Aéroport	Arrêts	Horaires	Durée	Prix
Navette	*City Air Terminal*	*avr-oct., 6h-0h30, t.l.j*	*20 min*	60 ATS
Navette	*gare de Südbahnhof, puis de Westbahnhof*	*6h40-22h30, t.l.j*	*20 min*	60 ATS
Train	*gare de Wien-Mitte, gare de Wien-Nord*	*5h31-22h05, t.l.j*	*30 min*	30 ATS
Taxi			*20 min*	300-350 ATS

Tableau des différents transporteurs

Compagnies aériennes (vols directs)

Compagnie	Ville de départ	Fréquence
Austrian Airlines	Paris - Charles-de-Gaulle	3 vols par jour
Austrian Airlines	Nice	1 vol les lundis, jeudis et dim.
Austrian Airlines	Bruxelles	2 vols par jour
Austrian Airlines	Genève	2 vols par jour
Air France	Paris	3 vols par jour
Sabena	Bruxelles	2 vols par jour sauf le samedi (1 seul vol)
Swissair	Zurich	3 vols par jour
Air Canada	Toronto	5 vols par semaine

Chemins de fer

Compagnie	Ville de départ-gare d'arrivée	Fréquence
SNCF (trains directs)	Paris gare de l'Est Vienne-Westbahnhof	2 trains par jour : l'*Orient-Express* (départ le soir), le *Mozart* (départ le matin)
SNCF (trains avec changement)	Lyon Part-Dieu-Strasbourg Lyon Perrache-Mulhouse puis direct Vienne-Westbahnhof	2 départs par jour, en matinée et en soirée
	Nice Riquier-Padoue puis direct Vienne-Südbahnhof	1 départ en soirée

En voiture

◆ La distance à parcourir depuis Paris est de 1 260 km. Le voyageur a le choix entre deux réseaux autoroutiers. Le trajet le plus rapide passe par Metz, Sarrebrück, Heilbronn, Nuremberg, Ratisbonne (Regensburg), Passau, Linz et enfin Vienne. Il existe un autre itinéraire, plus long, mais qui a l'avantage de traverser Salzbourg : il passe par Strasbourg, Karlsruhe, Stuttgart, Munich, Linz avant d'atteindre Vienne.

◆ Depuis Lyon, il faut traverser les Alpes suisses par Genève, Lausanne, Berne, Zurich, puis emprunter le tunnel de l'Arlberg (péage 150 ATS), afin de rejoindre Innsbruck, Salzbourg et Vienne

◆ Depuis Marseille, on rejoint l'itinéraire précédent à Lyon, ou bien l'on traverse l'Italie (autoroute Gênes-Milan-Vérone-Padoue-Graz-Vienne).

◆ Depuis Nice, le trajet s'effectue par l'Italie.

◆ Les autoroutes sont gratuites en Autriche et en Allemagne.

◆ Le prix de l'essence est un peu plus bas en Autriche qu'en France : Super Plus/98 Oktan (sans plomb) à partir de 9,60 ATS ; gasoil à partir de 7,20 ATS.

◆ Plusieurs bureaux d'informations touristiques sont implantés le long des autoroutes d'accès à la capitale.

Distances (km) Vienne - autres villes d'Europe

Paris	1 259
Marseille	1 000
Lyon	1 177
Nice	1 197
Amsterdam	925
Barcelone	1 525
Bruxelles	925
Budapest	250
Lisbonne	2 225
Londres	1 250
Madrid	1 800
Milan	625
Munich	375
Prague	250
Rome	1 125
Varsovie	525
Athènes	1 275

Bureaux d'information touristique avec réservation de chambres

Dénomination	Adresse	Ouverture
Tourist Information	Obere Augartenstrasse IIe, tél 211 14 0	Renseignements uniquement par téléphone ou par écrit (siège officiel)
Tourist-Information (informations sur Vienne)	Kärntnerstrasse 38, Ier, tél 513 88 92	Tlj. 9h-19h
Autoroute A1 (autoroute de l'Ouest)	Aire de Vienne-Auhof	Avr.-oct., 8h-22h, nov. 9h-19h, déc.-mars,10h-18h
Autoroute A2 (autoroute du Sud)	Triesterstrasse	Mi-mars-juin, oct. 9h-19h, juil-sep., 8h-22h
Österreichisches Verkehrsbüro	Friedrichstrasse 7, Ier tél 588 00-0	Lun.-ven. 9h-18h, sam. 9h-12h
Accès Nord	Floridsdorfer-brücke/Donauinsel	Fin mars-sep. 9h-19h
Gare de Westbahnhof	Europaplatz 1, XVe	Lun.-ven. 6h15-23h
Gare de Südbahnhof	Wiedner Gürtel 1b, Xe	Lun.-ven. 6h30-21h
Guichet de renseignements de la DDSG (compagnie de navigation du Danube)	Reichsbrücke Handelskai 265	Avr.-oct. 7h-18h
Tourist Information, à l'aéroport	Hall des arrivées	Tlj. d'oct.-mai 8h30-22h, de juin-sep. 8h30-23h
Jugend-Info Wien (informations pour la jeunesse)	Dr-Karl-Renner-Ring/ Bellaria Passage, Ier, tél 526 46 37	Lun.-ven. 12h-19h, sam. et congés scolaires 10h-19h
Österreich-Information (informations sur les autres provinces de l'Autriche)	Margaretenstrasse 1, IVe, tél 58 72 000	Lun.-ven. 10h-17h, jeu. 10h-18h
Niederösterreich-Information (informations sur les environs de Vienne)	Heidenschuss 2, Ier, tél 533 31 14 28	Lun.-ven. 8h30-17h30, sam. 9h-12h

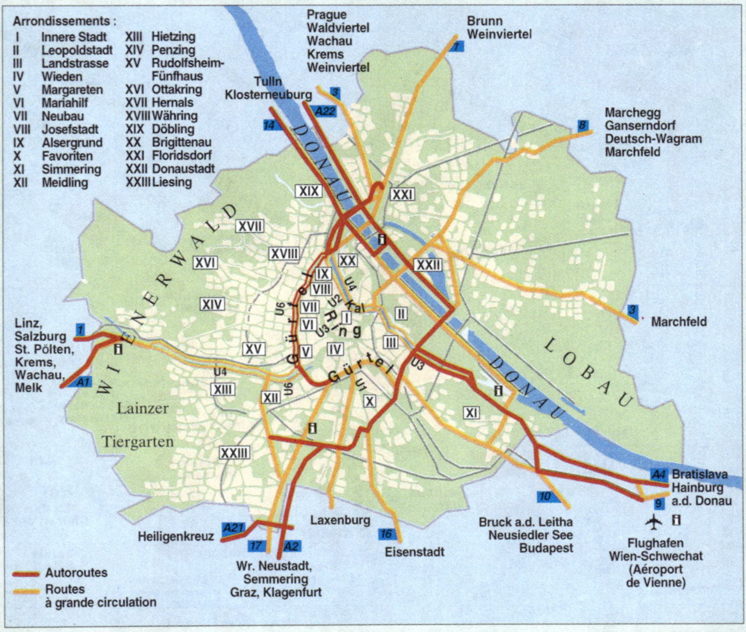

ORIENTATION

Vienne est divisée en 23 arrondissements *(Bezirk)*, qui se développent en spirale autour du premier arrondissement (Innere Stadt), le centre historique, ceinturé par le Ring.

Dans une adresse, les arrondissements sont indiqués par le deuxième et troisième chiffres du code postal :
Ier arrondt. = 1(01)0
XVe arrondt. = 1(15)0
XXe arrondt. = 1(20)0.

EN VOITURE

Vienne dans son ensemble n'est pas une ville très embouteillée, sauf le matin de 7 h 30 à 8 h 30 et le soir vers 17 h. Il est cependant recommandé d'éviter le Ier arrondissement, à cause de ses encombrements et des sens uniques.

Les règles générales de circulation ne diffèrent pas des règles internationales (priorité à droite).

LIMITATIONS DE VITESSE
- 50 km/h dans les agglomérations,
- 100 km/h sur route,
- 130 km/h sur autoroute.

LOUER UNE VOITURE

Il faut être âgé d'au moins 21 ans et posséder un permis de conduire national depuis plus d'un an. Un permis international n'est pas nécessaire. Les agences de location de voitures se situent dans les aéroports, les gares, ainsi que dans le centre. Dans le Ier arrondt. :

AVIS
Opernring 1, Ier
tél 587 62 41

HERTZ
Kärntner Ring 17, Ier
tél 512 86 77

CONDUIRE ET SE CONDUIRE

Les piétons viennois, très respectueux de la réglementation pour la circulation, attendent patiemment que le feu soit vert avant de traverser.

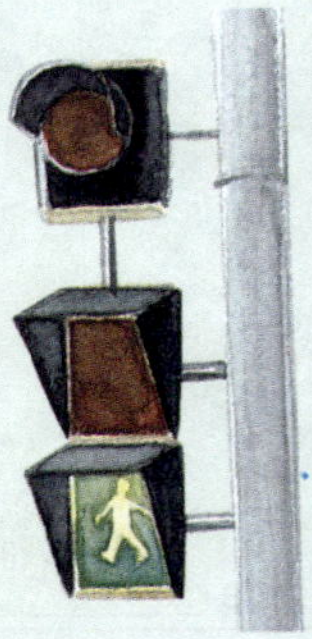

OÙ SE GARER ?

Depuis le 1er juillet, il est interdit à ceux qui ne résident pas ou ne travaillent pas dans le premier arrondissement de stationner hors de ses parkings payants et publics. Dans les autres arrondissements, le stationnement est autorisé pour une durée maximale de 90 min sur des emplacements signalés par des lignes bleues inscrites sur la chaussée. Il faut acheter à l'avance des bons de stationnement (disque de couleur selon la durée ; 90 min : 60 ATS). Nombreux sont les parkings dans le centre, mais ils sont souvent complets. Enfin, la taille relativement modeste du centre et l'excellence du réseau des transports en commun (◆ 312) invitent à laisser sa voiture pour lui préférer la marche.

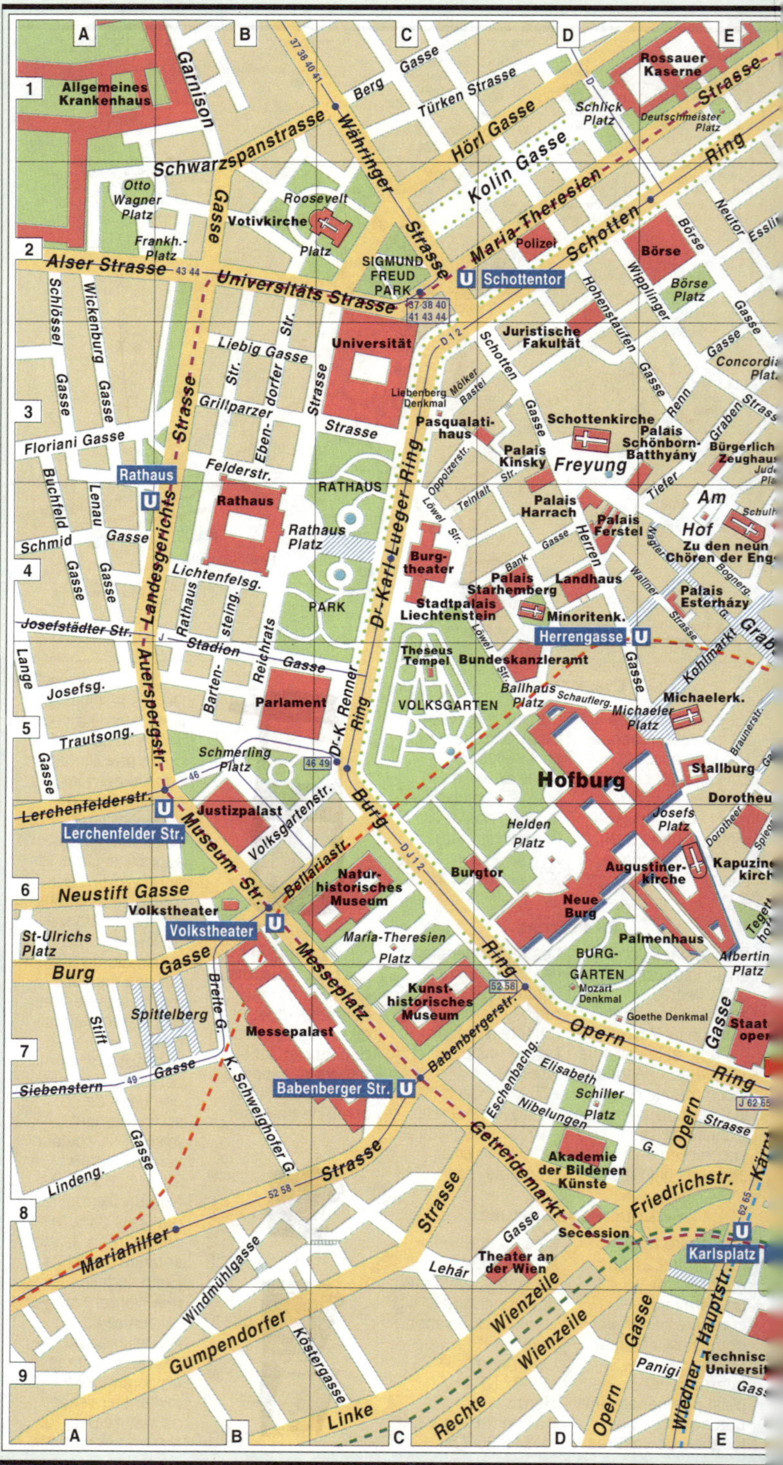

A
B
C
D
E
1
2
3
4
5
6
7
8
9
Allgemeines Krankenhaus
Garnison
Berg
Gasse
Türken Strasse
Hörl Gasse
Rossauer Kaserne
Strasse
Schlick Platz
Deutschmeister Platz
Schwarzspanstrasse
Währinger
Kolin Gasse
Ring
Otto Wagner Platz
Gasse
Roosevelt
Votivkirche
Platz
Maria-Theresien
Schotten
Neutor
Börse
Frankh.-Platz
Alser Strasse
Universitäts Strasse
SIGMUND FREUD PARK
Strasse
Schottentor
Polizei
Börse
Börse Platz
Wipplinger
Hohenstaufen
Gasse
Schlössel
Wickenburg
Gasse
Gasse
Liebig Gasse
Str.
Universität
Juristische Fakultät
Schotten
Gasse
Concordia Platz
Grillparzer
Eben-dorfer
Strasse
Liebenberg Denkmal
Mölker Bastei
Renn
Graben
Strasse
Floriani Gasse
Strasse
Pasqualati-haus
Gasse
Schottenkirche
Palais Schönborn-Batthyány
Bürgerlich Zeughaus
Felderstr.
Palais Kinsky
Freyung
Rathaus
Rathaus
RATHAUS
Oppolzerstr.
Teinfalt
Str.
Tiefer
Am
Buchfeld
Lenau
Rathaus Platz
Löwel
Str.
Palais Harrach
Palais Ferstel
Hof
Schmid
Gasse
Burg-theater
Gasse
Herren
Nagler
Zu den neun Chören der Engel
Gasse
Gasse
Lichtenfelsg.
Dr-Karl-Lueger Ring
Bank
Palais Starhemberg
Landhaus
Wallner
Bognerg.
Palais Esterházy
Josefstädter Str.
Rathaus
steing.
PARK
Stadtpalais Liechtenstein
Minoritenk.
Strasse
Stadion
Reichrats
Gasse
Herrengasse
Kohlmarkt
Graben
Lange
Josefsg.
Landesgerichts
Auerspergstr.
Barten-stein
Theseus Tempel
Bundeskanzleramt
Gasse
Parlament
Dr.-K. Renner Ring
Löwel Str.
Ballhaus Platz
Schauflerg.
Michaelerk.
Michaeler Platz
VOLKSGARTEN
Trautsong.
Gasse
Schmerling Platz
Braunerstr.
Stallburg
Hofburg
Lerchenfelderstr.
Justizpalast
Volksgartenstr.
Burg
Dorotheu
Lerchenfelder Str.
Museum Str.
Helden Platz
Josefs Platz
Dorotheer
Bellariastr.
Natur-historisches Museum
Burgtor
Augustiner-kirche
Kapuziner kirche
Neustift Gasse
Volkstheater
Volkstheater
Neue Burg
Messeplatz
Maria-Theresien Platz
Ring
Palmenhaus
St-Ulrichs Platz
BURG-GARTEN
Albertina Platz
Burg
Gasse
Kunst-historisches Museum
Mozart Denkmal
Spittelberg
Breite G.
Goethe Denkmal
Stift
Messepalast
Babenbergerstr.
Opern
Gasse
Staatsoper
K. Schweighofer G.
Eschenbachg.
Elisabeth
Schiller Platz
Siebenstern
Gasse
Babenberger Str.
Ring
Nibelungen
Gasse
Getreidemarkt
G.
Opern
Strasse
Akademie der Bildenen Künste
Lindeng.
Strasse
Friedrichstr.
Mariahilfer
Strasse
Gasse
Secession
Karlsplatz
Windmühlgasse
Lehár
Theater an der Wien
Wienzeile
Wienzeile
Gumpendorfer
Köstergasse
Gasse
Panigl
Wiedner Hauptstr.
Technische Universität
Linke
Rechte
Opern

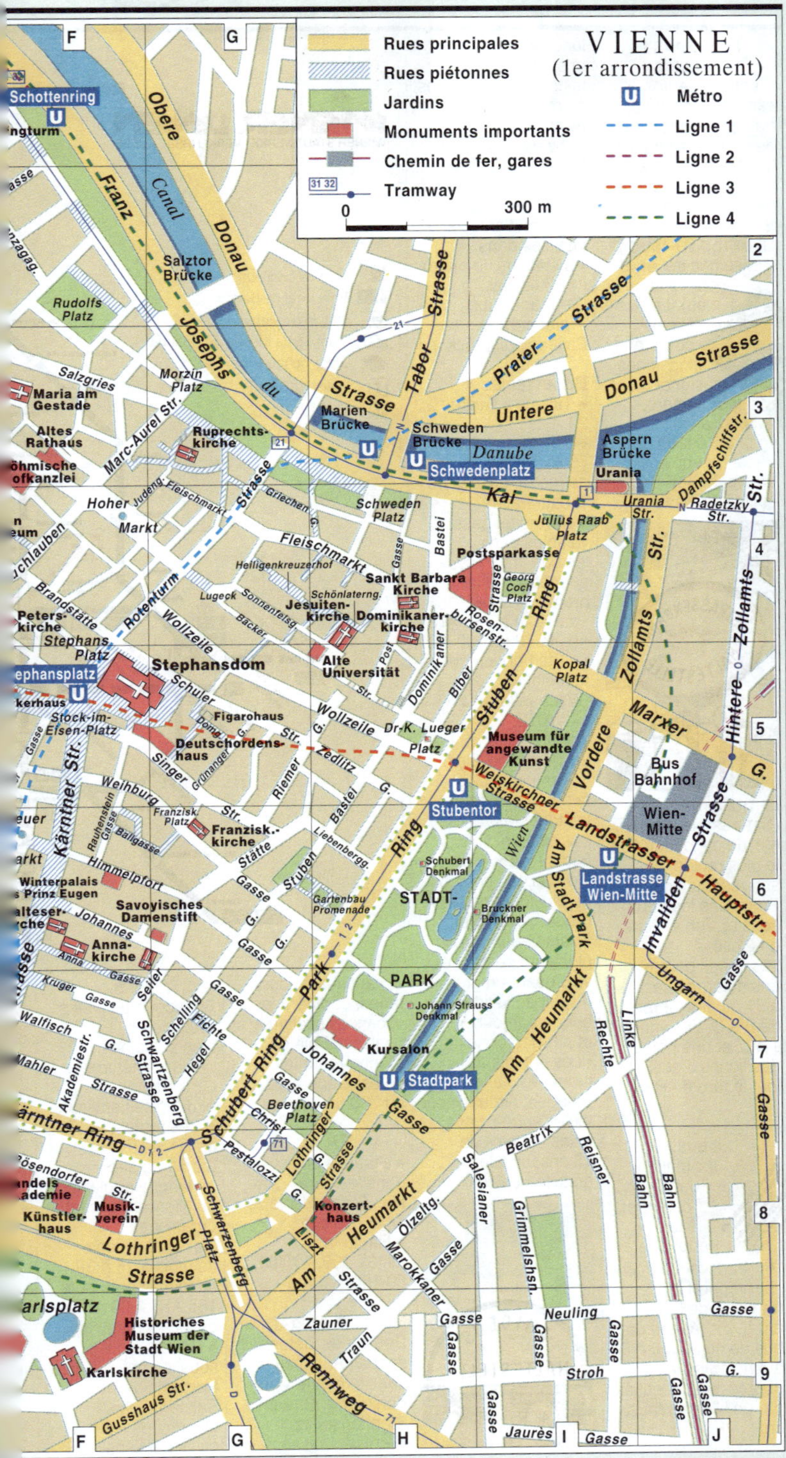
VIENNE
(1er arrondissement)
Rues principales
Rues piétonnes
Jardins
Monuments importants
Chemin de fer, gares
Tramway
Métro
Ligne 1
Ligne 2
Ligne 3
Ligne 4
0
300 m
Stephansdom
Schwedenplatz
Stubentor
Stadtpark
Landstrasse Wien-Mitte
Schottenring
Karlskirche
Kursalon
Konzerthaus
Museum für angewandte Kunst
Postsparkasse
Urania
STADT-PARK

TRANSPORTS PUBLICS

Vienne offre un excellent réseau de transports publics à des prix avantageux. Il est déconseillé, de prendre sa voiture dans le centre ville.

LE MÉTRO (U-BAHN) (l'enseigne est un U – pour U-Bahn – bleu). Le réseau comprend cinq lignes désignées par leur numéro, de U1 à U6 ; la ligne U6 est en partie aérienne entre Westbahnhof et Heilligenstadt.

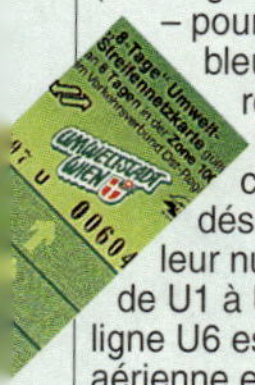

LE TRAMWAY (STRASSENBAHN)
Moyen de locomotion le plus rapide, son réseau longe le Ring dans les deux sens et s'en éloigne en étoile.
Les lignes portent des numéros de 1 à 71 ou des lettres de B à O. Les lignes 1 et 2 et une partie des lignes J et D font le tour du Ring.

LE BUS
Il circule dans le centre et à la périphérie, transversalement par rapport au tramway, de 5 h 30 à 0 h. Un réseau de bus de nuit (de 0 h 30 à 4 h, toutes les heures, bus identifiés par un N (Nachtbus, coût : 25 ATS)

fonctionne vendredi et samedi entre les principales portes d'entrée du Ring (notamment Schwedenplatz) et les arrondissements extérieurs.
◆ Des guichets d'information sont installés dans les stations de métro de Karlsplatz, Stephansplatz, Praterstern et Philadelphiabrücke.

BILLETTERIE

◆ Tickets à l'unité : 20 ATS
◆ Carnet de 5 tickets : 75 ATS (stations de métro, enseignes Tabak-Trafik).
◆ Cartes ou pass, valables dans les bus, tramways ou métros de la première zone :
• carte 24 h : 50 ATS
• carte 72 h : 130 ATS
• carte hebdomadaire nominative (Wochenkarte) : 142 ATS.
Valable du lundi au dimanche, c'est la formule la plus économique pour les touristes.
• carte à sections : 8 jours, 265 ATS.
Ce «ticket», composé de plusieurs bandes prédécoupées, est valable pour une ou plusieurs personnes voyageant en groupe. Il suffit de valider une bande par jour et par personne.
• Les enfants de moins de 6 ans voyagent gratuitement toute l'année. Les jeunes (moins de 15 ans) circulent gratuitement les

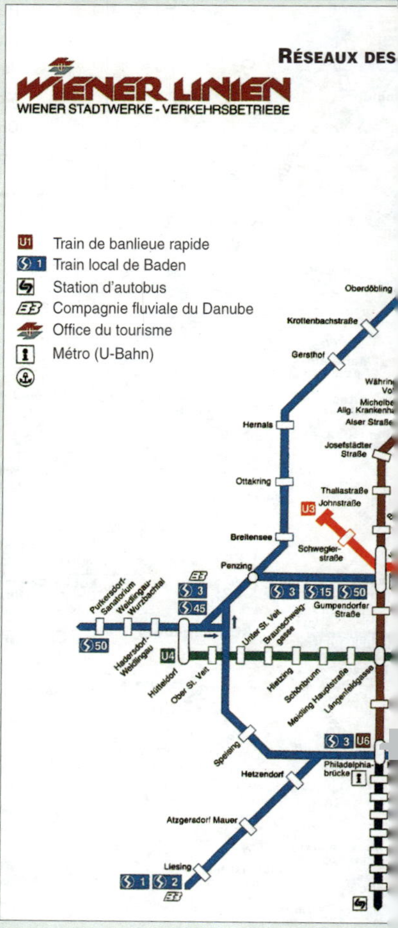

dimanches et jours fériés, et durant les vacances scolaires de l'académie de Vienne (pour les dates téléphoner au 790 91 05).

EN TAXI

◆ Stations de taxi dans les gares, Am Hof, Stephansplatz, Oper, Hofburg.
◆ Radio-taxis : tél. 31 300, 40 100, 60 160, 81 400

À PIED

Des zones piétonnes sont aménagées dans le centre ville : Kohlmarkt, Graben, Stephansplatz, Kärntnerstrasse.

À VÉLO

Beaucoup de pistes cyclables, bien signalées, ont été aménagées dans Vienne et dans ses environs.
◆ Des visites de la ville à vélo (commentaire en langue anglaise ou allemande) sont organisées les 1er et 3e lundi du mois à 15 h 30, de mai à septembre : 165 ATS + 60 ATS de location du vélo.
◆ Rendez-vous : sous le pont Radverleih Salztorbrücke, rive droite du Donaukanal.

TRANSPORTS EN COMMUNS

En tramway d'époque

Le tramway d'époque, construit en 1929, effectue un circuit de deux heures autour des principaux monuments, de Vienne jusqu'à Schönbrunn, tous les week-ends de mai à octobre , les samedis à 13 h 30, les dimanche et jours fériés à 10 h et 13 h 30. Départ sur le Karlsplatz, devant le pavillon d'Otto Wagner. Prix : 150 ATS ; enfants 50 ATS (billets en vente au bureau d'information des transports en commun, Karlsplatz).

En car

De grands circuits dans la ville et de petites excursions aux alentours sont proposés par les compagnies de car.

- Vienna Sightseeing Tours, Stelzhammergasse 4, IIIe, tél 712 46 830 (grand tour de ville, 320 ATS adultes, 100 ATS enfants)
- Cityrama Sightseeing, Börsegasse 1, Ier tél 534 13 ou 12 (grand tour de ville, 320 ATS adultes, 100 ATS enfants, 3 heures)
- Vienna Line, Johannesgasse 14, Ier, tél 512 80 91 (grand tour pour 320 ATS). Vienna Line Junior (pour les enfants, de juin à septembre, 520 ATS, durée 4 heures)
- Alternative Stadtrundfahrten City Tours, Kolingasse 6, IXe, tél. 34 33 84 (circuit de 3 h « Rêve et réalité » : visite centrée sur la période 1870-1930 (Jugendstil et Vienne la Rouge), 250 ATS.

Hardi les cyclistes !

Pour en savoir plus sur la circulation à bicyclette, il faut lire le dépliant *En selle à la découverte de Vienne*, qui est disponible à l'Office du tourisme de la ville (◆ 342).

En bateau

La Compagnie de navigation fluviale du Danube (DDSG) organise promenades et excursions sur le Danube (soirées dansantes et restauration sur certains bateaux) : tous les jours, d'avril à octobre. Embarquement au ponton du Schwedenplatz. Renseignements : DDSG-Donaureisen, Handelskai 265, IIe tél. 217 50-0. Tour de la ville depuis Schwedenbrücke jusqu'au KunstHaus-Wien aller-retour : 33 km, 3 h, 200 ATS (réduction de 50% pour enfants de 6 à15 ans accompagnés).

En fiacre

Si vous constituez un petit groupe de 4 ou 6 personnes, la promenade en fiacre est un moyen très agréable de découvrir la ville au printemps et en été. Des stations se trouvent à Stephansplatz, Am Graben, Am Hof ou à la Hofburg. Tarif : de 400 ATS à 800 ATS par fiacre (4 ou 6 personnes) selon le parcours.

ARGENT

MONNAIE NATIONALE

L'unité monétaire est le schilling autrichien (ATS) qui se subdivise en 100 groschen (g). Les pièces en circulation sont de 10 et 50 groschen et de 1, 5, 10 et 20 ATS. Les billets se présentent en coupures de 20, 50, 100, 500, 1 000 et 5 000 ATS. 1 ATS = 0,49 FF. 1 FF = 2,2 ATS.

CHÈQUES DE VOYAGE

Les chèques de voyage n'existent pas en schillings autrichiens. Il faut les demander en francs français et les changer dans les banques. Ces traveller's-chèques sont acceptés dans certains magasins.

En cas de perte ou de vol de papiers, il faut faire une déclaration au commissariat de police (tél 133), qui vous permettra de faire refaire vos papiers au consulat.
◆ Consulat de France à Vienne Wipplingerstrasse 24/26, Ier, tél. 535 62 09
◆ Ambassade de France en Autriche Technikerstrasse 2, IVe, tél. 505 47 470

PAIEMENT ET RETRAITS

◆ Toutes les cartes de crédit (Visa, Carte bleue, Diner's Club, American Express, Eurocard, Mastercard) sont acceptées pour le règlement de vos achats et dans de nombreux hôtels et restaurants.
◆ Carte bleue internationale : retrait jusqu'à 2 000 francs par semaine dans les guichets ou distributeurs.
◆ Retrait jusqu'à 3 000 francs par semaine en devises locales avec son chéquier sur présentation de sa carte bleue (chèque en francs majoré de 21 francs).

BUREAUX DE CHANGE

◆ Possibilité de changer de l'argent tous les jours à la gare de Westbahnhof de 7 h à 22 h ; à la gare de Südbahnhof de 6 h 30 à 22 h ; au City Air Terminal (Hôtel Hilton) de 8 h à 12 h 30 et de 14 h à 18 h ; à l'aéroport de 6 h 30 à 23 h
.◆ Les guichets de change de la gare de Wien-Mitte sont ouverts du lundi au vendredi de 7 h 30 à 19 h.

BANQUES

◆ Les banques et les caisses d'épargne de Vienne sont ouvertes lundi, mardi, mercredi et vendredi de 8 h à 12 h 30 et de 13 h 30 à 15 h, jeudi de 8 h à 12 h 30 et de 13 h 30 à 17 h 30.
◆ Banques locales Bank Austria, Am Hof 2, Ier, tél 711 910 Creditanstalt Bankverein, Schotteng. 6-8, Ier, tél 531 310
◆ Autres banques : American Express Bank, Kärntnerstrasse 21-23, Ier,. tél 517 67 Diner's Club Austria, Rainergasse, IVe, tél 501 350 Chase Manhattan Bank, Parkring 12a, Ier, tél 515 890

DISTRIBUTEURS AUTOMATIQUES (BANKOMAT)

◆ Ils fonctionnent 24 h/24 h à l'entrée des banques. Ils sont, pour la plupart, reliés au réseau Visa (commission : 20 ATS à chaque retrait). On se renseigne auprès de Visa-Service Kreditkarten AG, Wipplingerstrasse 4, Ier, tél 534 870.
◆ Dans le centre ville, des distributeurs automatiques de billets changent les principales devises contre des schillings :
Kärntnerstrasse 7
Kärntnerstrasse 32
Kärntnerstrasse 51
Looshaus/ Michaelerplatz
Stephansplatz 2
Operngasse 8
Franz Josefs Kai 21
Landstrasser Hauptstrasse 1

Se loger

Il est préférable de réserver son séjour viennois, surtout pendant les périodes de vacances. Souvent, des arrhes ou le numéro de la carte bleue sont demandés au moment de la réservation.

Centrales de réservations depuis Paris

◆ Autriche Plus
47, av. de l'Opéra
75002 Paris
tél (1) 42 66 13 09
◆ Best Western
74, av. du Dr-Netter
75012 Paris
tél (1) 44 87 40 40
◆ Golden Tulip Hotels
218-220, rue du Fg Saint-Honoré
75008 Paris
tél (1) 49 53 03 03
◆ Resinter : 2, rue de la Mare-Neuve,
91021 Évry Cédex
tél (1) 60 77 27 27
ou 3615 RESINTER.

Arriver à l'improviste

◆ L'Office du tourisme *(Tourist-Information)* fournit des listes d'hôtels et renseigne aux numéros suivants :
513 88 92
ou 513 40 15.
Les réservations se font uniquement sur place (◆ 342).
Les bureaux de tourisme *(Zimmernachweis)* des gares de Westbahnhof et de Südbahnhof assurent également des réservations (◆ 342).
◆ Les auberges de jeunesse : il existe deux associations d'auberges de jeunesse :
Österreichischer Jugendherbergsverband
Schottenring 28, Ier
tél 533 53 53
Österreichisches Jugendherbergswerk
Helferstorferstrasse 4, Ier
tél 533 18 33
◆ Réservation de chambres d'hôtels et chez l'habitant :
Reisebüro Hippesroither,
Zschokkegasse 91, XXIIe,
tél 283 65 51
fax 283 65 51-99
Österreichisches Verkehrsbüro,
Friedrichstrasse 7, IVe
tél 588 00-153

Classification des structures d'hébergement

◆ Les hôtels : leur classement varie de 1 à 5 étoiles.
◆ Les pensions : plus simples et plus petits, ces établissements, souvent familiaux, offrent un bon rapport qualité-prix (classement de 1 à 4 étoiles).
◆ Les résidences universitaires sont transformées en hôtels durant les vacances. Il est conseillé de réserver.
◆ Les auberges de jeunesse.
◆ Les chambres chez l'habitant.
◆ Le camping : cinq terrains de camping sont situés près de Vienne.
Prix : environ 70 ATS par personne et par jour, plus 60 à 80 ATS par emplacement.

Se nourrir

Plats typiques

◆ *Leberknödelsuppe* : potage aux boulettes de foie.
◆ *Fritatensuppe* : bouillon avec des morceaux de crêpe.
◆ *Wiener Schnitzel* : escalope panée de veau ou de porc avec pommes de terre et salade.
◆ *Backhendl* : poulet frit.
◆ *Gebackene Champignons* : champignons de Paris panés.
◆ *Tafelspitz* (pot-au-feu) : plat à base de bœuf bouilli.
◆ *Durcheinander Knödel* : boulettes à base de pain, de lard et de farine.
◆ *Gulasch* : ragoût de bœuf au paprika, originaire de Hongrie
◆ *Palatschinken* : crêpes à la crème, au chocolat, à la confiture ou aux noisettes.
◆ *Strudel* : gâteaux feuilletés en rouleaux (*Strudel* signifie «tourbillon») et farcis aux pommes *(Apfelstrudel)*, aux quetsches, aux cerises, aux airelles ou au fromage blanc *(Topfenstrudel)*.

Aliments courants

Apfel : pomme.
Birne : poire.
Erbsen : petits pois.
Erdäpfel : pommes de terre.
Fisolen : haricots verts.
Gemüse : légumes.
Käse : fromage.
Kirschen : cerises.
Marillen : abricots.
Obst : fruits
Paradeiser : tomates.

Où se restaurer rapidement ?

◆ Dans les *Würstelstand*, petits stands de saucisses-frites sur le trottoir.
◆ Dans les *Beisl*, bistrots à cuisine traditionnelle bon marché (150 ATS).
◆ Dans les *Keller* (caves), bars où l'on boit de la bière et du vin. On peut y manger des plats d'accompagnement.
◆ Dans les *Heurigen*, les tavernes dans lesquelles on boit le vin de l'année (vin blanc), pur ou mélangé à l'eau gazeuse *(gespritzt)*. On y mange aussi des spécialités viennoises (charcuterie ou mets froids), en écoutant de la musique traditionnelle.
◆ Dans les *Kaffehäuser* (cafés, salons de thé) : café viennois accompagné d'une pâtisserie.
L'addition inclut 10,5 à 15 % de service, mais l'usage est de laisser en sus un pourboire de 10 %.

Une pharmacie (Apotheke) se signale par ce globe orné d'un A rouge.

POSTE

◆ Les bureaux de poste sont ouverts du lundi au vendredi (8 h-12 h et 14 h-18 h). Certains bureaux sont ouverts le samedi (8 h-10 h).
◆ Renseignements postaux : 83 21 01
Poste principale : (ouverte 24 h/24 h) Fleischmarkt 19, Ier.

◆ Les timbres s'achètent dans tous les bureaux de poste et bureaux de tabac *(Tabak-Trafik)*.
◆ Affranchissement lettre France-Autriche : 2,80 F,
lettre Autriche-France : 7 ATS,
carte postale Autriche-France : 6 ATS.

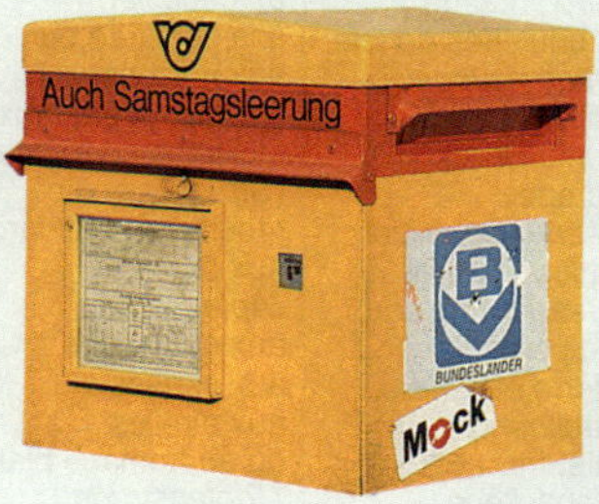

MÉDIAS

◆ L'hebdomadaire *Falter* (en vente dans les *Tabak-Trafik*, dont l'enseigne est un rond rouge et blanc) est la source de référence pour connaître les détails des manifestations viennoises (prix : 20 ATS).
◆ *Wien Magazin* est un mensuel destiné aux visiteurs, écrit en quatre langues (prix : 28 ATS).
◆ Les quotidiens lus à Vienne sont : *Der Standard*, *Die Presse*, *Kronen Zeitung Kurier*, (prix : 8 à 12 ATS).

DANS LA RUE

Le touriste, à Vienne, peut compter sur l'aide des nombreux documents de l'office du tourisme (◆ 310) . Écrits dans les principales langues étrangères, présentés comme des magazines, ceux-ci présentent et réactualisent deux fois par an les informations sur la vie quotidienne et les loisirs locaux.

TROUVER SON CHEMIN
L'office du tourisme et de nombreux hôtels mettent des plans (gratuits) à la disposition du visiteur.
Si, malgré tout, il se perd, il peut compter sur l'amabilité des Viennois, qui, souvent, parlent le français.

HÔPITAL (*KRANKENHAUS*)

Allgemeines Krankenhaus Währinger Gürtel 18-20, IXe, tél 40 400

NUMÉROS UTILES :

◆ Ambulances : 144
◆ Urgences hôpital : 144
◆ Urgences médecins : 141
◆ Pharmacies de garde : 1550
◆ Police : 133
◆ Pompiers : 122
◆ Renseignements téléphoniques pour l'Autriche : 16
◆ Renseignements téléphoniques internationaux : 08
◆ Télégrammes : 190
◆ Informations pour avions : 711 100
◆ Informations sur les trains : 1717
◆ Objets trouvés : 313 44 9211
◆ Dépannage automobile (deux associations) : ÖAMTC : 120
ARBÖ : 123

TÉLÉPHONE

◆ 1 minute France-Autriche plein tarif : 6,57 F
◆ composer le 19 43, puis l'indicatif local (1 pour Vienne) et le numéro appelé
◆ Suisse et Belgique vers Vienne : 00-43-1
◆ Canada vers Vienne : 011-43-1
◆ Autriche-France : 00 33 + n° appelé (ne pas oublier le 1 pour l'Île-de-France).
◆ Autriche-Belgique : 00 32.
◆ Autriche-Suisse : 00 50.
◆ Autriche-Canada : 00 1.
Le nombre de chiffres des numéros viennois n'est pas fixe. Seule règle : un 0 final indique le numéro d'appel d'un standard.
◆ On trouve des cabines téléphoniques à pièces (1,5 ATS et 10 ATS) ou à cartes *(Wertkarte)*. Celles-ci s'achètent dans les *Tabak-Trafik* ou les bureaux de poste (prix d'une télécarte : 100 ATS et 50 ATS).

LE PRIX D'UN APPEL TÉLÉPHONIQUE (PAR MIN)

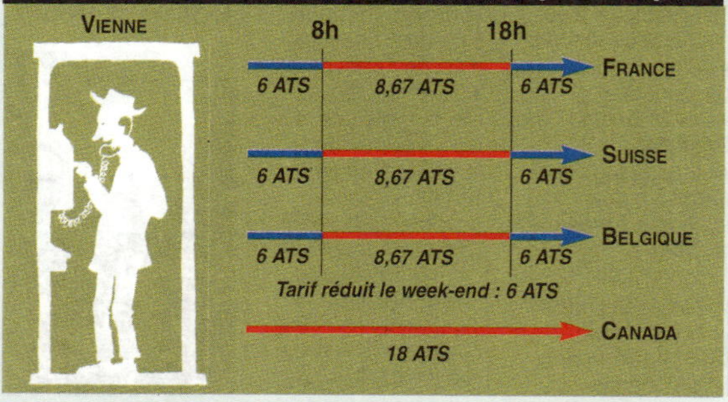

LE PRIX DES CHOSES

ÉQUIVALENCES DE TAILLES HOMMES

FRANCE	AUTRICHE
VESTES	
44	44
46	46
48	48
50	50
52	52
54	54
56	56
PANTALONS	
44	44
46	46
48	48
50	50
52	52
54	54
56	56
CHAUSSURES	
40 1/2	40 1/2
41	41
42	42
43	43
44	44
45	45

ÉQUIVALENCES DE TAILLES FEMMES

FRANCE	AUTRICHE
JUPES ET ROBES	
44	44
46	46
48	48
50	50
52	52
54	54
56	56
VESTES	
36	36
38	38
40	40
42	42
44	44
46	46
48	48
50	50
52	52
CHEMISIERS	
34	
36	
38	
40	
42	
44	32
46	34
48	36
50	38
CHAUSSURES FEMMES	
36 1/2	36 1/2
37	37
37 1/2	37 1/2
38 1/2	38 1/2
39	39
39 1/2	39 1/2
40 1/2	40 1/2

LES OBJETS À RAPPORTER

◆ Lodens
◆ Porcelaines d'Augarten
◆ Broderies au petit point
◆ Étoffes Art nouveau
◆ Jouets en bois peint
◆ Antiquités (vieux livres, tableaux, monnaies, médailles)
◆ Eaux-de-vie (schnaps) à l'abricot, la pomme, la poire ou la prune
◆ Boules Mozart : chocolats fourrés à la pâte d'amande et au nougat

HORAIRES

MAGASINS
◆ Les magasins sont ouverts du lundi au vendredi de 9 h à 17 h et le samedi de 9 h à 12 h 30. Le premier samedi du mois, presque tous les magasins (à l'exception de l'alimentaire) sont ouverts de 8 h à 17 h.
◆ Les principales rues commerçantes de Vienne sont :
- la zone piétonne Kärntnerstrasse-Graben-Kohlmarkt,
- Mariahilferstrasse, Landstrasser Hauptstrasse, les rues piétonnes Favoritenstrasse et Meidlinger Haupstrasse.

MARCHÉS
◆ Fruits, légumes, alimentation : Rochusmarkt, Landstrasser Hauptstrasse et Salmgasse, IIIe ; Naschmarkt, Linke Wienzeile, VIe
◆ Marchés aux puces :
- Wienzeile, VIe, près de la station de métro Kettenbrückengasse
- marché de l'Art et de l'Antiquité (Kunst und Antik Markt), sur les berges du canal du Danube, (Ier arrondt.), tous les week-ends de mai à septembre

RESTAURANTS
Le déjeuner est servi habituellement entre 12 h et 14 h, le dîner à partir de 18 h. Le plus souvent, les restaurants viennois ne prennent plus de commandes après 22 h. Cependant, du côté de la Seitenstettengasse, les restaurants, les bars restent ouverts jusqu'aux alentours de 1 h du matin.

DÉCALAGE HORAIRE
L'Autriche, comme la France, est en avance d'une heure sur le temps du méridien de Greenwich (GMT).

La vallée du Danube à Donauschleife.

Char à voile sur le Neusiedlersee.

LES CHÂTEAUX DU MARCHFELD

La plaine du Marchfeld s'étend sur 800 km^2 au N.-E. de Vienne. Son nom, Maraha, vient de l'illyrien *marus* qui signifie marécage, et du germanique *ahwa* désignant le fleuve. Le milieu de son lit, la March, marque la frontière entre l'Autriche et la Slovaquie.

ORTH AN DER DONAU
La citadelle d'Orth abrite un musée régional et un musée de la Pêche. On y découvre une chapelle de 1529 – dite chapelle des Pêcheurs –, dans laquelle on célèbre, lors de la Saint-Pierre et de la Saint-Paul, une messe à leur intention.

SACHSENGANG
On trouve les plus vieilles fortifications du Danube dans les forêts denses de Sachsengang. En 1809, les troupes de Napoléon s'y heurtèrent à une résistance acharnée.

OBERSIEBENBRUNN
Le château à quatre ailes du XVIIe siècle fut remanié au XVIIIe siècle par l'architecte Hildebrandt, qui lui donna son caractère baroque.

NIEDERWEIDEN
Ce château, construit par Fischer von Erlach et agrandi par Lukas von Hildebrandt, est construit selon les modèles français et italien des villas palladiennes. Un dôme central domine deux ailes latérales. Fischer innova en plaçant une salle ovale entre deux ailes.

ECKARTSAU
Ce pavillon de chasse transformé en château baroque vécut la fin de la monarchie austro-hongroise. Après avoir abdiqué, l'empereur Charles y séjourna avant de prendre, en 1918, le chemin de l'exil.

MARCHEGG
Le château du XVIIe siècle, transformé au XVIIIe siècle, héberge le musée de la Chasse de Basse-Autriche.

LE BURGENLAND ET LE LAC DE NEUSIEDL

Promenade de 186 km aller-retour au S.-E. de Vienne.

LAXENBURG
(20 km de Vienne)
Au pied des collines de la Forêt-Viennoise, dans ce pays plat et fertile, fut édifié, à côté du château de Laxenburg, sous le règne de Marie-Thérèse, une maison digne du rang impérial, le château Bleu. Plus tard, François Ier ajouta un étang avec îles, ponts et grottes installés dans un joli décor de rochers. Il fit construire un pavillon de jardin, imitation de château médiéval, appelé Franzensburg.

EISENSTADT
(37 km de Vienne)
Capitale du Burgenland. On y visite la Bergkirche, où repose Haydn.

RUST AM NEUSIEDLER SEE
Petit bourg célèbre pour ses nids de cigognes, à 56 km de Vienne.

JOIS
(90 km de Vienne)
La plus belle vue sur le lac de Neusiedl.

NEUSIEDLER SEE
Surnommé la «mer viennoise», le lac couvre une surface de 320 km^2 à la frontière hongroise. Sur la rive opposée, on aperçoit le début de la *puszta* (steppe). La région, alentour, la plus déserte d'Autriche, comprend un grand nombre de lacs, dont certains sont protégés. C'est le cas du Lange Lacke, où le World Wildlife Fund a créé une réserve naturelle (hérons, sarcelles, aigrettes, mais aussi brochets, carpes, perches, etc.).

NEUSIEDL AM SEE
Station balnéaire très prisée des Viennois pour leur week-end. L'été, on y pratique divers sports nautiques (planche à voile, voile, pêche à la ligne en barque). L'hiver, on y fait du patin à glace et du traîneau à voile.

Les joies du patin à glace, à la surface du Neusiedlersee.

La Wachau, près de Loiben.

Krems, cité médiévale et capitale viticole du Danube.

La remontée de la vallée du Danube

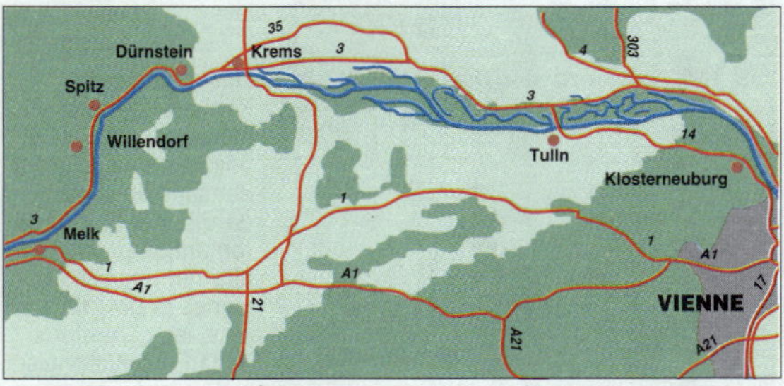

Cette excursion de 200 km aller-retour dans la Wachau, nom que prend la vallée du Danube entre Krems et Melk, offre de très beaux paysages et d'intéressants châteaux et abbayes.

Klosterneuburg
Célèbre monastère augustinien du XIIe siècle détruit dans un incendie, à 13 km de Vienne. Ici reposent les restes du saint patron de la Basse-Autriche, Léopold III. L'abbaye des chanoines augustins est ouverte du 1er mai au 15 novembre, tél 22 43 6210 212. Entrée : 40 ATS.

Tulln
À 38 km de Vienne. Ce très ancien port fluvial, datant de l'époque romaine, possède une superbe basilique : la Pfarrkirche Sankt Stephan.

Krems
À 72 km de Vienne. Capitale viticole de la région et l'un des plus gros marchés de la vallée du Danube, la cité est célèbre pour ses maisons gothiques, Renaissance et baroques. Le monastère bénédictin de Götteweig, au-delà du pont qui relie Stein à Mautern, fut fondé en 1083. Reconstruit au XVIIIe siècle par l'architecte Hildebrandt, il a l'allure d'un palais.

Dürnstein
À 80 km de Vienne. Village fortifié à l'ombre du château du XIIe siècle dans lequel Richard Cœur de Lion a été emprisonné. La tour baroque bleu ciel, qui domine l'ancien couvent des Augustins, transformé en église paroissiale, est peut-être l'une des plus jolies du pays. Ouvert du 1er avril au 31 octobre tél 2711 219

Spitz
À 92 km de Vienne. Des maisons des XVIe, XVIIe et XVIIIe siècles entourent l'église Saint-Maurice, de style gothique tardif.

Willendorf
À 97 km de Vienne. C'est ici que fut découverte l'une des premières statuettes féminines, la célèbre «Vénus». De 10 cm de haut, datant de 22000 av. J.-C., elle est exposée au Naturhistorisches Museum de Vienne.

Melk
À 108 km de Vienne. au bord du Danube, Melk, est dominée par sa célèbre abbaye bénédictine (Stift Melk). Les bâtiments, tels qu'ils se présentent aujourd'hui, furent édifiés de 1702 à 1739 par Jacob Prandtauer. La bibliothèque (80 000 volumes) et le hall de marbre méritent une visite. Ouvert du 3 avril au 7 novembre, tél 2752 2312-52, entrée 45 ATS).

Excursions : bateau, bateau et train, ou bus, avec la DDSG

- ◆ Vienne-Linz-Passau-Wachau : possibilité de louer (800 ATS) une cabine sur le bateau et d'emporter des bicyclettes.
- ◆ Première croisière de la saison en avril pour la Wachau, entre Melk et Krems. (238 ATS par personne).
- ◆ Excursions d'une journée à Bratislava (200 ATS par personne et passeport valide pour la Slovaquie).

Renseignements
DDSG-Donaureisen Handelskai 265, IIe, tél 217 500

Vue de Mayerling, petit village tranquille au sein de la forêt viennoise.

L'empereur François-Joseph.

L'impératrice Élisabeth.

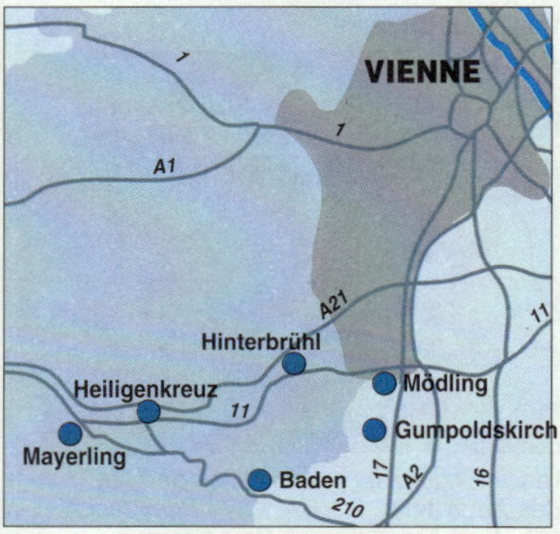

Mödling et Gumpoldskirchen

Mödling, petite ville de 20 000 habitants au sud de Vienne est aujourd'hui un agréable lieu de villégiature. En 1818 et 1819, Ludwig von Beethoven travailla à sa *Missa Solemnis*, au n° 79 de la Haupstrasse. Légèrement en dehors de la ville, on visite le château fort de Liechtenstein. Situé à 20 km au sud de Vienne, le village de Gumpoldskirchen est renommé pour la qualité de ses vins (Rotgipfler, Zierfandler, Rheinriesling). On y trouve de nombreux *Heurigen*. Pour la randonnée, le chemin «Beethoven» qui part du village et se poursuit dans la forêt viennoise a été récemment réaménagé.

Baden

Située à 26 km au sud de Vienne, Baden est une station thermale d'origine romaine, entre 220 et 250 m d'altitude. Elle doit son existence aux eaux sulfurées chaudes découvertes par les Romains. Les bains étaient très fréquentés au Moyen-Âge et à la Renaissance, mais ce n'est qu'au début du XIXe siècle que se forgea la réputation de Baden. En 1803, l'empereur François Ier en fait une station en vogue. Les sources sulfureuses de Baden déversent chaque jour 6 500 000 litres d'eau à une température pouvant atteindre 36 °C.

Musée de l'empereur François-Joseph
Tél 2252 41100
Ouvert avr.-30 sep.
Entrée : 20 ATS.

Dans le Wienerwald, la forêt de Vienne

Dès le début du XIVe siècle, des musiciens, poètes et peintres s'installèrent dans les environs de Vienne. Paysages romantiques où alternent collines, vignes et bois de pins, les contreforts de la Forêt-Viennoise s'étendent jusqu'au Kurpark de Baden. Le Kurpark est le point de départ de longues randonnées (60 km de chemins parfaitement entretenus). Par exemple, le chemin des Rochers, qui passe par les points d'observation Ferdinand-Raimund et Rudolfshof ainsi que le Mitterberg et la Helenental. Des cartes de randonnée avec cartes touristiques ainsi que la brochure *Six Sentiers de randonnée*, au départ de la Hauptplatz (place centrale), sont disponibles à l'Office du tourisme, Hauptplatz 2, à Baden.

Mayerling

Située à 36 km au sud-ouest de Vienne, cette petite ville paisible ne serait jamais entrée dans l'histoire sans le drame que vécurent l'archiduc Rodolphe et sa maîtresse Maria Vetsera en 1889. Salle commémorative de l'archiduc Rodolphe et chapelle dans le couvent des Carmélites, à l'emplacement de l'ancien pavillon de chasse : ouvertes toute l'année, de 9 h à 17 h en hiver et de 10 h 30 à 18 h en été.

Couvent des Carmélites de Mayerling, construit sur le pavillon de chasse.

Dans le parc du couvent.

Le drame de Mayerling

L'archiduc Rodolphe, personnage excentrique et fragile, marié à l'archiduchesse Stéphanie de Belgique, s'éprend d'une jeune fille, Maria Vetsera. Au cours d'une soirée,le 27 janvier 1889, donnée chez l'ambassadeur d'Allemagne à Vienne, Maria Vetsera refuse publiquement de saluer Stéphanie, la femme de Rodolphe, qui représente l'impératrice absente. Le lendemain, François-Joseph a avec son fils un long entretien houleux, à l'issue duquel Rodolphe décide de se donner la mort et d'y associer Maria Vetsera.
Celle-ci sera inhumée près du lieu du drame au cimetière du village de Heiligenkreuz. Une dalle porte aujourd'hui l'inscription *Wie eine Blume sprosst der Mensch auf und wird gebrochen* («L'être humain, telle une fleur, pousse avant d'être brisé»).
La dépouille de Rodolphe, quant à elle, rejoindra la Hofburg. L'empereur François-Joseph fera détruire le pavillon de chasse, lieu du drame, et le remplacera par une chapelle de style néo-gothique que l'on visite. La version officielle de la Cour impériale en 1889 soutenait la thèse du suicide mais le peuple, lui, continuait de croire à un assassinat. Même si la thèse du suicide est la plus probable, les raisons en sont mystérieuses : raison politique, financière ou simple geste de folie.
En 1982, l'impératrice Zita de Habsbourg faisait de nouvelles révélations au quotidien viennois *Kronen Zeitung* en parlant d'assassinat et de complot politique quant au drame de Mayerling. Nouveau rebondissement le 22 décembre 1992 : le même *Kronen Zeitung* révélait que le cercueil de Maria avait été volé, quatre ans plus tôt. À la suite du constat par la police de la profanation du tombeau et du rapt du cadavre, un homme d'affaires de Linz avoua qu'il était le coupable. Il aurait été obsédé, depuis la mort de sa femme, par l'affaire de Mayerling. Il révéla où se trouvait le cercueil, qui fut confié à l'Institut médico-légal de Vienne.

Hinterbrühl

La vallée de la Brühl, où coule la rivière Mödling, fut un lieu d'excursions très apprécié à l'époque Biedermeier. À Hinterbrühl, les enfants apprécieront la visite de la «Seegrotte», grotte qui contient le plus grand lac souterrain d'Europe. Dans cette grotte, Hitler fit construire des avions pendant la Seconde Guerre mondiale.
Seegrotte (lac souterrain) : ouvert toute l'année, tél 2236 26364, entrée 46 ATS.
Presque à la limite du village de Hinterbrühl s'élève le pittoresque moulin Hölrichsmühle. Schubert y a connu Rosi, la belle-fille du meunier, qui lui aurait inspiré son cycle de lieder de *La Belle Meunière*, en 1823. Le moulin est aujourd'hui une auberge où l'on peut déguster une spécialité du Wienerwald, le *Millirahmstrudel*, délicieux entremets au fromage blanc.

Heiligenkreuz

L'abbaye cistercienne de Heiligenkreuz fut fondée en 1133 par le margrave Léopold III Babenberg. Son petit-fils, le duc d'Autriche Léopold V, offrit un fragment de la Sainte Croix qui lui avait été remis par le roi de Jérusalem au XIIe siècle. D'où son nom d'abbaye de la Sainte-Croix. L'abbaye, qui se visite, est toujours en activité. La communauté de Heiligenkreuz compte environ soixante moines.

Vendeur de saucisses sur le Graben.

Chez Demel.

APPORTS DE L'ANCIEN EMPIRE AUTRICHIEN

La Hongrie a apporté le *Gulasch*, morceaux de bœuf mijotés avec de l'oignon, de l'ail, du paprika (poivron rouge) et du cumin, ou des soupes comme la *Gulasch-suppe* (avec des pommes de terre). Les *Palatschinken*, crêpes à la confiture ou aux noix, sont également d'origine hongroise. La Tchécoslovaquie a donné le savoureux jambon de Prague et la soupe à la choucroute. L'oie rôtie aux boulettes et au chou rouge et le chou farci viennent de Pologne. Les *Cevapcici*, boulettes de viande piquante grillées, et les *Schaschlik*, brochettes d'agneau à l'oignon et aux poivrons vert et rouge, proviennent de la Serbie.

HISTOIRE D'UN CÉLÈBRE GÂTEAU

En 1832, un certain Franz Sacher, jeune cuisinier à la Cour du prince Metternich, invente la recette de la *Sachertorte*, comme le prouve une lettre de son fils Eduard, datant de 1888. Cette année-là, le célèbre dessert est exporté «à Paris, à Londres, à Berlin, et même par-delà l'océan». Toutes les pâtisseries de Vienne se mettent à fabriquer des *Sachertorte*, mais la recette exacte a toujours été maintenue secrète… Voilà pourquoi, pendant près d'un quart de siècle, un conflit ayant pour objet le privilège exclusif de l'appellation *Original Sachertorte* a opposé la maison *Sacher* à la pâtisserie *Demel*. En 1965, la justice a tranché en faveur de *Sacher*, qui seule peut qualifier sa recette d'originale. Aux amateurs de faire la différence !

BOULANGERIE ET CONFISERIE

Les boulangers de Vienne ont inventé le croissant *(Kipfel)* lors du siège turc de 1683, empruntant la forme de ce gâteau feuilleté à l'emblème frappant les étendards ottomans. Depuis, se sont multipliées toutes les «viennoiseries».

ALTMANN U. KÜHNE
Graben 30, Ier, tél 533 09 27
Confiserie installée dans un très bel immeuble Sécession. Les emballages sont originaux : boîtes en forme de valises, de commodes, ou de cartons à chapeau.

QUELQUES SPÉCIALITÉS AUTRICHIENNES

Les plats traditionnels sont : la *Wiener Schnitzel*, l'escalope viennoise panée, le *Wiener Backhendl*, poulet désossé et pané, le *Tafelspitz*, bœuf bouilli. Les *Knödel* (boulettes) accompagnent soupes et viandes. Autre spécialité, les *Strudel* («tourbillon»), gâteaux feuilletés en rouleaux. L'*Apfel-strudel* est un roulé à la pâte feuilletée, fourré aux pommes et aux raisins secs, et parfumé de cannelle. Il en existe aussi avec des cerises, des fraises, des noisettes.

RECETTE DE LA *SACHERTORTE*

(extraite du Livre de cuisine du *Sacher*)

INGRÉDIENTS : 130 g de chocolat noir, 130 g de beurre, 110 g de sucre glace, 110 g de sucre cristal, 6 œufs, 130 g de farine, marmelade d'abricot, vanille.

Faire fondre le chocolat. Ajouter le beurre ramolli, le sucre glace et la vanille, bien mélanger. Ajouter les jaunes d'œufs et battre. Incorporer le chocolat. Monter les blancs en neige, les ajouter en même temps que le sucre cristal. Malaxer le tout à l'aide d'une cuiller en bois. Ajouter la farine. Mettre le tout dans un moule au four, à 170 °C, 15 mn porte entrouverte et 1 h porte fermée. Démouler et laisser refroidir 20 mn. Étaler la marmelade tiède.

PRÉPARATION DE LA GLAÇURE
Ingrédients : 200 g de sucre, 1/8 l d'eau, 150 g de chocolat. Faire chauffer le sucre avec l'eau (5-6 mn), ajouter le chocolat fondu, tourner à l'aide d'une cuiller en bois jusqu'à obtenir un mélange assez épais. Recouvrir le gâteau de glaçure (1/2 cm), laisser refroidir.

PÂTISSERIES, SALONS DE THÉ

DEMEL
Kohlmarkt 14, Ier

SACHER
Philharmoniker-strasse 4, Ier

GERSTNER
Kärntnerstrasse 15, Ier

LEHMANN LOUIS
Graben 12, Ier

HEINER
Kärntnerstrasse 21, Ier et Wollzeile 9, Ier

SLUKA
Rathausplatz 8, Ier

Au Café Sperl.

Le vin nouveau (Heuriger) *est arrivé !*

Cafés viennois

Le café à Vienne désigne aussi bien la boisson (voir les différentes sortes de cafés dans le lexique, page 336) que le lieu. En 1873, date de l'Exposition universelle à Vienne, le café était déjà devenu une institution et, en 1885, on dénombrait 500 cafés à Vienne. Aujourd'hui, il y a 400 cafés traditionnels, 400 cafés-restaurants, 600 bars espresso et 200 maisons de café. «Être au café, c'est se trouver chez soi sans être à la maison», écrivait Peter Altenberg, chef de file des poètes de café. En prenant un seul café, on peut passer l'après-midi à discuter, lire les journaux à la disposition des clients dans tous les cafés, ou encore observer les autres chalands. Certains habitués se font même adresser le courrier à «leur» café, y prennent leurs conversations téléphoniques, ou y reçoivent leurs amis. Le café est à la fois un lieu de repos, un bureau et un salon.

Café Central
Angle de la Herrengasse et de la Strauchgasse, Ier, tél 533 37-6324

C'était le café des artistes, écrivains et philosophes, où se côtoyaient le poète Altenberg, le critique littéraire Karl Kraus, Trotski lors de son exil viennois.

Café Hawelka
Dorotheergasse 6, Ier, tél 512 82 30

Café Landtmann
Dr.-Karl-Lueger-Ring 4, Ier, tél 532 06 21
Le café le plus luxueux de Vienne, fréquenté par des politiciens et des comédiens.

Café Museum
Friedrichstrasse 6, Ier, tél 586 52 02
Etudiants, peintres et sculpteurs de l'école des Beaux-Arts.

Café-Restaurant Wiener Secession
Friedrichstrasse 12, Ier, tél 586 93 86

Café Diglas
Wollzeile 10, Ier, tél 512 84 01

Café Griensteidl
Michaelerplatz 2, Tél. 535 26 92
L'un des plus anciens cafés, refait à neuf.

Cafés spécialisés

◆ Certains cafés perpétuent la tradition des cafés-concerts, où l'on entendait des musiciens et des chanteurs.

Café Schwarzenberg
Kärntner Ring 17, Ier, tél 512 73 93

Café Impérial
Kärntner Ring 16, Ier, tél 501 10 389

Café Prückl
Stubenring 24, Ier, tél 512 43 39

Café Bräunerhof
Stallburggasse 2, Ier, tél 512 38 93

◆ D'autres cafés encore organisent des réunions et des événements littéraires.

Café Sperl
Gumpendorferstrasse 11, VIe, tél 586 41 58

Café Schottenring
Schottenring 30, Ier, tél 317 34 21

Café Dommayer
Dommayergasse 1, XIIIe, tél 877 54 65

Alte Backstube
Lange Gasse 34, VIIIe, tél 406 11 01

Bars Boîtes de nuit

Le quartier du «triangle des Bermudes», autour de la Ruprechtskirche, est né dans les années 1970.

Roter Engel
Rabensteig 5, Ier, tél 535 41 05
Concerts à partir de 21 h 30, salle de billard. Sandwiches au fromage avec du vin, sur fond de rock.

Krah-Krah
Rabensteig 8, Ier, tél 533 81 93
Concerts le dimanche à 23 h 30. Choix entre 50 bières, sandwiches de pain de seigle garnis de viande et d'ail.

Kaktus
Seitenstettengasse 5, Ier, tél 533 19 38
Ambiance cabaret.

Jazz Land
Franz Josefs Kai 29, Ier, tél 533 25 75
Musique à partir de 21 h.

Les «Heurigen»

Le même mot *(Heuriger)* désigne les guinguettes et le vin de l'année qu'on y goûte. Certains *Heurigen* sont situés directement chez les vignerons. Dans cet endroit très convivial, on s'assied sous la tonnelle, à de grandes tables de bois blanc, pour écouter de la *Schrammelmusik* (airs traditionnels populaires sur violons, guitares, clarinette ou accordéon). L'entrée de la plupart des *Heurigen* est surmontée d'une perche garnie d'un bouquet ou de branches de pin annonçant le droit de servir du vin, fait ou en cours de maturation. Sans être vraiment un restaurant, le *Heurigen* sert des buffets froids.

La splendide salle Dorée (Goldener Saal) du Musikverein.

Le Burgtheater, haut lieu du théâtre à Vienne.

LES THÉÂTRES

THÉÂTRES FÉDÉRAUX (BUNDESTHEATER)
Depuis le XVIIIe siècle, les Viennois adorent le théâtre.
Les représentations commencent à 19 h ou à 19 h 30.

BURGTHEATER
Dr-Karl-Lueger-Ring 2, Ier, tél 514 44-2218
L'un des plus beaux théâtres de Vienne, fondé en 1776 par Joseph II et l'une des meilleures troupes germanophones. Ce théâtre joue le grand répertoire (Goethe, Schiller, Schnitzler, Hofmannsthal, Raimund, Nestroy)

AKADEMIETHEATER
Liszstrasse 1, IIIe, tél 514 44-2959
Art dramatique moderne et d'avant-garde.

THÉÂTRES PRIVÉS

VOLKSTHEATER
Neustiftgasse 1, VIIe, tél 932 776
Construit à la fin du XIXe siècle, ce théâtre était à l'origine destiné à la comédie légère, faisant ainsi pendant au Burgtheater. Aujourd'hui on y joue des pièces contemporaines et d'avant-garde.

ODEON
Taborstrasse 10, IIe, tél 214 55 62

KAMMERSPIELE
Rotenturmstrasse 20, Ier, tél 533 28 33
Comédies et satires par des acteurs très populaires à Vienne.

VIENNA'S ENGLISH THEATER
Josefsgasse 12, VIIIe, tél 402 12 60
Pièces de théâtre en langue anglaise.

RAIMUNDTHEATER
Wallgasse 18-20, VIe, tél 599 77 27
Opérettes et comédies musicales.

LA DANSE

Chaque année, en hiver et en été, ont lieu les semaines internationales de la danse. Du ballet classique à la «post modern dance», ces cycles de danse, les plus importants d'Europe, proposent tous les styles.

INTERNATIONALE TANZWOCHEN
B.P 155, IXe, tél 935 558

TANZTHEATER
Burggasse 38, VIIe, tél 96 39 34

THEATERGRUPPE 80
Gumpendorfer Strasse 67, VIe, tél 565 222

RÉSERVATIONS DE BILLETS

ÖSTERREICHISCHER BUNDESTHEATERVERBAND/BUNDESTHEATERKASSEN
Hanuschgasse 3, Ier, tél 514 44-2960 (Staatsoper, Volksoper, Burgtheater et Akademietheater)

TICKET-EXPRESS
Waltergasse 14, IVe, tél 505 23 24
fax 504 55 40

VIENNA TICKET SERVICE
BP 160, IVe, tél 587 98 43-71
fax 587 98 44

LE «FASCHING»

Le *Fasching*, ou carnaval, se déroule tous les ans depuis plus d'un siècle, du 31 décembre au mercredi des Cendres (fin février).

LES BALS TRADITIONNELS
La saison s'ouvre avec le *Kaiserball*, ou bal de l'Empereur, le 31 décembre, dans les salons de la Hofburg.
Les autres bals sont organisés par métier (bal des Fleuristes, de l'Orchestre philharmonique, des Médecins, des Juristes, des Cafetiers, des Chasseurs, des Magiciens…) dans des lieux prestigieux.
Le premier jeudi de février a lieu le célèbre bal de l'Opéra, avec présentation des débutantes (mais chaque bal a sa présentation de débutantes). Sur 600 couples qui ont posé leur candidature, 200 s'élanceront sur la piste aménagée à cet effet. Au total, plus de 300 bals sont donnés durant cette période.

LES BALS MASQUÉS
Parallèlement aux bals traditionnels, les *Gschnas*, ou bals masqués endiablés, ont lieu au *Metropol*, un des lieux prisés par la jeunesse viennoise, sur des rythmes de rock'n roll, de jazz ou de musique pop.

METROPOL HERNALSER STADTTHEATER
Geblergasse 50, XVIIe, tél 407 77 40.
Le mardi gras clôture la saison des bals. Les Viennois descendent déguisés dans la rue et un cortège costumé accompagnant chars et voitures défile sur le Ring.

Petits Chanteurs de Vienne : l'un des quatre chœurs de 24 garçons en costume marin.

Un accordéoniste de rue, représentant de la «Schrammelmusik » (musique populaire).

Les festivals

La musique à Vienne a une tradition qui remonte aux Minnesänger (trouvères) du Moyen Âge. Cette tradition se perpétue grâce aux festivals. Le Wiener Festwochen est le plus prestigieux et le plus ancien.

Festival de Printemps Wiener Frühlingfestival
Chaque année, dans la salle Dorée du Musikverein.

Festival de Vienne, Wiener Festwochen
Lehargasse 11, VIe
tél 586 16 76
Créé en 1951, le Festival de Vienne propose des centaines de manifestations musicales et théâtrales pendant quatre semaines en mai et juin.

Été musical Klangbogen
Laudongasse 29, VIIIe
tél 400 08410
Près de 150 concerts répartis dans les plus belles salles de la capitale permettent d'écouter un large éventail de styles : de Bach à l'opérette viennoise, en passant par la *Schrammelmusik.*

Wien Modern
Depuis 1988, ce festival, dirigé par Claudio Abbado, se consacre à des compositeurs contemporains (Zimmermann, Boulez, etc.). En octobre/novembre au *Konzerthaus.*

Wiener Schubertiade
Créé en 1982, ce festival a lieu en novembre au Musikverein. Il a pour objectif de présenter l'intégrale de l'œuvre de Schubert (un millier de nos d'opus).

Les cabarets

Entre les deux guerres, les Viennois avaient le choix parmi 25 cabarets, souvent installés dans des caves. De nos jours, le cabaret est de retour avec une dizaine de vrais «cabarets».

Kulisse
Rosensteingasse 39, XVIIe, tél 45 38 70
Le premier de ces établissements ; vieux théâtre de banlieue transformé en cabaret en 1980.

Spektakel
Hamburgerstr. 14, Ve, tél 587 06 53

Theater Kabarett Simpl
Wollzeile 36, Ier, tél 512 47 42
Dernier vestige de la grande époque du cabaret viennois de l'entre-deux-guerres.

Radios

ORF-Funkaus
Argentinierstrasse 30a, IVe
Siège de la radio autrichienne, grand auditorium.
Radio Wien 89,9 MHz
Blue Danube Radio 103,8 MHz

Les orchestres et les salles

◆ **Les salles :**

Musikverein
Bösendorferstrasse 12, Ier, tél 505 81 90
Créé par la Société des amis de la musique *(Gesellschaft der Musikfreunde)* en 1867, cet édifice est le siège de l'Orchestre philharmonique. Les *Wiener Philharmoniker,* qui ont fêté leurs 150 ans en 1992, donnent dix programmes différents par an, soit soixante concerts.

Apprendre la valse

École de danse Elmayer
Bräunerstrasse 13, Ier, tél 505 24 04

Danser la valse

Kursalon Café
Stadpark, Johannesgasse 33, Ier, tél 713 21 810

Konzerthaus
Lothringerstrasse 20, IIIe, tél 712 46 86
Centre créé en 1913, plus vaste mais moins raffiné que le Musikverein, où se produit l'Orchestre symphonique, le second orchestre de Vienne, fondé en 1919.

◆ **Les théâtres fédéraux de musique :**

Staatsoper (Opéra)
Opernring 2, Ier, tél 514 44-2650
Inauguré en 1869 par l'empereur François-Joseph, l'Opéra est devenu, malgré son architecture controversée, un emblème de l'Autriche.

Volksoper (Opéra-comique)
Währinger Str. 78,IXe, tél 514 44-3318
Opéra construit en 1898 et spécialisé dans un répertoire d'opéras comiques et d'opérettes (Jacques Offenbach, Johann Strauss, Franz Lehár).

◆ **Les théâtres privés de musique :**

Theater an der Wien
Linke Wienzeile 6, VIe, tél 588 30 265
Comédies musicales et populaires.

Schlosstheater
Schloss Schönbrunn, XIIIe, tél 876 42 73-18
Opéras de Wolfgang Amadeus Mozart

Wiener Kammeroper
Fleischmarkt 24, Ier, tél 513 60 72
Opéras et opéras comiques. Pendant l'été, les spectacles ont lieu au *Schlosstheater.*

Hofmusikkappelle
Hofburg, Ier
Messes chantées avec les Petits Chanteurs de Vienne.

La Hofburg, côté Michaelerplatz.

Pavillon Sécession.

Hundertwasserhaus.

LES PLUS GRANDS LIEUX D'ART DE VIENNE

KUNSTHISTORISCHES MUSEUM (1)
Maria-Theresia-Platz, Burgring 5, Ier
tél 521 770
Fermé lundi, nocturne mardi de 18 h à 21 h.
Le plus grand musée de Vienne. Archéologie, arts décoratifs et peinture (flamande, hollandaise, allemande, italienne, espagnole, française, anglaise), du XVe au XVIIIe siècle.

GRAPHISCHE SAMMLUNG ALBERTINA (2)
Augustinerstrasse 1, Ier, tél 534 83
Fermé pour travaux jusqu'en 1999.
Cinquante mille dessins de maîtres et un million deux cent mille gravures originales.

MUSEUM FÜR MODERNE KUNST (MUSÉE D'ART MODERNE, 3)
Palais Liechtenstein, Fürstengasse 1, IXe
tél 317 69 00
Fermé le mardi.
Présente des artistes tels que Kupka, Kokoschka, Klimt, Schiele et l'époque du Jugendstil.

SCHLOSS SCHÖNBRUNN (7)
Schönbrunner Schloss-Strasse, XIIIe
tél 811 13-238
Appartements impériaux, parc à la française et zoo (Tiergarten).

PAVILLON SÉCESSION (8)
Friedrichstrasse 12, Ier, tél 587 53 07
Fermé le lundi.
Première œuvre du *Jugendstil* viennois, construite par Josef Maria Olbrich, élève d'Otto Wagner. Frise de Gustav Klimt en hommage à la *Neuvième Symphonie* de Beethoven. Expositions temporaires.

LA HOFBURG (PALAIS IMPÉRIAL, 4)
À voir notamment : Les *Kaiserappartements* (appartements impériaux de l'empereur François-Joseph et de l'impératrice Élisabeth), la *Hofburgkapelle*, la *Schatzkammer* (Trésor du palais impérial) et la *Spanische Reitschule* (manège espagnol).

BELVEDERE (6)
Ensemble de deux palais : le Belvédère inférieur (Unteres Belvedere, Rennweg 6a, IIIe), où se trouvent le musée d'Art baroque et le musée d'Art médiéval (Österreichisches Barockmuseum et Museum mittelalterlicher österrichischer Kunst) et le Belvédère supérieur (Oberes Belvedere Prinz-Eugen-Strasse 27, IIIe, tél 78 41 580), qui accueille le musée d'Art autrichien du XIXe et du XXe siècle (Österreichische Galerie des 19. und 20. Jahrhundert) : les plus célèbres toiles de Schiele, Kokoschka et Klimt. Fermé le lundi.

AKADEMIE DER BILDENDEN KÜNSTE GEMÄLDEGALERIE (GALERIE DE L'ACADÉMIE DES BEAUX-ARTS)
Schillerplatz 3, Ier
tél 588 16 225
Fermé le lundi.
Œuvres des peintres hollandais et flamands du XVIIe siècle. Y figurent aussi un retable du Jugement dernier de Jérôme Bosch et des paysages vénitiens peints par Francesco Guardi.

NATURHISTORISCHES MUSEUM (MUSÉUM D'HISTOIRE NATURELLE)
Maria-Theresia Platz, Burgring 7, Ier
tél 521 770
Fermé le mardi.
Collections botanique zoologique paléontologique, pré-historique, anthro-pologique et minéralo-gique.

CONDITIONS D'ACCÈS
Vienne compte plus de cinquante musées municipaux, nationaux et privés. À de rares exceptions près, les musées municipaux sont fermés le lundi, et les musées nationaux, le mardi. Les prix d'entrée pour chaque musée (il n'existe plus de pass permettant l'accès à plusieurs d'entre eux) varient entre 20 ATS et 90 ATS. Les plus importants sont situés dans le premier et dans le IIIe arrondissement. Le palais de Schönbrunn se situe dans le XIIIe arrondissement, les autres musées étant répartis dans toute la ville. Si l'on tient compte des monuments, églises, maisons de musiciens et autres lieux de visite, on dénombre à Vienne une centaine de sites touristiques.

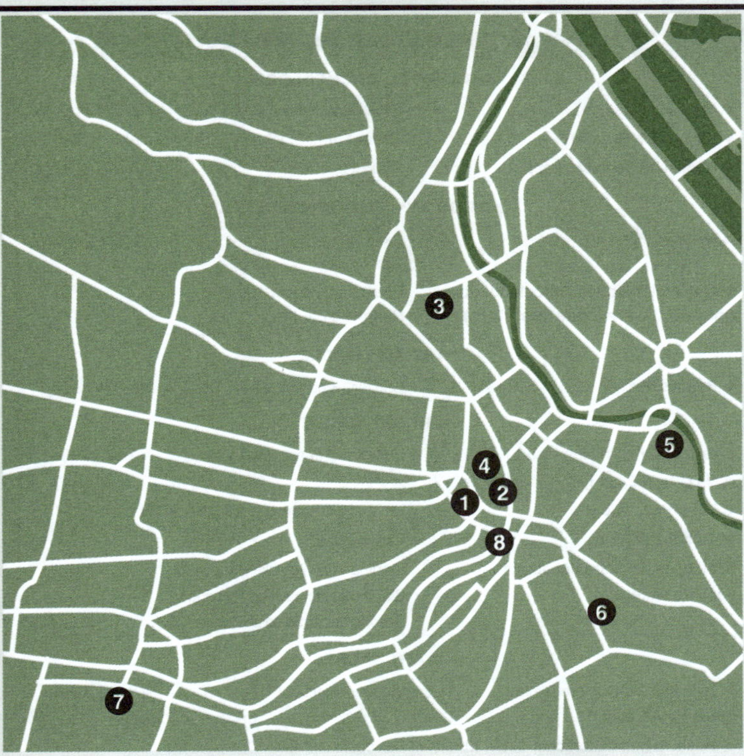

DOUZE MAISONS DE MUSICIENS

◆ **MOZART**
FIGARO HAUS
Domgasse 5, Ier,
tél 513 62 94
HAYDN MUSEUM
Haydngasse 19, VIe,
tél 596 13 07
Joseph Haydn habita et mourut dans cette maison, qui abrite aujourd'hui un musée.
L'une des pièces est consacrée à Johannes Brahms.
◆ **SCHUBERT**
GEBURTSHAUS (MAISON NATALE)
Nussdorfer Strasse 54, IXe, tél 34 59 924
STERBEZIMMER (MAISON MORTUAIRE)
Kettenbrückengasse 6, IVe, tél 57 39 072
◆ **JOHANN STRAUSS**
WOHNUNG
Praterstrasse 54, IIe,
tél 24 01 21
Johann Strauss fils habita dans cette maison transformée en petit musée.

◆ **MAISONS DE BEETHOVEN**
PASQUALATIHAUS
Mölker Bastei 8, Ier,
tél 535 89 05
TESTAMENT HAUS (HEILIGENSTADT)
Probusgasse 6, XIXe,
tél 37 54 08
EROICA HAUS
Döblinger Hauptstrasse 92,
XIXe, tél 369 14 24
◆ **VILLA LEHÁR-SCHIKANEDER**
Hackhofergasse 18,
XIXe, tél 37 18 213
Villa du musicien Franz Lehár.
◆ **GLUCKS WOHNHAUS**
Wiedner Hauptstrasse 32, IVe
Maison du compositeur Gluck.
Ne se visite pas.
◆ **RICHARD STRAUSS :**
Jacquingasse 8, IIIe
Villa construite de 1922 à 1926 pour le musicien allemand.
Ne se visite pas.

SIX LIEUX D'ARCHITECTURE

MAISON HILDEBRANDT
Singerstrasse 3, Ier
Cette maison, qui date du XVe siècle, a été surélevée en 1721 dans le style de l'architecte Hildebrandt.
LOOS HAUS (MAISON LOOS)
Michaelerplatz 3, Ier
Construit en 1910-1911 par Adolf Loos. Un exemple de l'architecture fonctionnelle du début du XXe siècle.
ANKERHAUS (MAISON DE L'ANCRE)
Graben 10, Ier
Grand magasin, construit par Otto Wagner
MAJOLIKAHAUS
Linke Wienzeile 40,
VIe
Construite par Otto Wagner. On l'appelle «maison aux majoliques» à cause de son revêtement de dalles colorées.

AMBASSADE DE FRANCE
Schwarzenbergplatz 12, IVe
Construit entre 1906 et 1909 par Georges-Paul Chédanne, ce palais est le principal représentant de l'Art nouveau français.
HUNDERTWASSERHAUS (5)
Löwengasse, IIIe
Cette maison est l'œuvre du peintre Hundertwasser.
Construit entre 1983 et 1985, elle comprend cinquante appartements tous différents, habités par des artistes.
HAAS HAUS
Stock-im-Eisen-Platz 6, Ier
Construit par Hans Hollein entre 1988-et 1990. Immeuble très moderne dont les murs, en verre et en métal, reflètent la Cathédrale.

Pour les horaires, se reporter dans le carnet d'adresses.

AUTRES LIEUX DE VISITE		
ANTIQUITÉS, ARCHÉOLOGIE		
◆ Ephesos Museum	Neue Burg, Heldenplatz, Ier	tél 521 77-0
◆ Römische Ruinen	Hoher Markt 3, Ier	tél 535 56 06
◆ Römische Baureste Am Hof	Am Hof 9, Ier	tél 505 87 47
ART DU XVe AU XVIIIe SIÈCLE		
◆ Neidhart-Fresken	Tuchlauben 19, (fresques du XVe siècle)	tél 535 90 65
◆ Österreichisches Barockmuseum (musée d'Art baroque autrichien)	Belvédère inférieur Rennweg 6a, IIIe	
ART XIXe SIÈCLE		
◆ Hermesvilla	Lainzer Tiegarten, XIIIe	tél 804 13 94
ART XXe SIÈCLE		
◆ Ernst Fuchs Privatmuseum (Villa Otto Wagner I)	Hüttelbergstrasse 26, XIVe	tél 94 85 75
◆ KunstHaus Wien	Untere Weissgerberstr.13, IIIe	tél 712 04 91
◆ Kunsthalle Wien	Karlsplatz, Ier	
◆ Stations de métro construites par Otto Wagner	Stadtbahn-Haltestelle Karlsplatz, Ier Stadtbahn Hofpavillon Hietzing, Schönbrunner Schloss Strasse, XIIIe	
ART SACRÉ		
◆ Dom und Diözesanmuseum (musée d'Art sacré)	Stephansplatz 6, Ier	tél 515 52 560
◆ Museum mittelalterlicher öster. Kunst (musée d'Art médiéval autrichien)	Belvédère inférieur Rennweg 6a, IIIe	
◆ Virgilkapelle (chapelle Saint-Virgile)	Stephansplatz, Ier	tél 513 58 42
◆ Kaisergruft (crypte impériale)	Neuer Markt, Ier	tél 512 68 53-12
◆ Herzgruft der Habsburger in der Augustinerkirche	Augustinerstrasse 3, Ier	tél 533 70 99
◆ Schatzkammer des Deutschen Ordens (trésor de l'ordre Teutonique)	Singerstrasse 7, Ier	tél 512 10 65-6
◆ Stephansdom	Stephansplatz, Ier	tél 515 52 52-6
◆ Kirche Am Steinhof	Baumgartner Höhe 1, XIVe	tél 949060-2391
◆ Kirche zur Heiligsten Dreifaltigkeit (église de la Trinité ou église Wotruba)	Angle Georgsgasse et Rysergasse, XXIIIe	tél 88 16 185
◆ Ankeruhr (horloge à l'Ancre)	Hoher Markt 10/11, Ier	
◆ Zentralfriedhof (Cimetière central)	Simmeringer Hauptstrasse 234, XIe	tél 719 01
◆ Friedhof St. Marx (Cimetière Saint-Marc)	Leberstrasse 6-8, IIIe	
◆ Bestattungsmuseum (Musée funéraire)	Goldeggasse 19, IVe	tél 501 95 227
ARTS DÉCORATIFS ET ARTS APPLIQUÉS		
◆ Österreichisches Museum für angewandte Kunst - MAK (Musée autrichien des arts appliqués)	Stubenring 5, Ier	tél 799 69 00
◆ Hofsilber- und Tafelkammer (collection des porcelaines et de l'argenterie de la Cour)	Hofburg, Michaelerplatz, Ier	tél 523 42 400

AUTRES LIEUX DE VISITE		
◆ **Uhrenmuseum der Stadt Wien (musée des Horloges et des Montres)**	Schulhof 2, Ier	tél 533 22 65
◆ **Geymüller Schlössl**	Pötzleinsdorferstr. 102, XVIIIe	tél 479 31 39
◆ **Museum der Gold- und Silberschmiede (musée de l'Orfèvrerie et de l'Argenterie)**	Zieglergasse 22, VIIe	tél 93 33 88
◆ **Modesammlung (musée de la Mode du Musée historique de Vienne)**	Hetzendorfer Strasse 79, XIIe	tél 802 16 57
HISTOIRE DE L'AUTRICHE ET DE VIENNE		
◆ **Historisches Museum der Stadt Wien**	Karlsplatz, IVe	tél 505 87 47
◆ **Heeresgeschichtliches Museum (musée de l'Armée)**	Arsenal, Bâtiment 18, IIIe	tél 795 61-0
◆ **Sammlung von Waffen und Rüstungen (collection d'armes et d'armures de la Hofburg)**	Neue Burg, Hofburg, Ier	
◆ **Dokumentationsarchiv des österreichischen Freiheitskampfes (archives de la Résistance autrichienne)**	Altes Rathaus, Ier Wipplingerstrasse 8	tél 534 36 799
◆ **Jüdisches Museum der Stadt Wien (Musée juif de la ville de Vienne)**	Palais Eskeles, Dorotheergasse 11, Ier	tél 535 04 31
LITTÉRATURE		
◆ **Heimito von Doderer Gedenkstätte**	Währinger Strasse 43, IXe	tél 402 35 75-229
ETHNOLOGIE		
◆ **Museum für Völkerkunde (musée éthnolographique)**	Neue Burg, Heldenplatz, Ier	tél 521 77-0
◆ **Osterreichisches Museum für Volkskunde (Musée des Arts et Traditions populaires autrichiens)**	Laudongasse 15-19, VIIIe	tél 406 89 05
SCIENCES		
◆ **Globenmuseum der österreichischen Nationalbibliothek (musée des Globes de la Bibliothèque nationale)**	Josefsplatz 1, Ier	tél 534 10 297
◆ **Josephinum (Museum des Institutes für Geschichte der Medizin)**	Währinger Strasse 25/1, IXe	tél 403 21 54
◆ **Kriminalmuseum**	Grosse Sperlgasse 24 IIe	tél 214 46 78
◆ **Pathologisch Anatomisches Bundesmuseum (muséee d'Anatomie pathologique)**	Altes Allgemeines Krankenhaus, Alser Strasse 4, Spitalgasse 2, IXe	tél 43 86 72
◆ **Niederösterreichisches Landesmuseum (Musée de la Basse-Autriche)**	Herrengasse 9, Ier	tél 531 10 35 05
◆ **Sigmund Freud Museum**	Berggasse 19, IXe	tél 319 15 96
TRANSPORTS		
◆ **Wiener Strassenbahnmuseum**	Erdbergstrasse 109, IIIe	tél 712 12 01-0
◆ **Fiakermuseum (musée des Fiacres)**	Veronikagasse 12, XVIIe	tél 432 607-0
◆ **Wagenburg (collection de voitures historiques)**	Château de Schönbrunn, XIIIe	tél 877 32 44
LOISIRS		
◆ **Pratermuseum (musée du Prater)**	Prater, Hauptallee, IIe	tél 24 94 32 77
◆ **Theatermuseum**	Lobkowitzplatz 2, Ier	tél 512 88 00-0
◆ **Filmmuseum (musée du Cinéma)**	Augustinerstrasse 1 (Albertina), Ier	tél 533 70 540

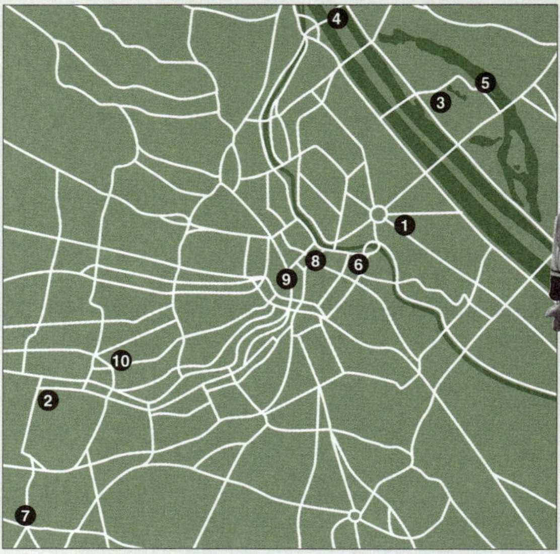

MUSÉES, ACTIVITÉS D'INTÉRIEUR

PUPPEN- UND SPIELZEUG- MUSEUM (MUSÉE DES POUPÉES ET DES JOUETS)
Schulhof 4, Ier, tél 535 68 60
Ce musée, ouvert en 1991, abrite une collection de 600 poupées et différents jouets du XIXe siècle.

ZIRKUS UND CLOWNMUSEUM (MUSÉE DU CIRQUE ET DES CLOWNS)
Karrmelitergasse 9, IIe, tél 211 06 127
Très belle collection de clowns et d'objets relatifs au cirque.

WAGENBURG (VOITURES IMPÉRIALES)
Schloss Schönbrunn, XIIIe, tél 82 32 44
60 voitures anciennes, traîneaux et chaises à porteurs des années 1690 à 1917 sont exposés. Le clou en est le carrosse impérial, doré et richement orné.

HAUS DES MEERES (MAISON DE LA MER)
Esterhazypark, VIe, tél 587 14 17
Vivarium contenant une sélection de 3 000 poissons (requins) et reptiles ; distribution de la nourriture chaque jour à 15 h, le dimanche à 10 h pour les reptiles.

NATURHISTORISCHES MUSEUM
Maria-Theresia-Platz, Ier, tél 521 77-0
Salle aménagée pour les enfants (jeux et documentation).

PLANETARIUM (PRATER)
Hauptallee, IIe, tél 249 432

URANIA STERNWARTE (OBSERVATOIRE D'URANIA) (6)
Uraniastrasse 1, Ier, tél 249 432

SPECTACLES

IMPERIAL-KINO (8)
Rotgasse 9, Ier, tél 533 32 23.
Dessins animés de Walt Disney.

CINÉMA IMAX (10)
Mariahilferstrasse, XVe, tél 894 01 01
Ouvert tous les jours entre 9 h 30 et 20 h 30.
Durée des films : 40 min.
Écran de 400 m^2, spectacles laser et courts métrages en 3D. Documentaires *ex* : Les Secrets de l'Antarctique.

LES THÉÂTRES : WIENER URANIA PUPPENTHEATER (THÉATRE DE POUPÉES)
Uraniastrasse 1
Représentations chaque jour à 15 h ou 16 h 30, ouvert d'octobre à mai.

PUPPENTHEATER LILARUM
Phillipsgasse 8, XIVe, tél 894 21 03
Petit théâtre pour enfants : ouvert d'octobre à mars.

LE CIRQUE RONCALLI
Rathausplatz, Ier
Depuis 1991, le cirque Roncalli est installé devant l'hôtel de ville. Il donne quotidiennement d'août à octobre des représentations à 20h.

LES WIENER SÄNGERKNABEN
Tous les dimanches, on peut écouter les Petits Chanteurs de Vienne dans la chapelle impériale.

SPANISCHE REITSCHULE (ECOLE D'ÉQUITATION ESPAGNOLE) (9)
Les représentations ont lieu de mars à juin et de septembre à décembre (sauf octobre) dans le manège d'hiver de la Hofburg, construit au XVIIIe siècle. On peut également assister aux entraînements. Les chevaux, les lippizans, sont issus d'un croisement de chevaux andalous et arabes. Noirs à la naissance, ils deviennent tout blancs à leur huitième année. Entraînés selon des méthodes inchangées depuis le XVIIe siècle, ils dansent sur des airs de polka, de gavotte, de quadrille et de valse.

GARDES D'ENFANTS
BABYSITTER DES ÖSTERREICHISCHEN AKADEMISCHEN
Mühlgasse 20, tél 57 35 25. De 80 à 100 ATS l'heure
BABYSITTERZENTRALE
Herbstrasse 6-10, tél 95 11 35

«IL PASSAIT LA SOIRÉE AVEC SA JEUNE FEMME «CHEZ RONACHER», ÉTABLISSEMENT DE VARIÉTÉS. AUX GENS QUI FONT DES RÉFLEXIONS, IL RÉPONDAIT : "POURQUOI PAS ?!" LES ARTISTES INTERMÉDIAIRES M'INTÉRESSENT. ET PUIS N'Y-A-T-IL PAS AUSSI DES BARAQUES FORAINES SUR LE PRATER ?!» PETER ALTENBERG

Le petit train appelé justement Liliputbahn *traverse en partie le Prater.*

Détente et planche à voile sur le Danube.

Vitrine d'un magasin de jouets.

ACTIVITÉS DE PLEIN AIR

PRATER (1)
Le plus grand parc (550 ha) du centre de Vienne était une réserve de chasse jusqu'à ce que l'empereur Joseph II l'ouvre au public, en 1776. C'est aujourd'hui un espace vert bordé d'une forêt. À l'intérieur de ce parc se trouve le Wurstelprater, sorte de foire du Trône permanente.
LA GRANDE ROUE (RIESENRAD)
Vue panoramique, hauteur de 61 m, t.l.j. de 11 h à 18 h. Ouvert de Pâques à la fin octobre, dans la matinée jusqu'à minuit.
AUTRES ATTRACTIONS : montagnes russes, bowling, équitation, tennis, football dans le parc. Dans le Grüner Prater (Prater vert), on peut se promener, faire du canot sur le Heustadlwasser, ou de la bicyclette dans la Hauptallee. Les enfants emprunteront le *Liliputbahn*, petit train qui traverse une partie du Prater.

DONAUPARK (3)
Ce parc de 120 ha est un trait d'union entre le vieux et le nouveau Danube. La Donauturm, tour de 252 m de hauteur, est le plus haut panorama de Vienne. On peut faire une partie de bateau sur l'Alte Donau (kayaks, canots et voiliers à louer) ou faire du vélo sur les pistes cyclables.

DONAUINSEL (4)
En 1981, on creusa, parallèlement au Danube, un canal (Neue Donau) pour l'évacuation des eaux. On créa ainsi la Donauinsel, île longue de 13 km et large de 200 m seulement, qui offre 42 km de plages, une aire de loisirs (toboggan aquatique et téleski nautique), des locations de bateaux, de planches à voile, de vélos et de patins à roulettes. Pour les pique-niques et les bains de soleil, il y a des îlots de verdure et les baies abritées. Des zones sont réservées aux naturistes.

ALTE DONAU (5)
Ce bras du Danube, alimenté par des sources souterraines, sert de port aux plaisanciers. Ses berges, situées au cœur de quartiers ouvriers (XXIe et XXIIe arrondissements), ont été aménagées. La première piscine en plein air, la Gänsehäufel, y fut ouverte en 1907.

ZOOS
LAINZER TIEGARTEN (7)
Une réserve naturelle d'animaux y est ouverte du dimanche des Rameaux jusqu'au 1er novembre, du mercredi au dimanche et les jours fériés (sangliers, cerfs, daims).
TIEGARTEN SCHÖNBRUNN
Le zoo de Schönbrunn (2), le plus ancien du monde, a été créé en 1752. Les enfants peuvent y caresser lapins, chèvres naines, moutons et alpagas.Ouvert tous les jours. Entrée principale : Hietzinger Tor.

WIENERWALD
Croissant de collines boisées de plusieurs centaines de kilomètres carrés, il enserre par l'ouest la ville du nord au sud. Dix G.R. urbains sont signalés par des panneaux au terminus des lignes de transports en commun (dépliant sur les G.R. à demander au bureau d'informations municipal de l'hôtel de ville (Rathaus) du lundi au vendredi de 8 h à 18 h.

LOBAU
C'est une région alluviale d'étangs et de verdure avec des coins de baignade sauvage. Une piste cyclable le long de la digue appelée *Hubertusdamm* est aménagée depuis les arrêts de bus *91A Roter Hiasl*, ou *Panozzalacke*.
En hiver, on peut y faire du ski de fond.

NEUSIEDLERSEE
Voile, patins à glace, autant de sports pour les petits comme pour les grands.

LOCATIONS DE VÉLOS
Vienna Bike
Wasagasse 28, IXe
tél 319 12 58
Location + circuit organisé, tous les lundis à 16 h, de mai à septembre.
Autres adresses de location : Radverleih Salztorbrücke, Ier, ou Radverleih Hochschaubahn, IIe

LES MARCHÉS DE NOËL
Chaque année, pendant la période de l'Avent, se tiennent, sur la place de l'Hôtel-de-Ville et sur la Freyung, les «marchés de Noël». Dans un décor féerique de guirlandes et de sapins, on y vend boules de Noël peintes à la main, bougies artisanales, jouets en bois, crèches, pains d'épice décorés,etc. Conteurs et chanteurs emmènent leur auditoire au pays des fées et des légendes populaires.
MARCHÉ DU PÈRE NOËL
Rathausplatz, Ier
MARCHÉ DE NOËL
Freyung, Ier
MARCHÉ DE NOËL
7 Spittelberggasse

NASCHMARKT

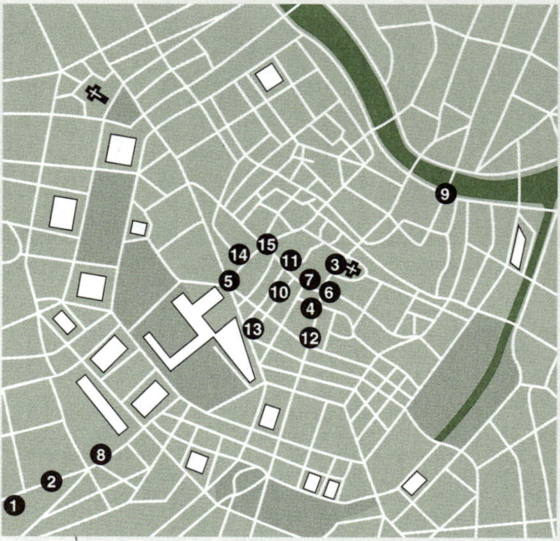

Les magasins ouvrent, du lundi au vendredi, de 9 h à 18 h, et le samedi de 9 h à 12 h 30. Le premier samedi du mois, les magasins sont ouverts jusqu'à 17 h. Les magasins les plus élégants et les plus chers se trouvent dans le centre, entre la Hofburg, le Graben et la Kärntnerstrasse.

Boutiques

Le costume féminin traditionnel (*Dirndl* : robe-chasuble composée d'une jupe froncée, d'un corsage à manches sous un corselet lacé et d'un tablier noué à la taille) a attiré l'attention de la haute couture.

Pour les hommes, le *Loden* (drap de laine), bleu marine, vert ou gris, donne d'excellents pardessus, manteaux et vestes *(Valker)*.

Resi Hammerer (4)
Kärntnerstrasse 29-3, Ier

Loden Plankl (5)
Michaelerplatz 6, Ier

Lanz
Kärntnerstrasse 10, Ier

Tostmann & Co K
Schottengasse 3a, Ier
Le magasin le mieux approvisionné en costumes folkloriques ; location et vente d'habits traditionnels et mode jeune inspirée par le folklore.

Klein aber Fein Strickmode Austrian handwork
Herrengasse 6

◆ Chaussures

Bally GmbH
Kärntner-strasse 9, Ier

Humanic GmbH
Kärntnerstrasse 51, Ier

Belleza
Kärntnerstrasse 45,Ier

Scheer
Bräunerstrasse 4, Ier
Chaussure sur mesure.

Zak
Kärntnerstrasse 51, Ier

◆ Lingerie

Palmer's
Plusieurs adresses.

◆ Bijoutiers

Juwelier Haban (6)
Kärntnerstrasse 2, Ier

Rudolf Hübner
Am Graben 28, Ier

Köchert
Neuer Markt 15, Ier

Galerie V & V
Bauernmarkt 19, Ier

◆ Chapeaux

Oberwalder & Co
Kärntnerstrasse 39, Ier

◆ Souvenirs

Keramik aus Gmuden
Kärntner Durchgang, Ier
Céramiques.

Rasper & Söhne
Am Graben 15, Ier

◆ Disques et livres

Virgin Megastore (8)
Mariahilferstr., VIIe

Emi Austria
Kärntnerstr. 30, Ier

Arcadia, Opera Shop
Kärntnerstr. 40, Ier
Compact Disc, cassettes, vidéos et CD Video consacrés à l'opéra, partitions, livres.

Gerold & Co
Graben 31, Ier

Wolfrum (12)
Augustinerstrasse 10, Ier
Livres d'art.

Freytag u. Berndt (13)
Kohlmarkt 9, Ier
Guides, cartes et plans dans toutes les langues.

Grands magasins

Les Viennois ont adopté les centres commerciaux tout en maintenant leur affection pour les boutiques raffinées.

◆ Magasins traditionnels

Gerngross (1)
À l'angle de la Kirchengasse et de la Mariahilfer-strasse, VIIe
On y trouve de tout, depuis les saucisses jusqu'à la haute couture.

Herzmansky (2)
Mariahilferstrasse 26-30, VIIe

◆ Centres commerciaux

Haas Haus (3)
Stephanplatz 12, Ier
Ensemble de boutiques construit par l'architecte Hans Hollein

«La Galleria»
Landstrasser Hauptstrasse 101, IIIe

Lugner-City
Gablenzgasse 5-13, XVe
Situé près du Gürtel : 70 boutiques, un centre de culture physique sur 15 000 m^2.

Magasin luxueux sur le Graben, l'une des plus belles rues commerçantes de Vienne.

POUR LA MAISON

VERRERIE, PORCELAINE

GALERIE LOBMEYR (11)
Kärntnerstrasse 26, Ier
Magasin-musée de verrerie et porcelaine hongroises peintes à la main.

WIENER PORZELLANMANUFAKTUR AUGARTEN (7)
Stock-im-Eisenplatz 3-4, Ier
Célèbre manufacture de porcelaine rococo peinte à la main.

LINGE DE MAISON

ZUR SCHWÄBISCHEN JUNGFRAU
Graben 26, Ier
Linge de maison.

JUNGMANN & NEFFE
Albertinaplatz 3, Ier
Magasin de tissus récemment restauré.

BACKAUSEN
Kärntnerstrasse 33, Ier
Tissus d'ameublement.

ARGENTERIE
Jarosonski & Vaugoin
Zieglergasse 24, VIIe

LE SAVOIR-VIVRE VIENNOIS

OFFRIR DES FLEURS (*BLUMEN*)

MATERN
Herrengasse 10, Ier

RUHMANN
Singerstrasse, Ier

SÄDTLER
Opernring 13, Ier

LOCATION DE TENUES DE SOIRÉE, ROBES DU SOIR, DÉGUISEMENTS

LAMBERT J. HOFER
Margaretenstrasse 25, IVe

COIFFEUR

RUDOLF SCHIFF
Kärntnerstrasse 8, Ier

GALERIES DE PEINTURE

La plupart des galeries se trouvent dans le premier arrondissement, autour de la Blutgasse et la Bäckerstrasse. Elles sont souvent spécialisées dans l'art contemporain.

GALERIE HILGE
Dorotheergasse 5, Ier, tél 512 53 15
Artistes figuratifs et abstraits.

GALERIE NÄCHST ST. STEPHAN
Grünangergasse 1, Ier, tél 512 12 66
Haut lieu des avant-gardes présentant des artistes conceptuels et minimalistes.

GALERIE AMBIENTE
Lugeck 1, Ier, tél 513 11 30
La meilleure galerie exposant des œuvres *Jugendstil.*

GALERIE KRINZINGER
Seilerstätte 16, Ier
Des artistes des années 60-70 et la nouvelle peinture autrichienne.

GALERIE GRITA INSAM
Köllnerhofgasse 6, Ier
Art vidéo.

GALERIE PETER PAKESCH
Ungargasse 27, IIIe
Expose les œuvres de jeunes artistes.

ANTIQUITÉS, ART

Le quartier des antiquaires se situe autour du Dorotheum.

MARCHÉS AUX PUCES
Des marchés se tiennent tous les jours dans certains quartiers de Vienne. Le plus célèbre est le Naschmarkt, ouvert tous les lundis et samedis de 7 h à 18 h.

◆ **KUNST UND ANTIKMARKT** (9)
Donaukanal-promenade
Ouvert les week-ends.

◆ **NASCHMARKT**
Flohmarkt, VIe
Le plus grand marché aux puces de Vienne.

SALLE DES VENTES DOROTHEUM (10)
Dorotheergasse 17, Ier, tél 515 600
L'une des plus grandes salles de vente aux enchères du monde, fondée en 1707 par l'empereur Joseph Ier. Conçue au départ comme un magasin de prêts sur gages permettant aux personnes en difficulté d'hypothéquer leurs objets de valeur, le Dorotheum expose meubles anciens, peintures, bijoux, porcelaine, vêtements et bibelots.

GALERIES D'ART
Aux alentours du Josefsplatz, Augustinerstrasse, Spiegelgasse, Plankengasse et Dorotheergasse, on trouve d'authentiques pièces rococo, *Biedermeier* et *Jugendstil*, y compris des meubles signés par deux grands designers, Michael Thonet et Josef Hoffmann.

◆ **GALERIE SLAVIK**
Himmelpfortgasse 17, Ier, tél 513 48 12
Antiquités et design contemporain.

◆ **MAK-DESIGN SHOP**
Weiskirchnerstrasse 3, Ier
Créations de designers de l'école des Arts appliqués.

◆ **THONET WOHNEN**
Kohlmarkt 6, Ier
Réédition des chaises bistrot de Thonet.

Vocabulaire urbain

Bezirk : arrondissement
Strasse : rue
Gasse : petite rue
Einbahnstrasse : rue à sens unique
Anfang : début
Ende : fin
Hof : cour
Ring : anneau, désigne le boulevard circulaire autour de la ville intérieure
Gürtel : ceinture ou périphérique
Garten : jardin
Rathaus : hôtel de ville
Haus : maison
Platz : place
Fussgänger : piétons
Fussgängerzone : zone piétonne
Palais, Palast : palais
Museum : musée
Kirche : église
Kloster : monastère
U-Bahn : métro
Strassenbahn : tramway
Zug : train
Schnellzug : train rapide
Schnellbahn : équivalent de notre R.E.R.
Bahnhof : gare
Verengte Fahrbahn : rétrécissement
Umleitung : déviation
Vorsicht ! : «Attention !»
Kurzparkzone : zone à stationnement réglementé
Insel : île
Kai : quai
Ufer : rive
Brücke : pont
Donauinsel : île du Danube
See : lac
Wald : forêt
Autobahn : autoroute
Steinschlag : chute de pierres

Métiers, commerces

Offen : ouvert
Geschlossen : fermé
Kaffeehaus : café (lieu)
Bäckerei : boulangerie
Konditorei : pâtisserie (travail et local)
Confiserie : confiseur
Zückerbäcker : confiseur (vend des bonbons pour les enfants)
Heuriger : guinguette
Gasthaus : auberge
Beisl : restaurant
Installateur : plombier
Coiffeur, Friseur : coiffeur
Tabak-Trafik : Bureau de tabac
Juwelier : bijoutier
Bank : banque
Wechselstube : bureau de change
Markt : marché
Kaufhäuser : grands magasins
Trachtenmode : mode autrichienne
Tankstelle : poste d'essence
Fernsprecher : téléphone
Briefmarken : timbres
Krankenhaus : hôpital
Apotheke : pharmacie

Sorties

À droite : *rechts*
À gauche : *links*
Guide : *Fremdenführer*
Monument : *Sehenswürdigkeit*
Visite : *Besichtigung*
Point de vue : *Aussicht*
Billets : *Karten*
Concert : *Konzert*
Concert en plein air : *Gartenkonzert*
Musique atonale : *atonale Musik*
Musique religieuse : *Kirchenmusik*
Musique de chambre : *Kammermusik*
Cinéma : *Kino*
Théâtre (lieu) : *Theater*
Pièce de théâtre : *Theaterstück*
Aller au théâtre : *das Theater besuchen*
Agences de réservation pour le théâtre : *Theaterkartenbüro*
Patinoire : *Eisbahn*
Ambassade : *Botschaft*

Nourriture

Manger : *essen*
Boire : *trinken*
Froid : *kalt*
Chaud : *heiss*
Sel : *Salz*
Sucre : *Zucker*
Petit déjeuner : *Frühstück*
Déjeuner : *Mittagessen*
Goûter : *Jause*
Dîner : *Abendessen*
Porc : *Schweinefleisch*
Bœuf : *Rindfleisch*
Bœuf mijoté : *Tafelspitz*
Veau : *Kalbfleisch*
Poisson : *Fisch*
Saucisse : *Wurst*
Pommes de terre : *Kartoffeln*
Riz : *Reis*
Pain : *Brot*
Petit pain : *Semmel*
Gâteau : *Kuchen*
Chausson fourré : *Strudel*
Vin nouveau : *Heuriger*
Vin blanc : *Weisswein*
Vin rouge : *Rotwein*
Bière : *Bier*
Jus de fruits : *Fruchtsaft*
Eau minérale : *Mineralwasser*
Café (boisson) : *Kaffee*
Garçon : *Herr Ober*
Carte : *Speisekarte*
L'addition, s'il vous plaît ! : *Zahlen, bitte !*

Les cafés

Kleiner/Grosser Schwarzer : petit/grand café noir
Melange : moitié café, moitié lait
Melange mit Schlag : grande tasse de café avec du lait et de la crème fouettée
Kapuziner : café avec du lait et de la crème
Schale Gold : café doré, c'est-à-dire clair
Kleiner/Grosser Brauner : petit/grand café marron foncé avec un peu de crème
Verkehrt : presque blanc de lait
Einspänner : café noir servi dans un verre avec de la crème fouettée (*Schlagobers*, ou *Schlag*)
Doppelschlag : plus de crème fouettée que de café
Türkischer : café à la turque
Fiaker : avec du rhum
Franziskaner : café avec du lait, de la crème et des pépites de chocolat
Mazagran : café froid avec des glaçons, un peu de rhum, le tout servi avec une paille
Eiskaffee : glace à la vanille arrosée de café noir froid, garnie de crème fouettée et de gaufrettes.
Teeschale licht : une grande tasse de thé avec beaucoup de lait

L'argent

Carte de crédit : *Kreditkarte*
Chèque de voyage : *Reisescheck*
Location de bicyclettes : *Fahrradverleih*
Location de voitures : *Autovermietung*
Acheter : *kaufen*
Louer : *mieten*
Film en noir et blanc : *Schwarzweissfilm*
Film couleur : *Farbfilm*
Bon marché : *billig*
Cher : *teuer*

Le logement

Pension : *eine Pension*
Hôtel : *ein Hotel*
Chambre à un lit : *Einzelzimmer*
Chambre à deux lits : *Doppelzimmer*
Quel est le prix pour une nuit ? : *Was kostet eine Übernachtung ?*
Auberges de jeunesse : *Jugendherberge*

Converser

Madame : *Frau*
Mademoiselle : *Fräulein*
Monsieur : *Herr*
Bonjour : *Grüss Gott !* : «Que Dieu soit loué !» (formule typiquement autrichienne)
Bonjour ! : *Guten Tag !, Guten Morgen !* (le matin)
Bonsoir ! : *Guten Abend !*
Au revoir ! : *Auf Wiedersehen !*
Salut ! : *Servus !* (se dit à Vienne entre amis)
Au revoir ! : *Baba !* (autre expression viennoise, très familière)
Merci !: *Danke schön !*
S'il vous plaît ! : *Bitte !*
Veuillez m'excuser ! : *Verzeihung !*
Je ne comprends pas : *Ich verstehe nicht*
Parlez-vous français ? : *Sprechen Sie französisch ?*
Oui : *ja*
Non : *nein*
Je voudrais... : *Ich möchte...*

Les jours

Lundi : *Montag*
Mardi : *Dienstag*
Mercredi : *Mittwoch*
Jeudi : *Donnerstag*
Vendredi : *Freitag*
Samedi : *Samstag*
Dimanche : *Sonntag*
Semaine : *Woche*
Week-end : *Wochenende*
Jour férié : *Feiertag, Festtag*

Les mois

Janvier : *Januar*
Février : *Februar*
Mars : *März*
Avril : *April*
Mai : *Mai*
Juin : *Juni*
Juillet : *Juli*
Août : *August*
Septembre : *September*
Octobre : *Oktober*
Novembre : *November*
Décembre : *Dezember*

Compter

1 : *eins*
2 : *zwei*
3 : *drei*
4 : *vier*
5 : *fünf*
6 : *sechs*
7 : *sieben*
8 : *acht*
9 : *neun*
10 : *zehn*
20 : *zwanzig*
21 : *einundzwanzig*
30 : *dreissig*
40 : *vierzig*
50 : *fünfzig*
60 : *sechzig*
70 : *siebzig*
80 : *achtzig*
90 : *neunzig*
100 : *hundert*
1 000 : *tausend*
1000 000 : *eine Million*
Premier : *erste, erstere*
Deuxième : *zweiter*
Troisième : *dritter, e, es*
Quatrième : *vierter*
Cinquième : *fünfte(r)*

Carnet d'adresses

- Panorama
- Centre ville
- Isolé
- Restaurant de luxe
- Restaurant typique
- Restaurant économique
- Hôtel de luxe
- Hôtel typique
- Hôtel économique
- Parking
- Garage surveillé
- Télévision
- Calme
- Piscine
- Cartes de crédit
- Prix enfants
- Animaux interdits
- Musique
- Orchestre

◆ 800-1500 ATS
◆◆ 1500-2500 ATS
◆◆◆ 2500-3500 ATS
◆◆◆◆ >3500 ATS

Iᵉʳ ARRONDISSEMENT	PRIX	VUE	CALME	HÔTEL TYPIQUE	RESTAURANT	BAR	PRIX ENFANTS	PISCINE	PARKING	NOMBRE de C
HOTEL AMBASSADOR*****	◆◆◆◆		●	●	●	●			●	106
ANA GRAND HÔTEL*****	◆◆◆◆				●	●	●		●	205
HOTEL BRISTOL*****	◆◆◆◆	●			●	●	●		●	146
HÔTEL DE FRANCE*****	◆◆◆	●			●	●	●			216
HOTEL IMPÉRIAL*****	◆◆◆◆			●	●	●	●			128
HOTEL SACHER*****	◆◆◆◆			●	●	●				116
HOTEL VIENNA MARRIOTT*****	◆◆◆				●	●	●	●	●	310
HOTEL VIENNA PLAZA*****	◆◆◆		●		●	●	●		●	223
SAS PALAIS HOTEL*****	◆◆◆◆				●	●			●	149
HOTEL AM PARKRING****	◆◆	●			●					64
HOTEL AM SCHUBERTRING****	◆◆					●	●			39
HOTEL AM STEPHANSPLATZ****	◆◆		●		●		●			61
CAPRICORNO****	◆◆						●		●	46
HOTEL EUROPA****	◆◆		●		●	●	●			102
HOTEL GRABEN****	◆◆		●		●		●			46
K + K PALAIS HOTEL****	◆◆				●	●	●			66
HOTEL KAISERIN ELISABETH****	◆◆		●			●	●		●	63
HOTEL KÖNIG VON UNGARN****	◆◆		●		●	●	●			33
HOTEL MARC AUREL****	◆◆					●	●		●	18
MAILBERGER HOF****	◆◆		●	●			●			40
HOTEL RATHAUSPARK****	◆◆		●	●		●	●			117
HOTEL ROYAL****	◆◆				●		●		●	81
HOTEL AUSTRIA***	◆		●				●		●	46
HOTEL KÄRNTNERHOF***	◆	●	●	●			●		●	43
HOTEL POST***	◆		●		●					107
HOTEL WANDL***	◆		●	●		●	●			138
HOTEL ZUR WIENER STAATSOPER***	◆			●			●			22
MERCURE WIEN CENTRUM****	◆◆				●	●	●			154
PENSION AVIANO****	◆		●				●			17
PENSION DOMIZIL****	◆		●			●	●			21
PENSION NEUER MARKT***	◆			●	●	●	●			37
PENSION PERTSCHY****	◆		●	●			●			43

	PRIX	VUE	CALME	HÔTEL TYPIQUE	RESTAURANT	BAR	PRIX ENFANTS	PISCINE	PARKING	NOMBRE de C
Riemergasse Appartement-Pension******	◆		●	●						14
Pension Christina****	◆		●	●			●	●		33
Pension Elite****	◆		●	●		●	●			27
Pension Nossek****	◆			●			●			26
Pension Residenz****	◆		●	●			●			13
IIe ARRONDISSEMENT										
Hotel City Central******	◆◆								●	
Hotel Tabor****	◆									
IIIe ARRONDISSEMENT										
Hotel Inter Continental********	◆◆◆				●	●	●		●	492
Hotel Schwarzenberg********	◆◆◆◆	●	●		●	●			●	38
Hotel Vienna Hilton********	◆◆◆◆				●	●	●		●	600
Penta Hotel******	◆◆◆				●	●		●	●	342
Sofitel Hotel Belvédère******	◆◆				●	●	●		●	211
VIe ARRONDISSEMENT										
Hotel Beethoven******	◆◆		●				●			34
Hotel Schneider******	◆◆			●						71
Hotel Tyrol******	◆			●			●			
VIIe ARRONDISSEMENT										
Arcotel Wimberger******	◆◆◆				●	●			●	
K + K Hotel Maria Theresia******	◆◆		●	●			●			123
Astron Suite-Hotel******	◆◆						●		●	
VIIIe ARRONDISSEMENT										
Hotel Josefshof******	◆◆◆			●		●			●	43
Pension Baroness****	◆			●			●			
Pension Zipser****	◆						●			
IXe ARRONDISSEMENT										
Hotel Regina******	◆◆	●	●		●	●		●	●	124
Hotel Am Schottenpoint****	◆		●			●			●	17
Pension Bleckmann****	◆			●				●	●	14
XVe ARRONDISSEMENT										
Hotel Reither******	◆◆						●	●		48

◆ CHOISIR UN RESTAURANT

◆ <200 ATS
◆◆ 200-300 ATS
◆◆◆ 300-500 ATS
◆◆◆◆ >500 ATS

	PRIX	LUXE	ÉCONOMIQUE	TYPIQUE	PANORAMA	TERRASSE	APRÈS MINUIT	MUSIQUE	PARKING
Ier ARRONDISSEMENT									
BIERHOF	◆◆			●		●	●		
BISTROT DE FRANCE	◆◆					●			
BREZELG'WÖLB	◆◆			●	●				
DEMEL VIS-À-VIS	◆◆◆◆	●			●				
DO & CO	◆◆◆◆	●							
DO & CO IM HAAS-HAUS	◆◆◆	●			●				
DREI HUSAREN	◆◆◆◆	●					●	●	
FIGLMÜLLER'S	◆◆			●					
GÖTTWEIGER STIFTSKELLER	◆		●	●					
GRIECHENBEISL	◆◆			●		●			
GULASCHMUSEUM	◆		●			●			
HAAS UND HAAS	◆◆◆					●			
KÖNIGSBACHER	◆		●	●		●			
KORSO	◆◆◆◆	●						●	
KRAH-KRAH	◆		●			●	●	●	
KUPFERDACHL	◆◆◆			●		●			
LE SIÈCLE	◆◆◆◆	●							●
LUSTIG ESSEN	◆		●						
MILJÖÖ	◆◆			●			●	●	
NOODLES & CO	◆◆◆					●	●	●	
OFENLOCH	◆◆◆			●		●			
OSWALD UND KALB	◆◆						●		
PAULUSSTUBEN	◆			●		●	●		
PFUDL	◆◆			●		●	●		
PÜRSTNER	◆◆			●		●			
ROSA ELEFANT	◆◆					●	●		
ROSENBERGER MARKT	◆		●						
S'MÜLLERBEISL	◆		●	●		●			●
SIRK	◆◆◆				●				
SOWIESO	◆◆			●		●	●	●	
STADTBEISL	◆◆			●		●			
TRATTORIA SAN CARLO	◆◆◆					●			
TRZESNIEWSKI	◆		●	●					
WERNER'S	◆◆			●		●	●		
WRENKH	◆◆◆					●			
ZU DEN DREI HACKEN	◆		●	●		●			
ZUM BASILISKEN	◆◆			●		●	●		
ZUM BETTELSTUDENT	◆					●	●		
ZUM BOCKERER	◆◆					●	●		
ZUM KÖNIG VON UNGARN	◆◆◆◆				●	●			
ZUM LEUPOLD	◆◆			●	●	●			
ZUM SCHWARZEN KAMEEL	◆◆◆			●					
ZUM SUPPENTOPF	◆◆			●					

	PRIX	LUXE	ECONOMIQUE	TYPIQUE	PANORAMA	TERRASSE	APRES MINUIT	MUSIQUE	PARKING
Zum Weissen Rauchfangkehrer	♦♦			●				●	
Imperial	♦♦♦♦	●						●	
Zwölf Apostelkeller	♦		●	●					
IIe ARRONDISSEMENT									
Altes Jägerhaus	♦♦♦			●		●			
Lusthaus	♦♦			●		●			
Schweizerhaus	♦♦			●		●			
Vincent	♦♦♦♦	●							
IIIe ARRONDISSEMENT									
Gottfried	♦♦♦♦	●							
Im Kunsthaus	♦♦								
Palais Schwarzenberg	♦♦♦♦	●				●			●
Steirereck	♦♦♦♦	●							●
IVe ARRONDISSEMENT									
Zu den Drei Buchteln	♦♦			●					
Ve ARRONDISSEMENT									
Altes Fassl	♦♦			●		●			
Motto	♦♦					●	●	●	
Schlossgasse 21	♦♦					●	●		
VIe ARRONDISSEMENT									
Hauswirth	♦♦♦	●				●			
Ludwig Van	♦♦			●	●				
VIIe ARRONDISSEMENT									
Eck	♦♦♦			●			●		
Plutzer Bräu	♦		●			●	●		
Zu ebener Erde & ersten Stock	♦♦			●		●			
Zur Stadt Krems	♦♦			●		●			
VIIIe ARRONDISSEMENT									
Le Tunnel	♦		●					●	
Maria Treu	♦♦			●					
IXe ARRONDISSEMENT									
Riedl's Wiener Beisl	♦♦			●					
XIIIe ARRONDISSEMENT									
Dommayer	♦♦♦			●					
XVe ARRONDISSEMENT									
Altwienerhof	♦♦♦♦	●				●			
Vikerl's Lokal	♦♦♦			●					
XIXe ARRONDISSEMENT									
Oppotzer	♦♦			●		●			
Schreiberhaus	♦♦			●		●			
Zimmermann	♦♦			●		●			
XXIIe ARRONDISSEMENT									
Strandcafé	♦♦			●	●				●

ATTENTION
Les numéros de téléphone sont en train de changer à Vienne. Si un numéro indiqué dans ce guide n'est plus attribué, consultez les renseignements en France (tél. 19 33 12 43) ou sur place (tél. 16 11). Les adresses des hôtels, des restaurants et des cafés du centre ville sont complétées par leurs coordonnées sur le plan, par exemple ◆*344, C2* (le premier numéro après la puce renvoie à la page du plan concerné).

EN FRANCE

ORGANISMES OFFICIELS

AMBASSADE D'AUTRICHE
6, rue Fabert
75007 Paris
CONSULAT
12, rue Edmond Valentin
75007 Paris
Tél. (1) 47 05 27 17

CONSULAT GÉNÉRAL D'AUTRICHE
29, rue de la Paix
67 000 Strasbourg
Tél. (16) 88 35 13 94

OFFICE NATIONAL AUTRICHIEN DU TOURISME
47, av. de l'Opéra
75002 Paris
Tél. (1) 47 42 78 57
Minitel 3615 Autriche

INSTITUT CULTUREL AUTRICHIEN
30, bd des Invalides
75007 Paris
Tél. (1) 47 05 27 10

TRANSPORTS

COMPAGNIES AÉRIENNES
AIR FRANCE
Renseignements
Tél. (1) 44 08 24 24
Minitel 3615 ou 3616 AF
Réservations
Tél. (1) 44 08 22 22
119, av. des Champs-Élysées
75008 PARIS
Tél. (16) 42 99 23 64
AUSTRIAN AIRLINES
c/o Swissair
38, av. de l'Opéra
75002 PARIS
Tél. (1) 42 66 34 66

VOYAGISTES
ASTROPA
2, rue Vézelay
75008 PARIS
Tél. (1) 42 93 31 81
AUSTRIATOURS
82, rue d'Hauteville
75010 PARIS
Tél. (1) 40 22 88 90
DONATELLO
20, rue de la Paix
75002 PARIS
Tél. (1) 44 58 30 83
FRANTOUR «TRAIN + HÔTEL»
7, rue Pablo-Neruda
92532 LEVALLOIS-PERRET
Tél. (1) 40 87 19 41
JET TOURS EUROPE CENTRALE
22, quai de la Mégisserie
75001 PARIS
Tél. (1) 40 41 82 11
Week-ends thématiques
MAYERLING VOYAGES
70, bd Saint-Michel
75006 PARIS
Tél. (1) 46 34 27 50
MONDIAL SÉJOUR RÉSERVATION (MSR)
11-13, rue Saint-Yves
75014 PARIS
Tél. (1) 43 27 61 57
REPUBLIC SKYWAYS
1, av. de la République
75541 PARIS CEDEX 11
Tél. (1) 43 55 39 30
VOYAGES GALLIA
12, rue Auber
75009 PARIS
Tél. (1) 42 66 07 24

VOYAGES MUSICAUX
LA FUGUE
32, rue de Washington
75008 PARIS
Tél. (1) 43 59 10 14
IDÉES VOYAGES
9, rue de Maubeuge
75009 PARIS
Tél. (1) 42 85 44 04
HORIZONS ET CULTURE
12, rue André-Theuriet
92340 BOURG-LA-REINE
Tél. (1) 46 60 08 14
CERCLE LYRIQUE INTERNATIONAL
9, rue Geoffroy-Lasnier
75004 PARIS
Tél. (1) 42 78 09 12

À VIENNE

INFORMATIONS TOURISTIQUES

FAHRRADBÜRO
Frankenberg-gasse 11, IVe
Tél. 505 84 35
Ouvert fév.-déc.
14 h-18 h
Bureau d'information pour touristes cyclistes.

INFORMATION - FLUGHAFEN WIEN
Aéroport de Schwechat
Hall d'arrivées
Ouvert tlj. 8 h 30-22 h
Kiosque signalé par un «i» pour «information».

INFORMATIONS-ZENTRUM DER STADT WIEN
Friedrich Schmidt Halle
Rathaus, Ier
Tél. 403 89 89
Ouvert lun.-ven. 8 h-18 h
Le service d'information de la ville de Vienne.

JUGEND INFO WIEN
Dr. Karl Renner Ring
Bellaria Passage, Ier
Tél. 526 46 37
Ouvert lun.-ven. 12 h 19 h
Ouvert sam.
et jours fériés 10 h-19 h
Bureau d'information pour les jeunes.

ÖSTERREICH URLAUBSINFORMATION
Margaretenstrasse 1, IVe
Tél. 587 200-0
Ouvert lun.-ven.
10 h-17 h
Information et brochures sur toute l'Autriche.

TOURIST-INFORMATION
Kärntnerstrasse 38, Ier
Tél. 513 88 92
Ouvert tlj. 9 h-19 h
Plans et prospectus gratuits ; réservation de chambres.

HÉBERGEMENT

AUBERGES DE JEUNESSE
ÖSTERREICHISCHER JUGENDHERBERGS-VERBAND
Schottenring 28, Ier
tél. 533 53 53
ÖSTERREICHISCHES JUGENDHERBERGSWERK
Helferstorferstr. 4, Ier
tél. 533 18 33

ÖSTERREICHISCHES VERKEHRSBÜRO
Friedrichstrasse 7, Ier
Tél. 588 00-0
Réservation de chambres d'hôtel et chez l'habitant.

REISEBÜRO HIPPESROITHER
Zschokkegasse 91, XXIIe, Tél. 283 65 51
Mêmes services qu'au Österreichisches Verkehrsbüro.

ZIMMERNACHWEIS IM SÜDBAHNOF
Wiedner Gürtel, IVe
Ouvert tlj.
été : 6 h 30-22 h
hiver : 6 h 30-21 h
Recherche de chambres à l'arrivée des trains.

ZIMMERNACHWEIS IM WESTBAHNOF
Mariahilferstrasse 132, XVe
Ouvert tlj.
été : 6 h 15-23 h
hiver : 6 h 15-22 h
Mêmes services qu'au Zimmer-nachweis im Südbahnhof.

CHANGE

Changeur de billets automatique
Kärntner Strasse 51, Ier
24 h/24 h.
Face à l'Opéra.

BUREAU DE CHANGE
Stephansplatz 2, Ier
Ouvert tlj. 8 h-18 h
Face à la Cathédrale.

VIE PRATIQUE

CONSULAT FRANÇAIS
Wipplingerstrasse 24, Ier
Ouvert lun.-ven. 9 h-12 h
Tél. 535 62 10

BUREAU DE POSTE
Fleischmarkt 19, Ier
Tél. 512 76 81-0
Ouvert 24 h/24

BUREAU DES OBJETS TROUVÉS
Wasagasse 22, IXe
Tél. 313 44-9211
Ouvert lun.-ven. 8 h-12 h

TRANSPORTS

AÉROPORT
FLUGHAFEN SCHWECHAT
Tél. 711 10-0
Ouvert tlj. 6 h-24 h

BATEAU
DDSG DONAUREISEN
Handelskai 265, IIe
Tél. 727 50-0
Croisières sur le Danube.

NAVETTES
VIENNA AIRPORT BUS SERVICE
City Air Terminal
Hôtel Hilton, IIIe
Tél. 5800-35404
ou 5800-35405
Tlj. 5 h -23 h 30
Entre le centre ville et l'aéroport : départ de 5 h à 8 h 30 toutes les 30 min, de 8 h 30 à 20 h toutes les 20 min, puis toutes les 30 min de 20 h 30 à 23 h 30. Départ aéroport : idem. Des navettes pour l'aéroport également au départ du Westbahnhof *et du* Südbahnhof *de 5 h 40 à 23 h 50 toutes les heures.*

COMPAGNIES AÉRIENNES
AIR FRANCE
Flughafen Schwechat
Tél. 711 10-2065
Ouvert tlj. 9 h 30-19 h 45
Kärntner Strasse 49, Ier
Tél. 514 18 18
Fax 513 94 26
Ouvert lun.-ven. 9 h-17 h
AUSTRIAN AIRLINES
Flughafen Schwechat
Tél. 711 10-2231
ou 711 10-2232
Ouvert tlj. 6 h-20 h
Kärntner Ring 18, Ier
Tél. 717 99
ou 505 57 57
Ouvert lun.-ven. 9 h-17 h

GARES
BAHNHOF WIEN MITTE
Landstrasser Hauptstrasse, IIIe
Tél. 5800-31070
Ouvert tlj. 6 h -24 h
Train rapide en direction de l'aéroport.
SÜDBAHNHOF
Wiedner Gürtel 1a-1b, Xe
Tél. 5800-31050
Ouvert tlj. 6 h-24 h
WESTBAHNHOF
Mariahilferstrasse 132, XVe
Tél. 5800-31060
Ouvert tlj. 6 h-24 h

LOCATION DE VÉLOS
RADVERLEIH CITY
Salztorbrücke, Ier
Tél. 535 34 22
Ouvert avr.-oct, tlj. 9 h -19 h
Vélos, tandems et VTT.
RADVERLEIH CITY/ HUNDERTWASSERHAUS
Kegelgasse 43, IIIe
Tél. 713 93 95
Ouvert avr.-oct. 9 h-21 h
RADVERLEIH HOCHSCHAUBAHN
Prater Weg 113, IIe
Tél. 260 165
Ouvert mars-oct., tlj. 10 h-la tombée de la nuit
SÜDBAHNHOF
Ouvert tlj. 6 h-22 h
Tél. 58 00-358 86
WESTBAHNHOF
Tél. 58 00-329 85
Ouvert tlj. 4 h-24 h

LOCATION DE VOITURES
AVIS
Opernring 1, Ier
Tél. 587 62 41
Ouvert lun.-ven. 9 h-17 h
BUDGET
Am Stadtpark
Hotel Hilton, IIIe
Tél. 714 65 65
Ouvert lun.-ven. 8 h -18 h
HERTZ
Kärntner Ring 17, Ier
Tél. 512 86 77
Ouvert lun.-ven. 8 h 30-17 h

TAXIS
Stations dans les gares, au Stephansplatz, Am Hof, *à la* Hofburg *et à l'Opéra.*
Radio-Taxis :
Tél. 31 300, 40 100, 60 160, 81 400, 91 011

RÉSERVATIONS

KLANGBOGEN (ÉTÉ MUSICAL DE VIENNE)
Laudongasse 29
tél. 400 08 41-0
Fax : 400 09 984-10
De juin à septembre : renseignements et réservation de billets.
◆ 327

MONDIAL
Faulmanngasse 4, IVe
Tél. 588 04-141
Fax 587 12-68
Réservation pour les concerts des Petits Chanteurs de Vienne au Konzerthaus.

ÖSTERREICHISCHER BUNDESTHEATER-VERBAND
Hanuschgasse 3, Ier
Tél. 514 44-2959
ou -2960
Ouvert lun.-ven. 7 h-18 h
Ouvert sam. 9 h-14 h
Ouvert dim. 9 h-12 h
Point de vente des théâtres nationaux, derrière l'Opéra. Pour l'Opéra national et la Volksoper *: achat des billets 3 semaines à l'avance. Pour le* Burgtheater *et le* Akademietheater *: achat des billets une semaine avant la représentation. Possibilités d'achat avec une carte de crédit (Tél.* 513 15 13 *; au plus tôt six jours avant la représentation).*

REISEBÜRO INTROPA
Kärntnerstrasse 38, Ier
Tél. 515 14-0
Ouvert lun.-ven. 9 h-17 h 30
À côté de l'office du tourisme. Vente de billets de spectacles, notamment pour l'École espagnole d'équitation.

VIENNA TICKET SERVICE
Adresse postale :
Postfach 160
1043 Vienne
Tél. 587 98 43-71
Fax 587 98 44
Paiement avec une carte de crédit :
Tél. 587 98 43-72
lun.-ven. 9 h-18 h
Réservations pour les concerts du Musikverein *et du* Konzerthaus, *pour l'Opéra, la* Volksoper, *le* Burgtheater, *l'*Akademietheater, *l'été musical* (Klangbogen) *et les comédies musicales du* Theater an der Wien *et du* Raimundtheater.

WIENER FESTWOCHEN
Lehargasse 11, VIe
Tél. 5861676
◆ 327

URGENCES

HÔPITAL
ALLG. KRANKENHAUS
Währinger Gürtel 18-20, IXe

SOS MÉDECINS
Tél. 141

POMPIERS
Tél. 122

AMBULANCE
Tél. 144

PHARMACIES DE GARDE
Tél. 1550

POLICE
Stephansplatz
U-Bahn Station
Tél. 313 47-2023
Ouvert tlj. 24 h/24 h
Poste du métro U1, place de la Cathédrale, en sous-sol.

DÉPANNAGE AUTOMOBILE
Tél. 120 ou 123

◆

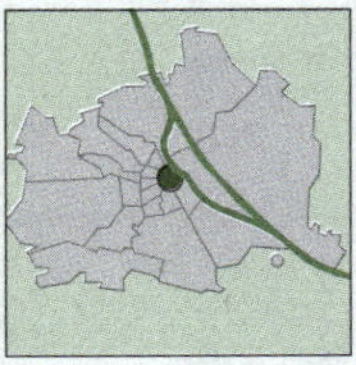

IER ARR.
INNERE STADT

VIE CULTURELLE

AKADEMIE DER BILDENDEN KÜNSTE
Schillerplatz 3
Tél. 588 16 225 ou 226
Ouvert mar., jeu., ven. 10 h-14 h
Ouvert mer. 10 h-13 h et 15 h-18 h
Ouvert sam.-dim. et jours fériés 9 h-13 h
Fermé lun. *▲ 222*

1. Drei Husaren
2. Figlmüller
3. Griechenbeisl
4. Gulaschmuseum
5. Korso
6. KraH-KraH
7. Zum Leupold
8. Ofenloch
9. Oswald und Kalb
10. Pfudl

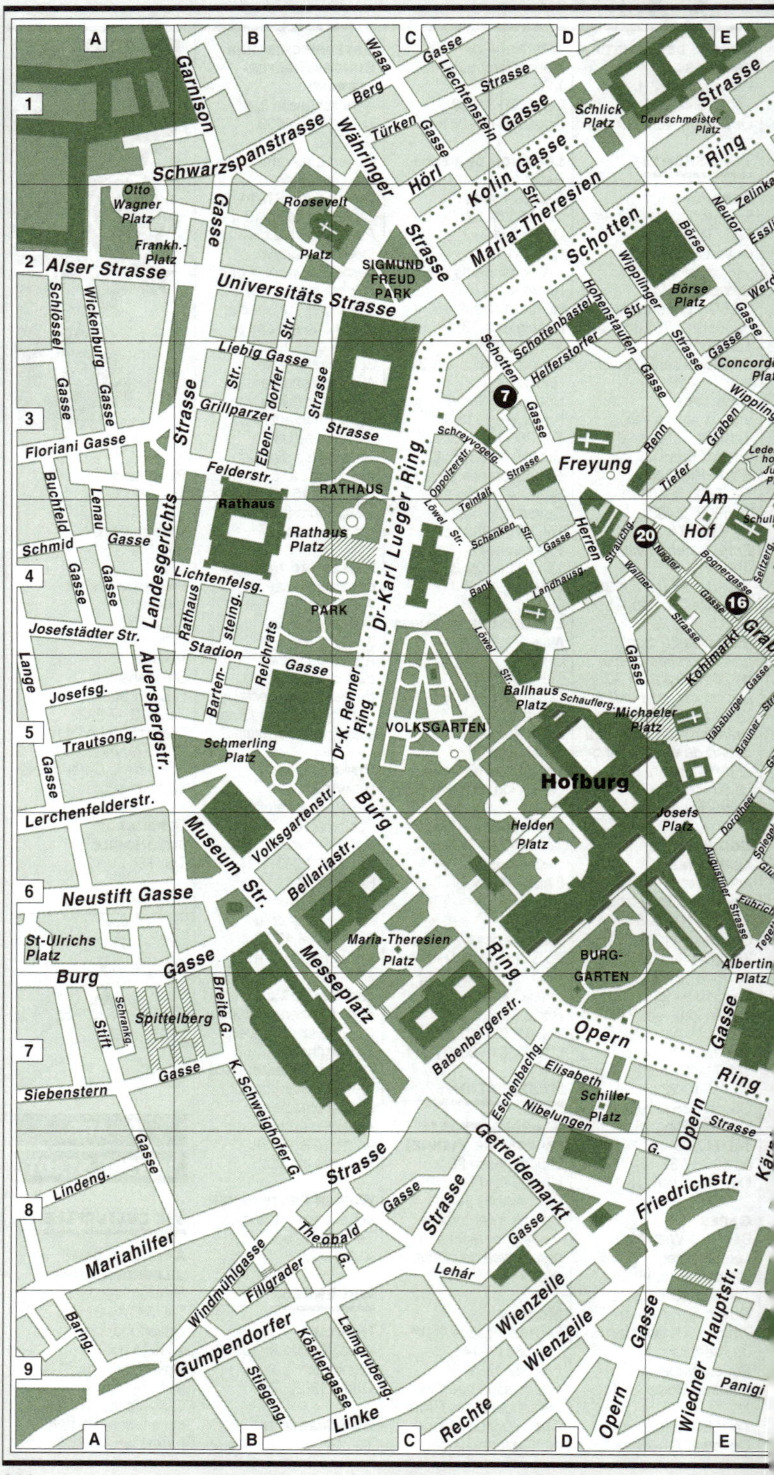

11. Pürstner
12. S'Müllerbeisl
13. Trzesniewski
14. Wrenkh
15. Zu den drei Hacken
16. Zum Schwarzen Kameel
17. Imperial
18. Palais Schwarzenberg
19. Le Siecle
20. Stadtbeisl

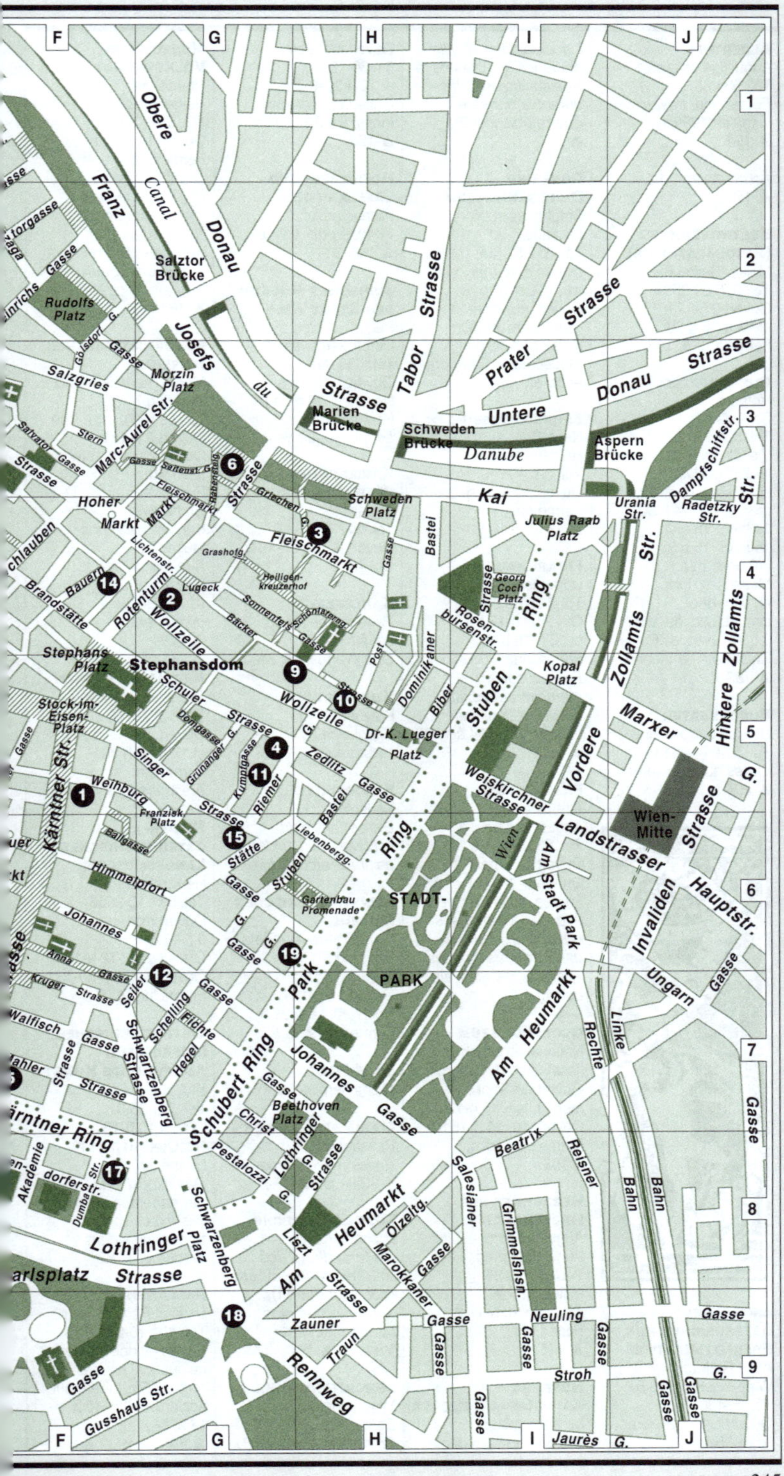

ALBERTINA
Augustinerstrasse 1
Tél. 534 83
Fermé pour travaux jusqu'en 1999.
▲ *196*

ANKERUHR
▲ *155*

BEETHOVENHAUS (PASQUALATIHAUS)
Mölker Bastei 8
Tél. 535 89 05
Ouvert 9 h-12 h 15
et 13 h-16 h 30
Fermé lun. ▲ *166*

BURGKAPELLE
Hofburg
Schweizerhof
Tél. 533 99 27
Visites guidées
15 jan.-15 juin
et 15 sep.-15 déc. :
mar. et jeu. 14 h 30,
14 h 45, 15 h 00,
15 h 15, 15 h 30
(10 pers. min.)
Messe jan.-juin
et sep.-déc. :
dim. et jours de fête
9 h 15, avec les Petits Chanteurs de Vienne
▲ *183*

BURGTHEATER
Dr. Karl Lueger Ring 2
Tél. 514 44-2613
Visites guidées sur rdv.,
▲ *204*

ARCHIV DES ÖSTERREICHISCHEN FREIHEITSKAMPFES
Altes Rathaus
Wipplingerstrasse 8
Tél. 53436-779
Ouvert lun., mer.-jeu.
9 h-17 h
L'ancien hôtel de ville abrite les archives de la Résistance autrichienne durant la dernière guerre (escalier 3).
● *84*

DOM- UND DIÖZESANMUSEUM
Stephansplatz 6, passage
Tél. 512 52 560
Ouvert mar.-mer., ven.-sam. 10 h-16 h
Ouvert jeu. 10 h-18 h
Ouvert dim. et jours fériés 10 h-13 h
Musée de la Cathédrale et du diocèse.

EPHESOSMUSEUM
Neue Burg 1
Heldenplatz
Tél. 521 770
Ouvert 10 h-18 h
Fermé mar.
▲ *184*

FIGAROHAUS
Domgasse 5
Tél. 513 62 94
Ouvert 9 h-12 h 15
et 13 h-16 h 30
Fermé lun.
Petit musée en mémoire de Mozart qui vécut dans cette maison de 1784 à 1787.
▲ *150*

FILMMUSEUM
Albertina
Augustinerstrasse 1
Tél. 533 70 54-0
Ouvert oct.-mai,
lun.-sam. 18 h et 20 h
Musée, salle de cinéma avec de nombreuses œuvres en allemand et dans d'autres langues. Accueille les festivals de films.

GLOBENMUSEUM
Nationalbibliothek
Josefsplatz 1, 3e étage
Ouvert lun.-mar.,
mer. et ven. 11 h-12 h
Ouvert jeu. 14 h-15 h
Fermé sam.-dim.
▲*193*

HERZGRUFT DER HABSBURGER
Augustinerkirche
Augustinerstrasse 3
Tél. 533 70 99
Visite sur rdv.
lun.-sam.10 h-17 h
Fermé dim.
▲ *195*

HOFBURG - KAISERAPPARTEMENTS
Michaelerplatz
Tél. 587 55 54-515
Ouvert lun.-sam.
8 h 30-12 h
et 12 h 30-16 h
Ouvert dim. et jours fériés, 8 h 30-12 h 30
▲ *178*

HOFSILBER- UND TAFELKAMMER
Michaelerplatz
Fermée pour travaux.
▲ 186

JÜDISCHES MUSEUM DER STADT WIEN
Palais Eskeles
Dorotheergasse 11
Tél. 535 04 31
Ouvert 10 h-18 h
Noct. jeu. 10 h-21 h
Fermé sam.
Le musée juif de la ville.

KAISERGRUFT (KAPUZINERGRUFT)
Neuer Markt
Tél. 512 68 53-12
Ouvert tlj. 9 h 30-16 h
▲ *142*

KARLSPLATZ
Pavillons de métro construits par Otto Wagner. ▲ *240*

KUNSTFORUM
Freyung 9
Expositions d'art temporaires.

KUNSTHALLE
Karlsplatz
Expositions d'art contemporain (vidéo, peinture, architecture).

KUNSTHISTORISCHES MUSEUM
Maria-Theresien-Platz
Burgring 5
Tél. 521 770
Ouvert 10 h-18 h
Noct. jeu. 10 h-21 h
Fermé lun. ▲ *208*

LOOS HAUS
Michaelerplatz ▲ *174*

MARIA AM GESTADE
Passauerplatz
Église Notre-Dame-du-Rivage. ▲ *172*

MICHAELERKIRCHE
Michaelerplatz
En face d'une des entrées de la Hofburg *(côté* Kohlmarkt*), sur l'une des plus belles places de Vienne.* ▲ *174*

MINORITENKIRCHE
Minoritenplatz
Église des Frères mineurs. ▲ *161*

MUSEUM FÜR VÖLKERKUNDE
Neue Burg,
Heldenplatz
Tél. 521 77-0
Ouvert 10 h-16 h
Fermé mar.
Dans la partie la plus récente du château impérial. Collections d'art ethnique, notamment mexicain, ouest-africain et océanien.
▲ *187*

NATURHISTORISCHES MUSEUM
Maria-Theresien-Platz
Burgring 7
Tél. 521 770
Ouvert 9 h-18 h
Ouvert hiver (1erétage)
9 h-15 h
Fermé mar.
En face du Kunsthistorisches Museum.
À la fois musée d'Histoire naturelle et «Palais de la découverte».
▲ *128*

NEIDHART FRESKEN
Tuchlauben 19
Tél. 535 90 65
Ouvert. 9 h-12 h 15
et 13 h-16 h 30
Fermé lun.
Fresques du XVe siècle

NIEDER-ÖSTERREICHISCHES LANDESMUSEUM
Herrengasse 9
Tél. 531 10-3505
Ouvert mar.-ven.
9 h-17 h
Ouvert sam. 12 h-17 h
Ouvert dim. 9 h 30-13 h
Fermé lun. ▲ *159*

ÖSTERREICHISCHES MUSEUM FÜR ANGEWANDTE KUNST
Stubenring 5
Tél. 711 36-0
Ouvert 10 h-18 h
Noct. jeu.10 h-21 h
Fermé lun.
Des expositions permanentes côtoient des expositions temporaires d'art moderne. ▲ *228*

PARLAMENT
Dr. Karl Renner Ring 3
Tél. 401 10-2211
Visites guidées (sf jours de séance) lun.-ven.
11 h et 15 h, juillet-août
également 9 h, 10 h,
13 h, 14 h
▲ *205*

PASQUALATIHAUS
Mölker Bastel 8, 1·
Tél. 535 89 05
Ouvert 9 h-12 h 15
et 13 h-16 h 30 ▲ *166*

PESTSÄULE
Graben ▲ *138*

PETERSKIRCHE
Petersplatz ▲ *139*

PRUNKSAAL
Nationalbibliothek
Josephsplatz 1
Tél. 534 10-397 ▲ *192*

PUPPEN- UND SPIELZEUGMUSEUM
Schulhof 4
Tél. 535 686-0
Ouvert 10 h-18 h
Fermé lun.
▲ *168* ◆ *332*

RATHAUS
Friedrich-Schmidt-Platz
Tél. 403 89 89
Visites guidées
(sf jours de séance)
lun.-ven. 13 h
L'hôtel de ville trône au milieu d'un parc, sur une place souvent animée, été comme hiver. ▲ *205*

RÖMISCHE BAURESTE AM HOF
Am Hof 9
Tél. lun.-ven.
505 87 47-46
Ouvert sam.-dim. et
jours fériés 11 h-13 h
Ruines romaines, sur l'emplacement des remparts d'anciens camps romains.

RÖMISCHE RUINEN UNTER DEM HOHEN MARKT
Hoher Markt 3
Tél. 535 56 06
Ouvert 9 h-12 h 15
et 13 h-16 h 30
Fermé lun.
Vestiges de remparts et camps romains.

RÜSTUNGEN- UND WAFFENSAMMLUNG
Neue Burg
Heldenplatz
Ouvert 10 h-18 h
Fermé mar. ▲*186*

RUPRECHTSKIRCHE
Ruprechtsplatz
La plus ancienne église romane de Vienne, qui eut la chance d'être épargnée par les bombes de la Seconde Guerre mondiale.
▲ *154*

SAMMLUNG ALTER MUSIKINSTRUMENTE
Neue Burg
Heldenplatz
Ouvert 10 h-18 h
Fermé mar. ▲*186*

SCHATZKAMMER
Hofburg
Schweizerhof
Tél. 533 79 31
Ouvert 10 h-18 h
Noct. jeu. 10 h-21 h
Fermé mar.
▲ *182*

SCHATZKAMMER DES DEUTSCHEN ORDENS
Singerstrasse 7
Tél. 512 10 65-6
Ouvert nov.-avr.
lun, jeu., sam. 10 h-12 h,
ven.-sam. 15 h-17 h
Ouvert mai-oct.
lun., jeu.-dim. 10 h-12 h,
mer., ven.-sam.
15 h-17 h ▲ *149*

SCHOTTENKIRCHE
Freyung ▲ *163*

SCHOTTENSTIFT
Freyung
▲ *164*

SECESSION
Friedrichstrasse 12
Tél. 587 53 07
Ouvert 10 h-18 h
Ouvert sam.-dim. et
jours fériés 10 h-16 h
Fermé lun.
▲ *232*

STAATSOPER
Opernring 2
Tél. 514 44-2613
Visites guidées sur rdv.
▲ *223*

STEPHANSDOM
Stephansplatz
Tél. 515 52 526
Visites guidées lun.-sam. 10 h 30 et 15 h,
dim. et jours fériés 15 h,
juil.-août également
sam. à19 h
CATACOMBES
Visites guidées
tlj. 10 h, 11 h, 11 h 30,
14 h, 14 h 30, 15 h 30,
16 h et 16 h 30
TOUR SUD
Ouvert tlj. 9 h-17 h 30,
TOUR NORD
(PUMMERIN)
Ouvert tlj. 9 h-18 h
Grand-messe de
sep.-juin, dim. et jours
de fête à 10 h
▲ *132*

SYNAGOGE
Seitenstettengasse
▲ *156*

THEATERMUSEUM
Lobkowitzplatz 2
Tél. 512 88 00-0
Ouvert 10 h-17 h
Fermé lun.
Collection de croquis, de photos, de décors et de costumes de théâtre.

UHRENMUSEUM DER STADT WIEN
Schulhof 2
Tél. 533 22 65
Ouvert tlj. 9 h-16 h 30
Fermé lun.
▲ *168*

VIRGILKAPELLE
Stephansplatz
Tél. 513 58 42
Ouvert 9 h-12 h 15
et 13 h-16 h 30
Fermé lun.
▲ *136*

VOLKSGARTEN
Derrière la Hofburg.
Un grand jardin paysager en plein centre ville.
▲ *205*

SPECTACLES

BURGTHEATER
Dr. Karl Lueger Ring 2
Tél. 514 44 22-18
Haut lieu de théâtre. Répertoire de classiques anciens et modernes.

ENSEMBLE-THEATER
Petersplatz 1
Tél. 535 32 00
Théâtre d'avant-garde.

KAMMERSPIELE
Rotenturmstrasse 20
Tél. 533 28 33
Théâtre de boulevard.
◆ *326*

MUSIKVEREIN
Bösendorfer Strasse 12
Tél. 505 81 90
● *54* ◆ *327*

STAATSOPER
Opernring 2
Tél. 514 44 26-50

SPANISCHE REITSCHULE
Hofburg
Josefsplatz (porte 2)
Tél. 533 90 31
ou 533 90 32
Fax 535 01 86
Entraînement mars-juin,
sep.-15 déc., mar.-sam.
10 h (billets à l'entrée)
Pour les dates et horaires de représentations (réservation obligatoire) se renseigner directement à la Spanische Reitschule
Hofburg, Ier .
▲ *190*

THEATER KABARETT SIMPL
Wollzeile 36
Tél. 512 47 42
◆ *327*

URANIA STERNWARTE
Uraniastrasse 1
Tél. 712 61 91-15
Ouvert avr.-juil., sep.
mer., ven.-sam. 21 h
Ouvert oct.-mars, mer.,
ven.-sam. 20 h,
dim. 11 h
Fermé en août
Observatoire en service par temps clair.
▲ *229*

WIENER KAMMEROPER
Fleischmarkt 24
Tél. 513 60 72
◆ *327*

WIENER SÄNGERKNABEN
Messes à la
Burgkapelle ◆ 343
et concerts
au *Konzerthaus* ◆ 356.
Réservations pour les messes (au moins 8 sem. à l'avance) :
Hofmusikkapelle
Hofburg, Ier
Pour les concerts : Agence Mondial
Tél. 588 04 -141
Fax 587 12-68

RESTAURANTS

BIERHOF ◆ *344, E4*
Naglergasse 13
(entrée Haarhof)
Tél. 533 44 28
Ouvert lun.-sam.
16 h-1 h
Fermé dim.
et jours fériés
Restaurant typique, un peu bruyant, situé dans des caves voûtées. Cuisine à base de bière. Terrasse dans une petite cour.
150 ATS-300 ATS
◑ 🅒 ♫

BISTRO DE FRANCE
◆*344, C2*
Schottenring 3
Tél. 313 680
Ouvert tlj. 11 h-23 h
Dans l'Hôtel de France. Spécialités locales et internationales. Plats végétariens.
200 ATS-300 ATS
Ⓒ ▭

BREZLG'WÖLB ◆*344, E3*
Ledererhof 9
Tél. 533 88 11
Ouvert lun.-dim
11 h 30-1 h
Dans une petite cour, en retrait de Am Hof. *Musique classique. Salles en cave.*
150 ATS-300 ATS
◑ Ⓒ ♫

DEMEL'S VIS-À-VIS
◆*344, E5*
Kohlmarkt 11
Tél. 533 60 20
Ouvert lun.-sam.
11 h-19 h
Fermé dim.
et jours fériés
Petit bistrot à huîtres en face du célèbre pâtissier.
350 ATS-600 ATS
◍ Ⓒ ▭

DO & CO ◆*345, F7*
Akademiestrasse 3
Tél. 512 64 74
Ouvert lun.-ven.
10 h 30-19 h 30
Ouvert sam.
9 h 30-14 h 30
Fermé dim.et jours fériés
Restaurant d'affaires. Spécialités de fruits de mer et patisseries maison.
400 ATS-500 ATS
◍ Ⓒ ▭

DO & CO IM HAAS-HAUS ◆*345, F5*
Stephansplatz 12
7e étage
Tél. 535 39 69-0
Ouvert tlj. 12 h-15 h
et 18 h-24 h (rest.) ;
10 h-19 h (café)
Vue magnifique sur la Cathédrale et la place Saint-Etienne.
200 ATS-500 ATS
Ⓒ ☀

DREI HUSAREN
◆*345, F5*
Weihburggasse 4
Tél. 512 10 92
Ouvert tlj. 12 h-15 h
et 18 h-1 h
L'une des meilleures tables de la ville. Cuisine classique viennoise.
500 ATS-1000 ATS
◍ Ⓒ ▭ ♫

FIGLMÜLLER
◆*345, G4*
Wollzeile 5
Tél. 512 61 77
Ouvert 11 h-22 h
Dans un petit passage très animée. Spécialité : le Wiener Schnitzel.
200 ATS-300 ATS
◑ Ⓒ

GÖTTWEIGER STIFTSKELLER ◆*344, E5*
Spiegelgasse 9
Tél. 512 78 17
Ouvert lun.-jeu. 8 h-22 h
Ouvert ven. 8 h-21 h
Fermé sam.-dim.
et jours fériés
Un bistrot viennois, pour les habitués.
120 ATS-250 ATS
◑ Ⓒ

GRIECHENBEISL
◆*345, H4*
Fleischmarkt 11
Tél. 533 19 77
Ouvert tlj. 11 h-1 h
Le plus vieux Beisl *de Vienne. Très touristique.*
▲ *154*
200 ATS-300 ATS
Ⓒ ◑ ▭ ⍏

GULASCHMUSEUM
◆*345, G5*
Schulerstrasse 20
Tél. 512 10 17
Ouvert tlj. 9 h-24 h
17 variétés différentes de goulasch.
100 ATS-200 ATS
◑ Ⓒ ⍏

HAAS UND HAAS
◆*345, F5*
Stephansplatz 4
Tél. 513 19 16
Ouvert lun.-ven.
9 h-20 h 30
Ouvert sam. 9 h-15 h
Fermé dim. et
jours fériés
Salon de thé et restaurant, derrière la Cathédrale. En été, belle terrasse dans la cour.
250 ATS-400 ATS
Ⓒ ⍏

IMPERIAL ◆*345, F8*
Kärntner Ring 16
Tél. 50110-356
Ouvert tlj. 18 h-24 h
et 19 h-23 h
*Restaurant de luxe de l'*Hotel Imperial.
300 ATS-500 ATS.
◍ Ⓒ ▭ ♫

KÖNIGSBACHER
◆*345, F7*
Walfischgasse 5
Tél. 513 12 10
ou 513 10 49
Ouvert lun.-ven.
10 h-24 h
Ouvert sam. 10 h-16 h
Fermé dim.
et jours fériés
90 ATS-150 ATS
◑ ○ Ⓒ ⍏

KÖNIG VON UNGARN
◆*345, G5*
Schulerstrasse 10
Tél. 512 53 19
Ouvert 12 h-15 h
et 18 h-24 h
Fermé sam.
Restaurant très renommé dans l'hôtel du même nom.
400 ATS-800 ATS
◍ Ⓒ ▭

KORSO ◆*345, F7*
Mahlerstrasse 2
Tél. 515 16 54-6
Ouvert lun.-ven.
12 h-15 h et 19 h-1 h
Ouvert sam. 19 h-1 h
Fermé sam.-dim. midi
en juil.-août
Fermé trois semaines
en août
L'une des meilleures tables de Vienne.
630 ATS-980 ATS
◍ Ⓒ ♫ ▭

KRAH-KRAH ◆*345, G3*
Rabensteig 8
Tél. 533 81 93
Ouvert 11 h-2 h
L'un des premiers bars du « Triangle des Bermudes ». Petits plats et plus de 50 marques de bière.
80 Ats-200 ATS
○ Ⓒ ♫ 🎺

KUPFERDACHL
◆*344, D3*
Schottengasse 7
Tél. 533 93 81-14
Ouvert dim.-ven.
9 h-24 h
Ouvert sam. 17 h-24 h
Même maison – plus sophistiquée, plus chère – que « Zum Leupold »,
200 ATS-450 ATS
◑ Ⓒ ▭

LE SIÈCLE
◆*345, G6*
Parkring 16
Tél. 515 17-3440
Ouvert 12 h-15 h
et 19 h-22 h 30
Fermé dim.-lun.
Restaurant du SAS Palais Hôtel. Excellente cuisine française et scandinave.
450 ATS-690 ATS
◍ Ⓒ ▭ Ⓟ

LUSTIG ESSEN
◆*345, F3*
Salvatorgasse 6
Tél. 533 30 37
Ouvert tlj. 11 h 30-24 h
Cuisine internationale. Cadre banal.
70 ATS-180 ATS
Ⓒ ○

MILJÖÖ ◆*344, E6*
Dorotheergasse 19
Tél. 513 19 44
Ouvert lun.-dim.
11 h-2 h
Du français «milieu». Dans des entresols rénovés.
180 ATS-350 ATS
◑ Ⓒ ▭ ♫

NOODLES & CO
◆*345, F8*
Im Künstlerhaus
Karlsplatz 5
Tél. 505 38 39
Ouvert 11 h-15 h
et 18 h-4 h
Ouvert sam.
18 h-4 h
Restaurant de spécialités italiennes. Piano à partir de 22 h. Terrasse en été.
250 ATS-500 ATS
Ⓒ 🎺 ⍏

OFENLOCH ◆*345, F4*
Kurrentgasse 8
Tél. 533 88 44
Ouvert tlj. 10 h-23 h
Belles boiseries. Excellente cuisine viennoise.
250 ATS-400 ATS
◑ Ⓒ ▭ ⍏

OSWALD UND KALB
◆*345, H5*
Bäckerstrasse 14
Tél. 512 13 71
ou 512 69 92
Ouvert tlj. 18 h-1 h
Rendez-vous des intellectuels viennois.
150 ATS-300 ATS
◑ C

PAULUSSTUBE ◆*345, F7*
Walfischgasse 7
Tél. 512 81 36
Ouvert tlj. 11 h-24 h
Un coin viennois traditionnel pour le déjeuner, entre Heuriger *et bistrot. Terrasse couverte.*
100 ATS-200 ATS
◑ C ☂

PFUDL ◆*345, H5*
Bäckerstrasse 22
Tél. 512 67 05
Ouvert lun.-sam. 9 h-2 h
Ouvert dim. 9 h-15 h
Petit restaurant près de la vieille université. Une institution viennoise.
180 ATS-300 ATS
◑ C ☂

PÜRSTNER ◆*345, G5*
Riemergasse 10
Tél. 512 63 57
Ouvert tlj. 10 h-24 h
Cuisine traditionnelle. Petite terrasse sur le trottoir en été.
150 ATS-350 ATS
◑ C ▭

ROSA ELEFANT
◆*345, G3*
Fleischmarkt 4
Tél. 63 75 30
Ouvert lun.-sam.
16 h-2 h
Ouvert dim. 16 h-24 h
Terrasse fraîche en été. Près du «Triangle des Bermudes».
150 ATS-300 ATS
◑ C ♫

ROSENBERGER MARKT
◆*344, E6*
Maysedergasse 2
Tél. 512 34 58
Ouvert tlj. 11 h-23 h
Self-service sur trois étages avec grand choix de plats variés.
100 ATS-200 ATS
○ C ▭

S'MÜLLERBEISL
◆*345, G7*
Seilerstätte 15
Tél. 512 42 65
Ouvert tlj. 10 h-24 h
Beisl *viennois typique.*
80 ATS-200 ATS
◑ C ▭ ☂

SIRK ROTISSERIE
◆*345, F7*
Kärntner Strasse 53
Tél. 515 16-552
Ouvert tlj. 7 h-10 h,
12 h-15 h et 18 h-1 h
Au premier étage de l'hôtel Bristol. Idéal pour le souper après une soirée à l'Opéra, juste en face.
360 ATS-450 ATS
C ☀ ▭

SOWIESO ◆*345, G4*
Grashofgasse 1
Tél. 512 12 36
ou 512 63 88
Ouvert tlj. 11 h-1 h
Dans une jolie impasse du centre. Bons steaks.
150 ATS-250 ATS
C ▭ ♫ ☂

STADTBEISL ◆*344, D4*
Naglergasse 21
Tél. 533 35 07
Ouvert tlj. 10 h-24 h
Existe depuis le début du XVIIe siècle. Cuisine viennoise traditionnelle.
200 ATS-350 ATS
◑ C

TRATTORIA SAN CARLO ◆*345, F7*
Mahlerstrasse 3
Tél. 513 89 84
Ouvert lun.-dim.
12 h-15 h
et 18 h 30-23 h 30
Restaurant italien, à deux pas de l'Opéra.
250 ATS-400 ATS
C ☂ ▭

TRZESNIEWSKI
◆*345, F5*
Dorotheergasse 1
Tél. 512 32 91
Ouvert lun.-ven.
9 h-19 h 30
Ouvert sam.
9 h-13 h ou 9 h-18 h
(1er sam. de chaque mois)
Fermé dim.
et jours fériés
Petit restaurant où l'on déguste (debout ou assis) de délicieux petits sandwichs.
75 ATS-150 ATS
◑ C

WERNER'S ◆*345, H4*
Schönlaterngasse 13
Tél. 513 97 98
Ouvert lun.-sam. 18 h-2 h
Fermé dim. et jours fériés
Agréable Beisl, *avec piano le soir. Bon rapport qualité/prix*
150 ATS-300 ATS
◑ C ♫ ☂

WRENKH ◆*345, F4*
Bauernmarkt 10
Tél. 533 15 26
Ouvert lun.-sam.
12 h-15 h et 18 h-23 h
Fermé dim. et jours fériés
Le meilleur restaurant végétarien de la ville. À côté, un bar du même nom, où l'on déguste de petits plats végétarien.
250 ATS-400 ATS
C

ZU DEN DREI HACKEN
◆*345, G5*
Singerstrasse 28
Tél. 512 58 95
Ouvert lun.-sam.
9 h-24 h
Fermé dim. et jours fériés
On dit que Schubert dînait ici. Bonne cuisine.
100 ATS-220 ATS
◑ C ▭ ☂

ZUM BASILISKEN
◆*345, G5*
Schönlaterngasse 3/5
Tél. 513 31 23
Ouvert lun.-jeu. 11 h-2 h
Ouvert ven.-dim.
11 h-4 h
Restaurant branché, beaucoup d'ambiance le soir.
200 ATS-400 ATS
◑ C ▭ ☂

ZUM BETTELSTUDENT
◆*345, G7*
Johannesgasse 12
Tél. 513 20 44
Ouvert tlj. 10 h -2 h
Cuisine internationale et viennoise.
80 ATS-230 ATS
○ C ▭ ☂

ZUM BOCKERER
◆*345, G4*
Grashofgasse 4
Tél. 513 82 18
Ouvert tlj. 10 h-1 h
Petit bistrot au cadre plaisant avec terrasse dans jolie impasse.
150 ATS-300 ATS
C ☂

ZUM LEUPOLD
◆*344, D3*
Schottengasse 7
Tél. 533 93 81-12
Ouvert dim.-ven.
9 h-24 h
Ouvert sam. 17 h-24 h
Un des meilleurs rapports qualité/prix de Vienne. (Même maison que le Kupferdachl*).*
200 ATS-350 ATS
◑ C ▭

ZUM SCHWARZEN KAMEEL ◆*344, E4*
Bognergasse 5
Tél. 533 89 67
Ouvert lun.-ven. 9 h-19 h
Ouvert sam. 9 h-14 h 30
Fermé dim. et jours fériés
Assis dans la partie restaurant (cuisine viennoise) ou debout au bistrot (petits toasts).
100 ATS-500 ATS
◑ C

ZUM SUPPENTOPF
◆*344, E3*
Wipplingerstrasse 21
Tél. 533 24 35
Ouvert lun.-ven.
7 h-19 h 30
(mai-sep.:
ven. 7 h-14 h 30)
Fermé sam.-dim.
et jours fériés
150 ATS-300 ATS
◑ C ▭ ☂

ZUM WEISSEN RAUCHFANGKEHRER
◆*345, F5*
Weihburggasse4
Tél. 512 34 71
Ouvert tlj. 12 h-15 h
et 18 h-1 h
Petites niches en bois et cuisine traditionnelle.
200 ATS-350 ATS
◑ C ▭ ♫

1. Hotel Ambassador
2. Hotel Am Schubertring
3. Hotel Bristol
4. Graben Hotel
5. Hotel Imperial
6. Hotel Kärntnerhof
7. Hotel König von Ungarn
8. Hotel Post
9. Hotel Sacher
10. Hotel Vienna Marriot

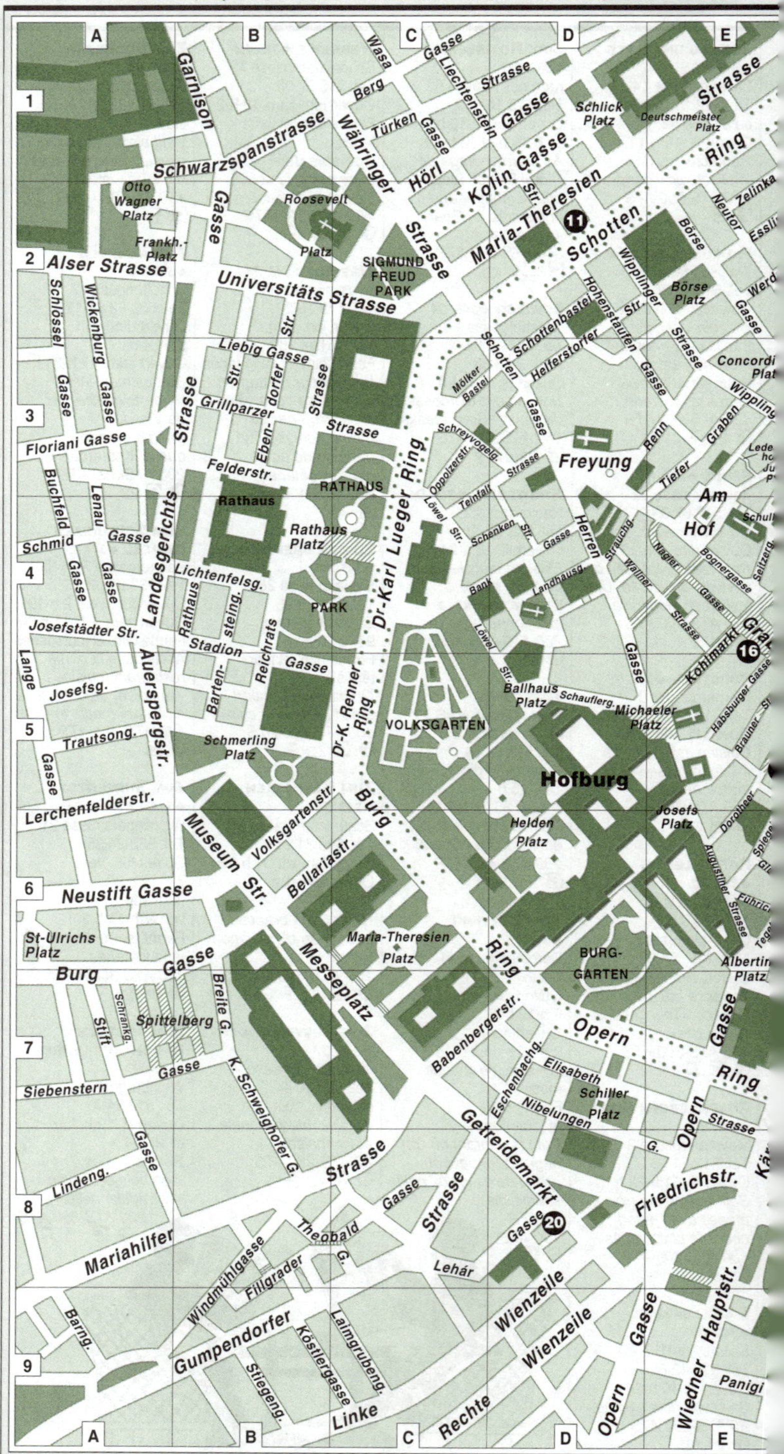

11. Hotel Vienna Plaza
12. Hotel Wandl
13. Hotel zur Wiener Staatsoper
14. Mercure Wien Centrum
15. Pension Aviano
16. Pension Nossek
17. Hotel Intercontinental
18. Hotel Schwarzenberg
19. Hotel Vienna Hilton
20. Hotel Pension Schneider

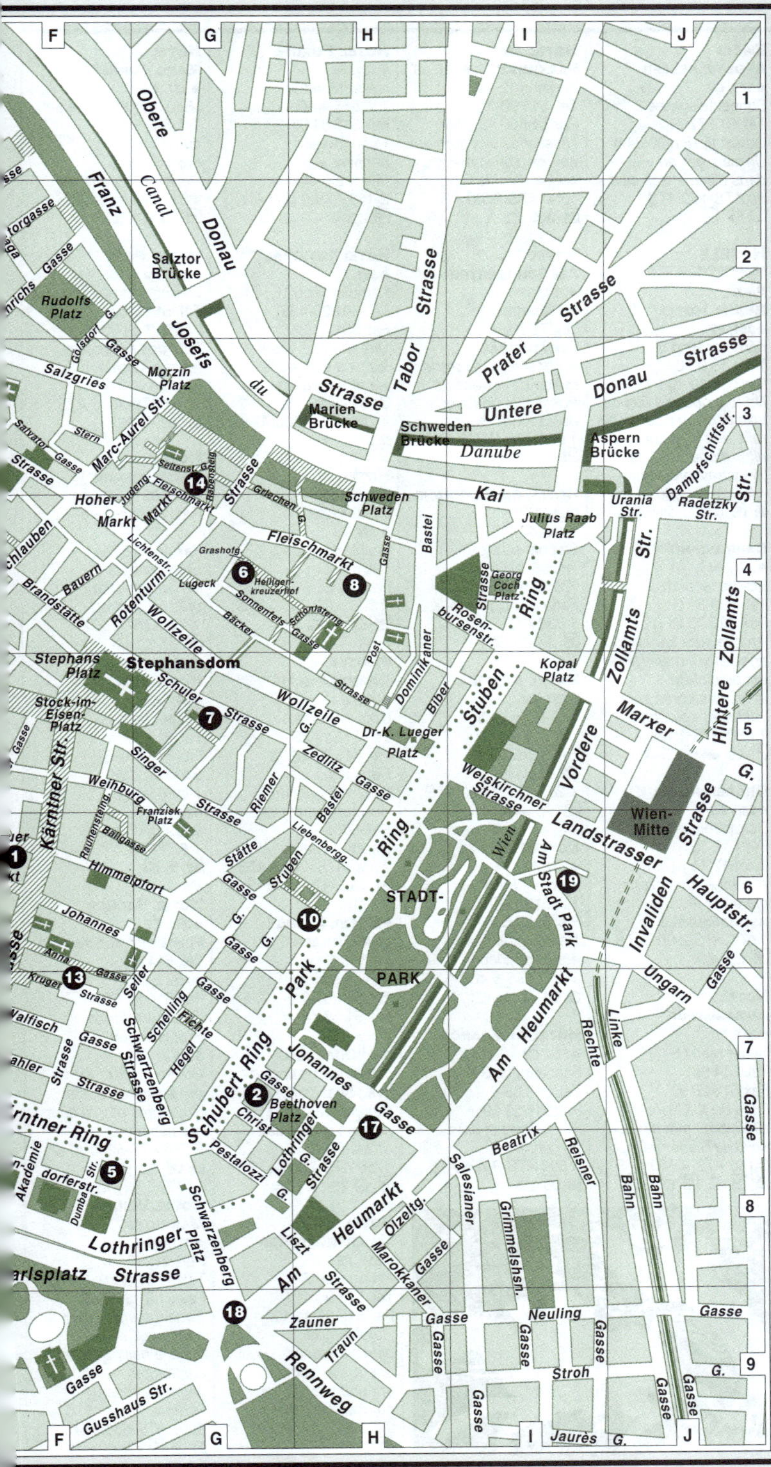

ZWÖLF APOSTELKELLER
◆*345, G4*
Sonnenfelsgasse 3
Tél. 512 67 77
Ouvert tlj.16 h 30-24 h
Un Heuriger *en ville, dans d'immenses caves.*
50 ATS-150 ATS

HÔTELS

ANA GRAND HOTEL*****
◆*351, F7*
Kärntner Ring 9
Tél. 515 80-0
Fax 515 13 13
Un tout nouvel hôtel de luxe dans un palais XIXe relié aux boutiques ultra-modernes des Ringstrassengalerien.
4400 ATS-5900 ATS

CAPRICORNO****
◆*351, H4*
Schwedenplatz 3-4
Tél. 533 31 040
Fax 533 76 71-4
Architecture banale des années 50, mais l'hôtel est bien placé et les chambres sont vastes et agréables.
1 680 ATS-2 180 ATS

GRABEN HOTEL****
◆*350, E5*
Dorotheergasse 3
Tél. 512 15 31-0
Fax 512 15 31-20
À l'entrée de la zone piétonne et du quartier des antiquaires.
1 600 ATS-2 000 ATS

HOTEL AMBASSADOR*****
◆*351, F6*
Neuer Markt 5
Tél. 514 66
Fax 513 29 99
Date du XIXe siècle. Chambres meublées en style Biedermeier.
3 150 ATS-4 500 ATS

HOTEL AM PARKRING**** ◆*351, H6*
Parkring 12
Tél. 514 80-0
Fax 514 80 40
Hôtel situé aux derniers étages d'un immeuble donnant sur le Ring.
1800 ATS-2400 ATS

HOTEL AM SCHUBERTRING****
◆*351, G7*
Schubertring 11
Tél. 71 702-0
Fax 713 99 66
Architecture moderne mêlée de Jugendstil.
Possibilité de louer des appartements.
1 650 ATS-2 200 ATS

HOTEL AM STEPHANSPLATZ****
◆*351, F4*
Stephansplatz 9
Tél. 53 40 50
Fax 53 40 57-11
Face à la Cathédrale.
1 630 ATS-2 160 ATS

HOTEL AUSTRIA***
◆*351, H4*
Wolfengasse 3
Tél. 515 23
Fax 515 23-506
Très calme.
1 280 ATS-1 650 ATS

HOTEL BRISTOL*****
◆*351, F7*
Kärntner Ring 1
Tél. 515 16-0
Fax 515 16 55-0
Un des plus beaux hôtels de Vienne.
3 700 ATS-5 400 ATS

HÔTEL DE FRANCE*****
◆*350, C2*
Schottenring 3
Tél. 313 68-0
Fax 319 59 69
Sur le Ring *et près du centre.*
2 500 ATS-3 700 ATS

HOTEL EUROPA****
◆*351, F5*
Neuer Markt 3
Tél. 515 94-0
Fax 513 81 38
Hôtel moderne, donnant sur une rue piétonne.
2 150 ATS-2 600 ATS

HOTEL IMPERIAL*****
◆*351, F8*
Kärntner Ring 16
Tél. 501 23-425
Fax 501 23-345
Une des l'adresses les plus élégantes et les plus luxueuses de Vienne.
4 700 ATS-6500 ATS

HOTEL KAISERIN ELISABETH****
◆*351, F5*
Weihburggasse 3
Tél. 51526
Fax 51226-7
1 800 ATS-2 100 ATS

♥HOTEL KÄRNTNERHOF***
◆*351, G4*
Grashofgasse 4
Tél. 512 19 23
Fax 513 22 28 33
Dans une jolie impasse, près du Heiligenkreuzerhof.
Possibilités d'appartements.
1 300 ATS-1 600 ATS

♥HOTEL KÖNIG VON UNGARN****
◆*351, G5*
Schulerstrasse 10
Tél. 51 58 40
Fax 51 58 48
Hôtel plein de charme dans un immeuble ancien avec beau jardin d'hiver. Des prix raisonnables pour un bon niveau de luxe.
1750 ATS-2100 ATS

HOTEL MAILBERGER HOF****
◆*351, F6*
Annagasse 7
Tél. 512 06 41-0
Fax 512 06 41-10
Hôtel familial, bien situé dans une ruelle calme et agréable en plein centre.
2000 ATS-2400 ATS

HOTEL MARC AUREL****
◆*351, G3*
Marc-Aurel-Strasse 8
Tél. 533 52 260
ou 533 36 40-0
Fax 5330078
Petit hôtel moderne.
1200 ATS-1600 ATS

HOTEL POST***
◆*351, H4*
Fleischmarkt 24
Tél. 51 58 30
Fax 513 83 80-8
Une des adresses les moins chères du centre.
1070 ATS-1300 ATS

HOTEL RATHAUSPARK****
◆*350, B3*
Rathausstrasse 17
Tél. 404 12
Fax 404 12-761
Entre l'université et l'hôtel de ville, près du centre.
1360 ATS-1780 ATS

HOTEL ROYAL****
◆*351, F5*
Singerstrasse 3
Tél. 515 68
Fax 513 96 98
Situé en plein centre ville, derrière la Cathédrale.
1 600 ATS-2 200 ATS

HOTEL SACHER*****
◆*350, E7*
Philharmonikerstrasse 4
Tél. 514 56
ou 52 55 75
Fax 514 57-810
Sûrement l'hôtel le plus connu de Vienne. Ouvert au XIXe siècle par les frères Sacher. Chambres récemment réaménagées.
3 550 ATS-5250 ATS

HOTEL VIENNA MARRIOTT*****
◆*351, H6*
Parkring 12a
Tél. 51 51 80
Fax 51 51 8-6736
Concept américain : boutiques, cafés... dans le hall de l'hôtel, surplombé d'une immense verrière.
2900 ATS-3500 ATS

HÔTEL VIENNA PLAZA*****
◆350, D2
Schottenring 11
Tél. 313 900
Fax 313 90-160
Construit en 1989, décor et mobilier post-modernes avec quelques réminiscences au Jugendstil *viennois.*
2 850 ATS-3 750 ATS

HOTEL WANDL***
◆351, F4
Petersplatz 9
Tél. 534 550
Fax 534 55 77
Dans une rue très calme, à 30 m du Graben. *Possibilités d'appartements pour 5 personnes.*
1 350 ATS-1 550 ATS

HOTEL ZUR WIENER STAATSOPER***
◆351, F7
Krugerstrasse 11
Tél. 513 12 74
Fax 513 12 74-75
Hôtel très viennois, proche de l'Opéra.
1 100 ATS-1 200 ATS

K + K PALAIS HÔTEL****
◆351, F2
Rudolfsplatz 11
Tél. 533 13 53
Fax 533 13 53-70
Hôtel rénové (des couleurs un peu vives à l'intérieur), donnant sur un square près du canal du Danube.
1 950 ATS-2 140 ATS

MERCURE WIEN CENTRUM****
◆351, G3
Fleischmarkt 1a
Tél. 534 60-0
Fax 534 60 232
Hôtel moderne au cœur de Vienne.
1 560 ATS-2 110 ATS

SAS PALAIS HOTEL*****
◆351, H6
Parkring 16
Tél. 515 17-0
Fax 512 22 16
Hôtel de luxe installé dans le beau palais Henckel von Donnersmarck.
3 900 ATS-4 500 ATS

PENSION AVIANO****
◆351, F6
Marco d'Avianogasse 1
Tél. 512 83 30
Fax 512 83 30-6
En plein centre ville, au 3e étage d'un immeuble.
1 200 ATS-1 500 ATS

PENSION CHRISTINA***
◆351, H4
Hafnersteig 7
Tél. 533 29 61
Fax 533 29 61-11
En retrait, dans une ruelle calme.
1 000 ATS-1 200 ATS

PENSION DOMIZIL****
◆351, G5
Schulerstrasse 14
Tél. 513 31 99
Fax 512 34 84
Tout confort.
1 300 ATS-1 500 ATS

PENSION ELITE***
◆350, E2
Wipplingerstrasse 32
Tél. 533 25 180
Fax 535 57 53
1 100 ATS-1 400 ATS

PENSION NEUER MARKT****
◆351, F5
Seilergasse 9
Tél. 512 23 16
Fax 513 91 05
1 050 ATS-1 350 ATS

PENSION NOSSEK***
◆350, E4
Graben 17
Tél. 533 70 41
Fax 535 36 46
Pension située au cœur de Vienne, dans la zone piétonne du Graben. *Excellent rapport qualité/prix.*
950 ATS-1 050 ATS

PENSION PERTSCHY****
◆350, E5
Habsburgergasse 5
Tél. 534 49-0
Fax 534 49-49
Immeuble typiquement viennois , possédant une jolie cour, dans une rue adjacente au Graben. *Ascenseur privatif.*
1 080 ATS-1 280 ATS

PENSION RESIDENZ***
◆350, B3
Ebendorferstrasse 10
Tél. 406 47 86-0
Fax 406 47 86-50
Derrière l'université, proche du centre.
1 020 ATS

RIEMERGASSE (APPARTEMENT-PENSION)**** **◆351, G5**
Riemergasse 8
Tél. 512 72 200
Fax 513 77 78
Des appartements à louer dans un immeuble Jugendstil *récemment renové.*
1 250 ATS

CAFÉS

ALT-WIEN
◆355, G4
Bäckerstrasse 9
Tél. 512 52 22
Ouvert tlj. 10 h-2 h
Café près de la vieille université, frequenté par des artistes et des étudiants.
50 ATS-100 ATS

BRÄUNERHOF
◆354, E5
Stallburggasse 2
Tél. 512 38 93
Ouvert lun.-ven. 7 h 30 -19 h 30
Ouvert sam. 7 h 30-18 h
Ouvert dim. 10 h-18 h
Un café où l'on reste des heures à boire son chocolat chaud, lire son journal et admirer la joueuse de violoncelle (le week-end).
50 ATS-150 ATS

BURGGARTEN-MEIEREI
◆354, E6
Burggarten
Palmenhaus
Tél. 533 10 33
Ouvert tlj. 10 h-21 h
Dans la palmeraie au fond du Burggarten. *Belle terrasse avec vue sur la* Neue Burg. *En été uniquement.*
50 ATS-100 ATS

CAFÉ RESTAURANT WIENER SECESSION
◆354, D8
Friedrichstrasse 12
Tél. 586 93 86
Ouvert tlj. 10 h-2 h
Petits plats, sandwichs, salades et desserts viennois. Décor moderne.
100 ATS-200 ATS

1. Alt-Wien
2. Bräunerhof
3. Burggarten-Meierei
4. Café Restaurant Wiener Secession
5. Café Central
6. Demel
7. Diglas
8. Griensteidl
9. Café Hawelka

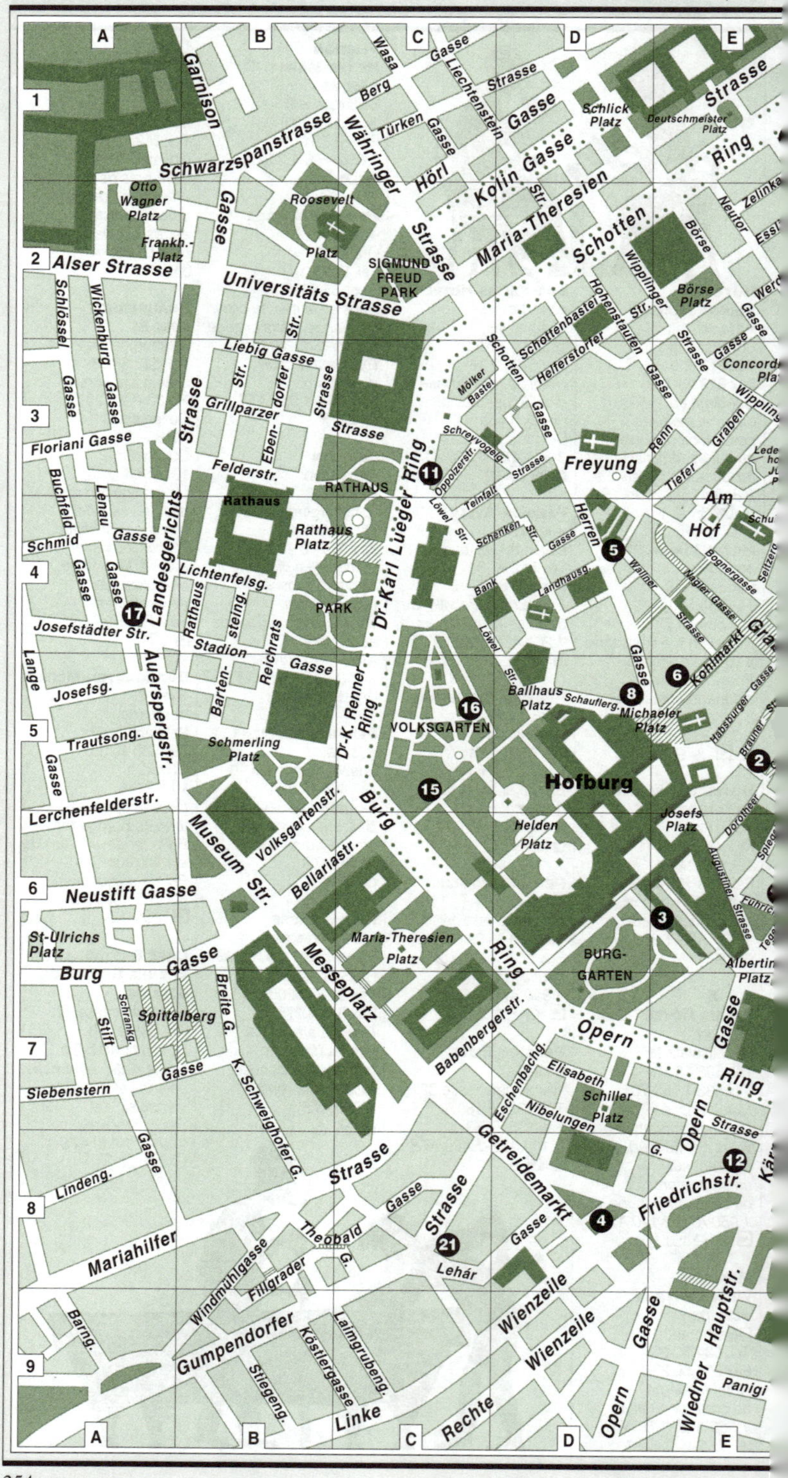

10. Kursalon
11. Café Landtmann
12. Café Museum
13. Café Sacher
14. Tirolerhof
15. Volksgarten Pavillon
16. Volksgarten-Meierei
17. Café Eiles
18. Café Schwarzenberg
19. Café Imperial
20. Café Prückl
21. Café Sperl
22. Café Schottenring

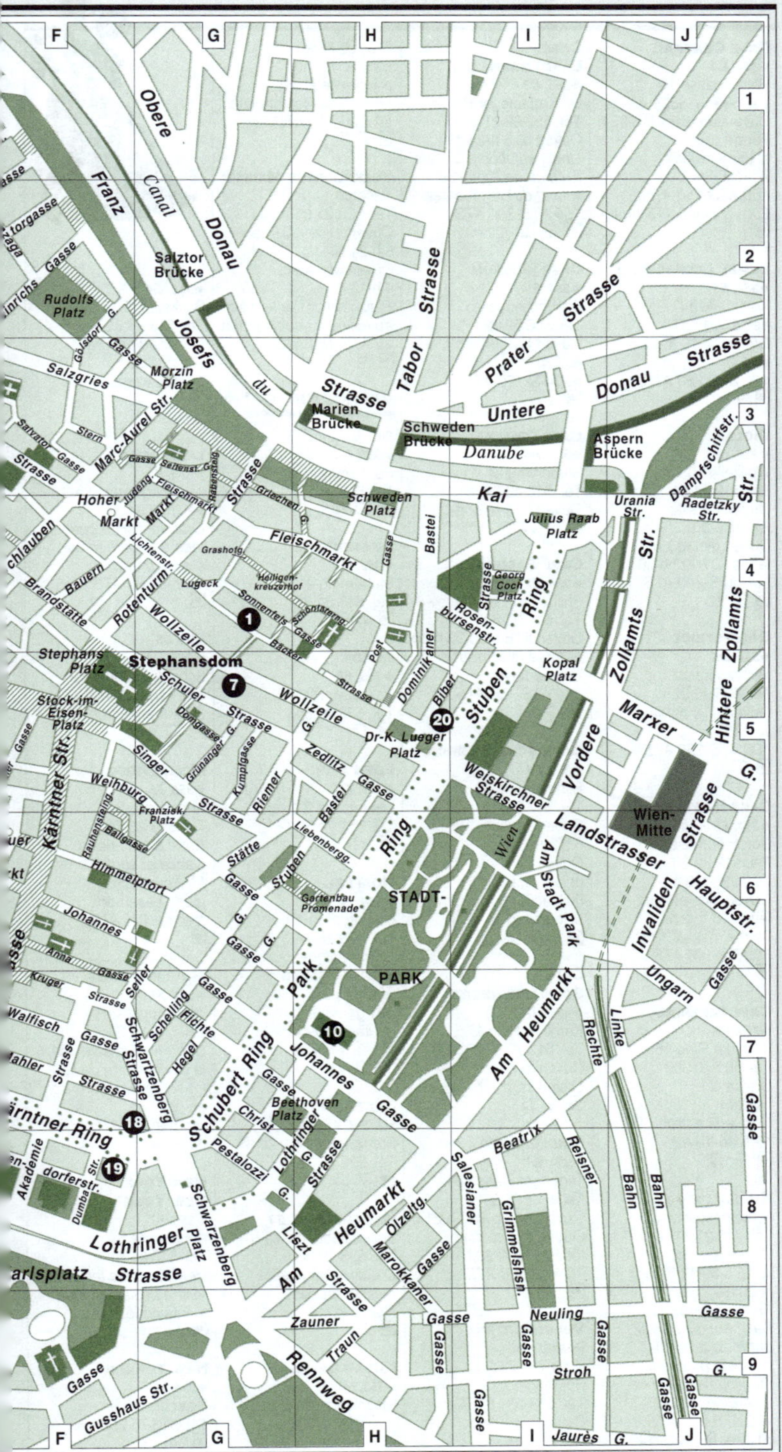

CAFÉ CENTRAL
◆354, D4
Herrengasse 14
Tél. 533 37-6324
Ouvert lun.-sam. 8 h-22 h
Fermé dim.
et jours fériés
▲ *160*
100 ATS-150 ATS
200 ATS-300 ATS (rest.)

DEMEL (PÂTISSERIE)
◆354, E5
Kohlmarkt 14
Tél. 535 17 17
Ouvert tlj. 10 h -19 h
▲ *158*
100 ATS-250 ATS

DIGLAS
◆355, G5
Wollzeile 10
Tél. 512 84 01
Ouvert lun.-sam
7 h-23 h 30
Ouvert dim.et jours
fériés 10 h -23 h 30
100 ATS-200 ATS

GRIENSTEIDL
◆354, D5
Michaelerplatz 2
Tél. 535 26 92
Ouvert tlj. 8 h-24 h
▲ *175*
100 ATS-250 ATS

CAFÉ HAWELKA
◆354, E5
Dorotheergasse 6
Tél. 512 82 30
Ouvert 8 h-2 h
Ouvert dim. et jours
fériés 16 h -2 h
Fermé mar. ▲ *138*
50 ATS-100 ATS

CAFÉ IMPERIAL
◆355, F8
Kärntner Ring 16,
Tél. 501 10 389
Ouvert tlj.
7 h-24 h
Concerts entre
15 h 30-18 h

KURSALON *◆355, H7*
Johannesgasse 33
Tél. 713 21 81
Ouvert avr.-oct.,
tlj. 15 h 30-17 h 30
et 20 h-22 h 30
Fermé nov.-mars
Bâtiment qui servait
autrefois aux bals,
au cœur du jardin
municipal de Vienne.
Opérettes en été
100 ATS-200 ATS

CAFÉ LANDTMANN
◆354, C3
Dr. Karl Lueger Ring 4
Tél. 532 06 21
Ouvert tlj. 8 h-24 h
Une institution à Vienne.
En face de l'hôtel de
ville et du Burgtheater.
150 ATS-300 ATS

CAFÉ MUSEUM
◆354, E8
Friedrichstrasse 6
Tél. 586 52 02
Ouvert tlj. 7 h-23 h
▲ *236*
50 ATS-120 ATS

CAFÉ PRÜCKL
◆355, H5
Stubenring 24,
Tél. 512 43 39
Ouvert tlj. 9 h-22 h

CAFÉ SACHER
◆354, E7
Philharmonikerstrasse 4
Tél. 514 57-846
Ouvert tlj. 6 h 30-23 h 30
Goûtez la fameuse
Sachertorte !
100 ATS-150 ATS

CAFÉ SCHOTTENRING
◆354, E1
Schottenring 30,
Tél. 317 34 21
Ouvert lun-sam.
6 h 30-23 h
Ouvert dim.
et jours fériés 10 h-20 h
(juil.-août : fermé dim.
et jours fériés)

CAFÉ SCHWARZENBERG
◆355, G7
Kärntner Ring 17,
Tél. 512 73 93
Ouvert dim.-ven. 7 h-24 h
Ouvert sam. 9 h-24 h

TIROLERHOF
◆354, E6
Tegetthofstrasse 8
Tél. 512 78 33
Ouvert lun.-sam. 7 h-21 h
Ouvert dim.et jours
fériés 9 h 30-20 h
75 ATS-150 ATS

VOLKSGARTEN PAVILLON
◆354, C5
Burgring 1
Tél. 533 05 18-0
Ouvert mai -sep.,
tlj. 11 h-2 h
Près du Ring.
Café style rétro
avec belle terrasse
en face du Heldenplatz.
50 ATS-150 ATS

VOLKSGARTEN-MEIEREI
◆354, C5
Tél. 533 21 05
Ouvert 1er avr.-31 sep.
8 h-21 h
Ouvert sep.-déc.
9 h-18 h
Petit pavillon Biedermeier
au milieu du Volksgarten
75 ATS-150 ATS

VIE NOCTURNE

DIE BAR
◆355, G4
Sonnenfelsgasse 9
Tél. 513 14 99

DUESENBERG
◆355, I4
Stubenring 4
Tél. 513 84 96

ECHO
◆355, F3
Passauer Platz 2
Tél. 533 89 84

EDEN BAR
◆355, F5
Liliengasse 2
Tél. 512 74 50

HOPFERL
◆354, E4
Naglergasse 13
Tél. 533 26 41
Communique
avec le restaurant
Bierhof *par*
des galeries
souterraines.
Petite terrasse.

JAZZ LAND
◆355, G3
Franz Josefs Kai 29, Ie
Tél. 533 25 75

KAKTUS *◆355, G3*
Seitenstettengasse 5
Tél. 533 19 38
Dans le «triangle
des Bermudes".
Public jeune.

KOLAR BEISL
◆355, H4
Kleeblattgasse 5
Tél. 533 52 25

KIX
◆355, G4
Bäckerstr. 5
Tél. 513 79 35
Décor du peintre
Oskar Putz.
Musique jazz.
▲ *151*

LE SPLENDID
◆355, F4
Jasomirgottstrasse 3
Tél. 533 34 30
Grande discothèque,
face à la Cathédrale.
Dance music.
Entrée : 80 ATS

LUKAS
◆355, G4
Schönlaterngasse 2
Tél. 513 50 90
Bars à étudiants.

MONTEVIDEO
◆355, F6
Annagasse 3a
Tél. 513 85 74
Boîte branchée.
Dance et soul.
Meilleurs soirs :
jeudi et samedi.
(entrée 100 ATS)

MOULIN ROUGE
◆355, F7
Walfischgasse 1
Tél. 512 21 30
Une revue la semaine,
la discothèque de la
jet-set le dimanche soir
en été.
(entrée 150 ATS)

NEW YORK NEW YORK
◆355, F7
Annagasse 8
Tél. 513 86 51
Petit bar avec terrasse
face à la discothèque
Montevideo.

NEW YORKER
◆355, I4
Biberstrasse 9
Tél. 513 75 29

OSKAR
◆354, E3
Concordiaplatz 2
Tél. 638 355
Ouvert 16 h 30-2 h
Grand bar. Possibilité de manger après minuit.
C

P 1 *◆355, G4*
Rotgasse 9
Tél. 535 99 95
Clientèle masculine.
C ♫

PETER'S CAFÉ HARTAUER
◆355, G5
Riemergasse 9
Tél. 512 89 81
Ouvert 8 h-2 h
Vieux bar de Vienne.
C

REISS BAR
◆355, F6
Marco d'Aviano Gasse 1
Tél. 512 71 98
Bar à champagne.
C

ROTER ENGEL
◆355, G3
Rabensteig 5
Tél. 535 41 05
Dans le «Triangle des Bermudes». En bas, le bar, en haut, le billard. Musique live du jeudi au samedi à partir de 22 h.
C

SANTO SPIRITO
◆355, G5
Kumpfgasse 7
Tél. 512 99 98
Musique classique.
C ♫

STEINZEIT
◆355, F3
Fischerstiege 9
Tél. 533 97 60
Hard rock.
C ♫

TRAM BAR
◆355, F7
Krugerstrasse 6
Tél. 512 51 45
Un bar en forme de wagon de tramway.
C

VOLKSGARTEN
◆354, C5
Burgring 1
Tél. 533 05 18
À l'entrée du jardin, près du Ring. *Soirées dansantes, en plein air l'été. Meilleurs jours : samedi et lundi (soirée «soul seduction»)*
80 ATS-150 ATS
C ♫

WEIN-COMPTOIR
◆355, G4
Bäckerstrasse 6
Tél. 512 17 60
Spécialiste de vins.
C ♫

WUNDER-BAR
◆355, H4
Schönlaterngasse 8
Tél. 512 79 89
Petit bar en entresol.
C ♫

◆

IIE ARR. LEOPOLDSTADT

VIE CULTURELLE

AUGARTEN
Obere Augartenstrasse 1
Parc et manufacture de porcelaine Augarten.
▲ *269*

JOHANN STRAUSS-WOHNUNG
Praterstrasse 54
Tél. 24 01 21
Ouvert 9 h-12 h 15 et 13 h-16 h 30
Fermé lun.
Maison de J.Strauss fils
▲ *264*

KRIMINALMUSEUM
Grosse Sperlgasse 24
Tél. 214 46 78
Ouvert 10 h-17 h
Fermé lun.
Musée de criminologie de Vienne.

PLANETARIUM
Prater, Hauptallee
Tél. 249 432
Près de la Grande Roue du Prater.
▲ *268*

PRATERMUSEUM
Prater
Hauptallee
Tél. 249 432-77
Ouvert 9 h-12 h 15 et 13 h-16 h 30
Ouvert sam.-dim et jours feries 14 h-18 h 30
▲ *268*

RIESENRAD (GRANDE ROUE DU PRATER)
Prater
Ouvert 19 fév.-avr. et oct.-13 nov., 10 h-22 h
Ouvert mai-sep., 9 h 30-23 h
Ouvert 26 déc.-8. jan., 11 h-18 h
▲ *267*

SPECTACLES

ODEON
Taborstrasse 10
Tél. 214 55 62

VINDOBONA
Wallensteinplatz 6
Tél. 332 42 31

RESTAURANTS

ALTES JÄGERHAUS
Freudenau 255
Tél. 728 95 77-0
Ouvert mer.-dim. 9 h-23 h
Fermé lun., mar.
Au bout de la Praterhauptallee, *en allant vers le champ de courses. Spécialités de gibier.*
250 ATS-400 ATS

LUSTHAUS
Freudenau 254
Fin Praterhauptallee
Tél. 728 95 65
Ouvert d'avr. à sep. 12 h-23 h
Ouvert oct. 12 h-18 h
Fermé mer.
Ouvert de nov. à mars sam.-dim. et jours fériés 12 h-18 h,
Fermé lun.-ven.
Joli pavillon Rokoko *en face du* Altes Jägerhaus.
100 ATS-300 ATS

SCHWEIZERHAUS
Prater 116
Tél. 218 01 52
Ouvert tlj. 10 h-23 h
Fermé nov.-mars
Restaurant traditionnel. Plus de deux mille places en été.
150 ATS-300 ATS

VINCENT
Grosse Pfarrgasse 7
Tél. 214 15 16
Ouvert lun.-sam. 18 h- 23 h 30
Fermé dim. et jours fériés
300 ATS-700 ATS

HÔTELS

HOTEL CITY CENTRAL****
◆351, H3
Taborstrasse 8
Tél. 211 05-0
Fax 211 05-140
1 640 ATS-2 140
P

HOTEL TABOR
◆351, H2
Taborstr 25
Tél. 211 17-0
Fax 211 17-1522
1 260 ATS-1 360 ATS
C

◆

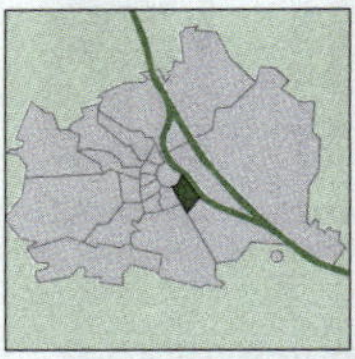

IIIE ARR. LANDSTRASSE

VIE CULTURELLE

FRIEDHOF ST MARX
Leberstrasse 6-8
Ouvert avr.-oct. 7 h-17 h
Ouvert mai-sep. 7 h-18 h
Ouvert juil.-août 7 h-19 h
Ouvert nov.-mars 7 h-tombée de la nuit
▲ *262*

HEERRESGESCHICHT-LICHES MUSEUM
Arsenalstrasse
Bat. 18
Tél. 795 61 -0
Ouvert 10 h-16 h
Fermé ven.
▲ *258*

HUNDERTWASSERHAUS
Au coin de la *Kögelgasse* et *Löwengasse*
◆ *329*
● *94*

KUNSTHAUSWIEN
Untere Weissgerberstrasse 13
Tél. 712 04 91
Ouvert tlj. 10 h-19 h
Visites guidées sur rdv.
Exposition d'oeuvres de Hundertwasser et expositions temporaires.

MUSEUM MITTELALTERLICHER ÖSTERREICHISCHER KUNST
Rennweg 6a
(Belvédère inférieur)
Ouvert 10 h-17 h
Fermé lun.
Retables du XVe siècle.

OBERES BELVEDERE
Prinz-Eugen-Strasse 27
▲ *256*

ÖSTERREICHISCHES BAROCKMUSEUM
Rennweg 6a
(Belvédère inférieur)
Ouvert 10 h-17 h
Fermé lun. ▲ *249*

ÖSTERREICHISCHE GALERIE DES 19. UND 20. JARHUNDERTS
Prinz-Eugen-Strasse 27
(Belvédère supérieure)
Tél. 784 15 80
Ouvert 10 h-17 h
Fermé lun. ▲ *257*

UNTERES BELVEDERE
Rennweg 6a
Ouvert 10 h-17 h
Fermé lun. ▲ *246*

WIENER STRASSENBAHN-MUSEUM
Erdbergstrasse 109
Tél. 712 12 01-0
Ouvert mai-oct., sam. dim. et jours fériés 9 h-16 h
Musée des transports en commun viennois.

SPECTACLES

AKADEMIETHEATER
Lisztstrasse 1
Tél. 514 442-959
◆ *326*

KONZERTHAUS
Lothringerstrasse 20
Tél. 712 46 86
Concerts des Petits Chanteurs de Vienne de mai-juin, sep.-oct., ven. 15 h 30 (rés. à l'agence Mondial.)
◆ *343*

RESTAURANTS

GOTTFRIED ◆*345, J5*
Marxergasse 3
Tél. 713 82 57
Ouvert 12 h-15 h et 18 h-24 h
Ouvert sam. 18 h-24 h
Fermé dim.
Restaurant de luxe. Nouvelle cuisine autrichienne.
500 ATS-1000 ATS

IM KUNSTHAUS
Weissgerberlände 14
Tél. 712 04 97
Ouvert tlj. 10 h-24 h
À Hundertwasserhaus.
Terrasse en été.
150 ATS-350 ATS

PALAIS SCHWARZENBERG
◆*345, G9*
Schwarzenbergplatz 9
Tél. 798 45 15-600
Ouvert tlj. 12 h-14 h 30, et 18 h-23 h
Restaurant de l'hôtel Schwartzenberg. À ne pas rater : un dîner au jardin d'hiver avec vue sur le parc, où parfois danse le ballet de l'Opéra.

STEIRERECK
Rasumofskygasse 2
Tél. 713 31 68
Ouvert lun.-ven. 12 h-14 h et 19 h-24 h
Fermé sam.-dim. et jours fériés

HÔTELS

HOTEL INTER-CONTINENTAL *****
◆*351, H8*
Johannesgasse 28
Tél. 71122-0
Fax 713 44 89
Donne sur le Stadtpark*. Hôtel très luxueux, mais surdimensionné et impersonnel.*
2 730 ATS-3 800 ATS

♥HOTEL SCHWARZENBERG*****
◆*351, G9*
Schwarzenbergplatz 9
Tél. 798 45 15
Fax 798 47 14
Luxe et calme dans un palais baroque, donnant sur un parc magnifique. L'une des meilleures adresses de la ville.
2800 ATS-5 300 ATS

HÔTEL VIENNA HILTON*****
◆*351, I6*
Am Stadtpark
Tél. 717 00-0
Fax 713 06 91
2900 ATS-4 100 ATS

PENTA HOTEL****
◆*351, J8*
Ungargasse 60
Tél. 711 75-0
Fax 711 75 90
2 300 ATS-2 900 ATS

SOFITEL HOTEL BELVEDERE****
◆*351, I7*
Am Heumarkt 35-37
Tél. 716 16-0
Fax 71616-844
1 850 ATS-2050 ATS

◆

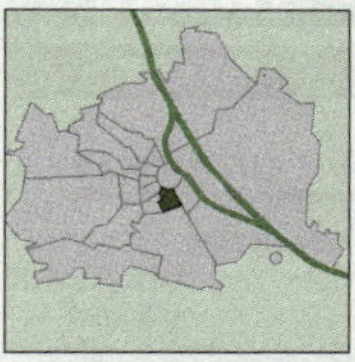

IVE ARR.
WIEDEN

VIE CULTURELLE

BESTATTUNGSMUSEUM
Goldeggasse 19
Tél. 501 95-227
Visites sur rdv. *Petit musée illustrant l'hisoire des pompes funèbres à Vienne.*

HISTORISCHES MUSEUM DER STADT WIEN
Karlsplatz
Tél. 505 87 47
Ouvert 9 h-16 h 30
Fermé lun.▲ *241*

KARLSKIRCHE
Karlsplatz ▲ *238*

MAJOLIKAHAUS
Linke Wienzeile 40
▲ *329*

SCHUBERT STERBEZIMMER
Kettenbrückengasse 6
Tél. 573 90 72
Ouvert 9 h-12 h 15 et 13 h-16 h 30
Fermé lun.
Franz Schubert est mort dans cette maison.

RESTAURANTS

ZU DEN DREI BUCHTELN
Margaretenstrasse 11
Tél. 587 13 10
Ouvert lun.-ven. 18 h-24 h
Fermé sam., dim., jours fériés
Beisl *viennois, très fréquenté*
150 ATS-300 ATS

HÔTELS

HOTEL BEIM THERESIANUM***
Favoritenstrasse 52
Tél. 505 16 06-0
Fax 505 16 09
1 070 ATS-1 450 ATS

PENSION SHERMIN***
Rilkeplatz 7
Tél. 586 61 83-0
Fax 586 61 83-10
Pension moderne, bien tenue
Proche du centre.
900 ATS-1 200 ATS

◆

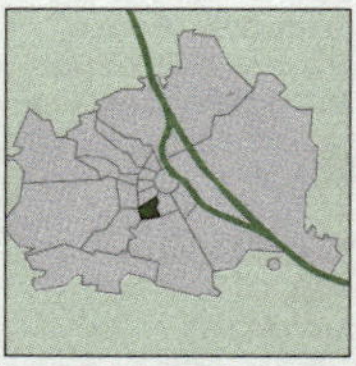

VE ARR.
MARGARETEN

SPECTACLES

SPEKTAKEL
Hamburgerstrasse 14
Tél. 5870 653

RESTAURANTS

ZUM ALTEN FASSL
Ziegelofengasse 37
Tél. 544 42 98
Ouvert tlj. 18 h-1 h (dim. également 12 h-15 h)
Excellente cuisine traditionelle. Belle terrasse dans la cour.
150 ATS-350 ATS

MOTTO
Schönbrunner Strasse 30 / Rüdigergasse 2

Tél. 587 06 72
Ouvert tlj. 18 h-4 h
(terrasse 20 h-23 h)
150 ATS-350 ATS

SCHLOSSGASSE 21
Schlossgasse 21
Tél. 544 07 67
Ouvert tlj. 18 h-2 h
Cuisine traditionelle mais aussi quelques plats exotiques. Possède une excellente carte de vin.
150 ATS-350 ATS

◆

VIE ARR.
MARIAHILF

VIE CULTURELLE

HAYDN MUSEUM
Haydngasse 19
Tél. 596 13 07
Ouvert 9 h-12 h 15 et 13 h-16 h 30.
Fermé lun.
▲ *329*

SPECTACLES

KABARETT UND KOMÖDIE AM NASCHMARKT
Linke Wienzeile 4
Tél. 5872275

RAIMUNDTHEATER
Wallgasse 18-20
Tél. 599 77 27
◆ *326*

THEATER AN DER WIEN
Linke Wienzeile 6
Tél. 588 302 65
◆ *327*

RESTAURANTS

HAUSWIRTH
Otto-Bauer-Gasse 20
Tél. 587 12 61
Ouvert 11 h 30-15 h et 18 h 30-24 h
Fermé sam.-dim. et jours fériés
Excellente cuisine.
350 ATS-600 ATS

LUDWIG VAN
◆344, C9
Laimgrubengasse 22
Tél. 587 13 20
Ouvert lun.-sam. 18 h-1 h
Fermé dim. et jours fériés
Intérieur Jugendstil, *bonne cuisine.*
150 ATS-300 ATS

HÔTELS

HOTEL BEETHOVEN****
◆350, D8
Millöckergasse 6
Tél. 587 448 20
Fax 58744 42
Idéal pour un séjour «théâtral». Hôtel juste en face du Theater an der Wien.
1 300 ATS-1 700 ATS

HOTEL PENSION SCHNEIDER****
◆350, D8
Getreidemarkt 5
Tél. 588 380
Fax 588 382 12
À 200 m du centre. Possibilité de louer des appartements.
1 500 ATS-1 900 ATS

HOTEL TYROL****
◆350, B8
Mariahilferstrasse 15
Tél. 587 54 15
Fax 587 46 06-66
1 000 ATS-1 580

CAFÉS

CAFÉ SPERL
◆354, C8
Gumpendorferstrasse 11, VIe
Tél. 586 41 58
Ouvert lun.- sam. 7 h-23 h
Ouvert dim. et jours fériés 15 h-23 h
(juil.-août : fermé dim.)

VIE NOCTURNE

TITANIC
◆ *354*, C8
Theobaldgasse 11
Tél. 5874758
Bar en haut, deux pistes de danse au sous-sol. Possibilité de dîner après minuit.

◆

VIIE ARR.
NEUBAU

VIE CULTURELLE

MUSEUM DER GOLD- UND SILBERSCHMIEDE
Zieglergasse 22
Tél. 93 33 88
Ouvert mer. 15 h-18 h et sur rdv.
Fermé juil.-août
Musée de l'Orfèvrerie et de l'Argenterie.

TABAKMUSEUM
Messepalast
Mariahilferstrasse 2
Tél. 526 17 16
Ouvert mar.-ven. 10 h-17 h
Ouvert sam., dim. et jours fériés 9 h-14 h
L'histoire du tabac en Autriche depuis 1784.

SPECTACLES

VOLKSTHEATER
Neustiftgasse 1
Tél. 932 776
◆ *326*

RESTAURANTS

ECK
Neustiftgasse 82
Tél. 931 474
Ouvert lun.-jeu. 19 h-3 h
Ouvert ven.-sam. 18 h -4 h
Fermé dim. et jours fériés
Cuisine viennoise raffinée.
250 ATS-400 ATS

PLUTZER BRÄU
◆344, A7
Schrankgasse 4
Tél. 526 12 15
Ouvert tlj. 11 h -2 h
125 ATS-250 ATS

ZU EBENER ERDE UND ERSTEN STOCK
◆344, A7
Burggasse 13
Tél. 523 62 54
Ouvert mar.-ven. 12 h-14 h et 18 h-24 h
Ouvert sam. 18 h-24 h
Fermé dim.-lun. et jours fériés
Endroit idéal pour se restaurer après une promenade à Spittelberg, *quartier* Biedermeier. *Cuisine simple au rez-de-chaussée, plus raffinée au 1er étage.*
150 ATS-400 ATS

ZUR STADT KREMS
Zieglergasse 37
Tél. 523 72 00
Ouvert lun.-sam. 11 h-14 h et 18 h-24 h
Ouvert dim. 11 h-15 h,
Fermé jours fériés
Cuisine traditionnelle.
150 ATS-250 ATS

HÔTELS

ARCOTEL WIMBERGER****
Am Europaplatz
Tél. 521 65-0
Fax 521 65-810
Réouverture de l'hôtel traditionel Wimberger, *tout confort et moderne.*
2 300 ATS
P

ASTRON SUITE-HOTEL
◆350, A8
Mariahilfer Strasse 32-34
Tél. 521 72
Fax 521 72-1
Suites, modernes et fonctionnelles, dans ce nouvel hôtel.
1 500 ATS
P

K + K HOTEL MARIA THERESIA****
◆350, B7
Kirchberggasse 6-8
Tél. 52123
Fax 52123-70
Dans le vieux quartier Spittelberg, *plein de charme.*
1 890 ATS-2 070 ATS

AUBERGE DE JEUNESSE

JUGENDHERBERGE
Myrthengasse 7/ Neustiftgasse 85
Tél. 523 63 16
Fax 523 58 49
140 ATS

VIE NOCTURNE

DONAU *◆354, B7*
Karl-Schweighofer Gasse 10
Tél. 523 81 05
Grand bar branché.
♫

◆

VIIIE ARR.
JOSEFSTADT

VIE CULTURELLE

ÖSTERRICHISCHES MUSEUM FÜR VOLKSKUNDE
Laudongasse 15-19
Tél. 406 89 05
Ouvert mar.-ven. 9 h-17 h
Ouvert samedi 9 h-12 h
Ouvert dimanche 9 h-16 h
Fermé lundi
Musée des Arts et Traditions populaires autrichiens.

SPECTACLES

KABARETT NIEDERMAIR
Lenaugasse 1a
Tél. 408 44 92
Théâtre satirique. C'est ici que les cabarettistes viennois présentent leurs nouveaux programmes.

THEATER IN DER JOSEFSTADT
Josefstädter Strasse 24-26
Tél. 402 51 27

VIENNA'S ENGLISH THEATER
Josefsgasse 12
Tél. 402 12 60
Piéces de théâtre en langue anglaise.

RESTAURANTS

LE TUNNEL
Florianigasse 39
Tél. 423 465
Ouvert tlj.de 9 h à 2 h
Concerts rock au sous-sol.
90 ATS-150 ATS

MARIA TREU
Maria-Treu-Gasse 8
Tél. 434 709
Ouvert 8 h-24 h
Terrasse dans la cour de la Piaristenkirche.
200 ATS-300 ATS

HÔTELS

HOTEL JOSEFSHOF****
◆350, A5
Josefsgasse 4-6
Tél. 438 901-0
Fax 838901-150
Possibilités de louer des appartements.
2 100 ATS-3 150 ATS
P

PENSION BARONESS***
Lange Gasse 61
Tél. 405 10 61
Fax 405 10 61 61
840 ATS-1 040 ATS

PENSION ZIPSER***
Lange Gasse 49
Tél. 404 54-0
Fax 408 52-6613
940-1 140 ATS

CAFÉS

ALTE BACKSTUBE
Lange Gasse 34,
Tél. 406 11 01
Ouvert 10 h- 24 h
Fermé lun.

CAFÉ EILES *◆354, A4*
Josefstädterstrasse 2
Tél. 405 34 10
Ouvert tlj. 7 h-22 h
L'un des cafés les plus authentiques de Vienne.

◆

IXE ARR.
ALSERGRUND

VIE CULTURELLE

HEIMITO-VON-DODERER GEDENKSTÄTTE
Währingerstrasse 43
Tél. 402 35 75-229
Ouvert mer. 9 h-11 h (sf juil.-août)
Ouvert dim. 10 h-12 h
● *114*

JOSEPHINUM
Währingerstrasse 25/1
Tél. 403 21 54
Ouvert 9 h-15 h
Fermé sam.-dim. et jours fériés
▲ *292*

MUSEUM MODERNER KUNST
Palais Liechtenstein
Fürstengasse 1
Tél. 317 69 00
Ouvert 10 h-18 h
Fermé lun.
Musée d'Art moderne et contemporain.
▲ *292*

PATHOLOGISCH ANATOMISCHES BUNDESMUSEUM
Altes Allgemeines Krankenhaus
Narrenturm
Alser Strasse 4, Spitalgasse 2
Tél. 438 672
Ouvert mer. 15 h-18 h
Ouvert jeu. 8 h-11 h
Fermé en août
Musée d'Anatomie pathologique.
▲ *292*

SCHUBERT-MUSEUM
Nussdorfer Strasse 54
Tél. 345 99 24
Ouvert 9 h-12 h 15 et 13 h-16 h 30
Fermé lun.
Maison natale du musicien.
▲ *293*

SIGMUND FREUD MUSEUM
Berggasse 19
Tél. 319 15 96
Ouvert tlj. 9 h-16 h
▲ *291*

VOTIVKIRCHE
Rooseveltplatz
● *85*
▲ *202*

SPECTACLES

VOLKSOPER
Währinger Strasse 78
Tél. 514 44-3318
Repértoire d'opéras comiques.

RESTAURANTS

RIEDL'S WIENER BEISL
◆344, D1
Schlickgasse 5
Tél. 317 92 49
Ouvert lun.-ven.
de 9 h à 23 h
Fermé sam.-dim.
et jours fériés
Beisl *authentique avec excellente cuisine.*
200 ATS-300 ATS
◑

HÔTELS

HOTEL AM SCHOTTENPOINT***
◆350, C1
Währinger Strasse 22
Tél. 310 87 87
Fax 310 87 87-4
À proximité du centre ville.
1 240 ATS-1 320 ATS

HOTEL REGINA****
◆350, B2
Rooseveltplatz 15
Tél. 427 681-0
Fax 408 83 92
Vue sur la Votivkirche. *Très bon restaurant à l'intérieur de l'hôtel.*
1 850 ATS-2 100 ATS

PENSION BLECKMANN***
◆350, B1
Währinger Strasse 15
Tél. 42 71 03
Fax 402 20 24
À proximité du centre ville.
950 ATS-1 080 ATS

CAFÉS

CAFÉ STEIN
Währinger Strasse/Colingasse
Tél. 319 72 41
Ouvert lun.-sam.
7 h-1 h
Ouvert dim.
et jours fériés
9 h-1 h
Café stylé, fréquenté par les étudiants de l'université toute proche.
80 ATS-200 ATS
○

◆

XIe ARR.
SIMMERING

VIE CULTURELLE

ZENTRALFRIEDHOF
Simmeringer Haupstrasse 234
Tél. 719 01
Ouvert mars, avr., sep., oct. 7 h-18 h
Ouvert mai-août 7 h-19 h
Nov.- fév. 8 h-17 h
Tombes d'honneur de Mozart, Beethoven, Schubert, Schönberg, Strauss, réunies dans la partie des musiciens. Cimetière juif.
▲ *262*

◆

XIIe ARR.
MEIDLING

VIE CULTURELLE

MODESAMMLUNG
Hetzendorfer Strasse 79
Tél. 802 16 57
Ouvert 9 h-12 h 15
et 13 h-16 h 30
Fermé lun.
Musée de la mode du Musée historique de Vienne

VIE NOCTURNE

U 4
Schönbrunner Strasse 222
Tél. 858 318
Musique rock.
Entrée : 100 ATS.

◆

XIIIe ARR.
HIETZING

VIE CULTURELLE

HERMESVILLA
Lainzer Tiergarten
Entrée Hermesstrasse
Tél. 804 13 24
Ouvert mer.-dim.
et jours fériés
9 h-16 h 30
Fermé lun.-mar.
Expositions temporaires.
● *119*

SCHLOSS SCHÖNBRUNN
Schönbrunner-Schloss-Strasse
Tél. 811 13-238
Ouvert avr.-oct. tlj.
8 h 30-17 h
Ouvert nov.-mars tlj.
8 h 30-16 h 30 ▲ *274*

STADTBAHN-HOFPAVILLON
Station
de métro Hietzing
Pavillon construit par Otto Wagner.
▲ *286*

TIERGARTEN SCHÖNBRUNN
Schönbrunner Schlosspark
Entrée *Hietzinger Tor*
Tél. 877 92-940
Ouvert avr.-sep. tlj.
9 h-18 h
Ouvert oct.-mars tlj.
9 h-16 h 30
▲ *285*

WAGENBURG
Schloss Schönbrunn
Tél. 877 32 44
Ouvert nov.-mars
10 h-16 h
Fermé lun.
Ouvert avr. -oct.
9 h-17 h
Ouvert mai-sep.
9 h-18 h
◆ *332*

SPECTACLES

FESTIVAL «MOZART À SCHÖNBRUNN»
SchlossSchönbrunn
Mois de juin
(scène en plein air)
Réservation à la Kammeroper
Fleischmarkt 24, Ier
Tél. 513 08 51-53
Fax 512 44 48 26
◆327

RESTAURANTS

DOMMAYER
Auhofstrasse 2
Tél. 877 54 65
Ouvert 7 h-24 h
Cher, mais authentique. Autrefois, Johann Strauss jouait ici.
◑

AUBERGES DE JEUNESSE

JUGENDHERBERGE
Schlossbergasse 8
Tél. 877 02 63
Fax 877 02 63-2
139 ATS

◆

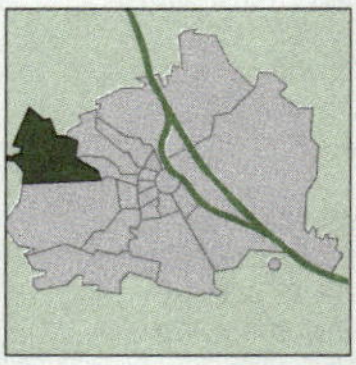

XIVe ARR.
PENZING

VIE CULTURELLE

ERNST FUCHS PRIVATMUSEUM
Villa Otto Wagner I
Hüttelbergstrasse 26
Tél. 948 575
Ouvert lun.-ven.
9 h-16 h sur rdv.
Musée privé du peintre Ernst Fuchs,.

KIRCHE AM STEINHOF
Baumgartner Höhe 1
Tél. 949 060-2391
Visites guidées sam. 15 h
▲ *288*

◆

XVe ARR.
RUDOLFSHEIM-FÜNFHAUS

RESTAURANTS

ALTWIENERHOF
Herklotzgasse 6
Tél. 892 600-0
Ouvert lun.-ven.
11 h-14 h et 18 h-23 h
Ouvert sam. 18 h-23 h
Fermé dim.
Nouvelle cuisine viennoise et française.
600 ATS-900 ATS

VIKERL'S LOKAL
Würfelgasse 4
Tél. 894 343-0
Ouvert 11 h-14 h 30
et 18 h-23 h,
Ouvert dim. 11 h-15 h,
Fermé lun.
150 ATS-500 ATS

HÔTELS

HOTEL REITHER****
Graumanngasse 16
Tél. 83 54 46
Fax 85 52 44
Situé entre le Karlsplatz *et le château* Schönbrunn *; l'un des rares hôtels à Vienne avec piscine.*
1 500 ATS

◆

XVIIe ARR.
HERNALS

VIE CULTURELLE

FIAKERMUSEUM
Veronikagasse 12
Tél. 432 607-0
Ouvert premier
mer. du mois
10 h-12 h
et sur rdv.

SPECTACLES

KULISSE
Rosensteingasse 39
Tél. 45 38 70
◆ *327*

METROPOL
Hernalser Stadtheater
Geblergasse 50
Tél. 407 77 40
Bals masqués pendant la période du carnaval.
◆ *326*

◆

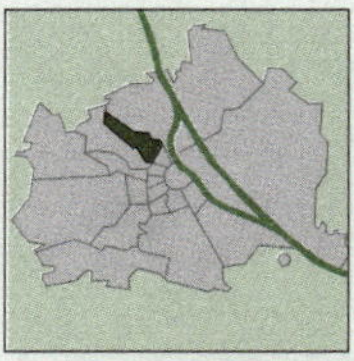

XVIIIe ARR.
WÄHRING

VIE CULTURELLE

GEYMÜLLER-SCHLÖSSL
Pötzleinsdorfer Strasse 102
Tél. 479 31 39
Ouvert mars-nov.
mar., mer., ven.-dim.
10 h-17 h
Visite guidée dim.15h

◆

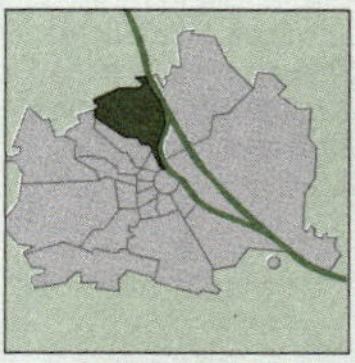

XIXe ARR.
DÖBLING

VIE CULTURELLE

EROICA-HAUS
Döblinger
Hauptstrasse 92
Tél. 369 14 24
Ouvert 9 h-12 h 15
et 13 h-16 h 30
Fermé lun. ▲ *298*

HEILIGENSTÄDTER-TESTAMENT-HAUS
Probusgasse 6
Tél. 37 54 08
Ouvert 9 h-12 h 15
et 13 h-16 h 30
Fermé lun. ▲ *298*

LEHAR-SCHIKANEDER-SCHLÖSSL
Hackhofergasse 18
Tél. 371 82 13
Visite sur rdv. ▲ *299*

RESTAURANTS

LES *HEURIGEN* DE GRINZING
Ils font partie de Vienne comme les chevaux Lipizans ou l'orchestre philharmonique. Ici une petite sélection. ● *68*

OPPOLZER
Himmelstrasse 22
Tél. 32 24 16
Ouvert 17 h-24 h
Fermé dim. et jours fériés.

SCHREIBERHAUS
Rathstrasse 54
Tél. 44 38 44
Ouvert tlj. 11 h-1 h

ZIMMERMANN
Ambrustergasse 5
Tél. 37 22 11
Ouvert 17 h-0 h 30
Fermé dim.
et jours fériés

◆

XXIIe ARR.
DONAUSTADT

VIE CULTURELLE

KIRCHE ZUR HEILIGSTEN DREIFALTIGKEIT
Georgsgasse/
Rysergasse
Mauer
Tél. 88 16 185
▲ *288*

RESTAURANTS

STRANDCAFÉ
Florian-Berndl-Gasse 20
Tél. 236 747
Ouvert 15 mars-15 oct.,
tlj. 10 h-24 h
Ouvert 16 oct.-14 mars,
lun.-ven., 17 h-24 h,
Ouvert sam.-dim.
et jours fériés
11 h-24 h
Terrasse et ponton, avec vue imprenable sur le Vieux Danube.
200 ATS-400 ATS

Ce n'était ni vrai ni faux, mais vécu.»

André Malraux

ANNEXES

◆ BEAUX-ARTS ◆

◆ Borsi (F.) et Godoli (E.) : *Vienne, architecture 1900*, éditions Flammarion, Paris, 1985

◆ BRANDSTÄTTER (C.) : *Wien*, éditions Molden, Wien, 1981

◆ BUXBAUM (G.) : *Mode aus Wien*, éditions Residenz, Salzbourg, 1986

◆ De COSTER (C.) et NIZET (F.) : *Seize promenades dans Vienne*, éditions Casterman, Paris, 1992

◆ GERETSEGGER (H.) et PEINTER (M.) : *Otto Wagner, la grande ville à croissance illimitée, une origine de l'architecture moderne*, éditions Pierre Mardaga, Bruxelles, 1983

◆ HANSEN (T.) : *Wiener Werkstätte*, éditions Brandtstätter, Vienne, 1984

◆ HAUSNER (E.) : *Wien*, éditions Jugend und Volk, Vienne-Munich, 1975

◆ KOMAREK (R.) : *Wien*, éditions Kremayer et Scheriau, Wien, 1990

◆ KRAUS (W.) et MÜLLER (P.) : *Les Palais de Vienne*, éditions Mengès, Paris 1993

◆ Loos (A.) : *Paroles dans le vide*, éditions Champ libre, Paris, 1979

◆ MANG (K.) : *Thonet Bugholzmöbel*, éditions Brandstätter, Vienne, 1982

◆ MARTINEK (T.) : *Kafféhaüser in Wien*, éditions Falter, Vienne, 1990

◆ PRYCE-JONES (D.) : *Vienne*, éditions Les Grandes Cités, Timelife, Amsterdam, 1978

◆ SCHWEIKHARDT (J.) et DIETER (J.) : *Vienne*, La Bibliothèque des Arts, Paris, 1990

◆ SINHUBER (B.F.) et STUMPF (F.) : *Wien*, éditions Hugendubel, München, 1992

◆ TAFURI (M.) : *Vienne La Rouge, la politique immobilière de la Vienne socialiste de 1919 à 1933*, éditions Pierre Mardaga, Bruxelles, 1981

◆ SEITTER (W.) et QUARTANA (P.) : *Visite privée, Vienne*, éditions du Chêne, Paris, 1991

◆ WEBER (H.) : *Wien, Vienna, Vienne*, éditions Brandstätter, Vienne-Munich, 1984

◆ WIESENHOFER (H.) et SARNE (B.) : *Vivre Vienne*, éditions Mengès, Paris, 1986

◆ HISTOIRE DE L'ART ◆

◆ Bérenger (J.) : *L'Empire des Habsbourg de 1273 à 1918*, Fayard, Paris, 1990

◆ CALVOWRESSI (R.) : *Kokoschka, peintures*, éditions Albin Michel, Paris 1992

◆ BOUILLON (J.P.) : *Klimt, Beethoven*, Éditions d'art Albert Skira, Genève, 1986

◆ CLAIR (J.) : *Le Nu et la Norme, Klimt et Picasso en 1907*, Éditions Gallimard, Paris, 1988

◆ COLLECTIF : *Vienne, l'apocalypse joyeuse*, éditions Flammarion/centre Georges-Pompidou, Paris, 1985

◆ COLLECTIF : *Stadtchronik Wien*, éditions Brandstätter, Vienne-Munich, 1986

◆ COMINI (A.) : *Egon Schiele*, Éditions du Seuil, Paris, 1976

◆ COMINI (A.) : *Gustav Klimt*, Éditions du Seuil, Paris, 1975

◆ KALLIR (J.) : *Egon Schiele, œuvres complètes*, éditions Gallimard, Paris, 1990

◆ KLIMT (G.) : *Tout l'œuvre peint*, éditions Flammarion, Paris, 1983

◆ KOSCHATZKY (W.) : *Hundertwasser*, Bibliothèque des Arts, Paris, 1986

◆ NEUWIRTH (W.), KÖLBEL (A.) et AUBÖCK (M.) : *Die Wiener Porzellan Manufaktur Augarten*, Wien, 1992

◆ PARTSCH (S.) : *Klimt, sa vie, son œuvre*, France Loisirs, Paris, 1990

◆ RAINER (A.) : *Métaphores de la mort*, éditions Le Magasin, Grenoble, 1987

◆ SABARSKY (A.) : *Egon Schiele, dessins et aquarelles*, éditions Herscher, Paris, 1983

◆ SCHMIED (W.) : *Der Zeicher Alfred Kubin*, éditions Residenz, Salzbourg, 1967

◆ TAPIÉ (V. L.) : *Baroque et classicisme*, Librairie générale française, Paris, 1980

◆ WERKNER (P.) : *Austrian Expressionism*, éditions Palo Alto, California, 1993

◆ HISTOIRE DES IDÉES ◆

◆ Bouveresse (J.) : *La Parole malheureuse*, Éditions de Minuit, Paris, 1971

◆ CLARE (G.) : *Dernière valse à Vienne, la destruction d'une famille 1842-1942*, Éditions Payot, Paris, 1984

◆ COLLECTIF : *Vienne*, Éditions Autrement, Paris, 1991

◆ DADOUN (R.) : *Freud*, Éditions Belfond, Paris, 1982

◆ FEJTÖ (F.) : *Requiem pour un empire défunt. Histoire de la destruction de l'Autriche-Hongrie*, éditions Lieu commun, Paris, 1988

◆ FREUD (M.) : *Freud, mon père*, Éditions Denoël, Paris, 1975

◆ KREISSLER (F.) : *L'Autriche de 1918 à 1938, de la Révolution à l'annexion*, éditions P. U. F, Paris, 1971

◆ KREISSLER (F.) : *La prise de conscience de la nation autrichienne*, éditions P. U. F, 2 vol., Paris 1980

◆ JACCARD (R.) : *Freud, jugements et témoignages*, éditions P. U .F, Paris, 1976

◆ JANIK (A.) et TOULMIN (S.) : *Wittgenstein, Vienne et la Modernité*, éditions P. U. F, Paris, 1978

◆ LE RIDER (J.) : *Le Cas Otto Weininger, racines de l'antiféminisme et de l'antisémitisme*, éditions P. U. F, Paris, 1982

◆ LE RIDER (J.) : *Modernité viennoise et crises de l'identité*, éditions P. U. F, Paris, 1990

◆ LORENZ (K.) : *L'Homme dans le fleuve du vivant*, éditions Flammarion, Paris, 1981

◆ MC GUINESS (B.) : *Wittgenstein*, Éditions du Seuil, Paris, 1991

◆ MAGRIS (C.) : *Danube*, Éditions Gallimard, Paris, 1986

◆ SCHORSKE (C. E.) : *Vienne, fin de siècle*, Éditions du Seuil, Paris, 1983

◆ SCHREINER (E.) : *100 Jahre Volkstheater*, éditions J et V, Vienne, 1989

◆ STONE (I.) : *La Vie de Freud*, éditions Flammarion, Paris, 1973

◆ TAPIÉ (V. L.) : *Monarchie et peuples du Danube*, Fayard, Paris, 1969

◆ WEININGER (O.) : *Sexe et Caractère*, éditions L'Âge d'homme, Lausanne, 1975

◆ ZWEIG (S.) : *Le Monde d'hier, souvenirs d'un européen*, éditions Belfond, 1982

◆ HISTOIRE DES HABSBOURG ◆

◆ Bled (J. P.) : *François-Joseph*, Fayard, Paris, 1987

◆ BLED (J. P.) : *Rodolphe et Mayerling*, Fayard, Paris, 1989

◆ CASTELOT (A.) : *Marie-Antoinette*, éditions Perrin, Paris, 1962

◆ CLÉMENT (C) : *Sissi, l'impératrice anarchiste*, Éditions Gallimard, Découvertes, 1993

◆ CRAUKSHAW (E.) : *La Chute des Habsbourg*, Éditions Gallimard, Paris, 1966

◆ DESCARS (J.) : *Sur les pas de Sissi*, éditions Perrin, Paris, 1989

◆ DUBOURG (C.) : *Anne d'Autriche*, Hachette, Paris, 1980 et Éditions Gallimard, Folio, Paris, 1985

◆ FEIGL (E.) : *Zita de Habsbourg, mémoires d'un empire disparu*, éditions Critérion, Paris, 1991

◆ FEJTÖ (F.) : *Joseph II, un Habsbourg révolutionnaire*, éditions Perrin, Paris, 1982

◆ HAMANN (B.) : *Élisabeth d'Autriche*, Fayard, Paris, 1985

◆ MAGRIS (C.) : *Le Mythe et l'Empire dans la littérature autrichienne moderne*, Éditions Gallimard, Paris, 1993

◆ VACHA (B.) : *Die Habsburger, eine europäische Familiengeschichte*, éditions Styria, Graz, 1992

◆ VALOTTON (H.) : *Marie-Thérèse impératrice*, Fayard, Paris, 1963

◆ LITTÉRATURE AUTRICHIENNE ◆

◆ Altenberg (P.) : *Esquisses et nouvelles esquisses viennoises*, Éditions Actes Sud, Arles, 1989

◆ BACHMANN (I.) : *Malina*, Éditions du Seuil, Paris, 1973

◆ BACHMANN (I.) : *La Trentième Année*, Éditions du Seuil, Paris, 1964

◆ BERHARD (T.) : *Le Neveu de Wittgenstein*, Éditions Gallimard, Paris, 1985

◆ BERNHARD (T.) : *Le Naufragé*, Éditions Gallimard, 1986

◆ BERNHARD (T.) : *Des arbres à abattre*, Éditions Gallimard, Paris, 1987

◆ BERNHARD (T.) : *Maîtres anciens*, Éditions Gallimard,

Paris, 1988
◆ BERNHARD (T.) : *Extinction*, Éditions Gallimard, Paris, 1990
◆ BERNHARD (T.) : *La Place des Héros*, L'Arche, Paris, 1990
◆ BERNHARD (T.) : *Entretiens avec Krista Fleischmann*, L'Arche, Paris, 1993
◆ BERNHARD (T.) : *Trois jours*, Arcane 17, St Nazaire, Paris, 1987
◆ BROCH (H.) : *Critique littéraire et connaissance*, Éditions Gallimard, Paris, 1966
◆ CANETTI (E.) : *Histoire d'une jeunesse, la langue sauvée*, éditions Albin Michel, Paris, 1980
◆ CANETTI (E.) : *Auto-Da-Fé*, éditions Gallimard, Paris, 1969
◆ CANETTI (E.) : *Histoire d'une vie, le flambeau dans l'oreille*, éditions Albin Michel, Paris, 1982
◆ CANETTI (V.) : *La Rue jaune*, éditions Maren Sell, Paris, 1991
◆ DODERER (H. Von) : *Les Démons*, Éditions Gallimard, Paris, 1965
◆ JONKE (G.) : *Musique lointaine*, Éditions Gallimard, Paris, 1983
◆ JONKE (G.) : *Erwachen zum grossen Schlafkrieg*, éditions Residenz, Vienne, 1982
◆ KRAUS (K.) : *La Nuit venue*, éditions Gérard Lebovici, Paris, 1986
◆ KRAUS (K.) : *Pro Domo et Mundo*, éditions Gérard Lebovici, Paris, 1985
◆ KRAUS (K.) : *Dits et contredits*, éditions Champ libre, Paris, 1975
◆ KUBIN (A.) : *L'Autre côté*, éditions Har Po, Paris, 1986
◆ LERNET-HOLENIA (A.) : *Le Dieu aveugle*, Les Éditions de la Table ronde, Paris, 1988
◆ LERNET-HOLENIA (A.) : *J'étais Jack Mortimer*, éditions Gérard Lebovici, Paris, 1988
◆ MUSIL (R.) : *L'Homme sans qualités*, Éditions du Seuil, Paris, 1957
◆ MUSIL (R) : *Les Exaltés*, suivi de *Vincent et l'amie des personnalités*, Éditions du Seuil, Paris, 1961
◆ NACK (E.) : *Sagen aus Wien*, éditions C. Veberreuter, Vienne, 1973
◆ PERUTZ (L.) : *Le Tour du cadran*, Christian Bourgois, Paris, 1988
◆ PERUTZ (L.) : *Le Maître du Jugement dernier*, Fayard, Paris, 1989
◆ PERUTZ (L.) : *Où roules-tu, petite pomme ?*, Fayard, Paris, 1989
◆ PERUTZ (L.) : *Seigneur, ayez pitié de moi !*, éditions Albin Michel, Paris, 1989
◆ ROTH (J.) : *La Marche de Radetzky*, Éditions du Seuil, Paris, 1982
◆ ROTH (J.) : *La Crypte des Capucins*, Éditions du Seuil, Paris, 1983
◆ SCHNITZLER (A.) : *Vienne au crépuscule*, Hachette, Paris, 1987
◆ SCHNITZLER (A.) : *Une jeunesse viennoise*, Stock, Paris, 1985
◆ SCHNITZLER (A.) : *La Ronde*, Stock, Paris, 1975
◆ SINGER (C.) : *La Mort viennoise*, éditions Albin Michel, Paris, 1978
◆ TEPLY (K.) : *Türkische Sagen und Legenden um die Kaiserstadtwien*, éditions Böhlhaus, Vienne, 1980
◆ VOGEL (D.) : *La Vie conjugale*, Éditions Stock, Paris, 1992

◆ LITTÉRATURE ÉTRANGÈRE ◆

◆ Casanova : *Mémoires*, Éditions Gallimard, Paris, 1960
◆ GREENE (G.) : *Le Troisième Homme*, Robert Laffont, Paris
◆ MONTESQUIEU : *Œuvres complètes*, Éditions Gallimard, Paris, 1979
◆ NERVAL (G. de) : *Œuvres*, Éditions Gallimard, 1961
◆ STENDHAL : *De l'amour*, Garnier-Flammarion, Paris, 1965

◆ MUSIQUE ◆

◆ Adorno (T. W.) : *Philosophie de la nouvelle musique* (chapitre : «Schönberg et le progrès»), Éditions Gallimard, Paris, 1962
◆ ADORNO (T. W.) : *Alban Berg*, Éditions Gallimard, Paris, 1989
◆ ADORNO (T. W.) : *Mahler, une physionomie musicale*, éditions de Minuit, Paris, 1976
◆ BECKER (M.) : *Mozart, sein Leben und seine Zeit*, éditions Insel, Francfort, 1991
◆ BERG (A.) : *Écrits*, Christian Bourgois, Paris, 1985
◆ BLAUKOPF (H. et K.) : *Die Wiener Philharmoniker*, éditions Löcker, Vienne, 1992
◆ COLLECTIF : *L'Orchestre, des rites et des dieux* (articles : «Gustav Mahler, ou l'orchestre hors de lui», Répertoire et tradition : l'orchestre philharmonique de Vienne» et «Toscanini en Allemagne», article de Wilhelm Furtwängler), Éditions Autrement, Paris, 1988
◆ DA PONTE (L.) : *Mémoires et livrets*, Le Livre de Poche-Pluriel, Paris, 1980
◆ DRILLON (J.) : *Schubert et l'infini*, Actes Sud, Arles, 1988
◆ ELIAS (N.) : *Mozart, sociologie d'un génie*, Éditions du Seuil, Paris, 1991
◆ FISCHER-DISKAU (D.) : *Les Lieder de Schubert*, Éditions Robert Laffont, Paris, 1979
◆ HARNONCOURT (N.) : *Le Discours musical*, Éditions Gallimard, Paris, 1978
◆ HELLSBERG (C.) : *Les Grandes Heures du Philharmonique de Vienne*, Éditions du May, Paris, 1993
◆ HESS (R.) : *La Valse, révolution du couple en Europe*, éditions Métailié, Paris, 1989
◆ HILDESHEIMER (W.) : *Mozart*, Éditions J.-C. Lattès, Paris, 1979
◆ HOCQUARD (J. V) : *La Pensée de Mozart*, Éditions du Seuil, Paris, 1958
◆ JAMEUX (D.) : *Berg*, Éditions du Seuil, Paris, 1980
◆ KRAUS (G.) : *Musik in Österreich*, éditions Brandstätter, Vienne, 1989
◆ LA GRANGE (H.-L. de) : *Vienne* (tome I : *Histoire musicale, 1100-1848* ; tome II : *Histoire musicale, 1848 à nos jours*, éditions Bernard Coutaz, Arles, 1990
◆ LEIBOWITZ (R.) : *Schoenberg*, Éditions du Seuil, Paris, 1969
◆ MAHLER (A) : *Mahler - Mémoires et correspondance*, Éditions J.-C. Lattès, Paris, 1980
◆ MASSIN (B.) : *Franz Schubert*, Fayard, Paris, 1977
◆ MASSIN (B.) : *Guide des opéras de Mozart*, Fayard, Paris, 1991
◆ MASSIN (J. et B.) : *W. A. Mozart*, Fayard, Paris, 1970
◆ MATTER (H. L.) : *Webern*, éditions L'Âge d'homme, Lausanne, 1981
◆ MATTER (J.) : *Mahler*, éditions L'Âge d'homme, Lausanne, 1974
◆ MÖRIKE (E.) : *Le Voyage de Mozart à Prague*, éditions Aubier-Montaigne, Paris
◆ MOZART (W. A.) : *Correspondance*, éditions Flammarion, Paris, 1986
◆ PAROUTY (M.) : *Mozart, aimé des dieux*, Éditions Gallimard, Découvertes, Paris, 1988
◆ REVAULT D'ALLONNES (O.) : *Aimer Schoenberg*, Christian Bourgois, Paris, 1992
◆ ROBBINS-LAUDON (H. C.) : *Dictionnaire Mozart*, Éditions J.-C. Lattès, Paris, 1990
◆ ROSEN (C.) : *Schoenberg*, éditions de Minuit, Paris, 1979
◆ SCHOENBERG (A.) : *Le Style et l'Idée*, éditions Buchet-Chastel, Paris, 1977
◆ SCHOENBERG (A.) : *Correspondance 1915-1945*, Éditions J.-C Lattès, Paris, 1983
◆ SCHOENBERG (A.) : *Fondements de la composition musicale*, Éditions J.-C. Lattès, Paris, 1987
◆ SEEBOHM (A.) : *L'Opéra de Vienne*, Éditions du Seuil, Paris, 1987
◆ VIGNAL (M.) : *Joseph Haydn*, Fayard, Paris, 1988
◆ WEBERN (A.) : *Journal à une amie*, Éditions J.-C. Lattès, Paris, 1975
◆ WEBERN (A.) : *Chemin vers la nouvelle musique*, Éditions J.-C. Lattès, Paris, 1980

◆ DIVERS ◆

◆ Andics (H.) : *Begegnung an der Donau*, éditions J et V, Vienne, 1977
◆ BRAUNEIS ET RÖSENER : *Die Umgebungen Wiens*, éditions P. Zsolnay, Vienne, 1978
◆ COLLECTIF : *Wien Wirklich*, éditions Gesellschaftskritik, Vienne, 1992
◆ HANDLER (H.) : *La Haute École espagnole de Vienne*, éditions Albin Michel-Stock, Paris, 1972
◆ HAUSMANN (F.) : *Wien Luftbild panorama*, éditions Luftreportagen, Vienne, 1989
◆ SINHUBER (B. F.) : *Das Grosse Buch vom Wiener Heuriger*, éditions Orac Pietsch, Vienne, 1980
◆ WAGNER (C.) : *Cuisine viennoise*, éditions Kosmos, Vienne, 1990
◆ WITZIGMANN (E.) : *La Nouvelle Cuisine allemande et autrichienne*, Éditions Robert Laffont, Paris, 1984
◆ WRIGHT (J.) : *La Pâtisserie viennoise*, éditions Images, Paris, 1989

Abréviations :
ÖNB : Österreichische Nationalbibliothek, Vienne
HMW : Historischesmuseum der Stadt Wien
KM : Kunsthistorisches Museum, Vienne
HM : Heeresgeschichtliches Museum, Vienne
ÖMFAK : Österreichische Museum für angewandte Kunst, Vienne
Couverture :
Le château de Schönbrunn © Holzbachova/Bénet. Affiche de voyages © Martin Breese, Retrograph Archive, Londres. Affiche pour le cabaret *Fledermaus*, 1908 © HMW. Griechenkirche © Holzbachova/Bénet.
Dos :
Franz Schubert © Eric Lessing. Dessins de Maurice Pommier.
4e plat :
Carrosse impérial © HM. Carte de Jean-Yves Duhoo. Station de métro Karlsplatz © Philippe Biard, Détail du dôme de la Michaelertor © WFVV. Sigmund Freud © Sigmund-Freud-Haus.
1 Sur le Naschmarkt, paysannes croates vendant des légumes, F. Holluber, 1905, photographie © ÖNB/Clam.
2-3 Le Ring devant l'Opéra, vers 1900, photographie © Roger-Viollet.
4-5 La Grande Roue au Prater, vers 1930, photographie © Roger-Viollet.
6-7 Am Graben, vers 1900, photographie © Roger-Viollet.
9 *Vue de Vienne à vol d'oiseau*, vers 1871, grisaille © Chr. Brandstätter.
10-11
15 Illustrations de J.Chevallier, C. Felloni et F. Desbordes.
16 Deux vues du parc de Schönbrunn © F. Bony/Ph. Dubois
16-17 Illustrations de J. Chevallier, F. Desbordes et C. Lachaux. 18 cabochons de C. Felloni et J. Chevallier. Le Wienerwald © Ph. Dubois.
18-19 Illustration de F. Desbordes.
20-21 Illustrations de J. Chevallier, F. Desbordes, J.-M. Kacédan et P. Robin.
21 Vue aérienne sur le Danube © Holzbachova/Bénet.
22 La Lobau © Ph. Dubois.
22-23 Illustrations de P. Robin, F. Desbordes, J. Chevallier, A. Larousse, J. Wilkinson.
24-25 Illustrations de C. Felloni, J. Chevallier et F. Desbordes.
26 Au *Heuriger* à Grinzing, carte postale ancienne, D.R. Vignoble à Vienne © ÖFVW. Dernier vignoble au centre ville, place Schwarzenberg, © P. Crisol. Grappe de raisin blanc, cépage «Grüner Veltliner» © P. Crisol. Vendanges à Vienne © ÖFVW. Étiquettes de vin, coll. P. Crisol. Grappe de raisin noir, cépage «Blaue Portugiese» © H. Lichtenecker. Bouteille et verre à vin © ÖFVW.
27 *Congrès de Vienne*, gravure aquarellée, 1814-1815, HMW © Holzbachova/Bénet.
28 *Héraclès*, fragment, occupation romaine, HMW © Holzbachova/Bénet. Récipient en forme de tête masculine, terre cuite, Ier-IIIe siècle, HMW © Holzbachova/Bénet. *Vénus de Willendorf*, Gravettien, calcaire, 22000 av. J.-C., Naturhistorisches-museum, Vienne © Lessing/ Magnum. Höher Markt, HMW © Holzbachova/Bénet.
29 Buste de l'empereur Rudolf II, A. de Vries, xvie siècle, bronze, KM © Lessing/ Magnum. *L'Empereur Maximilien Ier*, A. Dürer, 1519, huile/bois, KM © Lessing/ Magnum.
30 *Eugène de Savoie*, huile/toile, école flamande, musée des Beaux-Arts de Cambrai © Lessing/ Magnum. *L'Empereur Maximilien II avec sa famille*, G. Archimboldo, toile, 1553, Schloss Ambras, Innsbruck, © Lessing/ Magnum. *L'Empereur Charles V*, d'après Titien, mosaïque, Schloss Ambras, Innsbruck © Lessing/ Magnum. *L'empereur Ferdinand Ier*, d'après Titien en 1548, mosaïque/bois par les Zuccherini, Schloss Ambras, Innsbruck © Lessing/ Magnum.
31 La Bataille de Wagram, gravure, XIXe siècle © HM. *L'Empereur Leopold Ier dans sa cuirasse dorée*, G. Cagnacci, XVIIe siècle, KM © Lessing/ Magnum. Karlskirche, HMW © Holzbachova/Bénet. Les Habitants de Vienne apportant des secours aux blessés français, gravure XIXe siècle © de Selva-Tapabor.
32 *Portrait de Kl. von Metternich*, gravure, XIXe siècle © ÖNB. *François-Joseph Ier en uniforme*, F.-X. Winterhalter, KM © Lessing/ Magnum. *François Ier*, gravure, XIXe siècle, coll. Gilhofer, Vienne © Holzbachova/Bénet. *Scène dans un pub viennois*, N. J. Michel, huile/toile, HMW © Lessing/ Magnum.
33 *Pendaison durant la révolution de 1848*, H. Ch. Schöller, HMW © Holzbachova/Bénet. K. von Schuschnigg, photographie © Roger-Viollet. Queue devant un cinéma en ruine, Vienne, période 1939-1945 © Roger-Viollet.
34 *Suleyman II le Magnifique*, anonyme, huile/toile, XVIe siècle , KM © Lessing/ Magnum. *Kara Moustapha Pasha*, anonyme, huile/toile, 1696, HMW © Lessing/ Magnum. Armure en écaille (Karacena), avec peau de léopard, casque et sabre, Musée national, Cracovie © Lessing/ Magnum.
34-35 Vue de Vienne, 14 juil. 1633. *L'Armée turque de Kara Mustapha Pasha assiégeant Vienne*, F. Geffels, huile/toile, HMW © Lessing/ Magnum.
35 *Le siège de Vienne*, anonyme, huile/toile, XVIIe siècle © HM. Bouclier-rondache, Turquie, Topkapi Sarayi Müzesi, Istanbul, D. R. La Parade des janissaires, codex Vindobonis, 1590 © ÖNB.
36 *Marie-Thérèse en reine de Hongrie*, huile/toile, Chancellerie présidentielle © KM. *L'Empereur François Ier, duc de Lorraine, portant l'ordre de la toison d'or*, huile/toile, château de Schönbrunn, Vienne © Lessing/ Magnum.
36-37 *Guerre de Marie-Thérèse contre les Prussiens*, gravure anonyme © HM.
37 *Château impérial de Schönbrunn, vu des jardins*, B. Belloto, 1758-1761, huile/toile, KM © Lessing/ Magnum. *L'Empereur Joseph II rencontre Catherine de Russie*, aquarelle © HMW. *Joseph II*, J. Hickel, 1776, huile/toile, HM © Lessing/ Magnum. L'empereur Joseph II passant la charrue dans un village morave, enseigne de la maison *Zum Kaiseracker* au 27 Kaiserstrasse, Vienne, huile/toile, HMW © Lessing/ Magnum.
38 *L'Archiduc Charles à la bataille d'Aspern*, J. P. Krafft, huile/toile, XIXe siècle © HM.
38-39 *Le congrès danse*, caricature, XIXe siècle © Lauros-Giraudon. *L'Empereur François II revient à Vienne en déc. 1809*, après la fin de l'occupation par Napoléon et ses troupes, J. P. Krafft, fresque, 1833-1837, KM © Lessing/ Magnum.
39 *Bal de la Redoute, congrès de Vienne*, aquarelle, XIXe siècle © HMW. *Ch.-M. de Talleyrand-Périgord*, A. Scheffer, huile/toile, Musée Condé, Chantilly © Lessing/ Magnum.
40 *Lynchage du comte Latour, ministre de la Guerre*, aquarelle, XIXe siècle © Chr. Brandtstätter. *Exécution de Robert Blum*, lithographie, XIXe siècle © Chr. Brandtstätter. Fuite de Metternich, 1848, caricature, D. R.
40-41 *Salle des gardes dans le hall de la Vieille*

Université, F. Schams, crayon et peinture à l'eau, HMW © Lessing/ Magnum.
41 *Barricades du 25 mai 1848*, F. Gaul, HMW © Holzbachova/Bénet. *Le Maréchal Windischgrätz piétinant le drapeau révolutionnaire* © Chr. Brandstätter. François Joseph, jeune, 1848 © Lessing/ Magnum. *L'Empereur Ferdinand Ier en robe de l'ordre de la Toison d'or*, L. Wiese, huile/toile © KM.
42 Affiche du film *Le Troisième Homme* © ÖNB. Billet de banque, 1947, Österr. Nat. Bank © Chr. Brandstätter.
42-43 La cathédrale Saint-Étienne après les bombardements de 1945, photographie © Roger-Viollet.
43 Enfants jouant au football dans les ruines, au Prater, photographie © Votava. «Les quatre» dans la Jeep, photographie, 1947 © Votava. Timbre-poste du Reich allemand utilisé entre 1939 et 1945, coll. part. Le Pummerin réinstallé en 1952 © Votava. Un toit pour Saint-Etienne, affiche, 1946 © Chr. Brandstätter.
44 Différents types viennois, L. Oppitz, HMW © Holzbachova/Bénet. *Les Juifs*, E. Orlik, lithographie © HMW.
45 Bateliers hongrois et autrichiens, type viennois vers 1810 © HMW. facteur , coll. Gilhofer, Vienne © Holzbachova/Bénet.
46 Couverture du disque *Live* de W. Ambros © Bellaphon. Enseigne du *Kleines Café* © Holzbachova/Bénet. Couverture de cassette *Nachtflug* de Falco © EMI Electrola GmbH, 1992. Das Elefantenhaus devenu après 1690 *Zur goldenen Krone*, photographie, av. 1866 © ÖNB.
47 La queue devant le théâtre, © HMW
48 *Portrait posthume de W. A. Mozart*, B. Krafft, 1819, Gesellschaft der Musikfreunde, Vienne © Lessing/ Magnum. Fac-similé de la signature de Mozart, D. R. *W. A. Mozart, sa sœur et son père*, Carmontelle, aquarelle, XVIIIe siècle, musée Condé, Chantilly © Lessing/ Magnum.
49 *Dîner officiel du mariage de Joseph II et d'Isabelle de Parme, le octobre 1760*, M. Van Meytens, huile/toile, château de Schönbrunn, Vienne © Nimatallah/Artephot. *Chr. Gluck à l'épinette*, J. S. Duplessis, huile/toile, KM © Lessing/ Magnum. *J. Haydn*, anonyme, huile/toile © Lessing/ Magnum. *Nikolaus, prince Esterhazy*, anonyme, huile/toile, HMW © Lessing/ Magnum.
50 *Beethoven composant la «Missa Solemnis»*, copie de la peinture de J. Stieler, 1819 © AKG. *Soirée chez Schubert*, J. Schmid, 1897, huile/toile, Gesellschaft der Musikfreunde, Vienne © Lessing/ Magnum. Schubert, médaille © P. Léger/Gallimard.
50-51 Signature de L. van Beethoven © AKG.
51 Lied *Ich liebe dich* écrit par Beethoven en août 1817, annoté par Brahms en avril 1872, au dos quelques notes de Schubert, Gesellschaft der Musikfreunde, Vienne © Lessing/ Magnum. *Beethoven en promenade, «le maître solitaire»*, d'après une peinture d'O. Nowak, 1908 © Roger-Viollet. *Brahms*, gravure, XIXe siècle © HMW. *A. Brückner à l'orgue*, H. Schliessmann, silhouette, D. R. H. Wolf, huile/toile © Chr. Brandstätter. *G. Malher dirigeant*, H. Schliessmann, silhouette, D. R. G. Malher, photographie, vers 1907 © ÖNB.
53 Affiche annonçant un concert de Schönberg, Gesellschaft der Musikfreunde, Vienne © Lessing/ Magnum. A. von Webern, photographie, vers 1902, ÖNB © Chr. Brandstätter. A. Schönberg, E. Schiele, 1917 © Chr. Brandstätter. *A. Berg, A. Schönberg*, huile/toile, vers 1910 © B. Atala/Centre Georges-Pompidou, L. Schönberg, Los Angeles, 1993.
54 Flûtes, D. Grand, 1993 © Gallimard. *G. Malher dirigeant*, H. Böhler, caricature, D. R. Fac-similé de la signature de G. Malher, D. R. Orchestre philharmonique de Vienne © ÖFVW.
55 *Dîner de cérémonie à l'occasion du mariage de Joseph II et d'Isabelle de Parme*, M. Van Meytens, château de Schönbrunn © Lessing/ Magnum. Le philharmonique de Vienne © ÖFVW. Violon, D. Grand, 1993 © Gallimard. Concert classique au palais Schwarzenberg © ÖFVW. Trio sur la Kärntnerstrasse © Holzbachova/Bénet.
56 *J. Lanner*, J. Kriehuber, 1839, lithographie, D. R. «*J. Lanner dirigeant la Hans-Jörgel-Polka*», gravure, 1842 © ÖNB.
56-57 Phénakistiscope de F. Freiherr von Uchatius, XIXe siècle © Technisches Museum. Figures de danse dite l'allemande © HMW.
57 Partition de Joseph Strauss © Holzbachova/Bénet. Partition de la *Hans-Jörgel-Polka* © ÖNB.
58 Couverture de partition *La Valse de l'empereur*, J. Strauss, D. R. Affiche du bal de l'Opéra, Vienne, 27 février 1992, D. R. Affiche du bal de l'Opéra, Vienne, 7 février 1991, D. R.
58-59 Bal de l'Opéra © Holzbachova/Bénet.
59 Bal, photographie ancienne, D. R. Bal du Nouvel An 1900, W. Gause, HMW © Holzbachova/Bénet. Bal de la Gendarmerie © Holzbachova/Bénet. Bal des Chasseurs © Holzbachova/Bénet. Bal de l'Opéra © Holzbachova/Bénet.
60 *Fanny Essler*, Pl Vachs, vers 1840 © ÖNB.
60-61 Rideau du Josephstadt Theater, © HMW. *Der Talisman*, H. Ch. Schöller, gouache, XIXe siècle © HMW.
61 L'Opéra de Vienne © Franklin/ Magnum. Représentation à l'Opéra de Vienne © ÖFVW. *Der Freischütz*, opéra de C. M. von Weber, lunette du foyer de l'Opéra de Vienne, M. von Schwind, fresque, XIXe siècle © Lessing/ Magnum. *La Flûte enchantée* de W. A. Mozart, lunette du foyer de l'Opéra de Vienne, M. von Schwind, fresque, XIXe siècle © Lessing/ Magnum. *Nouveau Burgtheater sur le Franzensring*, gravure, XIXe siècle, coll. Gilhofer, Vienne © Holzbachova/Bénet.
62 *Le Docteur Karl déguisé en Stefert*, H. Ch. Schöller, XIXe siècle, D. R. Chaise Biedermeier, D. R.
62-63 Cabinet Biedermeier © ÖMFAK.
63 *Salon viennois*, aquarelle, 1837 © HMW. Théière en argent Biedermeier, D. R. L'oculiste, Danhauser, coll. Gilhofer, Vienne © Holzbachova/Bénet. Fleurs, D. R.
64 Dirndl, Bozn, Tyrol du Sud, Boutique Tostmann © Holzbachova/Bénet. Mode autrichienne © Pfister, Zillertaler Strickmoden. Dirndl, Lochthal, Tyrol, Boutique Tostmann © Holzbachova/Bénet.
65 Dirndl, Leibelkittel, boutique Tostmann © Holzbachova/Bénet. Culotte de peau et veste autrichienne, boutique Tostmann © Holzbachova/Bénet. *Costumes tyroliens*, gravure, xixe, D. R. Jupons, boutique Tostmann © Holzbachova/Bénet. Knickers de peau et chemise traditionnelle, boutique Tostmann © Holzbachova/Bénet.
66 Kaffeehaustizzen, silhouettes de P.S Metterichmitt, D. R. *Café Central* © R. Gain. *Café Sacher* © R. Gain.

de Vienne, 1871, gravure © Archives de la Ville-de-Vienne.
249 Figure de caractère, F. X. Messerschmidt, Österreichische Galerie, Vienne © Lessing/ Magnum.
250 *Jardin aux tournesols*, G. Klimt, 1905-1906, huile/toile © Lessing/ Magnum. *Sihouettes*, G. Klimt, D. R. G. Klimt, photographie © ÖNB.
250-251 *Adèle Bloch-Bauer I*, G. Klimt, Österreichische Galerie, Vienne © Lessing/ Magnum.
252-253 *La Famille*, E. Schiele, 1918, huile/toile, Österreichische Galerie, Vienne © Lessing/ Magnum.
253 E. Schiele, A. Trcka, photographie, 1914 © ÖNB. *Quatre Arbres*, E. Schiele, 1917, huile/toile, Österreichische Galerie, Vienne © Lessing/ Magnum. *K. Moll*, O. Kokoschka, huile/toile, Österreichische Galerie, Vienne © Lessing/ Magnum, Spadem, 1993. *Autoportrait, dit Homme riant*, R. Gerstl, 1907, huile/carton © Österreichische Galerie, Vienne.
256 Portail d'entrée du Bélvedère supérieur, 1714-1723 © Lessing/ Magnum. Plaque de rue © Holzbachova/Bénet.
256-257 *Vienne dans le lointain depuis le Theresienbrücke*, M. Loder, vers 1810 © Albertina. Bélvedère, S. Kleiner, gravure, 1724-1735 © ÖNB. *Vue du salon Marbré, intérieur du Bélvedère*, gravure, coll. Gilhofer, Vienne © Holzbachova/Bénet.
258 Musée d'Art moderne, musée du xxe Siècle, D. R. Façade du musée de l'Armée © HM. *Exercice militaire*, J. de Geyn, La Haye, 1608 © HM.
259 Vue de la salle d'Honneur, musée de l'Armée © HM. Vue du grand escalier, musée de l'Armée © HM. Vue de la salle des Maréchaux, musée de l'Armée © HM. *Assassinat du feldmaréchal A. W. Wallenstein, le 25 février 1634*, anonyme, Allemagne, sur papier © HM. *Exercices militaires*, J. de Gey, La Haye, 1608 © HM.
260 *Le Feldmaréchal Laudon à cheval, sur le champ de bataille de Kunerdorf*, Sigmund L'Allemand, 1878, huile/toile © HM. Mousquetons turcs, XVIIIe siècle © HM.
261 *La Bataille de Novara, 23 mars 1849*, A. Adam, huile/toile © H. M. Étendard du régiment de dragons «Prince Eugène de Savoie © HM. Médaille de l'empereur, créée par Joseph II en juillet 1789 © HM. Drapeau de bataillon d'un régiment impérial d'infanterie © HM.
262 Buste de Brahms, Cimetière central © Holbachova/Benet. Tombe de Joseph Strauss, Cimetière central © Holzbachova/Bénet. Tombe de F. Schubert, Cimetière central © Holzbachova/Bénet. Tombe de Johann Strauss, Cimetière central © Holzbachova/Bénet. Tombe de L. Van Beethoven, Cimetière central © Holzbachova/Bénet. Plaque du Cimetière central © Holzbachova/Bénet. Tombe de W. A. Mozart, Cimetière central © Holzbachova/Bénet.
263 La Grande Roue du Prater © Holzbachova/Bénet.
264 Maison de Johann Strauss, 54, Praterstrasse. © Holbachova/Bénet. Plan de la maison de J. Strauss © Holzbachova/Bénet.
265 *La Rue du Prater*, R. Völkel, 1902, HMW © Holzbachova/Bénet. Enseigne du café *Au Prater* © Holzbachova/Bénet. Bateau sur le Danube © Holzbachova/Bénet.
266 *Venedig in Wien*, affiche, vers 1900, D. R. Grande Roue du Prater © G. Riha.
266-267 *Grande Roue du Prater*, illustration V. Brunot, 1993 © Gallimard.
267 Orson Wells dans *Le Troisième Homme* de C. Reed © Cahier du cinéma.
268 Le «Lusthaus», café au Prater, photographie, vers 1900 © Roger-Viollet. *Le Prater*, gravure, XIXe siècle, coll. Gilhofer, Vienne © Holzbachova/Bénet. Étiquette de bagage, D. R.
268-269 Service à moka en Augarten, modèle Biedermeir, motif «Wiener Rose», illustration J.-M. Lanus, 1993 © Gallimard
269 *Jardins du palais Augarten*, gravure, XIXe siècle © Bibl. nat. Petits chanteurs de Vienne © Th. Höpker/ Magnum.
270 Jardins du palais Augarten © Th. Höpker/ Magnum. Vase sculpté, jardins d'Augarten © M Cremer.
270-271 *Murs de Vienne et Schlagbrücke*, capitaine Batty, gravure, XIXe siècle, coll. Gilhofer, Vienne © Holzbachova/Bénet.
271 Plaque de Mexicoplatz © Holzbachova/Bénet. Vue sur le Danube © ÖFVW. Mexicoplatz © Holzbachova/Bénet.
272 Donauturm © Holzbachova/Bénet. O.N.U., J. Staber © Holzbachova/Bénet. Vue du Danube et de la Donauturm © Holzbachova/Bénet.
273 Schönbrunn © Holzbachova/Bénet.
274 Cour du château de Schönbrunn, gravure, XIXe siècle, coll. Gilhofer, Vienne © Holzbachova/Bénet.
275 Fontaine du parc de Schönbrunn © Holzbachova/Bénet. Fontaine de Neptune, parc de Schönbrunn © M. Franck/ Magnum.
276 Cour du château de Schönbrunn © Holzbachova/Bénet. Carrosse impérial de la Cour de Vienne, XVIIIe siècle © KM. Voiture d'enfant de Rodolphe, prince héritier d'Autriche, vers 1860 © KM.
277 Sculpture du parc de Schönbrunn © M. Cremer. Idem. *Le Triomphe de l'Amour*, J. F. Greippel, huile/toile, château de Schönbrunn, Vienne ©Lessing/ Magnum.
278 *Scène de jardin*, J. Bergl, détail, fresque, château de Schönbrunn, Vienne © Lessing/ Magnum.
279 *Galerie des Glaces du château de Schönbrunn*, gravure, XIXe siècle, HMW © Dagli Orti. *Salle à manger officielle du château de Schönbrunn*, gravure, XIXe siècle, HMW © Dagli Orti. *Salon de la princesse Sophie, château de Schönbrunn*, gravure, XIXe siècle, HMW © Dagli Orti. *Gartenperronsaal, château de Schönbrunn*, gravure, XIXe siècle, HMW © Dagli Orti.
280 *Marie-Thérèse en veuve et son fils Joseph II*, H. F. Füger, 1776, huile/toile, Österreichische Galerie, Vienne © Lessing/ Magnum. *L'Impératrice Marie-Thérèse et ses enfants, le jour de la Saint-Nicolas*, huile/toile, château de Schönbrunn © KM.
281 *Joseph II au chevet de sa femme nouvellement accouchée*, huile/toile, château de Schönbrunn © KM. *Mozart enfant reçu à Schönbrunn par la famille impériale*, gravure, XVIIIe siècle. © ÖNB. Salon de Porcelaine à Schönbrunn, photographie ancienne, HMW © Holzbachova/Bénet.
282 Salon de Laque, château de Schönbrunn © Lessing/ Magnum. Salon Napoléon, château de Schönbrunn © Lessing/ Magnum. Salon des Gobelins, Lessing/ Magnum.
283 *Marie-Thérèse, son mari, François de Lorraine et leurs enfants*, château de Schönbrunn, Vienne © KM. *Napoléon II, duc de Reichstadt*, F. Herzog, château de Schönbrunn, Vienne © KM.
284 Fontaine, parc de Schönbrunn © M. Cremer. Ruines romaines, parc de Schönbrunn © M. Cremer. Fontaine,

parc de Schönbrunn © M. Cremer. Statue, parc de Schönbrunn © Holbachova/Bénet.
284-285 Le château de Schönbrunn © Holzbachova/Bénet.
285 *Vue du parc de Schönbrunn et de la Gloriette*, gravure, XVIIIe siècle © Bibl. nat. La Palmenhaus © J.-C. Klotschkoff. Vue intérieure de la Palmenhaus © M. Cremer.
286 Première voiture à moteur, D. Marcus, photographie v. 1810 © Chr. Brandstätter. Machine à écrire, P. Mitterhofer, 1864 © Technisches Museum. Aéroplane, W. Kress © Technisches Museum.
286-287 Hofpavillon, Hietzing, O. Wagner, 1896 © Albertina.
287 Maison du 7, Vothardgasse, H. Horner, 1912 © ÖNB.
288 Ange de la façade de l'église du Steinhof © M. Cremer. Votruba-Kirche, F. G. Mayr, 1974-1976 © ÖFVW. Dôme de l'église du Steinhof © M. Cremer. Vitraux de l'église du Steinhof, K. Moser © M. Cremer.
289 *Vue de Vienne depuis Nussdorf*, grav., XIXe siècle, HMW © Holzbachova/Bénet.
290 Signature de Freud, D. R. *Tour des Fous, Hôpital général*, gravure, XIXe siècle © Chr. Brandstätter.
290-291 Sigmund et Anna Freud, photographie, 1913 © Mary Evans Picture Library.
291 Tour des Fous, Hôpital général © Holzbachova/Bénet.
292 *L'Académie médico-chirurgique Josephinum*, T. Mollo, gravure, 1825 © Chr. Brandstätter. *Palais du prince de Lichtenstein au faubourg Rossau*, T. Mollo, gravure, 1825 © Chr. Brandstätter.
292-293 Écorché, Josephinum, Vienne © Lessing/ Magnum. Signature de Shubert, D. R. *F. Schubert*, W. A. Rieder, 1825, aquarelle, Gesellschaft der Musikfreunde, Vienne © Lessing/ Magnum. Le Turkenschanzpark, J. Varrone, 1898 © Albertina. Dépenses de la municipalité de Vienne, D. R.
294-295 À l'école communale, mise en place par le régime socialiste d'une campagne d'hygiène, photographie, vers 1920 © Chr. Brandstätter.
295 Affiche électorale du Parti communiste, Zehetmayr, 1920, D. R. Affiche électorale du Parti social-démocrate, V. Slama, 1927, D. R. Affiche électorale du Parti social-chrétien, F. Schönpflug, 1919, D. R.
296 K. Seitz, photographie © Chr. Brandstätter. Karl Marx-Hof, K. Ehn, 1927-1930 © Holzbachova/Bénet. Karl Marx-Hof © K. Leithner.
297 Karl Marx-Hof © Holzbachova/Bénet. Engelplatz, D. R. Karl Marx-Hof © Holzbachova/Bénet. Affiche électorale du Parti social-démocrate, M. Biro, 1920, D. R.
298 Chambre du Testament, maison de Beethoven, Heiligenstadt © Lessing/ Magnum. Blason de Heiligenstadt, D. R. *Beethoven à son piano*, silhouette, D. R.
299 Manuscrit de la Troisième Symphonie, dite «Héroica» de Beethoven, et son cornet acoustique © Lessing/ Magnum.
300 Grinzing © Holzbachova/Bénet. idem.
300-301 *Leopoldsberg*, gravure, XIXe siècle, coll. Gilhofer, Vienne © Holzbachova/Bénet.
301 *Vue du Leopoldsberg*, gravure, XIXe siècle © Bibl. Nat. Kahlenbergerdorf, HMW © Holzbachova/Bénet.
302 *Léopold III trouve le voile perdu par sa femme, Agnès de Francken*, F. Rueland le Jeune, panneau de l'autel de saint Léopold, 1507, cloître de Klosterneuburg © Lessing/ Magnum. Saint-Léopold, abbaye de Klosterneuburg © Holzbachova/Bénet.
302-303 *Klosterneuburg*, gravure, XIXe siècle © Bibl. nat.
303 *Abbaye de Klosterneuburg*, gravure, XIXe siècle © Bibl. nat. Fontaine Saint-Léopold, Klosterneuburg © Holzbachova/Bénet. Colonne de la Lanterne, Klosterneuburg © Holzbachova/Bénet. Intérieur de l'église de Klosterneuburg © Holzbachova/Bénet.
304 Plaques commémoratives de l'année 1683, siège turc, Klosterneuburg © Holzbachova/Bénet. *Jérusalem céleste*, N. de Verdun, plaque émaillée de l'autel Verdun, cloître de Klosterneuburg © Lessing/ Magnum. F. Kafka, photographie, entre 1906 et 1908 © Harlingue/Viollet.
306 Bal de l'Orchestre philarmonique © Holzbachova/Bénet.
309 Avion Austrian Airlines en vol © ÖFVW.
312 Panneau d'interdiction de klaxonner © Holzbachova/Bénet. Panneau de signalisation Wien ©. Holzbachova/Bénet.
313 Feu rouge pour vélo ©.Holzbachova/Bénet
314 Arrêt de bus sur la Karlplatz © Holzbachova/Bénet. Panneau arrêt de tramway, Strassenbahn © Holzbachova/Bénet. Entrée du métro © Holzbachova/Bénet .
315 En calèche dans Vienne © Holzbachova/ Bénet. Tramway de nuit © Holzbachova/Bénet. Minibus © Fayer. Panneau de signalisation pour vélos © Holzbachova/Bénet.
316 Change automatique © Holzbachova/Bénet.
317 Menu, bouillon © Holzbachova/Bénet.
320 Paysage du Danube, Donauschleife cl. Loebl-Schreyer, © ÖFVW. Char à voile sur le lac de Neusiedl cl. Berger © ÖFVW.
321 Patineurs sur le lac de Neusiedl cl. Berger ©ÖFVW. Wachau bei Loiben cl. Jezierzanski, © ÖFVW. Krems an der Donau cl. Wiesenhofer, © ÖFVW.
322 Vue de Mayerling © Verlag Erwin Meixner Portrait de François-Joseph © Verlag Erwin Meixner. Portrait d'Élisabeth d'Autriche © Verlag Erwin Meixner
323 Pavillon de chasse,© Holzbachova/ Bénet. Pavillon de chasse, tourelle © Holzbachova/Bénet.
324 Vendeur de saucisses sur le Graben © Holzbachova/Bénet. Vendeuse de la pâtisserie Demel © Holzbachova/Bénet. Viennoiseries cl. E. Guillemot.
325 Café au Sacher © Holzbachova/Bénet. Au café Sperl cl. Bartl, ÖFVW. Dans une guinguette, Heuriger cl. Bartl, © ÖFVW.
326 Salle du Musikverein © ÖFVW. Le Burgtheater © Holzbachova/Bénet. Joueur d'orgue dans la rue, M. Werkelmann © WFVV.
327 Petits Chanteurs de Vienne © ÖFVW Accordéoniste © Holzbachova/Bénet. Holzbachova/Bénet Partition Mille fleurs © Holzbachova/Bénet.
328 Hundertwasser-haus © Holzbachova/ Bénet Michaelerplatz de nuit © Holzbachova/ Bénet La Secession © Holzbachova/ Bénet.
329 Kunsthistoriches Museum © Holzbachova/Bénet.
332 Poupée du Puppenmuseum, cl. Landova © WFVV Panneau du Puppen & Spielzeug Museum cl. Landova, © WFVV.
333 Planche à voile sur le Danube © Holzbachova/ Bénet Magasin de jouets © WFVV. Petit train au Prater © Holzbachova/Bénet.
334 Entrée du Naschmarkt © Holzbachova/Bénet. Vêtement autrichien pour enfant, boutique Tostmann © Holzbachova/Bénet. Frise de la façade de la pharmacie de l'Ange, Bognergasse © Holzbachova/Bénet
335 Magasin sur le Graben © Holzbachova/Bénet. Porcelaines au marché aux puces © Holzbachova/Bénet.

INDEX

A

B

C

D

◆ **I** ◆

◆ **J** ◆

◆ **K** ◆

◆ **L** ◆

◆ **M** ◆

◆ **N** ◆

◆ **O** ◆

◆ **P** ◆

PALAIS

◆ **Q** ◆

◆ **R** ◆

◆ **S** ◆

◆ Arrondts. ◆

◆ Centres religieux ◆

◆ Hofburg ◆

◆ Musées ◆

◆ Places ◆

Dans la même collection
Alpes-Maritimes,
Alsace,
Baie du Mont-Saint-Michel,
Bataille de Normandie,
Bouches-du-Rhône,
Calvados,
Charente-Maritime/Aunis,
Charente-Maritime/Saintonge,
Corse-du-Sud,
Côtes d'Armor,
Côte d'Émeraude,
Eure,
Finistère Nord,
Finistère Sud,
La France au fil de l'eau,
La France des saveurs,
Guadeloupe,
Haute-Corse,
Haute-Provence,
Hautes-Alpes,
Haute-Savoie,
Îles en France,
Indre-et-Loire,
Loir-et-Cher,
Le Louvre,
Manche, Martinique,
Morbihan,
Nantes/Côte de Jade,
Orne,
Parc naturel national des Cévennes,
Parc naturel régional du Luberon,
Parc naturel régional du Morvan,
Parcs naturels régionaux,
Paris, Paris secret,
Pays Basque,
Rennes/Vitré/Fougères,
Restaurants de Paris,
Savoie,
Seine-Maritime,
Tahiti, Val d'Oise,
Var, Vaucluse,
Vendée Maritime

Amsterdam,
Bali, Bologne,
Crète, Égypte,
Florence, Grèce,
Irlande, Istanbul,
Londres,
Malaisie et Singapour,
Maroc,
Monde Maya,
Naples/Pompéi,
New York,
Prague, Québec,
Rajasthan,
Rome,
Saint-Pétersbourg,
San Francisco,
Séville/Andalousie,
Terre sainte,
Thaïlande,
Tunisie, Venise,
Wallonie/Bruxelles

Guides Gallimard
5, rue Sébastien-Bottin
75007 Paris

Carte d'Autriche
Les chiffres en italique renvoient aux pages du guide et les coordonnées à la carte de la page suivante.

RÉP. TCHÈQUE
ALLEMAGNE
BASSE
VIENNE
AUTRICHE
SLOVAQUIE
SUISSE
ITALIE
HONGRIE
SLOVÉNIE
CROATIE
Geras
Retz
Pulkau
HORN
Eggenburg
Guntersdorf
ZWETTL
GREINER WALD
Kamp
Maissau
HOLLABR
Ziersdorf
Gföhl
Grafenschlag
BASSE-
Krems
KREMS
Ottenschlag
Dürnstein
Grafen Wörth
Spitz
Willendorf
Traisen
Tull
Pöggstall
Aggsbach
Judenau
Herzogenburg
Emmersdf
Donau
Pöchlarn
Melk
Hafnerbach
Pottenbrunn
Pielach
Neulengbach
Persenbeug
Loosdorf
ST PÖLTEN
Ober-Grafendf
Wieselburg
Mank
Wihelmsburg
AUTRICHE
Erlauf
Kichberg
Traisen
Hainfeld
Scheibbs
Lilienfeld
Kleinzell
Weisse
Gaming
Türnitz
Rohr im Gebirge
Gutenstein
Pernitz
Grünbach
Schwarza
Puchberg
Gloggnitz
Schottwien
Semmering-Kurort
Bucklis
MURZTAL
MÜRZZUSCHLAG
Autoroute ou voie rapide
Route
Voie ferrée
Relief (en mètres)
1500
1000
500
200
0
0
25 km